KB048996

한반도평화연구원 총서 16권

PEACE AND ANTI PEACE

개정증보판

·—— 평화에 대한 인문학적 성찰 ——·

평화와 반(反)평화

대표 편저자 전우택

공동 저자

김선욱·김회권·박정수·서경석·심혜영·이국운·이해완

박영사

이 책의 대표저자이신 전우택 교수님이 <평화와 반평화> 1판에 대한 수요도 많고 새로운 내용이 추가될 필요도 있어 2판을 개정증보 판으로 내겠다고 하셨습니다. 참여한 필자들도 흔쾌히 동의해 주셨다고 한 지 얼마 지나지 않았는데 벌써 책이 나오게 되었습니다. 바쁘신 저자 분들이 글을 수정하고 새로운 내용을 저술하는 수고를 기꺼이 해주셨기 때문일 것입니다. 그리고 우리 사회에서 평화에 대한 갈망이 그만큼 크기 때문에 이루어진 일이라고도 생각합니다.

우리가 평화에 대해 왜 갈급해하게 되었을까요? 김선욱 교수님은 이 책에 쓴 그의 글에서 "우리가 평화에 대해 생각하게 되는 때는 우리가 평화롭지 않을 때이다. 삶의 평화를 잃어버렸거나 평화가 심각하게 위협을 받아 평화를 잃어버리는 순간에야 비로소 우리는 평화의 존재를 느끼게 된다"라고 그 이유를 설명합니다. 우리가 사는 세상이 평화롭지 않기 때문에 평화에 대한 관심이 생겼다는 것입니다.

남북한간 대치와 갈등으로 이 땅에서 평화가 위협받게 된 것은 이미 오래된 일입니다. 그래서 평화에 대한 갈망은 거의 상수가 되어 우리나라 국민들의 DNA에 새겨져 있을 것 같습니다. 그런데 특별히 근래에 평화에 대한 관심이 증가하게 된 것은 국내외 정세가 더 불안해졌다는 인식이 확산되고 있기 때문일 것입니다. 세계적 현상이 되어버린 양극화가 우리나라에서도 젊은이들의 미래를 위협하고 평화를 깨뜨리고 있다. 미·중간 리더십 갈등은 양세력이 대치하고 있는 한반도에서 곳곳에 불안을 야기하는 중입니다. 게다가 코로나19의 확산이 일상의 평화를 위협하고 개인이나 사회를 얼어붙게 하고 있습니다. 이런 것들이 새롭게 평화에 대한 관심을 가지게 만든 주요 위협 요인들일 것입니다.

이 책의 저자들은 평화에 대한 성찰을 하도록 우리를 이끌고 있습니다. 내 속에서 잠재해 있는 막연한 불안이 평화에 대한 위협 때문이라는 것을 깨닫게 합니다. 그리고 우리의 불안이 세계의 곳곳에, 역사의 곳곳에 존재했었다는 것도 알려줍니다. 그래서 평화에 대한 갈망이 인류보편적 본성처럼 된 배경을 가르쳐줍니다. 그럼에도 불구하고 경제적 재화처럼 평화가 희소하게된 것 역시 우리 속에 있는 욕망과 공격성과 같은 본성의 일부 때문이라고 설명합니다. 결국 평화도 반평화도 모두가 다 "내탓이요, 내 큰 탓이로다"를 되뇌게 합니다. 그래도 평화를 만들기 위해 한평생을 바친 마하트마 간디, 넬슨 만델라, 마틴 루터 킹의 삶을 통해, 평화를 기다리지만 말고 우리도 그 행렬 뒤에 어디서 따라가라고 종용합니다. 그들이 가진 특성을 내 속에서 찾아보기 힘들기는 하지만. 다시 신발 끈을 묶고 따라가기라도 해야 우리가 사는 세상의 내일이 더 평화로워질 것 같기 때문입니다.

이 땅의 평화만들기에 동참하기 위해 다시 고민해주신 저자들에게 진심으로 감사드립니다. 책 출간에 힘을 보태주신 광주서림교회에도 감사를 드립니다. 한반도평화연구원의 이름으로 다시 출간하는 이 책이 평화를 염원하고 만들어가는 사람들이 늘어나도록 이끄는 밀알이 될 것으로 믿습니다.

2021년 1월

한반도평화연구원장 윤덕룡

권두언

●
●
●

　　오늘의 시대를 한마디로 말하면 갈등과 분노의 시대라 할 수 있습니다. 점점 사나워지는 살벌한 시대에 살고 있음을 느끼고 있습니다. 인간관계에 따사함이 사라지고 있음을 우리는 절감합니다. 이것은 인간이 또 다른 인간을 만날 때 느끼는 낯설음의 감정이 아닙니다. 낯설음을 넘어 의심의 단계, 아니 더 이상 만남과 소통을 지속할 수 없는 지경에 이르렀습니다. 의심이 사라지지 않으면 갈등관계가 증폭합니다. 갈등이 다시 확대되면 미움이 솟구칩니다. 미움이 반복되면 더욱이 증오감이 난무하는 전투적 관계로 발전할 수밖에 없습니다. 그 현장은 평화를 상실한 서로 죽고 죽이는 전쟁터가 되고 마는 것입니다.

　　그러나 그 반대의 경우도 있습니다 의심에서 시작했으나 만나보니 호감이 생깁니다. 그러면 호감은 상대방에 대한 존중을 만들어냅니다. 그런 존중하는 마음이 지속되면 신뢰가 형성됩니다. 그 신뢰가 축적되면 우정으로 발전하고, 특히 남녀 간에서는 사랑으로 성숙됩니다. 의심과 갈등은 우리에게 소통의 자리를 거부하며 폐쇄적인 인간상을 만듭니다. 그 반면에 신뢰와 존중은 마음의 개방성을 확대하며 소통을 통해 삶의 풍성함을 나누려 합니다. 이러한 과정은 개인적인 만남에서뿐만 아니라, 집단 다이내믹에 있어서도, 심지어 나라와 나라간의 관계에 있어서도 유사한 과정을 겪습니다.

평화란 갈등이 하나도 없다는 말이 아닙니다. 진정한 평화란 오히려 서로 용납하고 신뢰하는 그 지수가 의심하고 갈등하며 다투는 지수보다 더 크다는 뜻입니다. 낯설음이 의심으로, 그리고 갈등과 미움으로, 궁극적으로는 저주와 싸움으로 번지는 이유는 무엇일까요? 몇 가지를 생각해 봅시다.

첫째는 서로 상대방의 다름을 인정하거나 존중하지 않는 데 있습니다. 그 다름을 적대적으로 이해할 때에 소통과 나눔의 구조가 해체 과정을 겪게 됩니다.

둘째는 서로 함께 있을 때에 한쪽에서 열등감을 느낄 때입니다. 그래서 자기의 정신적인 에너지가 박탈당하고 있다는 감정을 가질 때입니다. 그것은 상대방이 내 앞에서 사라지기를 바라는 마음으로 확대될 뿐입니다.

셋째는 서로의 가치관이 다르고 삶의 목표가 다르다고 여겼을 때입니다. 무엇보다 나 중심의 이기적인 자기 방어기제가 토치카처럼 나를 둘러싸기 때문입니다.

이것이 개인을 넘어 집단, 민족, 또는 국가단위로 확대될 때는 엄청난 위험부담이 발생합니다. 그것도 진리, 자유, 평화라는 거대 담론을 표어로 내세우면서, 그 뒷면에는 나 중심적인 이기적 욕망에 휘둘리면 공동체는 금방 갈등과 분노의 편 가르기에 빠져들게 됩니다. 트럼프 미국 대통령이 'America First!'라고 외쳤을 때에 다른 나라들은 곤혹스러운 열등감에 시달려야 했습니다. 왜냐하면 가장 강력한 권력과 무력을 지닌 국가 지도자가 자기 나라 우선을 세계평화보다 앞세울 때에 다른 국가 또한 이기적인 방어기제가 작동할 수밖에 없었기 때문입니다. 그래서 가장 위험한 일은 힘 있는 자, 강한 자, 있는 자가 편 가름을 하고 갈등을 조장하는 것입니다. 적과 아군이라는 프레임으로 사람을 분리하는 것입니다. 그러면 어느 누구도 살아남을 자가 없습니다. 마지막에 다만 힘있는 자 한 사람만이 자유를 구가할 뿐입니다. 그리고 그를 향해 아부하고 두려워서 억지로 따라가는 비겁한 허수아비들만 존재할 뿐입니다. 그것은 모든 인간관계와 공동체의 파국이라 할 수 있습니다.

우리는 여기서 다시 예수님의 이야기로 이 어려운 숙제의 실타래를 풀 수밖에 없습니다. 우리는 다시 묻습니다. 하늘의 영광 중에 계셨던 분, 능력이 많으신 분이 이 땅에서 왜 낮은 자리에 오셨을까요? 사람에게 섬김을 받아야 할 분이 이 땅에 왜 섬기는 자로 오셨을까요? 모든 것을 가진 분이 십자가의 수난과 죽음을 당해야 했을까요? 그분으로 말미암아 소망이 없는 자는 다시 살아나고, 있는 자는 교만을 회개하고 겸손해 지는 사건이 발생했기 때문입니다. 그래서 서로가 서로를 필요로 하는 하나님의 형상을 지닌 소중한 존재인 것을 깨닫게 하셨기 때문입니다. 예수님이 이 땅에 오셔서 인간이 만들어낸 인종적 차별, 사회경제적인 차별, 남녀의 성별 차별을 부수셨습니다. 그러나 인간 개별의 취향과 독특성을 파괴하지 않는 인격적인 주체 경험을 하게 하셨기 때문입니다.

이 시대의 기독교 지성과 영성을 대변하고 있는 한반도평화연구원에 속한 각 분야의 연구위원들이 평화에 대한 이야기를 책으로 묶어냈습니다. 그들이 먼저 습득한 평화 이야기를 우리에게 알려줍니다. 개인의 평화뿐만 아니라, 이웃과의 평화, 사회와 나라의 평화까지 제시합니다. 그래서 진정한 평화가 어디서부터 오는 것인가를 이 책을 통해서 우리가 배울 수 있다는 것은 읽는 독자의 특권입니다. 그래서 이 책은 우리에게 지적, 영적 에너지가 풍성하게 충전되는 따뜻한 열정을 경험하게 할 것입니다. 이 책의 저자들 한 분 한 분, 또한 이 책을 읽을 독자들에게 진심으로 감사의 마음을 드립니다.

2021년 1월
한반도평화연구원 이사장 김지철

2016년 9월. 필자는 요르단 제라쉬의 전통시장 낡은 건물 2층, 좁고 허름한 창고방 속에 앉아 있었다. 다른 용도로 쓰이고 있다가 난민 임시 진료소로 급히 지정된 그 건물 속에서도 가장 작은 방이 정신과 진료실로 배정되었다. 정신과 의사인 필자와 통역을 맡을, 그 해 요르단 간호대학을 막 졸업한 아흘람(아랍어로 "꿈"이라는 뜻의 이름이었다)이 앉을 작은 의자가 들어오고 그 앞에 아주 조그만 책상이 하나 들어오자, 환자가 앉을 수 있는 의자 하나 놓기에도 빡빡한 그런 진료실이 드디어 마련되었다. 이미 건물 앞에는 시리아 난민들 백여 명이 앉아 내과, 소아과, 산부인과, 외과 등의 진료를 받으려 기다리고 있었다. 그리고 그 뒤로 난민들이 계속 밀려들어오고 있었다. 그렇게 첫 진료가 시작되었다.

필자가 볼 수 있는 유일한 것은 43세 여인의 두 눈 뿐이었다. 검은 색 부르카가 온 몸과 얼굴을 다 덮고 있었다. 그러나 그 눈에서는 눈물이 쉬지 않고 흐르고 있었다. 그것이 모든 것을 말해 주었다. 3년 전, 6명의 자녀와 함께 부부가 시리아를 탈출하여 요르단에 난민이 되어 들어왔다고 하였다. 그러나 얼마 후 남편은 다른 여자와 도망을 가버렸다. 여섯 자녀를 데리고 살아남아야 했던 것은 오롯이 그녀의 몫이었다. 캐나다에 난민 이주 신청을 하였고 2년의 기다림 끝에 마침내 허가가 나왔다. 그러나 21살 난 맏아들이 문제였다. 허가를 기다리던 2년 사이에 20살이 넘어버렸기 때문에, 규정 상 이 아들에게만은 캐나다 이주 허가가 나지 않았던 것이다. 이 아들만 놔두고 떠날 수는 없었기에, 결국 모든 가족이 다시 요르단에 남기로 하였다. 극한적 가난 속에 하루하루가 힘겹게 지나가고 있었다. 그녀는 아홉 살 난 다섯째 아들아이를 진료실에 같이 데리고 왔다. 시리아 고향 마을에 비행기 폭격이 있었을 때, 아이는 너무도 놀라 극단적으로 과호흡을 하다가 의식을 잃고 쓰러졌었다고 하였다. 그리고 나서부터 아이는 늘 불안해하였고, 아예 식사를 하려 들지 않았다고 하였다. 사탕이나 초콜릿 같은 것 정도를 먹는 것에만 집착하고 있다고 하는 그 아이가 큰 눈망울로 필자를 빤히 쳐다보고 있었다.

난민촌 정신과 진료실에서 만나는 이야기는 끝이 없었다. 시리아에서 포격 속에 무너지는 집 밖으로 뛰쳐나온 이후, 다시는 엄마와 떨어지지 않으려는 분리불안(separation anxiety)을 보이는 딸아이를 억지로라도 학교에 보내려 하는 일에 지칠 대로 지쳐있는 젊은 엄마, 음식 냄비를 불 위에 올려놓고, 멍한 상태에서 그것을 기억 못한 채 다른 곳으로 갔다가 불을 낼 뻔했던 일이 반복되면서 심한 건망증을 호소하는 54세 여자, 난민으로 들어 온 이후 아무 것도 할 일이 없어 그저 시간만 보내고 있다가 어느 순간 점점 화가 나기 시작하면 미친 듯이 소리를 계속 질러대는 32세 남자와, 그런 남편을 옆에서 바라보며 너무도 무서워하는 가냘픈 24세의 부인 등. 눈앞에서 펼쳐지는 이 모든 이야기들은 정신과 의사인 필자를 한없이 왜소하게 만들었다. 그것은 짧은 진료 기간과 제한된 약 때문이 아니었다. 이들이 겪고 있는 그 고통의 무게가 너무도 거대하였기 때문 이었다.*

인간의 삶을 그 뿌리부터 흔들면서 모든 것을 무너뜨리고 있는
이 반(反)평화적 상황 속에서, 평화에 대한 생각은 관념과 개념의 문
제가 아닌, 현실 속의 절박한 문제였다. 그리고 그것은 시리아 난민촌
에서만의 상황이 아니었다. 여전히 내전 중인 남수단과 예멘에서, 민주
화 투쟁 과정 속에 있는 동유럽과 중남미, 아프리카 여러 나라에서, 미
국과 중국의 군사적 대치가 더 치열해 지고 있는 남중국해와 대만 해
협에서, 그리고 그 어디보다도 더 안보적, 사회적, 이념적 갈등과 긴장
이 높은 우리가 살고 있는 이 한반도에서, 우리는 '평화'를 '보통명사'
가 아닌, 마치 어느 딴 행성 속 현상인 것 같은 '특수 고유명사'로 생각
하게 되었다. 사람들은 평화를 이야기하지만, 평화에 대하여 냉소적이
다. 인간은 궁극적으로 평화를 만들어 내지 못할 것이라는 그런 확신
아닌 확신이, 우리 사회와 우리 마음속을 점령하고 있다. 평화를 이야
기할수록 반(反)평화적 상태가 되는 그런 모순과 딜레마가 우리를 휘
감고 있는 것이다. 그것이 이 책을 만들어야 한다고 생각한 이유였다.

이 책은 2013년 한반도평화연구원의 아홉 번째 총서로 나왔던
<평화와 반평화 - 평화인문학적 고찰>의 개정증보판이다. 당시, 이
책은 평화에 대한 인문학적 성찰을 여러 학문 분야에서 다양한 시각으
로 구성하여, 관련 연구자들과 공부하는 사람들에게 신선한 도전을 주
었던 바 있었다. 이제, 7년의 시간이 지나고, 이 책이 좀 더 깊어지고
넓어져서, 더 많은 역할을 할 수 있도록 하기 위하여 개정증보판을 준
비하게 되었다. 저자는 초판의 저자 8명이 그대로 다시 저자가 되었다.
초판은 각 저자들이 1장씩을 집필하여 총 8장으로 구성되었었는데, 이

* 이상의 시리아 난민 진료 이야기는 필가가 쓴 <요르단 이야기> (한국누가회.
누가들의 세계. 2017년 봄호. pp.46-49)에서 재인용한 것이다.

번 개정증보판에서는 기존 원고들을 크게 손보아 더 충실하게 다듬었
고, 거기에 4명의 저자들이 새로 한 장씩을 더 추가로 실어 총 12장으
로 구성되게 되었다, 새로 추가된 장은 5장 폭력과 휴머니티 — 인류에
게 폭력 극복의 희망은 있는가?(김선욱), 7장 권력, 자유, 헌법(이국운),
11장 이스라엘 — 팔레스타인 갈등의 기원과 해결 전망(김회권), 12장 평
화를 만드는 사람들의 일곱 가지 특징(전우택)이다. 바쁘신 가운데서도
7년 전 원고들을 다시 정성스레 수정하시고, 또 새로운 원고들을 써주
신 모든 저자 분들에게 깊이 감사드린다. 초판을 만들 때는 숭실대 철
학과의 김선욱 교수님께서 대표편저자로 수고하여 주셨다. 그리고 당
시 서문에 이 책의 전체 정신과 구성 내용을 정리해 주신 바 있다. 그
정신과 구성은 지금 개정증보판에서도 그대로 유효하기에, 초판 서문
을 같이 싣는다. 이번에 이 책은 한반도평화연구원의 열여섯 번째 총
서로 나오게 되었다. 한반도의 평화와 통일을 위한 기독교 싱크탱크로
서 그 역할을 시작한지 벌써 15년이 된 한반도평화연구원을 통하여,
향후 차세대 연구자들이 더 많이 양성되고 활동할 수 있게 되기를 기
대한다. 15년 동안 한결 같이 한반도평화연구원을 섬겨주신 김지철 이
사장님에게 감사드린다. 그리고 이렇게 아름다운 책으로 만들어 주신
박영사의 안종만 대표님과 안상준 대표님, 조성호 이사님과 전채린 과
장님, 그리고 이미연 선생님께도 감사드린다.

　　제라쉬의 그 구석진 방에서 바짝 마른 큰 눈망울로 필자를 빤히
쳐다보고 있던 그 아홉 살짜리 아이는 이제 15세의 사춘기 남자 소년
이 되어 있을 것이다. 그 동안 시리아 사태는 전혀 해결의 기미를 보이
지 못하였기 때문에, 아마도 여전히 힘들어하고 있을 엄마와 가족들과
함께 제라쉬에 살고 있을 것이다. 지금쯤의 나이가 되면서, 자신과 자
신의 가족, 민족, 국가가 놓인 상황에 대한 어떤 생각을 주입받기도 하

고, 또 스스로 어떤 생각을 시작하기도 하게 되었을 것이다. 그 소년이 평화에 대한 깊은 확신을 가지고 당당히 평화를 위한 활동을 할 수 있게 커가기를 바란다. 가장 큰 반(反)평화의 공간 속에서 자라났기에, 오히려 그 누구보다도 더 평화를 깊이 생각하고 결심 속의 행동을 할 수 있는 조건도 가졌다고 보기 때문이다. 이 책이 그런 소년들과 함께 나누어지는 책이 되기를 소망한다.

2021년 1월
이 땅에 새로운 평화가 시작되기를 기원하면서
저자들을 대표하여
전우택 드림

반(反)평화의 심리와 마음의 습관

왜 반(反)평화 연구인가

'반(反)평화'란 평화의 모순 개념이다. 평화의 반대 방향으로 나아가는 모든 심리와 태도는 반평화라는 개념 아래 포섭된다. 반평화에 대한 연구는 반평화를 추구하기 위한 연구가 아니다. 반평화에 대한 이해와 극복을 위한 연구이다. 여기서 '이해한다'는 말은 그것을 받아들이고 인정한다는 말이 아니라 사태의 원인을 잘 파악하여 다시는 나쁜 방향으로 진행되지 않도록 살펴보는 것을 의미한다. 한나 아렌트가 전체주의에 대하여 '이해'*가 필요하다고 했을 때, 이는 바로 후자의 의미에서 '이해'를 말한 것이다. 이러한 이해를 반평화에 대해 기울여 보려는 것이 이 책의 목적이다.

선한 사람들만의 세상에서만 사는 사람들은 선한 것이 왜 좋은지

---

* 한나 아렌트, 『전체주의의 기원 I』 이진우 외 옮김(한길사, 2006) p.34. 여기서 아렌트는 "이해란 잔악무도함을 부인하는 것이 아니다. 그것은 선례에서 전례 없는 일을 추론하거나 현실의 영향과 경험의 충격이 더 이상 느껴지지 않도록 만드는 유추와 일반화를 통해 현상들을 설명하는 것도 아니다. 이해는 오히려 우리의 세기가 우리 어깨에 지운 짐을 검토하고 의식적으로 떠맡는다는 것을 의미하지, 짐의 존재를 부인하거나 그 무게에 패기 없이 굴복한다는 것을 의미하지 않는다." 라고 말한다.

를 알 수 없으며, 선이란 것 자체 또한 인식하기가 어려울 것이다. 선은 악과 더불어, 악의 상대적인 것으로서 드러날 때 인간에게 선으로 인식될 수 있다. 이는 선악과를 먹고 낙원에서 추방된 아담과 이브의 후예에게는 피할 수 없는 사실일 것이다. 이와 마찬가지로 평화 속에서만 살아가는 사람이라면 평화가 왜 좋은지 알 수 없으며, 평화 그 자체를 평화로 인식하기조차 어려울 수 있다. 평화가 깨어지는 경험을 할 때에 비로소 우리는 그것이 진정 평화였음을 알게 되고, 또 평화가 좋은 것임을 절실히 깨닫게 된다.

그런데 이 세상에는 전적으로 선한 세상에서만 살아가는 사람은 존재하지 않으며, 전적인 평화 속에서만 살아가는 사람도 없다. 어른에 의해 세상의 악한 경험으로부터 잘 보호되고 있는 어린 아이라면 몰라도 이 세상에 살아가는 그 누구도 선과 악을 함께 경험할 수밖에 없다. 아니, 비록 어린 아이라 하더라도 그들도 이미 부모와의 관계 속에서 좋고 나쁨과 평화와 불편을 경험하면서 성장할 수밖에 없는 것이 인간사의 이치일 것이다. 그래서 시편 기자의 "내가 죄악 중에서 출생하였음이여 어머니가 죄 중에서 나를 잉태하였나이다."(시편 51: 5)라는 탄식의 노래는 인간의 실존적 상황의 현주소를 적나라하게 드러내는 말일 수밖에 없다.

한반도의 평화 문제에 대해서도 우리는 같은 생각을 해 볼 수 있다. 한반도에 평화가 깃들지 못하고 반평화 현상이 지속적으로 발생했던 상황을 제대로 이해하려면 그 현상의 근원에서 작동하고 있는 반평화의 뿌리를 보아야 한다. 그 뿌리는 개인의 심리에서 시작하여, 집단의 차원에서 작용하는 소위 '마음의 습관(the habits of the heart)'*을 살

---

* Robert N. Bellah, et. al., Habits of the Heart: Individualism and Commitment in American Life, California: The Regents of the University of California, 1985; 로버트 벨라 등, 『마음의 습관』 김명숙 외 옮김 (나남신서, 2001). 이 책에

퍼볼 때 여실히 드러날 수 있다. 남한과 북한의 정치 공동체 구성원들의 마음에 습관으로 작용하고 있는 반평화의 근원을 제대로 반성하고 살피지 못한다면, 남북문제를 해결하기 위한 국제적 노력이나 구조적 노력이 순식간에 물거품이 될 수 있다. 남북간에 이루어진 여러 공동성명과 합의의 노력들, 금강산과 개성공단 등을 통해 추구했던 실질적인 교류노력들이 왜 효력을 발휘하지 못하고 또 중지되곤 했는지를 생각해보면 반평화의 심리, 우리의 마음에 깃들어 있는 반평화의 습관을 살피는 일의 중요성은 쉽게 동의할 수 있는 일이다.

평화인문학의 지평

한반도 평화연구원이 남북문제에 관심을 가지고 출범한 지 5년째가 되면서 그 연구원들 가운데 인문학자들 및 인문학에 관심이 있는 이들이 한반도의 평화 문제에 대해 힘을 모아 함께 작업을 해 보기로 의견을 나누었다. 그리고 모임을 가지면서 이름을 평화인문학팀이라고 스스로 명명하였다.

평화인문학팀이란 평화를 지향하면서 평화 개념과 관련된 다양한 측면을 인문학적으로 탐구하려는 취지를 반영하여 스스로 붙인 이름이었다. 그리고 그 첫 번째 과제로 남북의 폭력적 대치상황을 염두에 두면서 평화 개념과 관련된 주제를 탐구해 보기로 하였다. 이를 위한 첫 모임에서, 평화에 대한 탐구는 평화를 해치고 평화를 저해하는 원인들에 대한 인문학적 탐색이 우선되어야 한다는 데 의견의 일치를 보았다. 즉, 반평화를 이해하지 못한다면 우리는 평화에 이르는 길을 알 수

서 벨라 등은 미국인들의 마음에 있는 열망과 두려움에 대해 논의가 가능한 어떤 '공통적인 것'이 있다고 믿고 그에 대해 논리를 전개하는 데 그러한 공통적인 것을 지칭하는 표현으로 '마음의 습관'을 사용한다)

없을 것이라는 인식을 공유하였던 것이다.

평화인문학팀에는 인문학자들만 포진해 있지 않다. 인문학에 관심이 있고 또 평화에 대한 인문학적 성찰이 필요하다고 생각하는 사회과학자, 의학자도 함께 하였고 우리의 기획의 완성도를 높이기 위해 외부 연구자를 영입하기도 했다. 인문학을 전공한 이로는 심혜영(중국문학) 김선욱(철학)과 성서학자인 김회권(구약)과 박정수(신약)가 있다. 여기에 한반도평화연구원의 연구원은 아니지만 우리의 취지에 공감한 서경석(국문학)이 동참하였다. 또한 법학자 이해완과 정신병리학자 전우택이 인간의 심리와 내면에 대한 연구를 보태었고 법학자인 이국운이 평화를 추구하는 태도를 법과 정치구조와 연관한 연구로 합류하였다. 이로써 모두 8명이 '반(反)평화'에 대한 인문학 연구에 집중하였고, 이 책에서 보는 것처럼 8개의 연구 결과물로 개인이 심리에서 마음의 습관에 이르는 연구의 스펙트럼을 이루어 내었다.

이 책의 구성

이 책은 크게 3부분으로 나뉜다. 평화와 반평화에 대하여 제1부는 인문학적인 관점에서 살펴보았고, 제2부는 제도의 관점에서 반평화의 마음의 습관에 대해 주목하였다. 제3부는 성서의 관점에서 신약과 구약 속의 반평화와 평화의 담론을 이끌어 내고 있다.

인문학적 접근을 시도한 제1부의 첫 번째 글 "평화와 반평화: 평화의 윤리학적 조건"에서 김선욱은 폭력과 잔혹행위 개념을 분석하고, 그 구조와 극복의 조건을 탐구한다. 여기서 폭력과 잔혹행위의 개념을 분석한다는 것은 그 둘의 본질에 대하여 언어적 규명을 함으로써 폭력과 잔혹의 형성 구조를 드러내는 작업을 한다는 것이다. 구조를 보면 극복의 방향이 정확하게 포착될 수 있다는 입장에서 김선욱은 소통적 권력의 구축과 강화, 그리고 이에 바탕을 둔 권위체의 형성을 대안으로 주장한다.

두 번째 글 "반(反)평화적인 삶의 문화와 그 근저"에서 심혜영은 우리의 문화에 폭력성이 만연한 것, 폭력적인 삶의 행태가 끊임없이 반복해서 등장하는 것은 자신의 폭력성에 대한 무지 및 인지불능의 상태에서 자신도 모르게 폭력의 확대 재생산을 하는 군중의 일원이 된다는 점을 지적한다. 르네 지라르의 말을 빌어 '모방 욕망'이 그 근저에서 작동하는 메커니즘인 것이다. 심혜영은 르네 지라르를 활용하여 폭력을 모방하는 것이 아니라 예수 그리스도를 모방하여 폭력의 연쇄를 중단하고 평화를 이루는 방법을 제시한다. 간음한 여인에게 돌을 던지려는 성난 군중 속에서 예수를 모방하여 돌 던지기를 단념하고 돌을 내리는 첫 사람이 됨으로써 우리는 다른 욕망을 따라 비폭력의 연쇄를 불러일으킬 수 있다는 것이다.

세 번째 글 "한국문학을 통해 본 이웃 사랑의 철학"에서 서경석은 김원일의 소설들을 분석하면서 이웃사랑이 내포하고 있는 문제의 깊이로 우리를 인도한다. 이웃은 친한 동료일 수도 있지만, 나에게는 지극히 낯선 타자일 수도 있다. 이질적이고 낯설며 심지어 공격적일지도 모르는 이웃을 과연 우리는 사랑할 수 있는가, 철저한 도덕명령과 순수를 지향한다면 결국 우리는 죄의식에 빠질 수밖에 없고 우리의 죄스러운 욕망만을 확인하게 되지 않는가 라는 문제를 우리로 하여금 직면하게 하면서, 서경석은 합리적인 이해를 바탕으로 하나님에 대한 믿음을 확인하려 하지 말고 믿음으로 믿음에 이르러야 한다는 뜻을 가진 파스칼의 말 "무릎을 꿇고 믿으면 너는 믿게 될 것이다."에 담인 신앙의 부조리를 이웃사랑의 문제들에 대한 해결의 실마리로 제시한다.

제도의 차원에서 반평화를 지향하는 마음의 습관을 탐색하는 제2부의 첫 번째 글인 이해완의 "폭력의 내면적 원인과 평화의 내면적 토양"은 폭력의 마음과 평화의 마음에서 나오는 것이 무엇인지를 분석하고, 또 여기서 한 걸음 더 나아가 폭력과 평화를 낳는 마음의 습관인 이데올로기적 신념들을 분석한다. 폭력을 낳는 정서인 분노, 불안, 증오 등에 대해 평화를 낳는 정서인 용서, 평정, 사랑을 대치시키며, 폭력을 낳는 신념들인 비관적 현실주의, 응보적 정의관, 처벌을 통한 교정에 대한 믿음, 남자다움에 대한 그릇된 신념, 이데올로기화한 배타적 정체의식 등에 대해 평화를 낳는 신념들인 현실적 이상주의, 회복적 정의관, 사랑의 힘에 대한 믿음, 인간다움에 대한 성숙한 관점, 열린 정체의식 등을 대치시킨다. 나아가 폭력적인 인격과 태도인 권위주의, 인간성의 부정 등을 지양하고, 평화적인 인격과 태도인 평등의식, 타인의 얼굴 보기 등을 권유한다. 이해완은 폭력과 평화 심리학의 지도를 그려 보임으로써 평화를 이루기 위해서는 우리가 어떤 태도를 취해야 하는지를 알려준다.

전우택의 글 "인간의 공격성과 한반도의 평화"는 프로이트가 인간의 공격성에 대해 제시한 "인간의 공격적인 성향을 인간 스스로 억제할 수 있을 것 같지는 않다."라는 테제에 대해 한반도의 반평화적 배경에서 응답을 시도한다. 이 시도는 공격성의 심리적 원인, 사회적 원인, 환경적·상황적 원인을 묻는 이론들에 대한 검토에서 시작하여, 한반도에서 인간의 공격성을 강화하는 요소들로 통일에 대한 남북한의 인식, 증오의 휴머니즘, 자신의 이데올로기를 절대화하는 경향, 동물 행태적 관점에서 보는 구조적 원인, 피해자 심리 등을 적시하는 데까지 이른다. 전우택은 여기서 한 걸음 더 나아가 이러한 공격성을 한반도의 맥락에서 어떻게 극복하고 평화를 이룰지를 묻는다. 이를 통해 한국인의 내면 깊은 곳에 자리 잡은 공격성, 즉 마음의 습관으로서의 공격성에 대한 반성을 촉구하며, 이것이 우리의 사명임을 천명한다.

이국운의 글 "민주적 연방주의와 평화"는 제목이 주는 인상과는 달리 통일이후의 정치체제에 대한 논의가 아니다. 1953년에 있었던 휴전반대운동을 소개하면서 이국운은 통일을 보는 다양한 눈을 소개하고 이 가운데 굴종으로 얻는 평화와 같은 쉬운 평화의 길과 희생을 무릅쓰고라도 북진통일을 완수할 것을 주장하는 어려운 통일의 길을 구별한다. 그리고 오늘날에 와서, 과거의 휴전반대와 북진통일의 분위기와는 다른, 남북공존과 평화통일을 주장하는 것은, 보다 힘들고 복잡해진 상황에서 이루어진 더 어려운 평화의 길임을 설명한다. 그리고 이 '더 어려운 평화의 길'을 심화시키는 길로 민주적 연방주의를 제시하는 것이다. 아울러 평화란 원래 쉬운 것이라는 대중적 관념을 활용하여 더 어려운 평화의 길을 막는 것은 반평화의 논리임을 밝힌다. 여기서도 중요한 것은, 초집권적 단방국가를 당연시하는 오랜 마음의 습관을 의식적으로 탈피하는 것이라고 이 글은 주장한다.

성서의 관점에서 신약과 구약 속의 반평화와 평화의 담론을 이끌어 내는 제3부의 첫째 글인 신약성서학자 박정수 교수의 "기독교의 '반-유대주의' 담론과 평화의 문제"는 신약성서를 오독할 때 발생할 수 있는 증오의 메시지가 기독교의 근본적인처럼 보일 수 있는 부분을 제대로 독해할 것을 강조한다. 초기기독교 공동체는 유대교 내부에 존재했던 공동체의 한 부분으로 출발했기 때문에 바리새파에 대한 비판을 담고 있어도 이를 유대교 내부의 개혁 운동 이상으로, 즉 반셈족주의적 혹은 반유대주의적으로 읽어서는 안 되며, 폭력을 포기하고 원수를 사랑하라는 예수의 요구는 단순한 이상주의적인 평화주의 노선이 아니라 긴급한 현안에 대한 해결책으로 제시된 것이라고 박정수는 주장한다. 나아가 분단의 트라우마를 갖고 있는 우리에게는, 예수 그리스도의 십자가 사건은 용서와 치유의 패러다임으로 볼 수 있으며, 복은 이 용서와 화해의 복음이 되어야 함을 주장한다.

구약학자 김회권의 "역대기의 민족화해 사상"은 역대기에 나타난

민족화해의 신학을 천착하여 거기서 한반도 평화에 대해 갖는 함의를 모색하려 한다. 역대하 28:8-15의 이야기는 사마리아에 대한 남유다의 인식이 극도로 나빴던 상황에서, 오히려 사마리아의 예언자들이 북왕국의 호전적 세력을 감동시켜 유다 포로들을 형제애로 포용하고 선대하였다는 미담을 남유다가 널리 전파하였고 책에 기록하기까지 했다는 이야기이다. 김회권은 이 사건의 의미를 드러내는 가운데, 역대기 당시의 상황에서 남유다가 사마리아에 대해 가진 인상과 같은 것을 남한 사람이 북한 사람들에게 가지고 있음을 우리에게 상기시키며, 우리에게 남북화해를 위해서는 원수미담 칭찬하기, 원수인권 존중하기, 원수슬픔 들어주기, 원수 논리 이해하기 등이 필요함을 역설한다.

통일과 평화인문학

인문학의 심장은 생각에 있다. 생각이란 계산이나 전략의 고안을 말하는 것은 아니다. 현대인들은 전략적 사고나 계산에는 빠르지만 생각 없이 알아가는 경우가 많다. 국가공무원으로 나치스를 위해 유대인 학살에 앞장을 섰던 아돌프 아이히만은 힘러를 통해 자신에게 주어진 임무를 수행하기 위해 최선을 다해 전략을 수립하고 탁월하게 그 일을 수행했다. 그 결과는 600만 유대인들의 학살이었다. 한나 아렌트가 <예루살렘의 아이히만>에서 이런 아이히만에 대하여 '무사유(thoughtlessness)'라는 진단을 내렸을 때 그녀의 진단은 현대를 생각 없이 살아가는 모든 사람들을 향한 것이 된다. 이때 아이히만과 관련하여 생각이 결여되었다고 한 것은 그가 자신이 하는 일의 의미에 대해 깊이 숙고하지 못하고 있음을 지적한 것이다.

통일에 대해 우리가 수많은 말을 하고 또 많은 전략과 정책을 제안하고 수립하지만, 그 결과가 과연 어떤 의미가 있는지 생각이 결여된 경우가 많다. 누가 통일의 길이 평화롭기를 바라지 않는다고 말하겠는가. 하지만 실제로 제시하는 전략과 정책들은 진정 평화를 원하는 것인지를 의심하지 않을 수 없는 경우가 참으로 많다. 조금만 상상력을 기울여도 그 전략과 정책의 결과가 반평화라는 것을 금방 알 수 있으니 말이다.

이 책에 담긴 글은 통일 전략이나 정책을 제안하지 않는다. 그런 제안에 가장 근접한 이국운의 글조차 우리에게 정책에 담긴 뜻을 깊이 숙고할 것을 요구한다. 제3부에 담긴 성서와 관련된 글들도 우리에게 성서적 입장을 전달하고 어떤 기준점을 제시하기보다는, 통일을 염두에 둔 우리가 가장 아프게 숙고할 부분들을 건드려 준다. 제1부와 제2부의 다른 글들도 통일과 평화에 대해 말하면서도 우리 자신이 깊은 곳을 성찰하게 한다.

따라서 이 책을 읽을 때 어떤 분명한 결과물을 얻기를 바라기보다는 참된 평화통일로 가는 바른 자세가 무엇이고, 전략과 정책의 수립이 제대로 되기 위해 반드시 고려하고 짚어 보아야 할 점들이 무엇인지를 근원적으로 사유하려는 취지로 읽기를 바란다. 빠른 결실과 분명한 효용성을 최고의 가치로 생각하는 이들에게는 이 책이 무용한 것처럼 보일지 몰라도, 인문학이 원래 그러한 것처럼, 이 책도 근원을 터치 하면서 말단과 지엽을 조정하는 기능을 담당할 수 있으리라 생각한다. 이런 점에서 이 책은 혼자서 읽어도 좋지만, 함께 숙고하며 토론할 자료로 활용하는 것도 좋으리라 생각한다.

글 마무리

원래 이 책의 기획은 한반도평화연구원 임원회에서 아이디어가 나왔고, 이에 따라 심혜영이 평화인문학팀을 꾸렸고 이 일을 뒤이어

몇 사람들이 나누어 기획을 했었다. 초기부터 다수가 함께 하여 기획을 했으며, 2011년 12월에 두 차례로 나누어 진행된 포럼에서 각자 이 책에 실린 글의 초고를 내놓고 많은 참여자들로부터 의견을 청취하고 토론하는 기회를 가졌다. 뒤이어 그 발표문에 대해 각자 자신이 속한 학회들을 통해 발표 내용에 대한 학문적 검증의 과정을 거치기로 했다. 그래서 포럼이 끝난 이후에 이 책이 곧바로 출간되지 않고 1년 정도의 시간을 끌게 되었다.

이처럼 장기간의 진행 과정에서 인내로 기다려주신 이장로 원장님께 감사를 드리고 이 책의 출간을 흔쾌히 허락하신 프리칭아카데미의 임태현 목사께도 감사드린다. 이 일을 위해 실무적인 책임을 담당하여 도와주었던 윤환철 국장과 손인배 팀장, 그리고 오미영 간사께 감사를 드린다. 이 기획의 처음부터 마무리까지 마음을 모아 일을 하는 과정에서 단 한 번도 심각한 의견 충돌 없이 원만히 그리고 기쁘기 모든 일들이 진행될 수 있었던 것은 참여한 모든 연구원들의 깊은 신앙적 덕성 때문이라 생각되어 우리가 공유하고 있는 기독교 신앙에 대해 깊은 자부심을 다시금 느끼게 된다. 우리의 연구와 활동과 평화로운 통일을 위해 기울이는 모든 일들로 인해 하나님께 영광을 돌릴 수 있게 되길 바란다.

2013년 2월
평화인문학팀을 대신하여
김선욱

차례

PART 01

평화와 반(反)평화에 대한 성찰

PART

01

평화와 반(反)평화에 대한 성찰

반(反)평화의 개념과 구조 이해1)

김선욱 _숭실대 철학과

1. 왜 우리는 반(反)평화 개념을 연구하는가

우리의 관심은 평화가 무엇이며 평화를 어떻게 이룰 것인가에 있다. 그런데 우리가 평화에 대해 생각하게 되는 때는 우리가 평화롭지 않을 때이다. 평화롭게 살 때에는 평화를 그리워하거나 평화에 대해 숙고하지 않는다. 삶의 평화를 잃어버렸거나 평화가 심각하게 위협을 받아 평화의 잃어버리는 순간에야 비로소 우리는 평화의 존재를 느끼게 된다. 이처럼 평화는 그 자체로 중요하게 여겨지기보다는 위기와 더불어 비로소 생각된다. 그래서 평화 개념의 서양적 근원이 되는 고대 그리스 신화에서 평화의 신은 중심적 신이 되지 못하고 주변적인 역할밖에는 감당하지 않는다.2) 반면 평화의 반대가 되는 전쟁의 신(Ares)은 중심적인 역할을 하는 신으로 등장한다. 서양인의 의식 속에서도 평화는 전쟁이 없는 상태로 설명되며, 이때의 평화는 전쟁의 종료와 더불어 찾아오는 것, 또는 질서가 회복되면 저절로 마련되는 것과 같은 의미로 이해된다. 그래서 우리는 평화에 대한 연구의 한 방편

---

1) 이 글은 『栗谷思想硏究』 제24집(2012년 6월)에 게재된 논문 「지배적 권력과 소통적 권력」을 이 책의 주제에 맞게 수정 보완한 것임을 밝혀둔다.
2) 김완수, 「그리스 철학에 있어서의 평화의 문제」, 서강대학교 철학연구소 편 『평화의 철학』 p.26.

으로 평화의 반대가 되는 반(反)평화에 대해 생각할 필요가 있다. 이 글
에서는 반평화의 개념와 그 구조에 대한 이해를 모색해 보려고 한다.

평화 연구란 "평화를 실현하는 가능성과 조건을 연구하는"[3] 것이
다. 평화 운동이란 "평화를 의식화시키고 사회적으로 실현할 수 있도
록 조직하며 실천하는 모든 노력들"을 뜻한다. 따라서 평화에 대한 연
구는 평화 자체에만 집중할 수 없다. 적극적인 평화 개념을 수립하고
실천하려는 현대의 비판적 평화 연구가들은 평화를 "오늘날 전쟁과 폭
력, 그리고 분쟁이 일어날 수밖에 없는 국제 질서와 국내 사회의 질서"
와 연관하여 연구하고 있다. 평화가 존재하지 않는 이러한 체제를 평
화의 체제로 이끌고 가며, "기존의 국제 정치 관계를 지배하고 있는 위
협 체제의 원칙과 합리성을 극복"하려면 우리는 반평화를 초래하는 심
리와 구조를 이해해야 하고, 나아가 그런 이해를 바탕으로 사회질서와
국제관계에 대해 분석을 해 보아야 한다.

이 글에서는 반평화를 만들어내는 두 조건인 폭력(暴力, violence)
과 잔혹행위(殘酷行爲, atrocity)에 집중한다. 우리의 관심은 폭력과 잔혹
이 어떻게 작동하는가를 분석하여 그 개념과 구조를 이해해 보려는 데
있으며, 또한 이를 토대로 폭력과 잔혹의 극복 가능성을 탐구하는 데
기울여질 것이다.

폭력은 흔히 개인이나 집단에 가해지는 난폭한 힘, 혹은 육체에
손상을 가져오고 정신적·심리적 압박을 주는 강제력을 의미하는 것으
로 규정된다. 하지만 폭력을 그렇게 이해하게 되면 정당하게 가해지는
제재도 폭력으로 간주되어, 결국 개인의 관점에서는 폭력과 정당한 제
재를 구별하지 못하는 결과를 낳게 된다. 그래서 육체적 혹은 심리적

---

3) 이삼열, 「평화의 개념과 평화 운동의 과제」, 그리스도교 철학연구소 편 『현대사회
   와 평화』 pp.177−178.

압박을 받는 개인은 그러한 압박을 폭력으로 규정하는 가운데 결국 폭력을 정당한 폭력과 부당한 폭력으로 다시 나눌 필요를 초래하게 된다. 이렇게 되면 폭력이 원래 가진 부정적 함의는 현저히 줄게 되고 따라서 폭력은 언어적으로 일상화되고 나아가 폭력에 무감각해지는 결과를 낳을 수 있다. 우리는 폭력을 원자화된 개인의 입장에서 느끼는 압박과 동일시해서는 안 되며, 현실에서 작용하는 폭력, 강제력, 권위, 권력 등의 차이점을 정확하게 포착한 개념적 이해를 추구할 필요가 있다. 한나 아렌트(Hannah Arendt)의 「폭력론」4)은 이러한 맥락에서 요긴하다. 이들 개념 상호간의 차이와 상관관계에 대한 명확한 이해를 우리에게 제시해주기 때문이다.

잔혹 혹은 잔혹행위는 폭력의 일부를 이룬다. 하지만 폭력적 행위가 개인 혹은 집단에 대해 잔인하고 혹독한 형태로 가해지는 경우를 특히 잔혹 혹은 잔혹행위라고 부른다. 예컨대 신체에 대한 폭력 가운데 고문은 잔혹행위이다. 폭력을 통해 살인이 이루어지는 경우에도 시신의 훼손은 잔혹행위에 속한다. 전쟁에서 다수가 죽는 일이 발생하지만, 항복한 적을 몰살하거나 양민의 학살, 혹은 부락이나 종족 전체의 말살은 잔혹행위에 속한다. 잔혹행위는 그 강도나 규모에 있어서 단순한 폭력을 훨씬 능가하며, 그 원인은 단순한 폭력의 경우보다 더 복합적이다. 그것을 극복하는 방법도 단순한 폭력의 경우와는 다르다. 잔혹에 대한 논의는 특히 인간의 심리에 대한 이해를 추가적으로 요구한다는 점에서 차별화된다. 20세기에 이루어진 인간의 잔혹행위들을 총체적으로 살펴보고 극복의 길을 고민한 윤리학자 조나선 글로버(Jonathan Glover)의 작업5)은 잔혹의 **구조**에 대해 이해하고 극복하는 데 도움을

----

4) 한나 아렌트, 「폭력론」, 한나 아렌트, 김선욱 역, 『공화국의 위기』 (파주: 한길사, 2011) pp.151-265.

준다.

이 글을 통해 주로 도움을 받게 될 한나 아렌트와 조나선 글로버
는 20세기의 폭력에 대한 성찰을 자신의 학문 가운데 담아내려고 했던
점에서는 공통적이다. 두 차례의 세계대전뿐만 아니라 그 이후에 지구
상에서 벌어진 전쟁들과 정치적 격동을 어떻게 이해하고 극복할 것인
가를 이 두 학자는 고민했던 것이다. 그러면서도 이 두 학자는 각각 다
른 지점에 주목했고 또 극복의 방법도 달리 제시한다. 아렌트는 정치
철학적 관점에 입각하여 폭력을 개념적으로 풀어내고 정치적 방식으로
해결방안을 모색하였던 반면, 글로버는 윤리학자로서 인류의 잔혹행위
의 문제를 다루는 가운데 도덕성의 침식과 심리적 작용에 초점을 맞추
었으며, 이와 더불어 정치적 맥락을 고려한 사유를 진행하였다. 글로버
의 해결방안은 개인적으로는 심리학과 윤리학적 관점에서 그리고 사회
적으로는 국제조직의 작동이라는 관점을 아울러 모색하는 특성도 갖고
있다.

이제 우리는 아렌트와 글로버의 사유의 결과를 활용하여, 통일을
지향하는 평화인문학의 관점에서 반평화를 이루는 폭력과 잔혹행위에
대하여 논의를 진행하려고 한다. 이 글의 목표는 폭력에 대한 명확한
개념 이해와 극복의 방법에 대해, 그리고 잔혹의 구성요소에 대한 이
해와 극복의 방법 모색에 있다. 극복의 방법이란 폭력의 경우는 정치
에서의 진정한 권력의 수립, 그리고 잔혹행위에 있어서는 즉각적 행동
을 가능하게 하는 권위의 수립이 될 것이다.

----

5) 조나선 글로버, 김선욱 역, 『휴머니티: 20세기의 폭력과 새로운 도덕』(서울: 문예
   출판사, 2008).

2. 지배적 권력과 소통적 권력

폭력이란 개인 혹은 집단의 의지가 다른 개인 혹은 집단의 의지를 제약하는 것과 관계된 것이다. 폭력이란 개인 간에 나타날 수도 있고, 가정에서 나타날 수도 있고, 국가 간에 나타날 수도 있다. 뿐만 아니라 심지어는 자기 자신에 대한 폭력이라는 형태로 나타날 수 있다. 이처럼 폭력은 인간과 관련된 모든 영역에서 발생할 수 있다. 폭력(violence)과 유사한 개념으로 권력(power), 강제력(force), 강성(strength), 권위(authority) 등이 있다. 이 말들의 의미는 조금씩 다르지만 모두가 어떤 영향력의 행사라는 점에서는 공통적이다.

그런데 이 개념들은 우리가 어떤 정치적 관점을 채택하는가에 따라 유사하게 보일 수도 있고 아주 다르게 보일 수도 있다. 다시 말해, '지배적 권력의 정치'의 관점에서 볼 것인가 '소통적 권력의 정치'의 관점에서 볼 것인가에 따라 위의 개념들은 비슷하게 규정될 수도 있고 다르게 규정될 수도 있다. 이 두 정치적 관점은 정치를 지배와 피지배 혹은 지배자와 피지배자의 관계라는 점을 중심으로 보는가, 아니면 평등한 관계를 이룬 개인들의 관계로 보는가에 따라 달라진 것이다. 그런데 위의 개념들의 차별성을 분명히 이해하고, 나아가 폭력에 대한 진정한 해결책을 발견할 수 있는 것은 소통적 권력의 정치의 관점이다.

우선 위의 두 정치적 관점의 차이를 알아보기 위해 우선 '지배적 권력'과 '소통적 권력'의 차이를 이해해 보아야 한다. 지배적 권력의 관점에서는, 정치는 지배자(ruler)와 피지배자(ruled)의 관계로 이해되고 권력은 지배자가 피지배자를 통치(ruling)하기 위한 도구이다. 그런데 소통적 권력의 관점에서는, 정치는 평등한 개인들의 수평적 관계에서 이루어지는 상호조정의 과정으로 이해되며 권력은 그 개인들이 이룬 합의를 통해 자신의 공동체적 삶을 규율(ruling)하는 장치이다. 전자의

권력 개념에는 수단-목적의 논리가 작용하는 반면, 후자의 권력 개념
에는 합의의 정신이 중심에 있다.

두 가지 정치적 관점에 대해 좀 더 자세히 설명해 보자. 우선, 지
배적 권력의 정치란 지배적 권력 개념을 중심 이념으로 여기며 이루어
지는 정치라고 정의해 볼 수가 있다. 대부분의 정치가들, 그리고 많은
정치 사상가들은 이러한 입장을 현실적인 정치 개념이라고 이해한다.
C. W. 밀즈가 "모든 정치는 권력을 위한 투쟁이다"라고 말했다. 이러
한 밀즈의 정치 개념은 지배적 권력의 정치 개념의 한 예가 된다. 이
개념에 따르면, 정치가는 지배자가 되어 지배적 권력을 행사하는 자리
를 차지하려는 투쟁적 노력을 기울이는 사람이다.

또한 막스 베버는 권력을 타인에 대해 자신의 의지를 관철시키는
것이라고 규정하였고, 국가에 대해서는 "적법한 폭력에 기초한 인간에
대한 인간의 지배"라고 규정했다. 이렇게 보면 권력과 폭력은 그다지
구별되는 개념이 아니다. 국가가 시행하는 권력은 "적법한 폭력"인 셈
이며 권력이나 폭력은 근본적으로 폭력이라는 점에서는 다름이 없다.
그래서 베버는 폭력이 정치의 심장이라고 주장했던 것이다. 이 관점에
서 모택동이 한 "권력은 총구에서 나온다."는 말도 근본적으로 다른
뜻이 아니다.6) 이러한 지배적 권력의 정치 개념이 플라톤에서 마르크

---

6) 여기서 짚고 넘어가야 할 것이 두 가지가 있다. 하나는 클라우제비츠가 전쟁에 대
해 "다른 수단을 통한 정치의 연장"이라는 말이다. 대규모의 폭력인 전쟁을 정치
의 연속이라고 말한 것은 정치의 본질이 폭력에 있다는 베버의 말과 동일한 것
같으나, 전쟁은 국제적 갈등의 양상이라는 점에서 국내 정치에서의 폭력의 문제
와는 레벨이 다른 논의인 것이다. 즉 국내 문제와 국제 문제에서는 권력이 작동
하는 양상이 근본적으로 다르기 때문에 이 클라우제비츠의 말을 베버와 모택동의
말과 동일선상에서 이해하는 것은 곤란하다. 둘째, 모택동의 말로 인해 공산주의
혹은 사회주의가 폭력을 정치행위의 본질로 이해하고 있다는 일반론적 결론으로
나가는 것은 곤란하다. 마르크스는 폭력의 힘이 단지 이차적 중요성만을 갖고 있
을 뿐이라고 생각했다. 물론 폭력이 역사에 있어서 하는 역할을 인정하기는 했다.
하지만 마르크스에게 있어서, 예컨대 구시대를 마감하게 하는 것은 시대의 내적

스에 이르기까지 서양정치사상사를 지배해 왔다고 한나 아렌트는 말
한다.[7]

지배적 권력 관점에서 본다면 폭력은 고통을 가져오기는 해도 긍
정적으로 작용하는 방식이 있기 때문에 우리가 폭력을 불필요하게 생
각하거나 폭력을 근본적으로 잘못된 것으로 생각할 필요가 없다. 그뿐
아니라 폭력은 종종 필요하고 정치적으로 중요한 기능을 하는 것이므
로 폭력에 대해 전반적으로 부정적으로 생각할 이유가 없어진다. 이렇
게 폭력이 정치적으로 중요하게 다루어지고 긍정적으로 간주되는 까닭
은 그것이 어떤 목적을 실현하는 데 유용하기 때문이다. 즉 폭력은 목
적의 성취를 위해 도구적으로 활용되므로 목적의 실현 여부에 따라 폭
력은 합목적성의 관점에서 정당화된다.

지배적 권력의 관점에서 폭력이 긍정적으로 여겨지는 방식은 다
음의 두 가지이다. 하나는 베버의 말처럼 법에 따라 폭력 행위가 이루
어지는 경우로 국가폭력이라는 말이 이 경우에 해당된다. 국가폭력은
국가가 법에 따라 행사한 폭력, 즉 합법적인(lawful) 폭력이고, 다른 폭
력과는 단지 법에 따른 것이라는 점 외에는 다른 차별성을 갖지 않는
다. 다른 하나는 폭력이 특정한 목적을 통해 정당화되는 경우이다. 정

모순이지 폭력이 아니다. 새로운 사회의 탄생에는 고통이 수반되는 것처럼 묘사
되기 때문에 고통이 필수불가결 한 요소로 생각될 수 있겠지만, 출산의 고통은
어디까지나 출산에 수반되는 것이지 고통이 출산의 원인이 되는 것은 아니므로,
고통이 새로운 사회의 탄생을 낳는 것은 아니라는 것이다. 마르크스는 폭력이 어
떤 새로운 사회 탄생의 원인이 될 수 없다는 것을 분명히 인식했다고 아렌트는
지적한다. 마르크스의 가르침을 받은 혁명적 좌파들은 혁명의 과정에서 종종 폭
력적 수단을 배제하려 했었으며, 마르크스의 가르침 가운데 억압을 공공연히 제
시했던 유일한 지점인 프롤레타리아 독재 기간도 마르크스는 단지 일시적인 것으
로만 이해했었다. 반면 역사적으로 종종 있었던 정치적 암살 행위는 우파들에 의
해 자행되는 경우가 대부분이었고, 좌파는 음모가 오히려 해롭다고 생각하는 경
향이 있었다는 것이다. 한나 아렌트, 「혁명론」, pp.160-161.

7) 한나 아렌트, 김선욱 역, 『정치의 약속』(파주: 푸른숲, 2008), pp.124-129.

당화된 폭력은 그 정당화 자체가 목적에 의존하고 있으므로 목적 자체를 정당화시키는 또 다른 정당화의 장치가 동원되어야 한다. 그러한 장치로 종종 종교 혹은 이데올로기가 동원되기도 한다.

한편, 소통적 권력의 정치는 소통적 권력을 중심 이념으로 여기며 이루어지는 정치라고 정의해 볼 수 있다. 소통적 권력이란 표현은 위르겐 하버마스(Jürgen Habermas)가 한나 아렌트의 권력 개념을 설명하면서 붙여준 이름이다.8) 아렌트에 따르면 이 개념의 뿌리는 고대 그리스의 평등의 정치를 말하는 이소노미아(isonomia) 개념에 닿아 있다.9) 이런 맥락에서 이해되는 정치는 자유를 중심으로 한다. 이때 자유, 즉 정치적 자유란 지배와 피지배의 관계에 속할 필요가 없음을 의미하며, 나아가 평등한 개인이 자신의 동료들과 더불어 살아가는 방식 혹은 그러한 삶의 공간을 의미하기도 한다. 자유로운 개인에게 동료란 자신과 동등한 관계에 있는 자들이다. 동등한 자들 사이에서는 강제력과 강요가 아니라 말을 통한 설득에 의해 발견하는 더불어 사는 삶의 형식이 마련된다. 따라서 정치란 자유와 마찬가지로 인간에게 꼭 필요한 것이며, 그것은 경제와 같이 살아가면서 반드시 필요한 어떤 것에 짓눌려서는 안 되는 것이며, 물리적인 강제력의 지배를 받아서도 안 되는 것이다.

소통적 권력의 관점에서 보면, 권력이란 사람들이 함께 어울려 의견을 나누는 가운데 공동 의견을 확인하고, 이를 바탕으로 공동 행동(action in concert)을 하는 데서 형성된다. 이러한 권력이 문자로 확정이 되면서 법이 이루어지기 때문에 소통적 권력은 법의 기초가 된다.10)

---

8) Jürgen Habermas, "Hannah Arendt's Communications Concept of Power". *Social Research*, vol.44, no 1 (Spring, 1977) 참조.
9) 한나 아렌트, 『정치의 약속』 p.159.
10) 이런 의미에서 소통적 권력은 "법형성적 권력(juris-generative power)"이라고

최초의 정치적 모임은 헌법을 만들며, 이후의 모임에서 만들어진 권력은 헌법을 수정하는 힘으로 작동한다. 이 헌법을 기초로 국가와 정부 기관이 형성되므로 국가 권력은 법적 토대에서 작용하는 것이며, 그런 점에서 국가 권력은 정통성(legitimacy)을 갖는다. 이렇게 이해된 권력은 시민의 공동의 의사에 기초한 것이기 때문에 폭력과는 근원적인 차별성을 가진다. 권력의 정통성은 단지 그 법이 독재자에 의해 임의적으로 만들어진 것인가 아니면 시민의 의사의 소통과 합의에 기초한 것인가가 문제가 될 뿐, 권력이 정당화되기 위한 또 다른 장치를 요구하지 않는다. 따라서 국가권력은 정당성의 문제가 아니라 정통성의 문제이다.

3. 소통적 권력과 폭력

국민들이 법을 준수하고 또 국가의 명령에 따르며 자신의 자의적 행동에 대한 제약을 감내하는 국가의 폭력이 개인의 폭력보다 강하다는 판단에서 이루어진 복종이 아니라, 그 법이 자신들의 동의에 근거하고 있다는 인식 때문이다. 그러므로 이 경우의 법에 대한 복종은 폭력에 의한 노예적 복종과는 다르다. 정치 기구들은 시민의 권력의 구체화이며, 정치적 장치를 통하여 시민은 자신들을 규제하는 자들을 규제한다.11) 또한 권위란 법적 기반에 근거한 제도에서 나오는 힘을 의

말할 수 있다. Jürgen Habermas, "Hannah Arendt's Communications Concept of Power" 참조.

11) 이런 규제가 제대로 이루어지지 않을 때 저항이나 직접행동이 나올 수 있는데, 이에 대한 자세한 논의는 이 논문의 한계를 넘어서므로 여기서 상세히 논의하지 않겠다. 여기에 대한 자세한 논의는 한나 아렌트, 「시민불복종론」, 『공화국의 위기』에 수록, 그리고 에이프릴 카터, 조효제 역, 『직접행동』 참조.

미하므로, 권위가 갖는 강제력은 그것이 정치 영역에서 작동하는 것인 한 궁극적으로는 시민의 소통과 합의에 기초하는 것이므로 다른 정당화의 장치를 요구하지 않게 된다.

폭력과 권력의 관계를 잘 드러내는 다음의 두 예를 통해 양자의 차이를 살펴보자. 2007년경 KBS 제1라디오 방송에서는 다음과 같은 이야기를 공익방송으로 활용하였다.[12]

> 어느 고속버스 회사에서는 디지털 속도계를 버스에 부착하여 운전자들이 정속운행을 하도록 유도하였다. 매일 운행이 끝난 뒤 속도계를 분석하여 운전습관을 교정하는 방식으로 일년 동안 시행한 결과 운전자들은 정속운행을 습관화하였고, 이를 통해 회사는 유류비 절감과 자동차 유지비 절감을 얻을 수 있었다. 또한 교통사고를 줄임으로써 회사는 자동차 보험료도 절감하여 연간 1억 5천만 원 정도의 비용을 절감할 수 있었다. 이처럼 경비절감을 위해서 디지털 속도계를 활용한 정속운행의 생활화는 권장할 만한 사항이다.

이 이야기가 공익방송에서 활용되는 이유는 디지털 속도계를 사용하여 운전자들의 나쁜 습관을 고침으로써 경비절감과 교통사고의 경감이라는 바람직한 결과를 얻었기 때문이다. 그런데 이 이야기 가운데 나타나는 운전자의 입장을 보면, 이들은 자신의 운전습관을 무시당하고 운전 과정에서 철저히 디지털 속도계를 의식하는 가운데 그 속도계의 통제를 받아야 했다. 문제는 운전자가 받는 이러한 통제는 운전자에 대한 폭력으로 볼 수 있는가라는 점이다. 폭력을 개인의 의지의 침

---

12) 아래의 두 예는 필자가 한나 아렌트의 폭력론에 대해 한림대에서 특강을 하면서 활용한 것으로, 그 특강의 내용은 한림대학교 인문과학연구소가 발간한 『인문학』 (2008년)에 「한나 아렌트의 폭력 개념」이라는 제목으로 정리되어 있다.

해라는 관점에서만 이해를 한다면 이 일은 운전자의 과속 의지가 제약을 받고 있다는 점에서 폭력적이라고 할 수 있다. 하지만 운전자는 그 제약을 준수함으로써 자신의 생명을 더 잘 보존할 수 있고 회사에도 유익을 끼치면서 본인은 회사로부터 월급을 받는 가운데 모두가 이득을 보는 결과를 낳는 데 기여하고 있다. 그러나 그것보다는 더 근본적으로 운전자가 속한 회사의 규제가 공익에 일치한다는 근거에서 본인과 다른 사람들이 동의에 기반 하여 그러한 조치가 시행되고 있다는 이해가 운전자에게 작동하고 있다고 말할 수 있다. 이처럼 자신이 직접 그 조치를 만드는 데 참여하지는 않았다 하더라도 그 조치를 시행하는 회사와 그것을 받아들이고 좋게 여기는 사회 및 운전자 자신이 거기에 동의를 한다는 것이 전제되어 있기 때문에 그 조치는 폭력으로 인식되지 않게 된다. 그것이 갖는 강제력은 본인의 의지의 한 표현으로 이해할 수 있기 때문에 그 조치에 따르는 것은 자기 자신의 의지와 일치한다고 볼 수 있다. 그런데 이와 유사하지만 다른 다음의 예를 살펴보자.13)

어떤 신발 제조공이 있었다. 그는 다른 아이들과 함께 공동으로 양육되었고, 공동으로 동일한 교육을 받았다. 그는 자신의 부모가 누구인지 몰랐지만, 이는 자신만 그런 것이 아니라 함께 자란 모든 아이들도 마찬가지였다. 교육과정을 통해 그는 손재주가 탁월한 것으로 인정받아 신발 제조공이 되었다. 하지만 그는 바이올리니스트가 되고 싶었다. 물론 자신이 바이올리니스트가 되지 못한 것은 충분히 이해할 수 있는 일이었다. 바이올린을 배우는 기회를 다른 아이들과 똑같이 가졌고, 그에 따른 경시대회에서 그는 꼴찌를 하였을 뿐 아니라, 남 앞에서 섰을 때

---

13) 이는 플라톤의 『국가』의 한 장면을 패러디한 것이다.

보기 좋은 모습으로 나타날 수 있는 외모도 갖질 못했다. 그러니 공정한 교육의 과정에서 내게 가장 적절한 일이 신발 만드는 일로 판명이 난 것은 당연한 것이고, 그도 그 점을 인정할 수 있었다. 하지만 그는 바이올린이 좋았다. 그는 종일 바이올린을 연습하고 싶고, 잘 못하기는 해도 바이올리니스트가 되고 싶은 꿈을 포기할 수 없었다. 그러나 지혜로운 통치자는 사회에서 그에게 가장 적합한 일을 하는 것이 모두를 위한 것이므로 그가 그 일을 담당하는 것이 정의로운 일이라고 하였다.

국가가 신발 제조공에게 그가 하고 싶은 일을 하지 못하게 강제하는 것을 폭력이라고 말하는 데는 큰 어려움이 없을 것이다. 이 경우 "모두에게 유익이 된다"라는 말은 앞의 고속버스 운전자의 경우와는 다른 의미를 갖고 있다. 버스 운전자의 경우는 개인의 동의와 인정이 기초하거나 기대되는 구조에서 이루어지는 조치이므로 개인적 자유의 희생이 정당화될 수 있는 반면, 후자의 구두 제작공의 경우에는 국가의 지배구조 속에 개인의 선택이 침해당하는 상황에 있는 것이다.

4. 권력: 폭력의 극복 장치

전통적으로 정치와 폭력은 서로 협력적 관계에 있는 것으로 이해되어 왔다. 앞서 언급한 막스 베버처럼 이해할 때 국가는 조직적인 폭력의 집단, 혹은 폭력의 조직체가 된다. 이런 방식의 폭력 이해는 권력과 폭력의 배타적 관계에 대하여 적절한 설명을 해주지 못한다. 양자의 배타적 관계는 소통의 권력 정치 이해에서 분명히 드러난다. 즉, 권력이 극대화된 경우에 폭력은 최소화되며, 반대로 폭력이 극대화된 경우에 권력은 최소화된다. 국가가 어떤 명령을 내릴 때 국민이 자발적으로 따른다면 폭력은 전혀 필요하지 않게 되는 반면, 국가의 명령을 따르지 않으면 국가는 공권력이라는 이름의 폭력을 사용하게 된다. 전자의 경우는 국가 권력이 최대화되어 있는 경우이며, 후자의 경우는 최소화되어 있는 경우이다.14) 정부의 본질은 폭력이 아니라 권력에 있다. 폭력은 본질이 될 수 없다. 왜냐하면 폭력은 정당화를 필요로 하기 때문이다. 정당화를 필요로 하는 것은 본질이 될 수 없는 것이다. 이에 반해 평화, 혹은 권력은 그 자체가 목적이 될 수 있다. 이것은 다른 것에 봉사하는 것이 아니기 때문이다. 권력은 정당화를 필요로 하지 않으며, 정치적 공동체의 실존 자체에 내제한 것이다. 폭력은 정당화 (justifiable)될 수 있지만 정통성을 가질(legitimate) 수는 없고, 권력은 정당화될 필요가 없지만 정통성을 가질 필요가 있다.15) 정통성은 과거에, 즉 행위의 시발점에 호소하는 것이고, 정당성은 미래에 놓은 목적과 연관하여 확보된다. 목적이 희미해질수록 폭력의 정당성은 약화되고, 정당방위의 경우는 그 목적이 직접적으로 명백한 경우인 것이다.

폭력이란 물리적 또는 사회적 강압을 통하여 타인을 제압하여 자신의 의지를 그에게 관철시키는 행위를 의미한다. 폭력은 항상 도구를 필요로 한다. 국가는 총이나 곤봉과 같은 무기를 사용하고 데모하는 학생들은 화염병이나 돌이 필요하다. 권력이 고도로 이룩된 곳에서는 모두가 한 사람에 대립하여 서있는 형국이며, 폭력이 단적으로 필요한 상황은 한 사람이 모두에 대립하여 서있는 형국을 하고 있다. 후자의 상황을 유지하는 데는 도구가 없이는 가능하지 않다. 이는 권력과 폭

---

14) 20세기에 들어와 발생한 폭력적 행위의 분출에 대한 즉각적인 반응은 비폭력이었다. 그리고 비폭력운동이 시민사회 운동에서 성공적으로 자리를 잡기도 했었다. 하지만 비폭력이 폭력의 반대가 될 수 없다. 비폭력은 방어적인 특성만을 가질 뿐 그 자체가 권력을 형성하지는 못하며, 따라서 폭력을 대체할 권력을 만들어내지 못하기 때문이다. 한나 아렌트, 「폭력론」.

15) 위의 책, p.202.

력이 정반대임을 보여 준다.

그러면 폭력은 항상 불합리한 것인가? 우리는 종종 폭력을 비합리성의 범주에 넣고 생각하지만, 아렌트는 폭력 자체는 이성의 반의어도 아니며, 이성과는 무관한 것이라고 설명한다. 폭력은 때때로 격렬한 분노에서 비롯된다. 눈뜨고 볼 수 없는, 더 이상 참을 수 없는 상황에 처하거나 목격하게 되었을 때 우리는 분노를 터뜨린다. 이 분노에 반대되는 것은 차가운 이성이 아니라 몰이해일 뿐이며, 이러한 상황에서 분노를 억누르거나 없이하려는 것은 비인간화를 의미할 뿐이다.

우리가 폭력에 의존하여 문제를 해결하고 싶은 생각이 드는 이유는 폭력이 문제를 즉각적으로 해결해 줄 것으로 기대되기 때문이다. 그러나 폭력이 효과적인 경우는, 마치 정당방위로 폭력을 행사하는 경우처럼 아주 직접적이고 순간적으로 사용되는 경우일 뿐이라고 한다. 그리고 이런 경우는 폭력도 합리적인 것으로 간주될 수 있다. 그러나 폭력이 전략적으로 또 제도적으로 사용될 때 폭력이 의도했던 것과는 전혀 다른 결과만을 낳게 될 뿐이다.

폭력은 다른 정치적 행위(action)와 마찬가지로 불가예측성을 그 특성으로 가지고 있다. 인간의 행위는 사물의 제작 행위와는 달리 그의 목표가 신뢰할 만한 예측가능성을 갖고 있지 못하다. 따라서 정치적 목적을 달성하기 위해 사용하는 행위가 주는 영향력은 그의 목표 달성 보다는 미래의 세계에 향해 있게 된다. 모든 사람은 나름대로 어떤 자신만의 고유한 새로운 것을 시작할 수 있는 능력이 있다. 이러한 능력 때문에 모든 사람들은 제각기 다르며, 또 그 다른 모습을 드러내는 것이 인간 존재의 근본 조건 가운데 하나가 된다. 인간의 다양성은 예기치 못한 자연 현상이나 사건, 사고 등과 더불어 인간사를 예측 불가능하게 만드는 하나의 요인이다. 인간사에 있어서 의도적인 행위(action)가 항상 그의 의도에 일치하는 결과는 초래하지는 않듯이, 폭력도 계획적으로 이루어졌을 때 그의 의도와는 다른 결과를 낳을 수 있다. 그러나 폭력의 경우는 다른 정치적 행위와는 다른 성격을 가지고 있다. 즉 폭력은 그 본질상 수단적이기 때문에 폭력을 통해 의도된 목적에 의해서만 정당화될 수 있는 것이다. 예측불가능성이 폭력 행위에 있어서는 그 정당성에 문제를 불러일으키게 된다. 이 때문에 어떤 좋은 목적이 폭력적 수단에 의해 산출된다 하더라도, 결국은 그 목적이 수단에 의해 다시 압도되기 쉽게 되어 버리는 것이 폭력의 경우라고 아렌트는 주장한다.

폭력과 연관해서 가장 주의해야 할 생각으로 아렌트가 우리에게 경고하는 것은 사회에 대한 유기체적 해석이다. 사회에 소요가 일어나는 것은 마치 병들어 열이 나는 것과 마찬가지로 사회가 병들었다는 증거라는 식의 비유적 해석을 말한다. 사회정의를 회복하기 위하여, 즉 병든 사회를 회복시키기 위하여 폭력을 사용할 것인가 비폭력적인 개혁을 할 것인가 논쟁하는 것은, 마치 환자를 치료하기 위해 수술을 권하는 의사와 물리치료를 권하는 의사가 논쟁하는 것과 같다는 비유도 여기에 해당된다. 이러한 비유를 사용하는 가운데 폭력은 자연스럽게 권유된다. 자연의 세계에서는 파괴와 창조가 모두 자연의 과정의 두 측면으로 간주되는 것처럼, 또 동물의 세계에서 생존투쟁과 지속적인 생명 유지를 위해 폭력의 사용과 그로 인한 죽임 등이 자연스러운 것처럼, 인류의 집단적 생활에서도 마찬가지로 폭력은 자연스러운 것이라는 주장이 이루어진다. 이러한 주장이 타당하게 보이지만 실은 정당화될 수 없는 비유에 근거한 기만일 뿐이라고 아렌트는 말한다.

자유로운 인간의 정치적 행위는 권력을 낳는다. 정치 공동체는 평등한 정치적 행위자들의 공동의 행위를 의미하며, 이 행위는 곧 권력이다. 폭력은 어떤 자의적인 목표를 위해 수단으로서 강제력을 통원할 때 발휘된다. 폭력은 개인의 육체적 힘인 강성(strength)을 확장한 것과 같으며, 도구를 이용하여 그 강제력(force)을 증폭시킨다. 강성은 개인에게 속한 육체적 힘을 의미하는데, 개인의 힘이 아무리 크더라도 집단적으로 뭉친 결속된 힘 앞에서는 무력할 수밖에 없다. 강제력이란 타인에게 작용하는 강요적 성격의 힘을 말한다. 이는 자연의 힘이나 상황의 힘처럼 물리적 또는 인간적으로 통제 불가능한 경우의 힘을 표시하므로 정치권력과 동일한 것을 의미하지는 않는다. 권위(authority)는 개인의 인격이나 어떤 집단, 종교적 성직 등과 같은 단체나 직위에 귀속되는 것이다. 권위를 인정한다는 것은 복종하는 사람이 무조건적으로 그 권위를 승인한다는 것이다. 폭력은 강제력의 연장이다. 폭력은 모두에 대항하는 한 사람의 힘이고, 권력은 한 사람에 대항하는 모두의 힘이다.

이렇게 볼 때 정치 영역에서 폭력을 극복하는 방법은 분명해진다. 첫째는 지배적 권력의 정치를 넘어 소통적 권력의 정치를 형성하는 것이 필요하다. 지배적 권력의 정치에서 폭력의 영역은 최대한 확대되며 폭력은 폭력을 통해 제어되는 것으로 나타나는 반면, 소통적 권력의 정치에서는 폭력과 권력이 대립적 관계에 있음이 명확하게 되어 폭력을 제어하는 길로서 소통적 권력의 형성이 대안으로서 명확히 제공되기 때문이다. 둘째는 소통적 권력의 형성을 위해 노력하는 것이다. 그리고 마지막으로는 형성된 소통적 권력을 유지하고 영속화시키며 강화는 것이다. 이러한 노력만이 폭력을 종식시키고 반평화적 수단에 의존함이 없이 정치를 통한 평화가 가능하게 될 것이다.

5. 잔혹행위의 세 가지 근거

한나 아렌트는 20세기를 "폭력의 세기"로 규정한다면, 조나선 글로버는 20세기를 잔혹의 세기로 규정한다. 글로버는 윤리학자로서 인간의 잔혹행위가 어떻게 가능하게 되었는지가 의문이었다. 그러다 그는 나치스의 학살에 대해 가족을 잃고 고통을 당한 이들의 이야기를 동유럽 국가 방문 시 직접 접한 뒤 20세기에 이루어진 인류의 잔혹행위들에 대해 윤리적 관점에서 접근하는 『휴머니티』라는 책을 내었다. 이 책에서 그는 다음과 같이 말한다.

> 전쟁에서 살해된 사람의 수의 추정치는 정확하지 않지만 그 대략적인 윤곽은 그려진다. 1980년과 1988년 사이에 있었던 이란-이라크 전쟁에서 1백만여 명이 살상되었다. 베트남 전쟁에서는 2백만 명이 살상되었다. 한국전쟁에서는 3백만이 살상되었다. 1900년에서 1989년 사이의 추정치는 전쟁이 8천 6백만 명을 죽였다는 것이다.
>
> 8천 6백만 명이라는 숫자는 90년 동안 생존했던 모든 사람들에 비하면 작은 부분이며, 기아와 예방 가능한 질병 때문에 죽은 사람의 숫자에 견주어 보아도 적은 숫자이다. 그럼에도 불구하고 20세기의 전쟁에서 발생한 사망은 파악하기 어려울 만큼 큰 규모에 이른다. 위의 숫자의 3분의 2(5천 8백만)가 두 차례 세계 대전 때 살해된 사람의 수라는 데에서 보듯 전쟁 사망자의 추정치는 작위적이다. 그런데 이 사망자의 수를 해당기간 동안 평균적으로 나누어보면 전쟁기간 동안 매일 약 2천 5백 명이 살해되었다. 이것은 90년 동안 쉬지 않고 시간당 1백 명 이상이 살해된 것에 해당한다.[16]

이 책이 계산하는 연도는 1900년에서 1989년까지이지만 그 이후의 시간을 더하더라도 계산은 크게 다르지 않을 것으로 생각된다.

---

16) 조나선 글로버, 『휴머니티』 pp.78-79.

1991년의 걸프전쟁, 1992년에서 1995년까지 이어진 보스니아 내전, 1994년의 아프리카 르완다 대학살 등 지금까지 일어난 잔혹상들의 리스트를 간단히 생각만 해도 잔혹상은 해를 거듭할수록 더 심해졌다고 볼 수 있다. 글로버는 이러한 사례들을 제시하면서 이들 각각이 잔혹행위로 이어지게 된 근본적인 이유들을 분석하고 잔혹으로 나아가지 않을 가능성의 단초를 발견하려 한다. 글로버가 제시한 사례들에 근거해 볼 때, 잔혹행위의 근거는 다음과 같이 크게 세 가지로 정리해볼 수 있다.

첫째, 현실주의적 관점에서 잔혹행위가 등장한다. 현실주의는 도덕주의를 거부하고 평화나 정의가 이상에 불과하다는 이유에서 잔혹행위가 잔혹행위를 제한하는 장치로 작동하는 것을 거부한다. 가장 고전적인 예로서, 투키디데스의『펠로폰네소스 전쟁사』5권에 나오는 멜로스인들에 대한 학살의 예이다.[17)]

펠로폰네소스 전쟁은 아테네와 스파르타를 두 축으로 하는 동맹국들 사이의 전쟁이었다. 이 전쟁의 17년차에 아테네 군은 당시 중립을 지키고 있던 멜로스 섬에 군대를 이끌고 가서 자신들에게 공물을 바치는 속국이 될 것을 요구했다. 하지만 멜로스인들은 향후 전쟁의 향방이 어찌될지 모르기 때문에 자신들의 중립을 허용하여 아테네가 전쟁에 패배했을 때를 대비하는 것이 좋을 것이라고 권유하면서 서로 평등한 관계를 유지하고, 상호성에 입각한 공정성을 인정하며, 자신들이 도덕적으로 잘못이 없는 가운데 처벌을 해서는 안 된다는 주장으로 아테네인들을 설득하려 하였다. 아테네인들은 철저한 현실주의적 입장을 내세워 멜로스인들에게 "독립을 유지할 수 있는 것은 그 도시의 실

---

17) 투키디데스, 박광순 역,『펠로폰네소스 전쟁사』하권 (파주: 범우, 2011 개정판) pp.86-97.

력 때문"이므로 자신들이 공격을 하지 않으면 아테네가 멜로스를 두려워하여 공격을 하지 않는 것이라고 다른 나라들이 생각할 것이라는 점을 지적하고, "우리의 안전은 속국을 늘리고 다른 도시를 정복함으로써 보장되기 때문에, 여러분들이 다른 섬나라 도시국가보다 약한 이상 독립을 유지할 수 없다면 굴복하게 될 것"[18]이라고 주장하였다. 또한 아테네는 "신의 법"이란 "자연의 법칙에 의해 우월한 자가 언젠가 이기는 게 인도(人道)"이며 이는 "예부터 존재해 영구히 이어져가는 것"[19]이라고 강조했다. 이러한 겁박을 멜로스인들이 받아들이지 않고 스파르타인들이 도와줄 것을 바라는 기대심리와 함께 아테네와 대치를 벌이다 결국 멜로스는 아테네의 공격에 무너져 모든 성인 남성들은 살해를 당하고 부녀자들은 노예로 팔렸으며 멜로스 섬은 아테네 이주민들의 정착지가 되었다.

멜로스인 이야기는 국제관계에서 현실주의가 얼마나 강력하게 작용하며 도덕주의가 얼마나 무력한지를 보여주는 고전적 사례이다. 아테네인들의 현실주의적 관점은 근대에 와서 토마스 홉스의 현실주의에서 공명된다. 홉스는 인간의 원초적 상태는 바로 이러한 현실주의를 요구하며 도덕은 2차적인 것에 불과하다. 멜로스인의 사례와 관련하여 볼 때 홉스 사상에 흥미로운 점, 홉스가 자연 상태의 인간이 봉착하는 "만인의 만인에 대한 투쟁상태"를 리바이어던과 같은 국가 권력을 통해 극복할 수 있다고 믿었지만 그것은 어디까지나 국내정치에 제한된 논의일 뿐이며 국제정치의 영역에서는 이러한 리바이어던과 같은 권력체를 만들어 낼 수 없다고 보았던 점이다. 멜로스인의 사례는 국제정치에서 이루어진 것이며 홉스의 방법이 적용되지 않는 영역이었

---

18) 위의 책, p.90.
19) 위의 책, p.92.

다. 홉스의 현실주의의 문제점은 그의 사상에는 민주적 정치체제에 대한 발상이 없고 또 국제 평화에 대한 문제의식이 결여되어 있는 점이라고 지적할 수 있다.[20]

글로버는 멜로스 사례가 주는 교훈이 현실주의의 시각은 사태를 평화로 이끌 수 없는 관점임을 드러내는 것이라고 본다. 강자에게 상호성을 인정하라는 약자의 도덕주의의 주장은 무력하지만 결국 상호성에 입각한 평등한 관계의 정립이 평화의 관건이라는 것이다.[21] 전쟁과 각축이라는 임박한 상황에서 교전 당사자들이 이러한 평등을, 특히 약자의 시도를 통해 이루어내기는 불가능한 일일 테지만, 교전 당사자들이 아닌 다른 장치를 통해 이러한 관계가 강제될 수 있다면 그것은 다른 문제가 될 것이다. 가능하다면 오늘날 UN이 그런 기능을 담당하기에 적합한 지위에 있다고 할 수 있다.

덧붙여 살펴보아야 할 점은, 현실주의적 시각은 철저히 자기 이익을 추구하는 시각이라는 점에서, 이익의 추구의 적절한 조정 장치가 도덕적 기능을 할 수 있다는 주장을 검토해 볼 필요가 있다. 단기적 관점에서의 이익 추구는 즉각적 대립과 분쟁을 유발하게 되지만, 장기적 관점에서의 이익 추구는 단기적 이익 추구 행위에 제약을 가할 수 있고 나아가 타인들에 대한 배려로 이어질 수 있다는 주장이 그것이다. 하지만 글로버는 악셀로드(Robert Axelrod)의 분석을 활용하여, 결국 "자기 이익 계산 이상의 것에 근거한 신뢰"[22]에 의해서만 구원이 가능하다고 주장한다. 인간이 자신에게 이익이 되는 것을 찾는 계산에 실수할 수도 있고, 전략을 수시로 변경하는 방식으로 게임에 임하는 것

---

20) 최상용, 「근대 서양의 평화사상」, 하영선 편 『21세기 평화학』 (풀빛, 2002), p.24.
21) 조나선 글로버, 『휴머니티』 pp.52−54.
22) 위의 책, p.41.

이 통상의 방법이며, 고도의 심리적 고려를 적용할 수도 있다는 점 등을 고려하여 볼 때, 이해관계를 중심으로 한 게임에서는 이익이 최대한이 되는 점에서 신뢰를 깨는 행위가 최고의 이익을 획득하게 되는 가능성이 높아진다는 악셀로드의 분석에 근거한 주장이다.

둘째, 잔혹행위는 인간의 심리 작용에 근거를 두고 있다. 즉, 잔인성에 대한 충동이 잔혹행위를 유발한다는 것이다. "야만적이고 폭력적인 처벌의 역사는 잔인성에 대한 충동이라는 맥락에서만 제대로 이해할 수 있다"고 글로버는 말한다. 이러한 잔인성의 충동은 여러 심리적 작용을 통해 이루어지는 것으로 이해할 수 있다.

우선 한 사람이 다른 사람에 대해 전능에 가까운 힘을 행사할 수 있다는 심리적 작용이 있다. 고문의 사례들에서는 고문기술자들이나 고문이 가능한 조직의 지배계급은 피고문자들에 대해 전능하다는 느낌을 갖고 대하며 그러한 전능성을 고문현장에서 구현하려고 하는 것을 알 수 있다. 아르헨티나의 군정시절의 실력자였던 갈티에리 장군은 수감자들이 있는 곳을 방문하여 "내가 살 것이라고 말하면 너는 살 것이고, 내가 죽는다고 말하면 너는 죽을 것이다. 다행히도 너는 내 딸과 같은 세례명을 갖고 있기 때문에 살았다"[23]라고 말했다고 한다. 이러한 것은 가해자가 피해자와 동등한 입장에 서 있기를 거부하고 피해자에 대한 존중심을 철저히 거둘 때에만 가능하다.

그런데 동등성이 침해되고 존중심이 거부된 데서 나온 잔혹행위도 가해자 자신에게 심리적 충격을 줄 수 있다. 가해자들은 이러한 충격을 회피하기 위해 잔인한 유머, 냉소적 농담을 활용하기도 한다. 온갖 고문행위를 묘사하는 언어는 "잠수함" "비행기 타기" 등과 같이 즐거움을 묘사하는 말을 사용하며, 같은 인간으로 경험할 수 있는 동정

---

23) 위의 책, pp.60−61.

심의 감정을 이런 언어를 활용함으로써 억압할 뿐 아니라 타인의 고통에 대해 비웃을 수 있게 된다.[24] 이와 유사한 보고가 나치스 독일의 유대인 학살 사례에서도 이루어지고 있다. 한나 아렌트는 말의 교묘한 사용을 통해 현실의 충격을 피한 사례들을 지적하였고, 말이 유대인 학살의 기획자인 아이히만(Adolf A. Eichmann)으로 하여금 자신이 하고 있는 일의 의미를 인식하지 못하게 한다는 점을 명확히 보여주었다.[25]

　　잔혹행위를 가능하게 하는 심리에는 심리적 보복감과 명에 대한 무조건 복종의 심리가 포함된다. 베트남 민간인들에 대해 이루어진 미라이 학살사건은 이 점을 잘 보여준다. 1968년 3월에 있었던 이 학살사건은 베트콩 부대의 징후가 전혀 없었음에도 불구하고 윌리엄 캘리 중위가 이끄는 중대는 마라이 마을에 도착하여 사람들과 가축을 살상하고 여성과 소녀들을 추행하고 죽였으며 살인의 과정에서 심각한 신체훼손을 감행했다. 거의 네 시간 동안 그들은 5백여 명의 마을 주민들을 살해했다. 이 잔혹행위를 이끌었던 캘리 중위는 평소에 상관인 메디나 대위에 의해 자신의 부하 앞에서 모욕을 당하기 일쑤였으며, 자신의 작은 체구 때문에 놀림을 당하기도 했었다. 이에 대한 보복의 욕망이 이 사건에 작용했을 수 있다. 또한 캘리 중위의 명령에 대해 무조건 복종하는 태도가 부대원들이 훈련을 통해 획득되었을 수도 있다. 그리고 당시 그들의 부대가 당한 피해로 인한 보복심리가 동시에 작용했다고 볼 수 있다. 살상은 이러한 복합적 심리 상태에서 진행되었을 것이다. 물론 처음에는 살상에 대한 주저도 있었으나 내면의 감정이 폭발이 되자 살상은 걷잡을 수 없이 진행되었다.

---

24) 위의 책, pp.64-6.
25) 한나 아렌트, 김선욱 역, 『예루살렘의 아이히만』(파주: 한길사, 2006). 특히 역자의 해제 참조.

하지만 이 과정에서 다른 태도를 보인 이도 있었다. 헬리콥터 조종사였던 휴 톰슨은 도망치던 민간인을 구조했고 백여 명의 시신 속에 살아있던 세 살 남짓의 남자 아이를 발견하고는 구해 내었다. 그는 아이를 병원으로 데려가는 내내 울었는데, 그에게는 그 아이 또래의 아들이 있었던 것이다.[26] 톰슨은 이 상황에서도 인간에 대한 존중심을 잃지 않았고, 특히 시체더미 속의 아이에게서 자기 자신의 아들의 모습을 봄으로써 무고한 피해자들이 자신과 동일한 인간이라는 생각을 할 수 있었던 것이다.

셋째, 종족주의와 인종주의가 잔혹행위를 유발한다. 종족주의와 인종주의는 역사적으로 누적된 정치적 갈등과 이데올로기적인 신념체계의 영향력, 그리고 갈등에 기초하여 발생하는 증오와 공포심 등이 복합되어 나타나는 것이다. 1990년대 중반에 르완다에서 있었던 학살과, 유고슬라비아의 붕괴와 더불어 발생한 내전에서 이루어진 학살의 내용을 살펴보면 이러한 복합적 상황이 여실히 드러난다.

투치족에 대해 100일간에 걸쳐 100만 명 이상을 살상한 후투족의 살육은 독일과 벨기에의 식민통치의 유산이라고 할 수 있다. 소를 키우던 투치족과 농사를 주로 해 왔던 후투족이 식민지 시대 이전에는 서로 적대적 관계를 갖지는 않았으나 식민지 통치 기간에 투치족이 지배력을 갖게 되었다. 그러다가 식민지 시대의 종식과 더불어 이루어진 후투족의 봉기로 인해 많은 투치족이 살상되었다. 이후 양자 사이에는 계속해서 정치적 갈등이 누적되었고, 이러한 갈등이 종족 간의 증오와 적대감으로 발전했다. 이 적대감은 자연스럽게 성장한 것이 아니라 권력을 추구하던 이들에 의해 상당부분 조장되고 증폭되었다. 그들은 두 종족간의 통혼을 배신으로 규정했고 방송을 통해 증오심을 지속적으로

---

26) 조나선 글로버, 『휴머니티』 pp.97 - 105.

선동했다.[27)]

1991년 이후에 일어난 유고 내전은 권력을 집요하게 추구한 밀로셰비치와 광적인 민족주의자였던 투즈만이 각각의 민족인 세르비아와 크로아티아에게 민족적 적개심을 불러일으키면서 시작되었다. 이는 서로 간에 증폭된 공포심과 인종차별에 대한 광신적 태도 등이 어우러지면서 갈등과 학살은 발전해갔다. 이러한 상황은 그릇된 신념이 사실에 대한 확인보다 더 강하게 작용하였고, "공격받을 수 있다는 공포"에 의해 "방어적인 과격민족주의가" 발생하여 결국 세르비아와 크로아티아 양국은 덫에 빠져들고 말았다고 글로버는 지적한다.[28)]

6. 권위: 잔혹행위의 극복 장치

집단 간에 이루어진 잔혹행위는 개인의 공감대와 인간적 존중심의 회복만을 통해 방지되거나 극복되기가 어렵다. 오히려 개인의 그러한 태도는 집단에 의해 경고되고 불이익을 경험하는 계기가 되기도 한다. 글로버는 홉스적인 공포심의 조장과 확대 재생산이 이루어놓은 이러한 종족주의적 작용에서 벗어날 수 있는 장치로서 칸트가 『영구평화론』에서 말한 독립된 국가들 사이의 조직을 통해 권위를 가지고 개입할 수 있는 세계질서의 창출을 언급한다. 이는 앞서 언급한 멜로스와 아테네의 경우에서처럼 두 국가 사이의 대입을 중재할 수 있는 상위의 어떤 질서나 조직의 필요를 말한다. 홉스도 이러한 상위의 조직이나 질서는 가능하지 않은 것으로 보았지만, 칸트는 국가 간의 연합체를

---

27) 위의 책, pp.190 – 194.
28) 위의 책, pp. 211.

통해 그것이 가능하다고 보았다.

홉스를 넘어 칸트적 구상으로 이동하기를 바라는 글로버의 주장은 지배적 권력에 의한 질서에서 "권위에 근거한 질서"[29]로의 이동의 요구이다. "홉스의 방식으로 부여된 평화는, 오직 완력과 우세한 힘의 영속성이 승인하는 만큼만 안전하다. 그러나 일반적으로 받아들일 수 있는 도덕적 기반은 국제 질서에 권위를 제공한다"라고도 글로버는 말한다. 권위란 그것의 정당성에 의문을 제기할 필요 없이 즉각적으로 강제력의 작동을 가능하게 한다. 국제관계에서 작동할 이러한 권위는 잔혹행위가 발생하는 곳에 지체 없이 강제력을 동원할 수 있어야 하는데, 그러한 권위가 가능한 체제는 국가들 간에 민주적 방식으로 형성된 것이어야만 한다. 이는 이런 국제적 권위의 기반이 소통적 권력에 기초해야 한다는 것을 말한다.

이상에서 보는 것처럼 잔혹행위를 방지하고 예방하는 길은 권위적 개입과 도덕적 개입을 통해서 가능하다. 권위는 조직과 기관에서 나오는 것이며 즉각적인 조치를 가능하게 한다. 이런 권위 있는 조직이 국제적 혹은 초국가적(transnational) 차원에서 존재할 수 있도록 노력하고 잔혹행위의 징후가 포착될 시에 권위적 개입을 통해 그것을 방지할 수 있어야 한다. 이러한 것이 가능하기 위해서는 그런 권위적 조직과 기관이 정당한 권력의 지지를 받는 것이어야 하며, 개입 이후에도 문제가 된 국가 혹은 정치공동체가 잔혹행위가 아닌 정치적 행위를 통해 자신의 문제를 해결할 수 있도록 도와야 한다. 그런데 이러한 개입은 보다 근본적으로는 도덕성에 기초를 해야만 한다. 권위적 개입인 현실적으로 복잡한 문제들을 야기할 수 있다. 여기서 말한 권위적 개입은 임박한 잔혹행위를 방지하고 중지시키는 데 그 의의가 있다. 이

29) 위의 책, p.362.

러한 개입에 이권에 대한 고려가 개입되어서는 안 된다. 권위적 개입
이 주권침해의 이어지는 사안이므로 개입되는 권위체는 국제적으로 인
정받는 기관이어야 하며 도덕성이 기초가 되어야만 한다.[30)]

잔혹행위를 근본적으로 이길 수 있는 것은 인간의 도덕성, 혹은
잔혹행위에 대해 부정적으로 반응할 수 있는 인간적 반응의 기초가 되
는 공감과 타인에 대한 존중심이다. 이러한 인간적 반응의 가능성은
모든 인간이 공유하는 인간성(humanity)의 존재의 가능성을 말하는 것
이다. 글로버는 이러한 인간성의 존재는 "경험적 사실"에 해당하며, 그
것이 필요한 순간에 자동적으로 혹은 필연적으로 나타나는 것은 아니
라는 점에서 여전히 "희망사항"에 해당하기도 한다고 말한다. 따라서
이러한 인간성의 발현이 실패하는 장치들, 즉 지나친 현실주의적 시각
이나 인간을 인간으로 느끼고 타인의 고통을 공감하며 타인을 존중하
게 하는 것을 막는 심리적 기재들을 발견하고 주목하여 극복하는 것이
필요하다. 이것이 윤리의 이름으로 이루어져야 하는 것이다.[31)]

---

30) 현실적인 개입에 대한 논의는 개별 사안이 가지는 복잡한 측면들을 두루 고려해
야 하는 것이므로, 이 글에서의 권위적 개입의 주장은 임박하거나 이미 시작된
잔혹행위를 방지 혹은 중지시키기 위한 개입이라는 일반론의 수준에서 말한 것이
다. 임박한 상황에서나 이미 시작된 잔혹행위를 중지시키기 위한 상황에서의 권
위적 개입이 아니라, "자유는 보편적 가치이므로 이는 무력을 통해서라도 세계에
확산되어야 한다"는 식의 신보수주의적 개입에 대해서는 필자는 비판적이다. 이
러한 개입의 본질은 제도 혹은 관행의 변화에 요구인데, 이러한 요구가 강압적
개입에 의해 시도될 때는 역기능이 훨씬 더 크다. 여기에 대한 이론적 탐구는 졸
저 『행복의 철학: 공적 행복을 찾아서』(서울: 도서출판 길, 2011) pp.123–125
참조하라.
31) 조나선 글로버, 『휴머니티』, pp.626–633.

7. 반평화를 이길 소통적 권력과 권위

지금까지의 논의를 통해 우리는 반평화의 요소인 폭력과 잔혹을 구분해서 살펴보고 각각의 경우에 반평화를 극복하고 평화로 나아갈 수 있는 길을 모색해 보았다. 우리의 논의는 주로 정치적 차원에서 이루어져 왔고 우리가 논의한 권력과 권위 개념도 정치적 차원에서 논의된 것이었다. 이제 우리는 권력과 권위가 어떤 관계에 있는지를 조금 더 논의할 필요가 있다.

권력이 단순한 힘과 강제력에 의존하는 것이라면 그것은 진정한 권력이 아니며, 폭력과 구별되는 것도 아니다. 앞서 우리가 주목한 소통적 권력은 사람들의 동의에 기초해 형성된 것이므로 폭력에 반대되는 것으로 받아들일 수 있는 것이다. 따라서 권력이 존재하는 곳에서는 폭력은 극복된다.

이와 유사하게 우리는 권위가 존재하는 곳에서는 잔혹행위가 중지될 것을 기대한다. 하지만 권위는 힘에 의존하여 잔혹행위를 중지시키는 장치로 논의되었다. 그 이유는 잔혹행위가 단순한 폭력과는 달리 심리적 기재가 작동한 결과이므로 즉각적인 중지를 필요로 하기 때문이다. 그런데 정당화되지 못하는 강제력의 활용은 역작용을 불러일으키기 때문에 우리는 여기서 말한 권위가 국제적 기구에 의한 것이며 그 기구가 소통적 권력에 의존하는 것이어야 함을 밝혔다.

그러나 우리는 이외에도 글로버가 말하는 것처럼 권위는 도덕에 기초해야 한다는 것을 주장해야 한다. 그리고 우리는 이러한 도덕의 가능성이 인류에게 사실적으로 존재한다는 그의 주장에 동의한다. 이 점에 대한 글로버의 접근방식은 결코 칸트식인 선험적(transcendental) 방식이 아니며 오히려 흄과 같은 경험적(empirical)이며 도덕 감정론적 방식에 해당한다.

이렇게 보면 개인의 문제를 넘어 사회적 정치적으로 확장된 반평화에 대한 평화인문학적 논의가 반평화의 극단에 해당하는 잔혹의 문제에서 심리와 도덕의 문제를 다시 다루어야 하는 입장으로 되돌아와 버린 것을 알게 된다. 하지만 처음 단계에는 순전히 개인적인 차원이었다면 이제는 정치적 차원과 개인적 차원을 모두가 통시적으로 논의된다는 차이가 있다. 이제 우리에게 요구되는 것은 가장 근본적인 하나의 원리 혹은 방법에만 몰두하면 된다는 환원주의적 사고를 넘어서, 문제의 다차원성을 이해하는 가운데 그것을 다루는 다중적 관점 (multiple perspective)이라고 할 수 있겠다.[32]

한반도의 평화로운 통일, 혹은 통일 이후의 평화로운 사회와 관련하여 우리의 고민은 평화를 저해하는 반평화를 어떻게 극복할 것인가에 있다. 폭력 혹은 잔혹행위가 이 땅에서 다시 반복되지 않으려면 우리는 복합적으로 등장하는 반평화 현상을 다중적 관점에서 접근하고 이 땅에 소통적 권력이 이 땅에서 형성되도록 하여야 한다는 것이 이 글의 결론이다.

---

32) 졸저, 『행복의 철학』 p.46 참조.

폭력의 내면적 원인과 평화의 내면적 토양
이해완 _성균관대학교 교수

I. 머리말

한 사회가 평화를 향해 나아갈지, 폭력과 전쟁을 향해 나아갈지는 비단 외적인 환경에 의하여만 결정되는 것이 아니다. 그 사회의 구성원들의 마음이 어떤 상태에 있는지에 따라 결정되는 바가 크다. '폭력의 마음'이 분쟁과 전쟁, 구조적 폭력을 만들고 '평화의 마음'이 분쟁으로 얼룩진 곳에 평화의 새 싹을 돋게 한 사례들은 세계 도처에서 찾을 수 있다. 그런 관점에서 이 글에서는 평화를 위한 외적 조건을 탐구하는 대신 사람들의 마음 깊은 곳으로 들어가 무엇이 폭력의 내적 원인이고 무엇이 평화의 내적 토양인지를 탐구해 보고자 한다. 이것은 대단히 넓은 주제이므로 세부적 이슈에 대하여 세밀하게 다루기보다, 관련된 문제들을 펼쳐서 전체적으로 조감할 수 있도록 하는 데 초점을 두고자 한다. 폭력과 평화의 외면이 아닌 내면을 깊숙이 바라보되, 그것을 나무가 아닌 숲으로 바라보고 그 전체적인 윤곽을 그려보고자 하는 것이다.

이 논의에 앞서 먼저 규명되어야 할 것은 폭력은 무엇이고 평화란 무엇인가 하는 점이다. 그에 대하여 여러 가지 관점이 있을 수 있지만, 이 글에서는 평화학자 요한 갈퉁이 사용한 개념을 수용하기로 한다. 갈퉁은 폭력의 개념을 육체적 무력화(無力化) 또는 건강의 박탈이라고 하는 행위가 행위주체에 의하여 의도적으로 행해진 경우만을 폭력으로 보는 협의의 폭력개념에서 벗어나 "어떤 사람에 대하여 영향력을 행사한 결과 그가 현실적으로 육체적·정신적으로 실현할 수 있게 된 것이 그가 지닌 잠재적 실현가능성보다 낮아지게 된 경우"라면 '폭력'이 존재하는 것으로 보는 '광의의 폭력개념'을 제시하였다.[1]

이에 따르면, 직접적으로 사람의 신체에 유형적 폭력을 가하여 상해를 입힌 경우만이 아니라 정신적인 위협을 가하는 경우 등도 폭력의 개념에 포함된다. 나아가 갈퉁은 개인적 직접적 폭력 외에 '구조적 폭력'도 폭력의 개념에 포함하고 그에 따라 개인적·직접적 폭력의 부재(소극적 평화)만이 아니라 구조적 폭력의 부재(적극적 평화)도 평화의 개념에 포함할 것을 제창하였다. 개인적 폭력이 "타인의 행동의 직접적 결과로서 인간에게 위해를 미치는 것"을 뜻하는 것임에 반하여 구조적 폭력이란 "개인들이 협조한 행동이 총체적으로 억압적 구조를 이루고 있기 때문에 인간에게 간접적으로 위해를 가하는 것에 의한 폭력"을 뜻하는 점에서 구별된다.[2] 소수자에 대한 사회적 차별과 배제가 구조적 폭력의 예라고 할 수 있다. 그러한 구조적 폭력의 부재로서의 '적극적 평화'의 개념은 사회적 불평등의 해소 및 사회정의에 대한 지향과 깊은 연관을 맺고 있지만, 그것을 정의의 관점/시각만이 아니라 보다 근원적으로 평화의 관점/시각에서 바라본다는 점에 의의가 있다고 할 수 있다.

개인적 폭력의 부재만을 평화로 보는 소극적 평화의 개념을 취할 경우에는 개인의 직접적 폭력을 감소시키기 위한 '법과 질서'의 역할이

---

1) Johan Galtung(高柳先男, 塩室保, 酒井由美子 共譯), 構造的暴力と平和, 中央大學 出版部(1991), 5－19면.
2) 위의 책, 30면.

나 외견상의 갈등해소만을 중시하는 편향성을 보일 수 있다. 소극적
평화와 함께 구조적 폭력의 문제를 해결해 나가는 적극적 평화의 개념
을 수용하여야 갈등을 동력으로 하는 사회변혁의 필요성에 대한 인식
을 포함하여, 문제를 바라보는 보다 총체적이고 온전한 시각을 획득할
수 있다.

II. 폭력을 낳는 욕망과 평화를 낳는 욕망

1. 폭력을 낳는 '경쟁적 모방 욕망'

인간이 저지르는 폭력의 이면에는 그 폭력을 행하는 사람의 내면
에 무언가를 얻고자 하는 욕망이 있다. 그런 점에서 우선적으로, 인간
의 욕망이 폭력의 내면적 원인으로 지목될 수 있다.

그러나 인간이 무엇인가를 바라고 원하는 것을 모두 욕망이라고
부른다면, 그런 욕망 자체를 문제 삼을 수는 없다. 그런 욕망을 소멸시
키는 것은 인간성 자체를 파괴하지 않는 한 불가능하다. 인간이 어떤
행동이든지 행동을 하는 것은 그 행동을 통해서 얻을 수 있는 무엇인
가를 바라는 욕구 또는 욕망이 있기 때문이다. 살아서 움직이고 활동
하는 인간에게 그런 욕구 또는 욕망이 없기를 기대할 수는 없다.

그러나 욕망의 의미를 특정한 성격의 욕망으로 한정한다면, 이야
기가 달라진다. 사람들 사이에 폭력을 유발할 가능성은 대단히 높으면
서, 인간의 진정한 본성에 부합하지 않고 인간의 삶에 꼭 필요한 것은
아닌 욕망에 초점을 맞추는 경우이다. 그렇게 할 경우에는 각 사람이
자율적, 능동적으로 그 욕망에서 벗어나기 위해 노력하는 것이 참된
인간성에 부합하고 폭력을 방지하는 길이라고 말할 수 있을 것이다.
철학자 르네 지라르가 이야기한 '경쟁적 모방 욕망'이 바로 그것에 해

당한다.

르네 지라르는 인간의 대상에 대한 욕망(desire)은 그 대상에 대한
모델(매개자 또는 중개자)의 욕망에 의하여 매개되는 성격을 가지므로
욕망은 욕망의 주체, 대상, 모델의 세 꼭지점에 의한 삼각형 구도를 가
진다고 하였다.3)

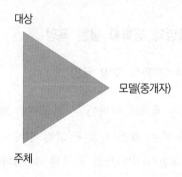

대상

모델(중개자)

주체

어떤 사람(주체)이 어떤 것(대상)에 대한 욕망을 가질 때 자신은 그
것이 자신의 마음에서 일어난 것이라고 생각하지만, 실제로는 누군가
(모델)가 그것(대상)을 욕망하는 것을 보고 그 욕망을 모방한 것으로 보
는 것이 진실에 부합하고, 따라서 인간생활에 필수적인 '욕구'가 아니
라 형이상학적인 성격을 가지는 '욕망'은 근본적으로 모방적인 성격을
가지는 '모방 욕망(mimetic desire)'의 성격을 가지고 있다는 것이다.

모방 욕망이 항상 부정적인 것은 아니지만, 모방 욕망의 부정적 양
상이 두드러지게 드러나는 상황이 있는데, 그것은 주체가 모델과의 거
리가 멀다고 생각하는 상황인 '외적 매개'의 경우가 아니라 모델과의 거
리가 가깝다고 여기는 상태인 '내적 매개'의 상황이다. 이 경우 주체와

3) 르네 지라르(김치수 송의경 역), 『낭만적 거짓과 소설적 진실』, 한길사, 2001, 42
면 참조.

모델 사이의 거리는 물리적이라기보다는 정신적인 거리를 의미한다.[4]

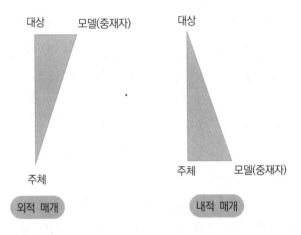

다시 말해 욕망의 주체가 자신의 모델이 차지하고 있는 존재의 위상을 자신의 것으로 만들고자 하며, 자신도 그와 같이 될 수 있다는 확신을 가지는 경우인 것이다.[5] 이러한 경우에는 모델이 존경이나 추종의 대상이 되는 외적 매개의 경우와 달리, 주체와 모델(중개자 또는 매개자) 사이에 치열한 경쟁과 갈등이 발생하고 그것이 폭력의 주된 원인이 된다.

특히 이 욕망이 가지고 있는 모방적 성격은 주체의 통제력을 넘어서는 급격한 폭력의 상승작용을 불러일으키는 경우가 많다. A가 B와의 경쟁관계에서 자신의 욕망을 실현하기 위해 B에게 폭력을 가하면, B는 A의 폭력을 모방하여 A에게 더 큰 폭력을 가하고, 다시 A가 그것을 모방하여 더 큰 폭력을 가하는 식의 상승작용이 일어난다. 나아가 A와 같은 집단 내에 있는 다른 사람들이 그 폭력을 모방하여 동참하며, B가

4) 김모세, 『르네 지라르 − 욕망, 폭력, 구원의 인류학』, 살림, 2008, 63면.
5) 위의 책, 63−64면.

속한 집단에서도 동일한 모방현상이 일어나고 그것이 점점 더 걷잡을
수 없이 상승작용을 일으키면서 확대되는 방식으로 집단간 폭력이 통
제하기 어려운 격화의 양상을 띠게 되는 원인으로 작용한다.

위와 같은 경쟁적 모방 욕망을 효과적으로 제어하지 못하면, 공동
체가 폭력의 소용돌이 속에 큰 위기를 맞게 되고 결국 소멸될 위험에
처한다.

우리 인간의 모방 욕망이 가진 무서운 폭력의 위험성을 생각할
때, 우리는 무엇보다 그러한 폭력의 위험성이 높지 않고 인간공동체의
평화로운 존속과 번영에 기여할 수 있는 성격의 욕망으로 우리의 욕망
을 변화시키는 방법에 대하여 관심을 갖지 않을 수 없다.

그것을 위해서는 경쟁적 모방 욕망의 이면에 어떤 잘못된 태도나
관점이 포함되어 있는지 살펴볼 필요가 있다.

먼저, 모방 욕망의 내적 매개에 존재하는 패러독스(모순)에 주목할
필요가 있다.6) 주체의 모델에 대한 모방 중에서도 가장 형이상학적인
측면을 강하게 내포한 것은 주체가 모델의 '우월한 존재'를 모방하는
부분이라 할 수 있다. 동시에 다른 한편으로는 외적 매개의 경우와 달
리 내적 매개의 경우 주체는 모델을 자신과 '대등한 존재'라고 여기기
때문에 모델의 우월한 존재를 자신의 것으로 할 수 있다고 믿는다. 모
델은 주체에 대한 관계에서 한편으로는 우월하고 한편으로는 대등한
역설적 지위를 가지는 것이다. 그런 지위에서 주체는 모델과 자신이

---

6) 위의 책, 76면 : "내적 매개의 추종자는 모델이 자신보다 우월하다고 생각하는 동
   시에 자신이 그의 본질에 도달할 수 있다고 생각한다. 즉 모델에 대한 존경과 경
   쟁의 감정이 공존한다. 한편 자신과 경쟁이 가능한 공간에 위치해 있다는 사실을
   알면서도 모방을 위해서는 매개자가 높은 곳에 있어야 하기 때문에 때로는 주체
   가 이 모델에게 환상적인 가치를 부여하기도 한다. 이러한 모순적 감정, 나와 크
   게 다를 바 없는 존재가 자신보다 높은 곳에 위치해 있다는 모순적 감정이 극심
   한 경쟁과 갈등을 낳는다."

서로 다른 고유한 차이를 가지고 있다고 보기보다 같은 평면에서 겨루는 동일성을 가진 존재로 바라본다.

주체의 모방 욕망 이면에 있는 이러한 태도는 다음과 같은 요소들을 암묵적으로 내포하고 있다.

① 주체는 자신과 다른 사람들 사이에는 존재의 우열이 존재한다고 믿는다.

② 주체는 스스로를 모델의 매개를 통해 더 우월한 존재로 나아가야 하는 결핍된 존재라고 느낀다.

③ 주체는 모든 사람들이 고유한 독자성(차이)을 가진 존재라고 믿지 않고 힘, 지위, 소유 등의 동일한 평면에 줄을 세울 수 있는 존재라고 생각한다.

④ 주체는 자기중심성에 기하여, 자신의 욕망이 모델로부터 온 것이라는 것을 모른 채, 자신의 욕망이 타인의 욕망보다 우선권을 가지는 것으로 의식한다.

위 ①은 인간이 모두 평등한 존엄성을 가진 자리에 있다는 의식에 반하는 것으로서, 차별적이고 위계적인 의식이라 할 수 있다. 주체는 내적 매개를 가능하게 하는 '대등성'에 대한 인식을 가지지만, 그것은 인간평등에 대한 신념이 아니라, 우월한 존재에 대한 경쟁욕망을 가지는 거리에 자신을 두는 것을 의미할 뿐이다.

그리고 ②는 자기 자신을 있는 그대로의 모습으로 수용하고 존중할 수 있는 참된 자존감의 결여를 보여주는 것이다. ③은 개인 간의 '차이'와 '다름'을 부정하는 것으로서, 레비나스 등의 철학자가 말하는 '타자성'을 부정하고 모든 것을 '동일자'로 환원하는 경향과 관련된 것이다. 또한 ④는 우리들 각자가 기본적으로 가지고 있는 자기중심성에 대한 성찰의 결여를 뜻하는 것이다.

따라서 우리가 폭력의 원인이 되는 모방적 경쟁욕망에서 벗어나기 위해서는 우리 안에 디폴트 세팅으로 있는 위와 같은 네 가지의 근본적 태도나 관점 등을 교정하기 위한 노력을 기울여 나갈 필요가 있다.

2. 평화를 낳는 '사랑의 욕망'

경쟁적 모방 욕망이 야기하는 폭력의 소용돌이에 휘말리지 않고 자신의 내면에서부터 시작하여 주위 사람들에게, 나아가 모든 인류에 대한 관계에서 평화를 만들어 나가는 능동적 주체가 되기 위해서는 위에서 살펴본 경쟁적 모방 욕망의 암묵적 전제 네 가지를 다음과 같이 바꾸어 나가기 위한 노력을 기울일 필요가 있다.

① 우리 각자가 자신과 타자 모두에 대한 아가페 사랑을 내면화함으로써 자기 자신도 신적 원천을 가진 아가페 사랑의 대상으로 인식하고 온전한 자기사랑을 함으로써 자신의 내면이 외부로부터 자기보다 우월한 무언가를 획득하여 채워야만 하는 결핍의 상태가 아니라 사랑으로 충만한 상태가 되도록 한다. 현재 자신의 내면에 비어 있는 부분이 있더라도 그것은 자신의 내면 깊은 곳에서 사랑의 원천을 만나 그로부터 채움을 받아야 한다는 것을 인식하고 외부의 '우월한' 것으로 채우려고 하는 것은 잘못된 환상임을 인식한다. 그것은 외적인 무언가를 조건으로 하는 '조건부 자존감'이 아닌 '참된 자존감'을 내면에 확립해 나가는 것을 의미한다.

② 앞에서 언급한 인간의 평등은 평균주의적 평등을 의미하는 것이 아니라, 각자가 가진 고유성과 독특성을 전제로 하는 것이고, 그것은 비교와 경쟁의 대상이 될 수 없는 것이라고 믿는다. 아울러, 타인의 인격은 내가 생각하는 주제와 개념 등의

평면으로 가져와 그 차이를 소멸시킬 수 없고 그렇게 하려고 해서도 안 된다는 것을 믿는다.[7]

③ 우리 내면의 디폴트 세팅인 자기중심성이 사랑의 관계를 방해하고 폭력을 낳는 원인이라는 것을 깊이 성찰하여, 자기중심성을 넘어선 이타적 사랑을 지향한다. 나 자신의 욕망에 대한 우선권 주장이 아무런 근거가 없을 뿐만 아니라 그 욕망 자체가 나에게 고유한 것이 아님을 깨닫는 것에서부터 시작하여, 타인과의 폭력적 경쟁의 악순환을 끊기 위해 노력한다.

위와 같은 태도와 의식을 가진 사람의 욕망은 자신과 다른 사람들에 대한 참된 사랑에 기하여 나와 타자를 동등하게 배려하고자 하는 데서 오는 진정한 '사랑의 욕망'일 수 있다.[8]

....

7) 이것은 철학적인 언어로, 타자를 동일자로 환원하려고 하지 않아야 한다는 말로 대체할 수 있다. 동일자가 타자의 타자성을 허물고 모든 것을 동일자로 환원하는 것에 대하여 가장 강력하게 경고한 철학자 중 한 명인 에마뉘엘 레비나스(Emmanuel Levinas)는 『전체성과 무한』에서 다음과 같이 말하고 있다.
"타자를 중립화하는 것, 그래서 타자가 주제나 대상이 되게 하는 것, 타자를 분명히 드러나게 하는 것, 즉 타자가 명백함 속에 자리 잡게 하는 것은 바로 타자를 동일자로 환원하는 것이다. 존재론적으로 인식한다는 것은 맞닥뜨린 존재자 속에서 무엇인가를 간파한다는 것이다. 이 무엇인가는 그 존재자가 바로 이 존재자, 즉 이 낯선 자가 아니게 하는 무엇이다. 그 존재자가 어떤 방식으로든 스스로를 배반하게 하는 무엇이다. 이 무엇에 의해 그 존재자는 어떤 지평에 자신을 내맡기게 되는데, 이 지평에서 그 존재자는 자기를 상실하고 분명한 외관을 드러낸다. 즉 그 존재자는 포획되어 개념이 되는 것이다. 인식한다는 것은 아무것도 아닌 것으로부터 존재를 포착하는 것, 존재를 아무것도 아닌 것으로 환원시켜 버리는 것, 또는 존재로부터 그것의 타자성을 제거하는 것이다."
레비나스(김도형·문성원·손영창 역), 『전체성과 무한: 외재성에 대한 에세이(레비나스 선집 3)』, 그린비, 2018, 44면.

8) 타자에 대한 무한책임을 강조한 철학자 레비나스도 르네 지라르와 같이 '형이상학적 욕망'이라는 말을 사용하였는데, 르네 지라르가 그것을, 긍정적인 측면만이 아니라 부정적인 측면을 많이 내포한 모방 욕망에 대하여 사용한 것에 반하여 레비나스는 타자의 무한성에 기초한 욕망을 뜻하는 긍정적인 용어로 사용하였다.

위에서 살펴본 '경쟁적 모방 욕망'은 모방 욕망이 내적 매개를 통해 생긴 경우에 한하는 것이고, 모방 욕망이라고 하여 모두 폭력적 경쟁으로 치닫는 것은 아니다. 르네 지라르도 모방 욕망의 부정적 성격을 많이 다루었지만 모방 욕망은 인간의 초월을 향한 열망과 관련된 것으로서, 근본적으로는 좋은 것이라고 하였다.9) 특히 인간이 신의 차별 없는 보편적 사랑을 모방하고자 하는 욕망은 '외적 매개'를 통한 욕망 중의 하나로서, 폭력과 경쟁의 사슬을 끊고 평화와 사랑의 새 길을 여는 희망에 바탕을 둔 '사랑의 욕망'이라 할 수 있다. 그러한 사랑의 모방 욕망은 인간적 노력에 의존하는 것이 아니라, 신의 '자신을 내어 주는' 은혜에 의존하는 것이다.10)

신적인 사랑인 아가페를 본받은 인간의 아가페 사랑의 욕망에 대하여는, 그것이 인간에게 과연 가능한 것인지에 대하여 의문을 제기하는 입장이 적잖이 있을 것이다. 그러나, 폭력의 악순환을 끊어낼 수 있는 확고한 힘을 가진 사랑은 신적 사랑으로서 보편성과 무조건성을 가진 아가페 사랑뿐이다. 아가페 사랑의 원천을 우리의 개체적 자아에서 찾기는 어렵지만, 우리 영혼의 가장 깊은 곳으로 들어가면, 우리의 개체적 자아를 넘어선 신적인 사랑의 원천을 만날 수 있고, 그로부터 아가페 사랑을 받아 누리는 은혜를 통해 아가페 사랑을 모방할 수 있는 힘과 가능성을 얻게 된다. 그러한 믿음을 가진 사람들이 불완전하게나마 아가페 사랑을 실천해 오지 않았다면 세상은 지금보다 더 암흑적이

....

(Drazenovich, George. "Towards a Levinasian understanding of Christian ethics: Emmanuel Levinas and the phenomenology of the other." CrossCurrents (2005): 37) 레비나스가 말하는 '형이상학적 욕망'은 아가페적 '사랑의 욕망'이라 할 수 있을 것이다.

9) Bandera, Pablo, et al. Rene Girard and creative mimesis(Kindle Book). Lexington Books, 2013, 305/469.

10) Ibid.

고 비인간적인 공간이 되었을 것이다.

오늘날 현대 국가들의 헌법과 세계인권선언 등에 반영되어 있는 인간의 평등한 존엄성을 비롯한 보편적 인권 조항들은 아가페 사랑의 원리와 상통하는 바가 많다. 그러한 규정들의 내용이 사람들의 머리 속에 하나의 정치적 선언이나 구호 같은 것에 그치지 않고 인간의 본질적 지위에 대한 바른 신념으로 확고하게 자리잡을 수 있다면, 경쟁적 모방 욕망이 걷잡을 수 없이 폭력을 키우는 것을 막고 함께 진정한 평화와 연류연대의 길을 열어 갈 수 있는 힘을 인간공동체가 가질 수 있을 것이다. 그것은 어떤 면에서, 아가페적 '사랑의 욕망'이 공동체적인 차원에서 구현되는 것이라 할 수 있다.

III. 폭력을 낳는 감정과 평화를 낳는 감정

1. 폭력을 낳는 감정

1) 두려움

두려움과 폭력의 관계에 대하여는 두 가지로 나누어 살펴볼 필요가 있다. 폭력의 직접적 원인이 되는 두려움과 폭력의 가장 깊은 이면에 있는 두려움이 그것이다.

여기서 우리가 먼저 깊은 관심을 가질 필요가 있는 것은 후자의 경우, 즉 폭력의 깊은 이면에 있는 근원적인 두려움에 대한 것이다. 가브리엘 마르셀은 자신이 죽음을 피할 수 없는 존재라는 것을 인식하는 유일한 존재가 인간이라고 하였다.[11] 적어도 죽음에 임박하지 않은 상

---

11) Gabriel Marcel, The Existential Background of Human Dignity, Harvard University Press, 1963, p.136.

황에 있으면서 자신이 언젠가는 죽음을 피할 수 없는 존재라는 사실에 대하여 고뇌할 수 있는 능력은 인간에게 고유한 것이라고 보아도 좋을 것이다. 자신의 개체적 유한성에 대하여 실존적으로 인식하는, 인간에게 고유한 이 능력이, 인간의 내면에 독특한 종류의 공포, 두려움 또는 불안을 자아내는데, 그것은 인간에게 두 가지 길 중 하나를 요구한다고 볼 수 있다. 하나는 두려움을 넘어설 수 있는 무한한 사랑의 원천으로서의 초월자를 만나 두려움이 아닌 '사랑'의 존재로서 살아가는 영적 초월을 향해 가는 길이고, 다른 하나는 그 두려움의 본질과 정면으로 대응하지 않은 채, 두려움을 이기는 데 도움이 된다고 생각되는 것에 강력한 집착을 가지고 그것을 지키는 길이다.

그 중 후자의 길이 우리들 대부분이 무의식적으로 선택하는 길이라 할 수 있다. 이것은 예를 들어 물질적 소유 또는 사회적 인정이나 명성 등에 그것이 자신의 행복에 기여하는 정도를 훨씬 초과하여 과도하게 집착하는 원인으로 작용한다. 물질적 소유나 사회적 인정 등이 죽음의 공포를 완전하게 해결해 주지는 않지만 무의식적으로 그러한 것이 공포를 완화하는 역할을 할 것이라는 기대가 작용하는 것이다. 이것은 앞서 살펴본 경쟁적 모방 욕망을 강화하는 작용을 하는 것이라고 할 수 있다.

위와 같은 현상도 포함하여, 인간의 죽음에 대한 공포가 폭력의 깊은 내면적 원인으로 작용한다는 것을 강조하는 이론이 '공포관리 이론(terror management theory: TMT로 약칭됨)'이다. 이 이론의 주장자들은, 그 공포가 자신이 속한 집단의 문화적 세계관을 지키고자 하는 강한 집착으로 이어지고 그것이 폭력의 원인으로 작용한다고 한다. 자신이 소속한 문화가 자신의 죽음을 넘어서는 의미나 더 큰 존재와의 연결을 제공해 줌으로써 죽을 수밖에 없는 자신의 운명에 대한 공포를 덜어주는 역할을 하기 때문에 그 문화에 대한 방어심리가 타문화 집단에 대한 적대적 공격을 지지하는 경향으로 이어진다는 것이다.12) TMT 이론가들은 많은 실험을 통해 사람들이 죽음에 관한 이미지에 노출되었을 때13) 자신의 문화적 세계관을 지지하는 사람들에게 긍정적인 반응을 보이고, 자신의 문화적 세계관에 위협이 되는 사람들에게 적대적이고 공격적인 반응을 보이는 현상을 보인다는 것을 증명해 왔다. 9.11 사건 후에 죽음의 이미지에 노출된 미국인들이 많은 사람들을 죽음으로 몰고 가는 군사적 보복공격에 대하여 더 높은 지지를 보이게 된 것이나 이란인들 사이에 죽음의 이미지 노출이, 미국인들을 죽이는 보복 테러에 대한 지지가 높아지게 한 것 등이 그 증거로 제시된다.14)

이 이론에서 말하는 문화적 세계관에는 종교도 포함된다. 종교가 깊은 영성적 차원에서 그 신앙인에게 사랑과 자비, 인류의 하나됨을 일깨우는 메시지로 전달되지 않고, 죽음의 두려움을 완화하기 위한 배타적 '소속'의 의미만 강하게 띠게 될 경우, '신'과 정의의 이름으로 외집단의 사람들에 대한 증오와 폭력으로 이끄는 역할을 하게 되는 경우가 많다. 민족주의나 국가주의도 개인의 죽음에 대한 공포를 자기보다 큰 공동체에의 소속과 그것이 제공하는 의미를 통해 완화하는 의미를 가질 수 있고, 따라서 죽음의 공포에 노출될 때 보다 많은 사람이 전쟁이나 테러 등을 지지하도록 하는 매개적 역할을 할 수 있다.

죽음의 공포 앞에 직면한 인간이 깊은 영성적 차원으로 들어가 사랑의 무한한 원천인 절대자를 통해 죽음의 공포를 근원적으로 치유하고 그 바탕 위에서 모든 사람에 대한 자비와 아가페 사랑을 가질 경

12) Pyszczynski, Tom, Zachary Rothschild, and Abdolhossein Abdollahi. "Terrorism, violence, and hope for peace: A terror management perspective." Current Directions in Psychological Science 17.5 (2008): 318.
13) '죽음 현저성(mortality salience)'이라는 용어로 불리며, MS로 약칭된다. Ibid, 319.
14) Ibid, 319.

우에는 죽음의 공포가 사랑과 자비로 이끄는 추동력이 되는 반면, 그
러한 영성적 차원을 결여한 경우에는 물질주의나 소유욕에 바탕을 둔
폭력적 경쟁이나 자신이 속한 집단의 문화적 세계관을 지키기 위한 폭
력으로 나아가게 된다는 것을 알 수 있다.

　그 과정에서 종교가 사람들 사이의 평화와 사랑을 위한 영성의
인도자 역할을 할 수도 있고, 전쟁과 테러, 차별과 배제를 정당화하는
이데올로기가 될 수도 있다.

　이제, 우리의 일상적 삶 속에서 공격적 반응을 야기하여 폭력의
직접적 원인이 되는 두려움에 대하여도 살펴보자. 진화심리학자들에
의하면, 늘 맹수의 공격을 경계하고 그로부터 살아남기 위해 신경을
곤두세워야 했던 선사시대에 생존을 위해 형성된 우리 뇌의 부분이 무
엇인가 두려움이 느껴질 때 빠른 속도로 대응하기 위해 대뇌피질의 이
성적 기능에 의한 합리적 판단을 거치지 않고 투쟁-도피 반응
(fight-or-flight response)을 하게 하는 원인으로 작용한다고 한다.15)
지금은 선사시대와 달리 자신의 생사가 걸린 일촉즉발의 상황에 직면
하는 일은 거의 없음에도 불구하고 뇌의 그 부분 기능이 과도하게 작
용하여 공격적 또는 방어적 반응을 쉽게 보이게 되는 원인이 된다는
것이다.

　이러한 투쟁-도피 반응의 지배를 받게 되면, 우리 각자가 자신도
모르게 공격적인 행동을 하게 되어 폭력의 악순환을 발생시키는 원인
이 된다. 우리 안에 있는 이러한 메커니즘을 적절히 제어하기 위해 합
리적 이성에 의한 통제를 하는 노력도 중요하지만, 그것만으로는 무의
식 깊은 곳에서 작동하는 메커니즘을 극복하기가 쉽지 않다. 이 문제

15) 1915년에 월터 캐논(Walter Bradford Cannon)에 의하여 처음 기술된 현상으로
　　서, '급성 스트레스 반응(acute stress response)'이라고도 불린다.
　　https://en.wikipedia.org/wiki/Fight-or-flight_response 참조.

를 해결하기 위해서는 무의식에 영향을 미치는 기도와 명상 등을 통해, 우리 내면 깊이 도사리고 있는 두려움과 그에 기한 공격, 방어의 메커니즘을 치유해 나갈 필요가 있다.

무엇보다 앞에서 본 바와 같은 사랑의 무한한 원천과의 만남을 통해 두려움이 아닌 아가페 사랑이 모든 활동의 원동력이 될 수 있도록 하는 영성을 함양하기 위해 노력하여야 할 것이다.

내가 아니라 상대방이 두려움에 기하여 폭력을 사용할 우려가 높은 상황에 있다면, 가능한 한 상대방의 그 두려움을 해결하거나 완화할 수 있는 방안을 찾아 그것을 기초로 평화를 향한 소통과 협상을 하기 위한 노력을 기울여 나갈 필요가 있을 것이다.

2) 분노

인간의 감정 중 폭력과 가장 밀접한 관련을 가진 것이 바로 분노이다. 분노의 표출은 잘 통제되지 않을 경우 폭력적 양상을 띠는 경우가 많다. 그러한 폭력적인 분노의 표출은 그 자체가 범죄가 되는 경우가 많지만, 그렇지 않더라도 인간관계를 파괴하고 분노와 갈등의 악순환을 초래하게 된다. 가정에서 분노의 잦은 표출은 배우자나 자녀들에게 씻지 못할 상처를 안기는 경우가 많고, 그것이 가정의 파괴와 가족의 해체에 큰 원인을 제공하고 있다.

분노의 원인에는 여러 가지가 있지만, 가장 중요한 원인으로는, 분노의 주체가 가진 자존감이 조건부 자존감의 구조를 가지고 있다는 점을 들 수 있다. 그는 자신에 대한 조건 없는 사랑으로서의 아가페 사랑을 경험하지 못하고 따라서 자존감에서 늘 결핍된 부분 또는 열등하다고 느끼는 부분을 의식 또는 무의식에 가지고 있으므로 그 부분이 위협을 받을 경우 강한 분노를 경험하게 되는 것이라 할 수 있다. 그 외에도 위에서 본 모방 욕망과 그것이 내포하고 있는 여러 가지 요소들이 모두 분노를 잘 일으키게 하는 내면적 토양이 된다.

조건부 자존감을 가진 사람들 중 자신이 다른 사람들보다 우월한 지위에 있다고 생각하는 사람들은 자신의 자존감의 조건으로서의 우월적 지위에 대한 특별한 인정을 기대하면서 그 기대에 미치지 못하는 사람들에게 쉽게 분노를 표출하는 경향을 보인다. 그것이 요즘 많은 사회문제가 되고 있는 '갑질'의 내적 동인이라고 할 수 있다. 갑질은 분노의 공격적 표출 이면에 상대방을 자기보다 열등하게 바라보는 차별적 의식을 내포하고 있으므로, 그 피해자에게 깊은 모멸감을 안겨주게 된다.

학자들의 논의 중에는 분노를 부정적인 분노와 긍정적인 분노를 구분하는 경우가 있다. 그 한 예로서, 강남순 교수는 분노를 본능적 분노, 성찰적 분노, 파괴적 분노의 세 가지 유형으로 구분한다. 그 중 '성찰적 분노'가 긍정적인 분노에 해당한다. '성찰적 분노'는 누군가의 '고의적 행동'으로 한 개인이나 집단이 피해를 입었을 경우에 한하여 생길 수 있는 것으로서, 분노의 대상과 분노하는 이유에 대하여 윤리적 도덕적 판단을 분명하게 하여 항의하고 이의를 제기하거나 때로는 처벌을 요구함으로써 개인적 차원에서는 자기존중감을 보호하고, 공적 차원에서는 정의의 집행이나 '정치적 올바름' 의식의 사회적 확산을 가능하게 하는 등의 이득이 있다고 주장한다.[16] 성찰적 분노가 지나치게 커져 개인이나 집단에 대한 증오·원한·복수로 전이되는 경우에는 '파괴적 분노'로서 도덕이나 종교의 궁극적 원리에 반하고 용서와 양립할 수 없는 부정적 분노가 된다는 것이 강남순 교수의 주장이다.[17]

강남순 교수의 주장에는 수긍할 만한 부분이 많이 있다. 그러나

16) 강남순, 『용서에 대하여』(전자책), 동녘, 2017, 56-57/304.
17) 위의 책, 57/304.

그럼에도 불구하고 나는 '긍정적 분노'의 영역을 폭넓게 열어두는 것이 가지는 위험성에 대하여 보다 큰 경계심을 가질 필요가 있다고 생각한다. 성찰적 분노의 개인적, 공적 차원의 이익은 그 상황에 맞게 '합리적 이성'과 '지혜'를 사용하여 올바른 대응을 하는 것으로도 충분히 달성할 수 있고, 오히려 '분노'라는 인화성이 강한 감정이 없을 때 더욱 잘 달성될 가능성도 크다고 생각한다.

분노 가운데 정당한 분노가 있다는 생각을 가지고 있다 보면, 자신의 '가해자에 대한 분노'를 내려놓기 위한 성찰을 하기보다 그것을 정당한 분노라고 단정하거나 합리화하는 의식을 가지기 쉽고, 그렇게 자신의 이성을 동원하여 정당화 또는 합리화한 분노는 본능적인 분노를 넘어 파괴적인 분노로 전이될 가능성이 지극히 높다. 그렇게 정당화된 분노는 다른 특별한 계기가 없는 한 상당기간 계속 품고 있게 될 가능성이 많고, 가해자에 대하여 지속적인 분노를 품는 것과 가해자에 대한 증오·원한 또는 복수심을 품는 것은 거의 구분하기 어려운 상태가 될 것이기 때문이다.

본능적, 즉각적으로 분노가 일어나는 상황을 모두 피할 수 없고 그러한 경우에 자신의 분노에 대하여 죄책감을 느낄 필요는 없지만, 그 분노를 합리화하여 마음에 지속적으로 품는 것은 어떤 경우에도 적절치 않고, 사랑의 원리에 반한다는 인식을 분명하게 확립하는 것이 바람직하다. 그것은 자기중심적이면서 자기합리화에 능한 인간이 '파괴적 분노'의 함정에 쉽게 빠지지 않기 위해 꼭 필요한 일이라 생각한다.

다만, 그것은 분노의 감정과 '문제의 해결'을 구분하는 것을 전제로 한다. 분노를 내려놓는다고 하여, 상대방의 부당한 가해행위와 관련한 정당한 항의 또는 이의제기, 나아가 필요할 경우의 형사처벌의 요구 등 문제 해결 노력을 포기하는 것은 아니다. 그러한 노력이 분노의 감정에 기한 것이 아니라 정당한 자기배려나 사회적 정의를 위한 노력의 일환으로 행해질 뿐이다.

　분노의 감정을 품고 있으면 그것은 자연스럽게 상대방에 대한 보복의 욕망을 낳게 된다. 그것은 앞에서 살펴본 인간의 모방 욕망과 뒤에서 살펴볼 거래적 공평성에 대한 인간의 뿌리 깊은 신념과 관련된 것이다. 상대방이 실제로 나에게 고의적인 악을 행한 것이 아니더라도 어떤 사유로든 내가 그렇게 믿고 있다면, 나는 상대방의 악을 모방하여 되갚아 주고자 하는 욕망을 가지게 된다. 그것은 '주고받기'의 공평성에 대한 신념에도 부합하는 것이다.

　다만 분노의 감정을 품은 상태에서는 '악'을 '악'으로 갚아주는 것 자체의 공평성에 초점을 맞출 뿐, 상대방의 악에 비례하는 악을 행하는 것, 곧 '눈에는 눈, 이에는 이'의 정확한 비례의 원칙을 지키는 것에 초점을 두지는 않는다. 모방 욕망이 야기하는 경쟁은 상대방과 동등하기를 바라는 것을 넘어 상대방을 눌러 이기기를 바라게 하므로, 자신이 받은 악보다 더 많은 악을 갚아 주고자 하는 마음으로 이어진다. 상대방이 그 악을 받았을 때 마찬가지로 더 많은 악으로 갚아 주겠다는 생각을 가지게 되어, 점점 더 큰 악과 폭력을 유발하는 가파른 '악의 상승작용'과 '폭력의 소용돌이'에 빠지게 된다.

　이러한 메커니즘에 대하여 깊이 성찰해 보면, 분노는 결국 '나'와 '너'로 하여금 같은 방향에 서서 '정의'와 '공평'의 이름으로 '악'과 '폭력'의 회오리바람을 일으키도록 하는 데 사용된다는 것을 알 수 있다. 우리가 폭력적 경쟁이 야기하는 최면적 상태에서 벗어나 사태를 직시하고 사람이 아니라 '악' 자체를 미워하는 마음을 가진다면, 상대방에 대한 분노의 감정을 내려놓고 이 '악'의 회오리바람을 멈추는 데 이성을 사용할 수 있을 것이다. 상대방에 대한 분노 품기를 합리화하려는 의지를 내려놓고, 자비와 용서라는 '선'으로 '악'을 이기기 위해 노력하는 것이다. 그것은 상대방을 대상으로 한 경쟁의 승리와는 다르지만,

먼저 나 자신의 내면에서부터 악의 유혹을 이기는 진정한 승리를 거두는 길이 될 것이다.

3) 시기와 질투

시기와 질투의 감정은 위에서 본 경쟁적 모방 욕망과 직접적인 관련성을 가진다. 경쟁적 모방 욕망을 가지는 주체가 가지는 의식은 위에서 본 바와 같이, 존재의 우열에 대한 차별적 의식, 진정한 사랑의 결여로 인한 자신의 자존감에 있어서의 결핍 의식, 자신과 타인의 다름을 인정하지 않고 모두를 동일한 평면에 놓는 의식 등을 가지고 있고, 자신의 모델로서 모방 욕망을 매개하는 사람을 자신보다 우월한 존재로 보면서 동시에 자신이 그 우월한 지위를 가질 수 있는 위치에 있다고 보는 관점과 태도에 기한 것이다. 그러한 인식을 가지고 모델이 이미 소유하고 있는 대상을 자신이 욕망하고 자신의 욕망에 우월적 지위를 부여하는 의식을 가지다 보니, 자연스럽게 모델에 대한 시기와 질투의 감정을 가지게 되는 것이다.

모델이 소유한 것을 주체가 빼앗지 않으면 그것을 가질 수 없는 상태라고 가정하면, 시기와 질투의 감정은 결국 주체가 모델의 소유를 빼앗기 위한 폭력적 경쟁의 동인이 될 수 있고, 주체가 모델로부터 그것을 빼앗는 것이 불가능한 경우에도 모델에 대한 파괴적 폭력을 유발하게 될 가능성이 많다.

이러한 시기와 질투의 감정이 내면에 일어날 때에는 그것이 모방 욕망의 메커니즘에 의한 것임을 직시하고 앞에서 본 모방 욕망의 암묵적 전제가 되는 네 가지의 기본 태도 및 신념을 바꾸어 내면의 욕망을 보다 평화적이고 사랑의 원리에 부합하는 것으로 바꾸어 나가기 위한 노력을 기울일 필요가 있다.

4) 증오

증오는 타인을 미워하여 타인에게 고통을 안겨주기를 바라는 마음이다. 이러한 증오의 감정이 폭력을 키우는 자양분 역할을 하게 됨은 명약관화이다. 사람이 사람에 대하여 증오심을 품는 이유에는 여러 가지가 있을 수 있다. 그것을 몇 가지 유형으로 나누어 살펴보자.

첫째, 주체의 모델에 대한 시기와 질투의 감정이 발전하여 증오의 감정으로 변하는 경우가 있을 수 있다. 그것은 시기 등의 경우와 마찬가지로, 앞에서 본 모방적 경쟁욕망의 메커니즘을 깨닫고 그것을 중단하는 노력을 통해 극복해 나가야 할 것이다.

둘째는, 상대방이 나와는 다른 이질적인 문화적 집단에 속한다는 이유로 증오하는 경우이다. 이것은 앞서 살펴본 공포관리이론에 따르면 그 깊은 원인이 죽음에 대한 공포에 있다. 이 문제를 해결하기 위해서는 죽음에 대한 공포의 문제를 배타적 집단정체성에의 소속을 통해 해결하려고 하기보다 모든 인류에 대한 보편적 사랑과 자비를 가르치는 진정한 종교적 가르침과 참된 영성의 길로 들어가 신적 사랑의 은혜 속에서 두려움의 문제를 해결하고, 인류연대의식을 가지기 위해 노력할 필요가 있을 것이다.

셋째는, 상대방이 나에게 부당한 행동을 하여 내가 피해를 입었다고 믿기 때문에 상대방을 증오하는 경우이다. 이것은 앞서 살펴본 분노의 감정이 더욱 파괴적인 감정으로 발전한 경우라고 할 수 있다. 이 중에서 모두가 그런 경우는 아니고, 상황에 대한 보다 정확한 분별력이 필요할 수 있지만, 정말 상대방이 명백한 고의적 잘못을 나에게 범하여 내가 무시할 수 없는 고통을 당한 경우가 있을 수 있다. 그러한 경우에 상대방에 대한 분노를 품고 나아가 증오심을 가지는 것은 어떤 면에서 자연스러운 일이라 할 수 있다. 그러나 생각해 보면, 나도 누군

가에게 고의적인 잘못을 범하여 그에게 고통을 야기한 적이 있다는 것
을 알 수 있다. 인간은 누구나 불완전하고 때로 잘못을 범할 수 있는
존재이다. 그러한 상황에서, 부당한 가해행위의 법적 책임을 묻는 일은
있을 수 있지만, 어떤 경우에도 사람을 증오하는 것은 피하는 것이 내
가 내 안에 있는 사랑의 무한한 원천과 연결되어 아가페 사랑의 넉넉
한 은혜 안에 건강한 삶을 살아가기 위해서도 꼭 필요하다.

　따라서 이러한 경우의 증오도 무조건적 사랑의 윤리에 의하여 극
복되어야 한다. 기독교는 어떠한 경우에도 증오의 마음을 정당화하지
않는 종교라 할 수 있다. 원수조차 증오의 대상으로 삼지 말고 사랑으
로 대하라고 한 예수의 가르침 속에 증오의 자리는 없다. 무조건적인
사랑과 자비의 윤리는 우리가 어떤 적에 대하여도 증오의 마음을 내려
놓고 근본적인 사랑의 마음으로 대할 것을 요구한다. 이러한 사랑의
윤리는 맹목적인 증오에 의한 폭력의 가능성을 예방하고, 평화를 지향
해 나갈 수 있는 윤리적 기초가 된다.

2. 평화를 낳는 감정

1) 사랑

　위에서 이미 '사랑의 욕망'에 대하여 살펴보았지만, 여기서는 '감
정'으로서의 사랑에 대하여 생각해 본다. 우리가 누군가를 사랑한다면,
우리는 그의 건강과 행복을 바라게 되므로 적어도 고의로 그에게 폭력
을 행할 일은 없을 것이라 기대할 수 있다. 따라서 사랑은 사랑을 주고
받는 사람들 사이에 평화의 내면적 토양으로 작용한다고 말할 수 있다.

　그러나 실제 상황을 보면 서로 사랑한다는 사람들 사이에 이른바
'데이트 폭력'이나 '가정 폭력'이 많이 일어나고 있다. 그것은 사람들이
'사랑'이라고 생각하는 것이 진정한 사랑이 아니라 일종의 배타적 소유

욕과 같은 성격을 가진 것으로서, 경쟁적 모방 욕망의 영향을 훨씬 더 크게 받는 경우가 많기 때문이다.

그러한 '잘못된 사랑'이 아니더라도 우리가 사랑이라고 여기는 감정 중에 실제로는 평화의 원인이 되지 않고 폭력의 원인으로 작용하는 경우가 많다.

예를 들어 자신이 속한 집단에 대한 사랑이 타집단에 대한 증오로 이어져 타집단에 속한 사람들에 대한 폭력을 유발하는 경우가 있을 수 있다. 애국심이 전쟁을 부추기고, 자신이 속한 종교나 종파에 대한 사랑이 타종교 또는 종파와의 전쟁이나 폭력적 투쟁을 유발하는 경우도 있다.

따라서 언제 어떤 상황에서도 폭력의 확산이 아니라 평화에 기여할 수 있는 사랑은 오직 보편적 사랑으로서의 무차별성을 가진 '아가페' 사랑뿐임을 알 수 있다. 우리 각자가 자신의 내면에서부터 폭력의 가능성을 제거하고 사랑과 평화의 삶을 지향해 나가기 위해서는 아가페 사랑의 원천인 절대자와의 만남을 통해 무한한 아가페 사랑을 누리고 그것을 실천하기 위해 노력하여야 할 것이다.

그러한 아가페 사랑이 다른 모든 사랑을 소멸시키는 것은 아니다. 친구와의 우정을 뜻하는 필리아 사랑이나 연인간의 사랑인 에로스도 아가페 사랑과 공존할 수 있다. 다만 가장 높은 보편적 가치를 가진 아가페 사랑의 원리에 반하는 것이 되지 않도록 하는 범위에서의 공존이어야 할 것이다. 그것은 나라사랑이나 신앙공동체 내에서 신자들 간의 사랑 등에 있어서도 마찬가지이다. 아가페 사랑의 원리를 침범하거나 훼손하지 않는 한, 공동체에 대한 사랑에도 긍정적인 의미가 크게 부여될 수 있다.

아가페 사랑에 대하여는, 이것이 과연 감정인지, 아니면 이성적 활동인지에 대하여 의문이 있을 수 있다. 나는 아가페 사랑은 개체적

인간존재를 넘어선 신적 원천으로부터 비롯되는 것으로서 그것이 인간의 마음이나 행위 속에 구현될 때는 영성적, 이성적, 감성적인 측면을 두루 내포한 성격을 가지는 것이라 생각한다. 아가페 사랑이 오로지 감정적인 것으로만 구성된 것은 아니지만 감정과 무관한 것도 아니라고 보는 것이다.

감정적으로는 미움이나 냉담한 무관심을 가지고 있으면서 외적인 행동으로만 상대방을 조건 없이 돕는 행동을 하는 것은 아가페 사랑이라 할 수 없다. 상대방을 인간적으로 좋아하지는 않더라도, 상대방의 인간적 연약함이나 고통 등에 대한 따뜻한 연민이나 긍휼의 감정이 있어야 아가페 사랑이라 말할 수 있을 것이다.

그런데 바로 이 감정, 다른 사람의 고통에 대하여 연민을 느끼는 이 감정은 우리의 내면에 누구나 간직하고 있는 것이다. 맹자가 큰 사랑(仁)의 실마리(端)라고 본 측은지심(惻隱之心), 곧 타인의 고통에 대하여 측은하게 여기는 감정이 바로 그것이다. 그것은 우리 안에 있는 사랑의 씨앗이고 그것을 잘 키워 나갈 때 큰 사랑으로 자랄 수 있고 그것이 평화의 기초가 된다.

2) 용서

용서는 감정상태의 변화를 일으키는 내적 활동이라 할 수 있고 감정 자체는 아니지만, 감정과 깊은 관련성을 가지므로 여기에서 언급한다.

앞에서 상대방이 나에게 가해행위를 한 경우의 분노와 증오에 대하여 언급하면서 그와 같은 경우에도 문제 해결을 위한 노력은 별도로 하더라도, 분노와 증오의 감정은 내려놓는 것이 바람직하다고 하였다. 그와 같이 "타인의 고의 또는 과실이 있는 잘못된 행위에 의하여 피해를 입은 사람이 그 가해자에 대한 부정적 감정들을 극복하고 이를 내려놓으며, 자비와 연민 등의 선한 감정이나 태도를 통해 그를 다시 수용하고 존중하는 마음을 회복하는 것"이 '용서'이다.[18]

나는 다른 책에서, 용서를 위와 같이 정의한 다음, 용서를 가능하게 하는 내적인 노력으로 다음의 열 가지를 제시한 바 있다.[19]

1. 아가페/인간존중의 확고한 지향: 무조건적 용서에 부합하는 신념의 확립
2. 지혜로운 자기배려의 선택
3. 선악(善惡)의 행위와 그 행위자의 구별
4. 정의에 대한, 그리고 정의와 용서의 관계에 대한 새로운 관점
5. 내재적 자존감과 겸손의 미덕
6. 인류 연대의식과 '인간에 대한 용서'
7. 큰 그림 보기: 기억과 희망의 힘
8. 이해(理解)의 노력
9. 공감의 노력
10. 감사와 궁극적 긍정의 태도

이 책에서는 중복을 피하기 위해 자세한 설명을 생략하지만, 용서의 능력은 평화의 내면적 토양을 일구어 나가기 위해 반드시 길러야 할 능력이다. 용서는 아가페 사랑과 불가분의 관계를 가지고 있으므로 아가페 사랑과 마찬가지로 초월적인 성격을 가지고 있다. 용서는 거래적 공평성의 차원을 뛰어넘어 더 크고 온전한 정의를 지향해 나갈 수 있도록 하는 것으로서 갈등 속에 있는 사람들의 상처와 고통을 치유하

---

18) 전우택·박명규·김회권·이해완·심혜영·박종운·조정현·김경숙, 『용서와 화해에 대한 성찰』(필자 집필 부분), 명인문화사, 2018, 6면.
19) 위의 책, 11-36면.

고 악순환의 굴레에서 당사자들을 해방시켜 새로운 평화의 미래를 만들어갈 수 있도록 하는 기적 같은 능력을 내포하고 있다.

3) 공감

공감(empathy)이란 특정한 상황에서 특정한 정서를 가지고 있는 다른 사람의 입장으로 다가가 그의 정서와 상황을 이해하고 공유하는 내적 활동을 뜻한다. 다른 사람의 입장에서 생각하여 그의 관점을 이해하는 것을 의미하는 역지사지(易地思之)와 다른 사람의 입장에서 그가 느끼는 것을 같이 느끼는 것을 의미하는 역지감지(易地感之)가 모두 공감의 의미에 포함된다. 전자의 공감을 인지적 공감(cognitive empathy)이라 부르고, 후자의 공감을 정서적 공감(emotional empathy)이라 부른다. 이 두 가지에 더하여 다른 사람이 나에게 필요로 하는 것을 느끼는 것을 뜻하는 공감적 관심(empathic concern)을 더하여, 공감의 3요소라고 부른다.[20]

이와 같이 공감의 경우도 여러 가지 복합적 요소로 구성된 내적 활동으로서 감정 자체는 아니지만, 공감을 하는 사람의 내면에 감정적 변화가 야기되는 면에서 감정과 깊은 관련성을 가지고 있고 평화의 내면적 토양을 일구는 데 대단히 중요한 역할을 할 수 있으므로 여기에서 다룬다.

오늘날의 시대를 '공감의 시대'라고 부를 정도로 공감의 중요성은 많이 강조되고 있다. 상담심리에서도 칼 로저스가 상담가의 내담자에 대한 공감의 중요성을 강조한 것이 오늘날에도 큰 영향을 미치고 있고, 가정이나 직장 등에서의 의사소통이나 인간관계에서도 빠짐없이

----

20) Goleman, Daniel, et al. Empathy(HBR Emotional Intelligence Series)(Kindle Book), Harvard Business Press, 2017, 10/83.

강조되는 것이 공감이다.

그러나 자기중심적인 인간이 자신의 입장이나 관점이 아니라, 타인의 입장이나 관점에 깊이 다가가 공유하는 것은 쉬운 일이 아니다. 내면의 뿌리 깊은 자기중심성에 대한 성찰 없이 상담심리학에서 말하는 '감정반영'에만 초점을 맞추어 "…했군요"라고 기계적인 '감정반영'을 하는 것만으로는 진정한 공감이라고 하기 어렵다.

특히, 자신이 좋아하는 사람이 아니라 자신과 불편한 관계에 있는 사람이거나 자신이 강한 소속감을 느끼는 집단, 곧 내집단(內集團)과는 다른 이질적인 집단, 곧 외집단(外集團)에 속해 있는 사람일 경우에 그 사람에 대하여 정서적 공감을 하는 것은 인간 내면의 디폴트 세팅에 반하는 것이므로, 특별한 의식적 노력이 없이는 불가능한 것이다.

그러한 의식적 노력 없이 모두가 쉽게 잘 할 수 있는 공감은 자신과 좋은 관계에 있고 자신의 내집단에 속해 있는 사람의 고통, 슬픔, 분노, 증오 등에 대한 것이다. 이렇게 쉽게 이루어지는 공감은 '경쟁적 모방 욕망'의 메커니즘과 결합되어 개인간 폭력에서 집단간 폭력이나 전쟁으로 번져가는 도화선이 될 수 있다. 따라서 공감은 경우에 따라 평화가 아니라 폭력의 내면적 원인이 될 수 있다.

그러므로 평화의 기초가 되는 공감은 보편적 사랑의 원칙 안에서 그 인도를 받아 행해지는 것이어야 한다. 같은 맥락에서 막스 셸러도 아담 스미스, 데이비드 흄 등의 공감윤리학을 비판하면서 사랑에 정초하지 않은 공감(동감)의 한계를 지적하였다. 그는 "B가 상처받음을 A가 기뻐할 때 우리가 그에 대해 동감하는 것은 과연 도덕적으로 가치 있는 태도인가?"라고 질문하면서 "명백한 것은 그 자체로서 도덕적으로 가치 있는 기쁨에 대한 동감만이, 그리고 사실적 가치 관계에 합당한 기쁨에 대한 동감만이 도덕적으로 가치가 있다는 것이다. 여기서 벌써 동감과 사랑의 본질적 차이 가운데 하나가 드러난다. 어떤 이를 사랑한다면 잔인하게도 그가 타인의 고통에 대해 기뻐할 때, 그가 그런 것을 기뻐할 수 있다는 것에 대해 우리는 씁쓸해질 것이다"라고 말한다.[21] 그는 공감(동감)의 윤리적 가치가 드러나는 것은 그것이 참된 사랑을 기초로 한 것인 경우에 한한다고 보고, "동감하는 만큼 사랑하는 것이 아니라 사랑하는 만큼 동감한다. ⋯ 동감하는 대상을 우리가 깊이 사랑하지 않는다면 우리의 동감은 곧 끝나고 절대로 그의 인격 중심까지 들어가지 않는다. ⋯ 동감의 작용이 단순한 이해나 뒤따라 느낌 이상의 것이 되려면, 동감을 감싸고 있는 사랑 작용 속에 깃들어 있어야 한다"고 하였다.[22]

한편으로 예일대 심리학 교수인 폴 블룸(Paul Bloom)은 '공감에 반대한다(Against Empathy)'라는 제목의 저서에서 공감이 내포할 수 있는 여러 가지 문제점을 언급하고 공감(empathy)의 윤리적 기능은 다른 것에 의하여 대체가능한 것이라고 주장하면서 '합리적 자비(rational compassion)'가 약자와 '낯선 이'들을 배려하는 등의 윤리적인 면에서 더 나은 대안이라고 주장하였다.[23]

그러나 셸러가 말한, '사랑에 기초한 공감(동감)'은 구체적인 상황 속에서 사랑이 더 강한 힘을 발휘하도록 하는 데 큰 역할을 수행할 수 있다. 공감이 사랑을 대체하여서도 안 되지만, 사랑이 공감을 대체하는 것이어서도 곤란하다. 사랑이 공감보다 높은 차원에서, 올바른 사랑을 실천하기 위해 공감을 사용하는 것이 가장 바람직하다. 그러한 방향을 취할 경우 공감은 편협한 내집단의 시각이 아니라 모든 사람의 평등한 존엄성을 존중하는 전제에서 지금 내 앞에 있는 사람이 나에게 이질감

---

21) 막스 셸러(조정옥 역), 『동감의 본질과 형태들』, 아카넷, 2006, 36면.
22) 위의 책, 302-303면.
23) Paul Bloom, Against empathy: The case for rational compassion, Random House, 2017.

을 느끼게 하는 낯선 사람이든 아니든, 나에게 불편과 고통을 야기하
는 사람이든 아니든, 그 사람의 입장으로 다가가 그 사람의 관점과 입
장에서 생각해 보고 그의 감정을 느껴보는 일을 통해, 깊은 이해심과
자비심을 가지고 참된 사랑으로 그를 대할 수 있게 하는 힘을 가지고
있다.

사랑을 기초로 한 공감은 수동적인 '감정전염'과는 다르다.[24] 내
집단 사람과의 관계에서 공감이 오히려 폭력의 확산을 가져오는 문제
가 있을 수 있다는 것을 위에서 언급하였는데, 그때의 공감은 감정전
염의 성격이 강하다. 상대방이 가진 분노, 좌절감, 증오 등의 감정에
전염되는 것은 폭력의 확대재생산 과정에 수동적으로 휘말려 들어가게
하는 것으로서 아가페 사랑의 원리에 반하는 것이다. 아가페 사랑에
기한 공감적 태도는, 상대방이 왜 그러한 감정을 가지는지에 대하여
인지적, 정서적 이해를 가지고 따스한 자비의 마음으로 다가가는 노력
을 할 뿐 부정적 감정에 전염되지 않고, 궁극적으로 폭력이 아닌 평화
에 기여하는 행동을 할 수 있게 한다. 내집단 사람의 고통에 함께 마음
아파하고 연민을 느끼지만 외집단 사람에 대한 증오심까지 공유하지는
않고, 외집단 사람의 입장에도 다가가 공감하는 노력을 병행하면서 사
랑과 자비를 바탕으로 문제해결의 노력을 할 수 있게 한다.

그리고 '공감'은 근원적 평등의식을 토대로 한 것이어야 진정한
평화의 토대가 될 수 있다는 것도 유의할 필요가 있다. '공감'과 유사
한 '동정'의 대상이 되는 것을 많은 사람들이 싫어하는 경향을 보이는
데, 그것은 지나치게 예민해진 자존심으로 인하여 진정한 사랑의 공감

---

24) 막스 셸러도 동감(Sympathie)이 감정전염(Gefühlsansteckung)과는 다르다고 보
   았다. 그는 감정전염은 정말로 고통을 겪는 것임에 반하여 진정한 동감은 감정상
   태가 아니라 감정기능으로서, 감정상태로서의 고통과 완전히 다른 한계선을 갖는
   다고 하였다. 막스 셸러(조정옥 역), 앞의 책, 107-108면.

조차 거부하는 경우일 수도 있지만, '동정'을 드러내는 사람의 마음에 우월감이 깔려 있기 때문일 수도 있다. 사람의 존재가치에 대한 위계의식을 내면에 깔고 타인을 동정하는 것은 참된 사랑에 기한 공감이라 할 수 없고, 상대방에게 심한 모멸감을 안길 수도 있다. 어려운 처지에 있는 누군가를 돕는 일을 함에 있어서 무엇보다 우선적으로 확고히 하여야 하는 것은 내가 그를 돕는다고 하여 그보다 조금도 높은 자리에 있지 않고 '존엄하고 평등한' 인간으로서의 동등한 자리에 있다는 인식을 가지는 것이다. 그런 인식만이 진정한 공감을 가능하게 한다.

그런 공감의 능력을 계발하면 내가 누군가에게 폭력을 행사하기가 어려워진다. 내가 지금 주관적, 자기중심적인 세계에서 느끼고 있는 고통에만 초점을 맞추지 않고 내가 적의를 품은 상대방의 고통에 다가가 그것을 느낀다면, 그때 일어나는 연민으로 인하여 그 사람에게 거친 공격을 가하거나 폭력을 행사하기 어려운 것이다.

이때 그 공격을 강행하고자 하는 의지를 가진 사람은 공감의 방해를 받지 않기 위하여 무의식적으로 자신의 공감능력의 스위치를 내리는 심리적 책략을 강구하곤 한다. 희생자와의 거리두기(distancing), 인간성부정(dehumanization) 등이 그것이다.[25] 거리두기는 희생자를 자신의 시야에서 멀리 두고 의식적으로 외면함으로써 희생자의 고통에 대한 느낌을 최대한 축소하는 것을 뜻한다.

맹자의 양혜왕 상편에는 벌벌 떨며 죽는 마당으로 끌려가는 소를 보고 양으로 바꾸게 한 양혜왕의 행동을 맹자가 어진 행동으로 인정하는 이야기가 나온다. 맹자는 양혜왕에게 "상심하지 마십시오. 그것이 바로 어진 생각입니다. 소는 보셨어도 양은 보지를 못하신 것입니다.

---

25) Rachel M. Macnair, The Psychology of Peace - an Introduction, Praeger, 2003, pp.2-5.

군자란 짐승에 대해서 그 산 모습을 보고는 그 죽는 것을 차마 보지 못하며, 그 죽는 소리를 듣고는 그 고기를 차마 먹지 못하는 것입니다. 그렇기 때문에 군자는 푸줏간을 멀리하는 것입니다"라고 말한다. 여기서 푸줏간을 멀리하는 태도가 고통 없이 고기를 먹기 위한 것이라는 점에서 희생자와의 '거리두기'와 같은 속성을 가지고 있다. 그런 태도를 취하는 사람이 군자인 이유는 기본적으로 살아 있는 생명체의 고통에 공감하는 능력이 살아 있기 때문이다.

사람이 사람에 대하여 폭력을 행사하면서 마치 푸줏간을 멀리하듯이 그 폭력으로 희생되는 모습과의 '거리두기'를 통해 공감으로 인한 고통을 회피하는 성향을 강화해 나간다면, 결국 공감능력이 없는 것과 마찬가지로 폭력의 구조적 확산에 기여하게 된다. 동물에 대한 관계이긴 하지만, 양혜왕도 폭력을 중지한 것이 아니라 대체하였을 뿐인데, 그로 인한 고통은 줄었다는 점에서 더 큰 폭력을 가능하게 하는 심리상태에 도달하였다고 볼 수도 있다. '타인의 얼굴'이 우리에게 살인하지 말라는 명령을 내린다고 말하는 레비나스의 사상에 비추어 이러한 태도를 명명한다면, '얼굴지우기'라고 부를 수도 있으리라 생각된다. 즉, 타인의 얼굴이 우리에게 주는 자비, 연민, 공감 등이 폭력의 행사를 불가능하게 하거나 고통스럽게 하는 것을 회피하기 위해 자신의 시선과 의식 속에서 타인의 얼굴을 의식적으로 지워버리는 노력이라 할 수 있다.

인간성부정(dehumanization)의 경우는 희생자가 인감임에도 인간이 아닌 '짐승 같은 존재', '악마' 등으로 인식함으로써 그를 인간으로 긍정할 때 느끼게 되는 공감능력을 스스로 마비시킨다는 점에서 역시 얼굴지우기의 한 유형이라 할 수 있을 것이다. 이러한 인간성부정은 그러한 특별한 경우만이 아니라 현대사회의 타산적인 인간관계 자체에도 상당 정도 스며있는 태도라고 할 수 있다. 즉, 마틴 부버가 말한 '나

― 당신'이 아닌 '나 ― 그것'의 인간관계가 이곳저곳에 만연해 있다면, 그것도 인간성부정의 태도와 무관하지 않다고 할 수 있다.

위와 같은 거리두기 등의 태도가 폭력을 강화하는 경향을 되돌리기 위해서는 레비나스가 말하는 바와 같이 참된 인간성의 차원을 열어주는 '타인의 얼굴'을 바라보고 그 얼굴의 호소를 통해 '낯선 이', '고아'와 '과부'를 포함한 보편적 인간성을 향해 자기초월의 자세와 진정한 평등의 마음으로 나아가 그 타인의 존재를 자기 안으로 깊이 받아들일 수 있어야 한다. 그것은 진정한 아가페 사랑에 다름 아니다. 그러한 아가페 사랑을 기반으로 한 공감능력의 계발은 평화의 내면적 토양을 가꾸는 일의 하나이다.

4) 감사

사람들은 자신이 한 일의 대가로 무언가를 받을 때보다 아무런 자격이나 대가관계 없이 자신에게 가치 있는 것이 선물로 주어질 때 깊은 내면에서부터 감사를 느낀다. 우리에게 아무 대가관계 없이 선물로 주어진 가장 귀중한 것은 우리의 '존재' 자체이다. 우리의 존재 자체에 대하여 깊은 감사를 느끼는 근원적, 궁극적 차원의 감사는 삶을 지속적으로 행복하게 하는 원천이 될 수 있다.

이러한 감사는 영성(spirituality)과 깊은 관련성을 가진다. 우리가 우리 각자에게 주어진 존재 자체에 대하여 감사한다고 할 때, 그것은 어떤 영적 차원을 전제로 하는 것이다. 감사는 누군가가 준 선물을 고마워하는 것인데, '존재 자체'를 우리에게 선물로 준 '누군가'를 상정한다는 것은 창조자로서의 절대자의 존재를 암묵적 전제로 하는 것일 수밖에 없다. 그리고 절대자와의 관계에서 자신이 가지지 못한 것을 구하는 것을 중심에 둔 기복적 태도를 가지는 것보다, 절대자로부터 이미 선물받은 것에 초점을 두고 그에 대하여 감사하는 태도를 마음의 중심에 가지는 것이 '영성'의 본질에 근접한 것이다.

우리의 존재 자체를 선물받은 것이 가장 근원적인 것이지만, 그 밖에도 우리에게 주어진 수없이 많은 것들에 대하여 같은 마음으로 감사할 수 있다. 우리가 사랑하는 사람들의 존재, 그들과의 관계, 우리에게 주어진 순간순간의 시간, 우리에게 주어진 여러 가지 선택의 자유와 기회 혹은 우리의 삶의 필요에 응할 수 있도록 우리에게 제공되는 일용할 양식과 삶의 도구들이 모두 감사의 이유가 될 수 있다.

우리가 삶의 과정에서 어려운 상황을 만나더라도, 우리의 마음을 존재 이전의 원초적인 상태, 즉 우리가 하나의 존재가 될 수 있을지 여부조차 결정되기 전의 상태로 돌아가면, 비존재의 상태와는 비할 수 없는 우리 삶의 모든 풍요로움 앞에서 깊은 감사를 느끼지 않을 수 없다. 이처럼 감사는 우리의 마음을 모든 소유를 내려놓은 원초적 상황으로 돌이켜 낮추는 영적 겸손을 통해 언제든지 가질 수 있고, 우리 인생에 참된 충족감과 기쁨을 더하는 길이 된다. 자신이 가진 것에 만족하여 감사함으로써 자신의 내적 삶이 더욱 긍정적인 모습으로 변화하여 더 큰 감사의 이유가 되는 선순환의 물결을 일으킨다.

이러한 감사는 생각처럼 쉬운 일이 아니다. 우리 마음은 그냥 내버려 두면 늘 자신이 가지고 있는 것은 당연한 전제로 삼고, 갖지 못한 것을 추구하는 데 초점을 두게 되므로, 자신이 추구하고 욕망하는 것이 충족되는 것으로 느껴지는 짧은 순간만 감사의 마음을 가지고, 그 외의 많은 시간은 불평과 불만, 두려움과 염려에 휩감겨 지내는 경향성을 가진다. 그러한 경향성을 거슬러서, 자신이 선물로 받은 것 중 가장 근원적인 선물인 '존재'의 자리로 돌아가, 존재와 삶 전체에 대하여 궁극적인 긍정과 감사의 마음을 가지고자 하는 것은 우리의 경쟁적 모방 욕망의 메커니즘을 개조하는 의미를 가지는 것으로서, 일종의 영성적 훈련을 필요로 하는 일이다.

'깊은 감사'라고 부를 만한 그러한 감사는 세상에 만연한 폭력을 이기고 평화의 숲을 가꾸어 나가는 기초가 될 수 있다. 그러한 '깊은 감사'가 아니라, 경쟁적 모방 욕망의 메커니즘을 그대로 둔 상태에서 자신의 욕망이 충족되는 것만을 감사의 계기로 삼는 '얕은 감사'는 뿌리가 약하여 오래 가기 어렵다. 그에 반하여 '깊은 감사'의 태도를 가진 사람은 어려운 상황을 맞이하더라도 그 어려움에 맞설 수 있는 '삶의 기회' 자체를 소중하게 여기는 마음으로 감사의 태도를 끝까지 지속할 수 있다.

미국 카톨릭 베네딕트 수도사인 데이비드 스타인들-라스트(David Steindl-Rast)는 이러한 감사의 태도를 널리 확산시키는 것이 우리가 살아가는 세상을 바꾸는 혁명의 길이 될 수 있다고 주장한다. "행복해지기 원하세요? 감사하세요(Want to be happy? Be grateful)"라는 제목의 TED 강연에서 그는, 삶의 순간순간 주어지는 모든 기회에 대하여 감사하는 태도를 가지는 것이 참된 행복의 길이라고 하면서, 다음과 같이 덧붙인다.[26]

감사는 우리의 세상을 아주 중요한 방법으로 바꿀 수 있습니다. 감사하게 되면 두려움이 사라지고, 두려움이 사라지면 폭력도 사라지기 때문입니다. 감사할 때 우리는 만족감을 느끼며 부족함을 느끼지 않고 다른 이들과 기꺼이 나누게 됩니다. 감사할 때, 우리는 서로 간에 차이를 즐길 수 있게 되고 모든 사람을 존중하게 됩니다. 그렇게 하면, 권력의 피라미드가 변하게 됩니다. 완전한 평등을 이루지는 못해도 모두를 동

----

26) https://www.ted.com/talks/david_steindl_rast_want_to_be_happy_be_grateful?utm
_campaign=tedspread&utm_medium=referral&utm_source=tedcomshare 참조.

등하게 존중할 수 있게 됩니다. 그게 정말 중요하죠. 미래 세계는 피라미드 형태가 아니라 네트워크 형태가 될 거에요. 거꾸로 된 피라미드가 아닙니다. 제가 말하는 이 혁명은 비폭력적 혁명이며 너무나 혁명적이라서 혁명의 정의 자체에 혁명을 일으킵니다.

앞에서 경쟁적 모방 욕망의 암묵적 전제 중의 하나가 자신의 존재에 무언가 결핍된 것이 있기에 타인의 우월한 존재를 모방하여 자신의 것으로 하여야 한다는 것이라고 하였는데, 감사는 그 전제를 뒤집는 힘을 가진다. 데이비드 스타인들-라스트의 말과 같이 감사는 우리로 하여금 "만족감을 느끼며 부족함을 느끼지 않고 다른 이들과 기꺼이 나누게" 할 수 있는 힘을 가지기 때문이다.

위와 같은 의식혁명에서 말하는 감사는 일회적으로 느끼는 감정이 아니라 평생의 삶 동안 지속할 수 있는 '태도'로서의 감사라고 할 수 있다. 삶의 순간순간마다, 우리의 마음을 가장 낮은 자리로 가져가 나에게 주어진 모든 것, 모든 기회에 대하여 감사하는 '태도'를 기르는 것은 평화의 내적 토양을 비옥하게 가꾸는 일이 된다.

IV. 폭력을 낳는 신념과 평화를 낳는 신념

1. 응보적 정의관과 회복적 정의관

'응보적 정의'란 다른 사람에게 잘못을 범하여 고통을 가한 사람에게 그에 상응하는 고통이 주어짐으로써 구현되는 정의를 말하며, '상호성의 정의'로 불리기도 한다. 고대의 함무라비 법전에 "눈에는 눈, 이에는 이"라는 원칙이 규정된 바 있고, 그것이 구약의 율법에도 포함되어 있었는데,[27] 이것이 바로 응보적 정의와 관련된 것이다. "눈에는 눈"의 원칙은 눈에는 목숨으로의 무자비한 보복을 제한하여 자신의 잘 못에 비례한 응보가 있어야 한다는 '비례의 원칙'도 내포하고 있다. 이러한 응보적 정의와 비례의 원칙은 고대의 법률만이 아니라 현행 사법 체계에도 일정 부분 반영되어 있다고 할 수 있다.

이러한 응보적 정의가 국가 법률체계에 반영된 것은 사회적 정의와 질서의 수립을 위해 기여하는 부분도 많이 있으므로 응보적 정의를 정의라고 보는 관점이 모두 폭력의 내적 원인이라고 볼 것은 아니다.

그러나 주관적 자기중심성을 가진 개인이 '응보적 정의'와 유사한 거래적 공평성의 관념을 초월한 다른 정의의 관념을 전혀 갖지 않은 상태에서 오로지 공평성에만 초점을 맞출 경우에는 폭력의 상승작용을 일으키는 원인으로 작용할 위험성을 내포하고 있다. 모방 욕망의 모방 성이 폭력적 경쟁의 상황에서 더욱 강하게 작용하여 '악'을 '악'으로 갚는 현상을 통제하기 어렵게 만드는 원인이 될 것이기 때문이다. 내가 누군가로부터 오른쪽 뺨을 맞았다면, (그 상대방 역시 나를 때릴 만한 이유나 원인을 내가 제공했다고 생각하겠지만 그것과는 관계없이) 나도 어떻게든 상대방의 뺨을 때리는 것 이상의 폭력을 가해야 '정의'와 '공평'의 원칙에 부합하는 것이라는 생각을 가질 경우, 그렇게 생각하지 않는 경우보다 폭력적 대응의 가능성을 높일 것이라는 것을 쉽게 예상할 수 있다.

이와 같이, 응보적 정의관은 개인 간의 다툼에서 상대방의 부당한 행위를 보복하지 않고 용서하는 것을 어렵게 만드는 심리적 원인의 하나가 되고 있으며, 집단 사이에는 더욱 그러하다. 테러리스트들은 자신이 속한 집단이 다른 집단으로부터 부당한 수모를 받아 왔다는 인식과 분노에 기하여 자살테러 등을 통해 그 다른 집단의 구성원을 무작위로

---

27) 레위기 24:19-21; 출애굽기 21:22-25; 신명기 19:16-21.

살해함으로써 보복하는 것이 비윤리적인 살인행위가 아니라 '정의로운
성전'이라고 믿고 있는 경우가 많은데, 그 밑바탕에 위와 같은 응보적
정의관이 깔려 있다.

신약성경에서 예수는 구약에서 제시된 이러한 응보적인 율법을
정면으로 부정하고 "누구든지 네 오른편 뺨을 치거든 왼편도 돌려 대
라"는 새로운 차원의 윤리를 제시하였다.[28] 이러한 예수의 가르침을
항상 상대방의 폭력에 대한 방어의 노력을 포기하고 그 희생자가 되어
야 한다는 것으로 오해하는 것은 곤란하다. 보복의 악순환을 끊고 사
랑의 새로운 물결을 일으킬 수 있는 주도적, 능동적인 자세로 폭력의
반대방향으로 가라는 것에 가르침의 본질이 있는 것으로 보아야 할 것
이다. 예수는 응보적 폭력을 정의로 보지 않고 폭력을 끊는 사랑의 행
위를 참된 정의로 보았다. 이러한 예수의 관점에 의할 때 사랑을 결여
한 응보적 폭력은 상대방의 악과 같은 차원의 악일 뿐, 정의가 아니다.

인류는 두 차례에 걸친 세계대전, 냉전과 핵전쟁의 위협 및 테러
와의 전쟁을 거치면서 사랑으로서의 정의관이 아닌 응보적 정의관으로
는 보복의 악순환을 통해 인류가 멸망할 수밖에 없을지도 모른다는
'현실적'인 깨달음을 가질 수 있게 되었다. 즉, 응보의 굴레를 벗어난
사랑으로서의 정의를 통하여만 폭력의 악순환을 끊고 평화의 새 질서
를 구축할 수 있는 희망이 가능해진다는 믿음이 충분한 근거를 갖게
된 것이다.

이러한 맥락과 관련하여, 오늘날 형사사법에 있어서도 응보적 정
의 대신 '회복적 정의(restorative justice)'를 실천하고자 하는 노력이 일
어나고 있다. 회복적 정의는 형사범죄의 가해자와 피해자, 그들의 커뮤
니티가 함께 노력함으로써 범죄자의 처벌만이 아니라 그 책임의 자각,

---

28) 마태복음 5: 38-42.

사랑과 용서를 통한 온전한 회복을 이루고자 노력하는 것을 통해 모두를 위한 진정한 정의를 구현하고자 하는 것이다.

법적 질서의 면에서 응보적 정의의 차원을 전적으로 배제할 수는 없지만 진정하고 실질적인 정의라고 할 수 있는 회복적 정의 또는 관계적 정의를 구현하기 위한 노력은 갈수록 더 큰 비중을 차지하게 될 것이다. 특히 우리의 개인적, 일상적인 삶의 현장에서는, 상호성, 대칭성, 공평성의 차원을 뛰어넘는 아가페 사랑의 원리에 따라 살기 위해 노력해야만, 그 사랑이 펼쳐 주는 넉넉한 완충지대를 가질 수 있다. 그러한 완충지대가 있어야 폭력적 갈등의 회오리바람을 멈추는 용서의 능력을 발휘할 수 있고, 비폭력적 소통을 통해 진정한 정의를 구현할 힘과 지혜를 가질 수 있다.

회복적 정의에는 응보적 정의를 뛰어넘는 '잉여'의 요소를 가지고 있다. 그것은 국가가 모든 사람들을 위한 정의로운 자원 배분 등을 하는 질서의 차원에서는 승인하기 어려운 것이지만, 우리들 각자의 '자아' 속에 그러한 잉여의 요소, '은혜'의 요소, '초월'의 요소, 또는 '선물'의 요소가 있어야만 상호폭력의 악순환을 넘어, 기적 같은 용서의 능력을 발휘하여 화해와 공존의 길, 참된 평화의 길을 열어갈 수 있다.[29]

2. 처벌을 통한 교정의 관점과 사랑의 힘에 대한 믿음

처벌을 통한 교정의 관점은 현대의 형사 사법 체계에 상당한 정도 반영되어 있다. 응보형주의가 현대에 와서 여러 가지 비판을 받으면서, 오늘날 각국의 형법에 의한 처벌은 기본적으로 응보를 위한 것

---

29) 용서가 그런 의미에서 아주 좋은 '윤리적 선물하기'라고 부를 수 있다는 것에 대하여는, 전우택·이해완 외 6인(필자 집필 부분), 앞의 책, 28면 참조.

이 아니라 교정(矯正)을 위한 목적으로 자리를 잡아가고 있다.

그런데 이러한 '처벌을 통한 교정'의 관점이 불가피하게 제도적으로 수용되어야 할 부분이 있다고 하더라도 그 신념이 지나치게 확산되는 것은 결코 바람직하다고 할 수 없다. 가정과 학교에서 사랑으로 자녀나 학생들을 가르치는 일이 쉽지 않다보니, 손쉬운 방편으로 자녀나 학생들을 처벌함으로써 그 태도나 인성을 바로잡으려고 하는 경향이 있는데, 그 처벌이 실질적으로는 폭력의 다른 이름인 경우가 많다. 이것은 결국 자녀나 학생들의 교육을 위한다는 명목으로 폭력을 남용하는 셈이고, 그 결과는 결코 긍정적이지 않다.

우리 사회는 오랫동안 학교 교사들의 학생들에 대한 체벌에 대하여 지나치게 관대한 입장을 취해 오다가 최근에 큰 변화를 겪고 있는 상황인데, 체벌을 많이 받은 세대의 기억으로는 체벌이 꼭 필요한 경우에 합리적·제한적으로 사용되어 학생들의 행동을 교정하는 데 기여하기보다는 교사의 감정적이고 편의적인 폭력적 체벌의 남용으로 학생들에게 심한 분노와 굴욕감을 야기하는 일이 많았다. 가정에서도 자녀들을 자기의 소유라고 잘못 생각하는 관념과 결합되어 너무 쉽고 너무 빈번하게 '교육'을 위한 명목의 폭력이 행해지고 있다. '처벌을 통한 교정'의 효과를 과신하고, 폭력에 의하여 야기되는 회복불능의 중대한 문제점을 간과하거나 외면하고 있는 것이다. 최근 부모의 체벌을 금지하기 위해 친권자의 징계권에 대한 민법 제915조의 규정을 삭제하는 민법 개정이 이루어진 것은 매우 다행스러운 일이다.

처벌을 통해 상대방을 교정할 수 있다는 신념은 가정과 학교만이 아니라 국가 공권력의 행사나 국제적 분쟁의 해결에 있어서도 정치지도자의 심리에 큰 영향을 미칠 수 있는 잘못된 신념 중의 하나이다. 특히 국제적 분쟁의 경우 상대방의 잘못된 행동이 어떠한 결과를 가져오는지를 똑똑히 보여 주어 함부로 우리의 안보를 위협하지 못하도록 교훈을 줄 필요가 있다는 생각과 연결되기 쉬운데, 대개의 경우 상대방이 그 의도대로 교훈을 얻기보다 역시 부당한 도발로 간주하고 무력으로 맞대응을 할 가능성이 높다는 점에 대한 충분한 고려가 수반되지 않을 경우, 자칫 전쟁으로 치닫는 원인이 될 가능성이 있을 수 있다.

처벌의 당위성에 대한 신념의 이면에는 앞서 살펴본 응보적 정의관도 깊은 영향력을 발휘하고 있는 경우가 많다. 그것은 근본적으로 사랑과 자비의 영적 원천과의 깊은 만남이나 그에 대한 믿음의 결여와 깊은 관련성을 가진다. 그러한 신념은 비단 타인에게만 작용하는 것이 아니라 자기 자신에게도 똑같이 작용하여 자기 자신에 대하여 자비와 친절, 용서의 자세를 가지지 못하고 자신이 어떤 기준에 미치지 못한다는 이유로 자신에게 폭력적인 처벌을 하는 것으로 이어진다. 그것은 때로 자기 자신을 끝내 용서하지 못하여 자신의 생명까지 위협하고 파괴하는 무서운 결과를 낳기도 한다. 잘못에 대하여 반드시 처벌하여야 한다는 경직된 신념을 개조하는 것이 자신의 생명을 보호하는 길이기도 한 것이다.

이처럼, 처벌의 당위성에 대한 경직된 신념은 평화를 위협하는 큰 요인이 된다. 인간의 교정은 개인적인 차원이든 집단적인 차원이든 처벌보다는 사랑에 의하여 가능한 경우가 많다. 빅토르 위고의 레미제라블에서, 장발장을 비정한 세상에 비정하게 대응하는 범죄자의 길로 가게 한 것이 '가혹한 처벌'이었던 반면, 그런 장발장을 자비심과 지혜를 가진 훌륭한 인물로 탈바꿈시킨 것은 자신의 귀중한 물품을 훔친 그를 넉넉히 용서하고 보호해 준 미리엘 주교의 '무조건적 사랑'이었다. 강풍이 아니라 햇볕이 상대방의 외투를 벗게 하는 궁극적인 힘이 될 수 있는 경우가 생각보다 많다는 믿음, 곧 사랑의 힘에 대한 믿음을 회복하여야 폭력의 남용이 아니라 평화를 위한 진지한 노력을 지속해 나갈 수 있게 될 것이다.

3. 비관적 현실주의와 현실적 이상주의

'비관적 현실주의'란 인간의 존엄성, 이웃사랑 등의 윤리적 가치를 보편적인 차원에서 구현하는 것은 현실적으로 불가능하다는 비관주의에 기하여 그러한 보편적 가치를 냉정하게 포기하는 대신, 개인이나 집단의 생존, 투쟁에서의 승리 등의 현실적 목표를 추구하는 사상을 말한다. 생존이나 승리가 개인의 목표일 때는 극도의 몰가치적인 경향으로 이어지지만, 그것이 집단의 목표일 때는 애국주의 등의 공동체적 가치와 연결될 수도 있다. 그러나 그것이 개인적인 차원이든, 집단적인 차원이든 비관적 현실주의가 확산될 경우 문제해결의 수단으로 평화적인 방법보다 폭력적인 방법이 채택될 가능성이 높아짐은 분명하다.

즉 비관적 현실주의는 자연스럽게 평화적 수단에 의한 문제해결 가능성을 과소평가하고, 폭력적 수단에 의한 문제해결 가능성을 과신하는 입장으로 연결되기 쉽다. 가정에서 아이들은 때려야 말을 잘 듣고 버릇이 나빠지지 않는다는 생각을 가진 부모, 직장에서 직원들을 힘과 권위로 누르고 겁을 줘야 회사가 잘 된다고 생각하는 사용자, 폭력적 방법을 통해서만 사회의 부조리와 구조적인 악의 문제를 해결할 수 있다고 믿는 혁명가, 국제사회에서 외교적 노력보다는 강력한 군사력의 직접적 행사를 통해서만 문제가 해결된다고 생각하는 국가 원수가 많아질수록, 가정에서부터 국제사회에 이르기까지 폭력과 전쟁의 가능성이 점점 높아질 것이다.

그러나 그렇다고 현실을 무시한 이상주의를 제창할 수는 없다. 현실적 토대를 갖추지 않은 이상주의는 궁극적으로 냉소적 현실주의에 힘을 보태는 결과가 될 뿐이다. 제도적 차원의 폭력조차 전면적으로 부정하는 태도는 현실적이지 않은 이상주의의 극단적인 예라고 할 수 있다. 국가의 역할을 폭력적이라는 이유로 부정하는 입장을 취하는 무정부주의가 여기에 속한다.

막스 베버는 국가를 폭력의 정당한 '독점주체'라고 한 바 있다.[30] 국가의 역할은 그것이 국민의 주권에 기하여 정당하게 행사될 때 비록 그 자체가 폭력적인 면이 있다 하더라도 더 큰 폭력을 방지하기 위한 평화의 수단으로 인정될 수 있고,[31] 그와 유사한 예들은 국제적인 차원이나 사회적인 차원에서도 찾을 수 있다. 인종청소 등의 집단학살을 방지하기 위한 인도주의적 군사 개입이 때로 정당성을 가질 수 있는 것, 폭력적 범죄에 대한 정당방위가 인정될 수 있는 것 등이 그 예이다.

그러므로 평화의 이상을 견지하면서도 예리한 현실의식을 가지고 현실 속에서 가능한 범위 내에서 이상을 조금씩이라도 구현해 나가는 진지한 노력을 기울여 나가는 것이 바람직하고, 그 길은 언제라도 열려 있다는 믿음을 견지할 필요가 있다. 그러한 믿음을 '현실적 이상주의'라고 명명할 수 있을 것이다.[32] 현실적 이상주의는 평화적 수단에 의한 평화 추구의 당위성과 함께 그 가능성을 과소평가하지 않으면서, 그것이 현실 속에서 힘을 갖도록 하기 위해 현실에 대한 정확한 이해를 토대로 참된 평화의 길을 열 수 있는 창의적 해법을 진지하게 탐색한다.

....

30) 베버의 그러한 관점이 오늘날 국가를 넘어선 폭력의 가능성이 높아지고 있는 시점에서 그대로 타당한지에 대하여는 논의의 여지가 있다. Michel Wieviorka(田川光照 譯), La violence(暴力), 新評論, 2007, 74-81면 참조.

31) 여기서 필자가 사용하는 '폭력' 개념은 폭력의 반대말을 권력이라고 보고 정당한 제도적 폭력(권력)을 폭력의 개념에서 제외하는 관점과는 다른 용어법에 기한 것임을 유의할 필요가 있다. 필자는 정당한 폭력도 일단 폭력의 개념 범주에는 포함시키고 그 정당성 여하는 그 다음의 논리적 단계에서 다루는 것이 제도적 폭력에 대한 비판적 성찰의 필요성을 부각시키는 점에서 좀 더 바람직한 면이 있지 않을까 생각한다.

32) 존 롤즈(John Rawls)도 『만민법』(Law of Peoples, 1999)에서 '현실주의적 유토피아(realistic utopia)'라는 말을 사용한 바 있다.

아가페 사랑의 원리에 대하여 많은 사람들이 "그것은 현실에 맞지 않아"라고 생각하여 내면적으로 거부하거나 포기하는 경향을 많이 보이는 것에 대하여 깊이 생각해 보면 비관적 현실주의의 사고함정에 빠진 것임을 알 수 있다. 실제로 아가페 사랑의 원리가 현실 속에서 무제한적으로 관철될 수 없는 부분이 있다는 것은 누구나 쉽게 확인할 수 있다. 예를 들어 아가페 사랑은 무한히 줄 수 있는 무한성을 내포하고 있는 것으로 생각되는데, 현실적으로 나에게는 시간과 에너지가 제한되어 있어 필요로 하는 사람들에게 무한히 사랑을 줄 수 없고, 자기희생을 계속 하다 보면 아가페 사랑의 주체인 나 자신의 생명 자체가 쉽게 소진될 수 있음을 깨닫게 된다. 비관적 현실주의의 생각은 바로 이것이 아가페 사랑은 현실의 삶에 맞지 않는 것임을 말해주는 것이라 단정하고 그것을 포기하는 길로 나아간다.

그러나 그것은 문제의 한 측면만을 단선적으로 본 것일 뿐이다. 아가페 사랑이 현실을 만나 일정한 제약의 요소들을 고려해야 하고 그에 따라 어떤 비교와 판단을 해야 하는 상황을 만난다고 해서 아가페 사랑 자체가 문제인 것은 결코 아니다. 앞에서도 언급한 바와 같이, 아가페 사랑의 빛이 없으면 우리는 자기중심적 충동으로 보복의 악순환 속에서 나도 너도 모두 폭력의 희생물이 되는 것을 피할 수 없다. 아가페 사랑은 거래적 공평성을 넘어선 완충지대를 넉넉하게 우리의 내면에 만들어 주므로, 사랑과 용서의 마음가짐으로 폭력의 악순환을 막고 사랑과 용서의 선순환을 만들어 우리의 삶의 공간을 지켜내는 '현실적인' 역할을 결정적으로 수행할 수 있다.

위와 같은 비관적 현실주의의 사고함정은 초월적 가치인 아가페의 초월성에 대한 이해의 결여와 깊은 관련성을 가진다. 아가페는 일상적 비교와 산술을 중심으로 한 가치판단을 '초월'한 무조건적 성격을 가지고 그것이 아가페의 영속성과 무차별적 평등성의 기반으로 작용한다. 이 '초월'은 가치판단을 부정하거나 소멸시키는 것이 아니라 그 가치판단의 차원보다 한 차원 높은 아가페 사랑이 보다 높은 차원에서 인도자 역할을 할 수 있도록 하는 원리라고 할 수 있다. 비초월적 가치판단이나 비교, 조정 등의 필요성은 현실 속에서 당연히 있을 수 있지만, 그로 인하여 초월적인 아가페 사랑의 빛이 사라져야 하는 것은 결코 아니다. 아가페 사랑의 초월적인 빛과 그 인도 속에서 현실적인 것에 대한 배분, 조정이 이루어져야 보다 인간답고 희망적인 '현실'이 우리에게 주어질 수 있다. 이것이 '현실적 이상주의'의 관점이라 할 수 있다.

비관적 현실주의의 함정에서 벗어나 현실적 이상주의가 더 넓게 공유될 수 있을 때 공동체가 참된 평화를 향해 가는 길이 더 넓게 열릴 수 있을 것이다.

4. 배타적 정체성과 열린 정체성

오늘날 세계 도처에 많은 분쟁이나 전쟁이 발생하는 근저에는 각 집단이 가진 아이덴티티가 어떤 이유에서든 배타적인 성격을 강하게 가지게 된 것이 주된 요인의 하나로 존재하고 있다는 것을 간과할 수 없다. 국가, 민족, 종교, 부족 등의 여러 가지 구별에 의한 집단 아이덴티티가 존재하는 것은 자연스러운 일이나, 그것이 다른 정체성을 가진 집단에 대하여 강한 배타성과 공격성을 가지게 될 경우 폭력적 갈등을 유발하는 원인이 된다는 점에 문제의 심각성이 있다.

우리 민족도 과거 일제 식민통치를 경험하면서 강한 저항적 민족주의를 형성하여 왔고, 지금도 그러한 민족주의가 우리의 정서에 상당한 영향을 미치고 있는 것이 사실이다. 다만 지금은 대한민국의 국력이나 우리 국민의 자긍심이 크게 향상된 상태이므로 과거와 같은 저항적 민족주의가 아니라 보다 개방적이고 유연한 민족주의, 곧 '열린 민족주의'로 변화해 나갈 필요가 있다.

나아가 오늘날 여러 가지 이유로 우리 사회가 급속히 다문화 사회로 변화해 가고 있는 상황이므로 한민족의 민족적 정체성을 배타적으로 내세울 경우, 우리 사회 내에서 함께 살아가고 있는 사람들 간의 평화롭고 평등한 공존과 협력, 사회적 통합을 어렵게 만들고 결과적으로 차별이나 소외를 통한 구조적 폭력을 심화시키는 문제가 발생할 수도 있음을 인식할 필요가 있다.

앞에서 각 개인의 마음속에 집단정체성에 대한 배타적 집착이 강해지고, 그에 따라 외집단 사람들에 대한 공격성이 높아지는 현상을 인간의 근원적인 두려움, 곧 죽음에 대한 두려움에서 찾는 공포관리이론에 대하여 언급하였다. 종교의 가장 깊은 가르침은 죽음에 대한 두려움을 넘어 두려움보다 더 깊은 곳에 있는 사랑의 원천을 만나 참된 믿음과 영성으로 모든 인류의 연대와 상호 자비의 마음을 우리에게 심어줄 수 있다. 그것만이 죽음의 공포를 관리하고자 하는 무의식적 욕구가 폭력으로 이어지는 현상에 대한 궁극적 치유방법이 될 수 있다고 생각한다.

종교가 그런 영성적 차원과는 무관하게 배타적 정체성만 강조할 경우 전쟁과 테러를 비롯한 폭력의 원인으로 부각될 수 있다는 것은 앞에서 살펴본 바와 같다. 종교가 가장 높은 차원의 가치인 사랑과 자비에 보다 초점을 맞추고 자신의 종파적 입장의 경직성을 완화해 나가는 '열린 정체성'을 가질 때 종교가 가진 본연의 사명을 보다 잘 수행해 나갈 수 있을 것이다.

5. 위계적 차별의식과 근원적 평등의식

우리 사회는 정치적으로 민주화에 성공하여 권위주의 체제에서

벗어났으나, 사회의 각종 조직이나 가정에서 아직도 권위주의를 내면
화하여 행동으로 드러내고 있는 권위주의적 인격 유형이 적지 않다.
권위주의는 인간관계에서 수평적이고 평등한 차원보다 수직적 질서의
상하관계를 강조한다. 이러한 권위주의는 언어폭력이나 그 밖의 유형
적 폭력을 유발하기 쉬울 뿐만 아니라 구조적 폭력 등의 문제를 대화
를 통해 해결해 나가는 것을 어렵게 하는 문제가 있다.

　　권위주의는 그 이면에 근본적으로 사람의 가치를 수직적 위계로
구분하는 위계적 차별의식을 내포하고 있다. 사람의 가치를 수직의 위
계로 나누는 차별의식은 민주주의의 가장 중요한 핵심원리인 인간 존
엄성에 반하는 것이다. 인간 존엄성의 사상은 인간의 내재적 가치는
비교를 허용하지 않는 것이고 가격표를 붙일 수 없는 것이라고 본다.
따라서 인간의 가치를 비교하여 높낮이를 따지는 것은 인간 존엄성에
정면으로 반하는 것이다.

　　인간 존엄성은 모든 인간이 평등하게 존엄성을 가진다고 보는 점
에서, 인간 평등의 신념을 전제로 한다. 인간의 존엄성과 평등은 아가
페 사랑의 원리와 근본적인 일치성을 가진다. 아가페 사랑도, 사랑의
대상의 속성에 따른 차별을 부정하고 대상으로부터 독립하여 모두에게
동등하게 보편적으로 미치는 특성을 가지므로, 사랑의 대상으로서의
인간의 지위는 평등하고 존귀한 자리에 있다.

　　여기서 말하는 평등은 모든 인간이 존재적 가치의 면에서 근원적
으로 평등하다는 것을 말하는 것으로서, 구체적 현실 속에서의 평균주
의적 평등을 말하는 것은 아니다. 비교와 계산을 허용하지 않는 고유
한 인격적 존재로서의 동등한 지위를 말하는 것이지 비교와 계산을 통
해 산정된 크기, 높이, 넓이 등의 동일성이나 등가성을 말하는 것은 아
니다. 인간 개개인의 구체적 특성들이 숫자의 세계에 들어가 비교의
대상으로 포착되면 여러 가지 점에서 불평등한 모습으로 드러나는 것

이 사실이다.

인간의 근원적 평등은 이러한 불평등한 현실을 부정하는 것이 아니라 그것을 초월한 근원적 자리에서의 궁극적 가치판단에 있어서의 평등을 의미한다. 아가페 사랑이 초월적인 윤리의 성격을 가지는 것과 마찬가지로, 인간의 평등도 초월적인 성격을 가지는 것이다. 이 문제에 있어서도 불평등한 현실에만 초점을 맞추고 초월적인 차원을 무시하면, 인간의 불평등이 진실이고 인간 평등은 환상인 것처럼 잘못 인식될 수 있다. 그러나 초월적인 사랑으로서의 아가페 사랑이 없으면 인간 사회가 폭력을 이겨내기 어려운 것처럼 초월적인 차원에서의 인간 평등에 대한 의식과 신념이 무너지면, 인간 상호간의 지배와 피지배, 끝없는 폭력적 경쟁의 상황을 이겨낼 수 있는 토대가 무너지게 된다.

앞에서 '경쟁적 모방 욕망'에 대하여 이야기할 때, 그 이면에 위계적 차별의식이 깔려 있는 것에 대하여 언급한 바 있다. 위계적 차별의식은 주체가 모델의 우월한 지위를 자신의 것으로 하기 위한 욕망으로 폭력적 경쟁에 몰입하는 근본적 원인을 제공하며, 모든 폭력의 내면적 원인으로 작용하고 있다.

그것을 극복하기 위해서는 각 개인의 내면 깊은 곳에 있는 위계적 차별의식을 근원적 평등의식으로 바꾸기 위한 노력이 선행되어야 할 것이다.

V. 맺음말

이상에서 폭력의 내면적 원인과 평화의 내면적 토양을 욕망, 감정, 신념의 세 가지 부분으로 나누어 조명해 보았다. 이 글에서 다룬 것이 전부는 아니지만, 중요한 사항들을 조감해 보고자 한 원래의 목적을 어느 정도 달성할 수 있었다고 생각된다. 사랑이나 공감 등의 이름으로 불리는 것 중에서도 평화의 내면적 토양이라고 보기 어려운 것도 많아, 그 중에서도 평화의 기초가 되는 감정이나 태도의 요건이 무엇인지 보다 깊이 들여다 볼 필요가 있다는 것이 하나의 중요한 결론이라 할 수 있다. 그리고 평화의 내면적 기초 중에서도 가장 중요한 것은 초월적이고 보편적인 사랑의 힘에 대한 믿음과 그 사랑을 실현하고자 하는 욕망, 그리고 사랑에 기초한 용서와 공감의 노력, 그리고 그 모든 것을 뒷받침하는 존재 자체에 대한 깊은 영적 감사의 태도라는 것을 알 수 있었다. 우리의 내면에는 때로는 '정의' 또는 '공평성'의 이름으로, 때로는 '현실'의 이름으로, 때로는 '집단정체성'의 이름으로 그러한 보편적 사랑의 원리에 대하여 회의하거나 냉소하여 그 힘을 약화시키고 무력화하는 오래 묵은 신념들이 있다. 그 신념들을 사랑의 원리에 부합하는 새로운 신념으로 개조하는 노력이 있어야만 우리가 함께 사랑을 바탕으로 평화를 이루어 나가는 일이 큰 힘을 얻을 수 있을 것이라 믿는다.

'이웃사랑'의 철학
서경석 _한양대 국문과

1. 이웃이란 무엇인가

현대 철학에서도 '이웃 사랑'은 중요한 화두이다. 가령 케네스 레이너스, 에릭 센트너, 슬라보에 지젝이 공동으로 기획한 <이웃: 정치신학에 있어서의 세 가지 문제>[1]는 이러한 문제의식을 반영하고 있다. 이들은 지구상에서 일어나는 온갖 비극을 경험하면서 이러한 비극들을 극복하기 위해서는 '이웃 사랑'이라는 성서적 명령을 '실천적 철학'의 관점에서 되새겨야 한다고 강조한다.

여기서 이웃이란 "동일시의 공감 혹은 관용의 대상으로서의 '타자', 다시 말해 자아의 상관 대상으로서의 타자를 넘어서는 개념이다. 이웃은 단지 상상적 대상으로서의 동료 이웃이나 상징적 대상으로서의 사회질서 내의 존재들일 뿐 아니라 실재의 '불가능한 대상'으로서의 지극히 낯선 어떤 것"[2]을 포괄한다. 환언하면 이웃은 친한 동료이기도 하지만 한편으로 나에게 지극히 낯선 타자이기도 한 것이다. 이때의 이웃이란 바깥의 이웃이기도 하지만 인간의 내면에 있는 근본적인 타자성, 즉 인간성의 한 부분을 이루는, 통제되지 않은 낯선 '나'를 의미하기도 하다. 이 이웃과 관계에 관련된 논의들을 몇몇 문헌을 통해 살펴보는 일이 이 글의 과제이다.

2. '이웃 사랑'의 어려움

'철학과 신학의 결합'이라는 이러한 이론 틀의 배경에는 벤야민의 <역사의 개념에 대하여>라는 논문이 놓여있다. 그는 이 논문에서 진보적인 철학이 그 시효를 잃은 마당에 신학의 도움을 받는다면, 세상을 바꾸는 일에 성공할 수 있음을 강조한다. 후에 <사도 바울>(1997)을 쓴 알랭 바디우나 <이웃: 정치신학에 있어서의 세 가지 문제>의 케네스 레이너스 등과 <시차적 관점>(2006)에서 유물론적 신학의 정초를 세우려 하는 슬라보에 지젝에 이르기까지 이러한 주제에 대한 탐색은 그 심도를 더해 왔다.

물론 이러한 이론이 현실성을 얻은 것은 20세기 두 차례의 세계전쟁, 유태인학살, 소련의 강제노동수용소, 온갖 인종, 종교 간 분쟁과 학살, 갈수록 심해지는 빈부간의 격차라는 경험 때문이다. 이웃을 도와야한다는 당위적 명제가 이 경험의 끝에 재인식되어야 한다는 의미에서 뿐만 아니라 도대체 인간은 이웃에 대해 왜 그렇게 적대적인가에 대한 분석이 절대적으로 필요하다는 이유에서이다.

<이웃>에 의지하여 '이웃'에 대한 논의를 시작하자. 원론적인 차원에서 흔히 내세우는 그 적대성에 대한 언급은 프로이트에서 시작된다. 프로이트는 <문명 속의 불만>에서 "네 이웃을 네 몸같이 사랑하라."(레위기 19장 18절)라는 성서의 명령을 처음 듣는 듯이 다시 생각해보자고 제안한다. 이웃에 대한 사랑은 나에게 의무를 부과한다. 그들에게 헌신하고 희생하라는 의무이다. 그런데 내가 사랑하는 사람이 나보다 훨씬 훌륭하다면, 그래서 내가 그 사람을 사랑할 수 있고 또 그런 사랑을 하는 나 자신의 모습에 만족할 수 있다면, 그 이웃은 사랑받아 마땅하다. 그러나 낯설기도 하거니와 인품이 떨어지는 이웃을 사랑하고자 한다면 그것은 쉽지 않다. 더구나 나의 사랑을 받는 사람의 입장

에서는 낯선 사람에게도 내가 똑같은 사랑을 준다는 것은 공평해보이지 않는다. 몫이 줄기 때문이다. 그런데 더 나아가 낯선 사람은 간혹 나에게 적개심과 증오를 불러일으키기도 한다. 그는 나를 거들떠보지도 않으며 자기에게 이익이 된다면 서슴없이 나를 배신하고 해치려 할 가능성이 있다. 자기 욕망을 채울 수만 있다면 나를 비웃고 모욕, 중상하여 우월한 힘을 과시하는 일도 기꺼이 감행할 것이다. 나를 해쳐도 자신은 안전하다고 느낄수록, 그 사람이 나에게 이런 태도를 취할 가능성은 더욱 커진다. 이렇게 보면 인간의 이웃은 그들에게 잠재적인 협력자일 뿐 아니라, 공격본능을 자극하는 존재이기도 하다. 인간은 이웃을 상대로 자신의 공격본능을 만족시키고, 아무 보상도 주지 않은 채 이웃의 노동력을 착취하고, 이웃의 재물을 강탈하고 이웃을 경멸하고 이웃에 고통을 주고, 이웃을 고문하여 죽이고 싶은 유혹을 느낀다. 인간은 부여받은 본능적 자질들에 상당한 공격성이 포함된 피조물이 될 수 있기 때문에 '인간은 인간에게 늑대이다.'3)

프로이트가 설명하고 있는 이러한 이웃은 따라서 이해되지 않는 낯선 자, 비유적으로 표현하면 괴물에 가깝다. 유대교는 이러한 이질적인 '외상적 중핵'이 나의 이웃 안에 영원히 존속한다는 전통을 연다. 이웃은 이해 불가능한 수수께끼의 현존으로 존재하며 이러한 이웃의 현존은, 중용과 절제로서 평안하고 싶어 하는 나의 계획에 봉사하기는 커녕 나를 신경증적으로 만든다. 이러한 이웃 상(像)은 릴케의 <말테의 수기>의 한 장면에서도 인상적으로 묘사된다. "눈으로 보는 것만으로는 조금도 해가 되지 않는 사람이 있다. 우리는 그와 같은 사람은 거의 의식하지 못하고 바로 잊어버린다. 그러나 그와 같은 사람이 눈에 보이는 것이 아니라 귀에 들리기만 하면 어떻게든 귓속에서 자라고, 말하자면 부화해서 경우에 따라서는 개의 콧구멍으로 들어온 폐렴균처럼 뇌 속까지 기어 들어와서, 뇌수를 거칠게 침범하며 성장한다.

그러한 존재가 이웃 사람이다."4)

그렇다면 '이웃 사랑'이란 말하자면 이 이해할 수 없는 타자와의 마주침(견딜 수 없는 만남)도 포함한다. 그것이 '이웃 사랑'이라는 실천의 핵심이다. 그것을 통해서만 "네 이웃을 네 몸과 같이 사랑하라"는 계명에 관건이 되는 문제를 제대로 파악할 수 있다.

이러한 문제의식은 김원일의 소설에서 구체적이고 일상적으로 구현되고 있다. 『작가세계』에 1992년 6월 「그곳에 이르는 먼 길」로 처음 발표되었고 2000년에 수정 가필되어 출간된 「히로시마의 불꽃」(문학과지성사)은 원폭 방사능에 의해 고통 받는 인물들을 본격적으로 다루고 있다. 이 주제에 대한 이 작품의 천착은 진정 선구적인데 1979년 「도요새에 관한 명상」을 발표하면서 보여주었던 작가의 선견을 다시금 보여주기 때문이다.

주인공은 화가로 성공하여 부자로 살고 있는 묘산이다. 그의 집에 갑작스럽게 고향사람들이 들이닥친다. 원폭 피폭자인 정동칠과 그의 아들 정순욱, 딸 수임. 근 사십 년 만에 만난 정동칠과 수임은 불구에 가까웠고 아들 정순욱은 공격적이었다. 이 '낯선' 고향 사람들은 외모도 기형적이었지만 알 수 없는 병으로 인해 인간적인 활력 자체가 거의 사그라져 있었다. 외제 사료를 먹는 강아지 '쫑'은 평온을 깨는 그 이질감에 짖어댄다. 집주인 묘산은 이 고향 사람들을 한편으로는 동정한다. 어려웠던 시절, 자신을 품어준 고향 사람들이 아니던가. 그러나 한편으로 그들의 돌발 행위는 묘산을 난감하게 하고 그들을 경계하게 한다. '운동권' 학생이던 딸만이 이들을 도와주며 우호적인 관계를 유지한다.

정순욱이라는 청년이 상경한 이유는 이러하다. 히로시마 원자탄의 피폭에서 비롯하여 유전적으로 계속 알 수 없는 병에 걸려 왔다는 것, 이 피해의 보상과 치료를 위해 할 수 있는 일은 다 했다는 것, 그러나 만족스러운 보상과 치료에는 턱없이 부족했다는 것이다. 그리하여 마지막 호소를 위해 온 가족이 서울로 함께 온 것이었다. 그들의 처지는 비참했고 원인 없는 질병과 고통에 시달리고 있었으며 사회적인 도움도 미미했고 이들에 대한 정부의 대책도 지극히 형식적이었다. 일본 측은 책임회피에 급급했고 따라서 이들은 거의 '살아있는 시체'와 다름없이 빈궁한 생활 속에서 허덕이고 있었다. 서울에서 마지막 호소, 역시 실패. 묘산의 처는 이들을 여관으로 내몰려 한다. 상식에도 어긋난 '방사능 오염'을 걱정한 까닭이다. 상황은 최악으로 치닫고 결국 정순욱은 분신자살을 감행하는 것으로 이 작품은 끝난다.

작품 속에는 피폭자들의 처절한 생활이 상세하게 묘사되어 있다. 이제는 일본의 후쿠시마 원전 사고로 인해 너무도 현실적이 되어 버린 피폭자 문제가 1992년 시점에서 이미 상세하게 묘사되고 있는 것만으로도 이 작품의 가치는 보장된다. 그러나 작가는 이 수준에 그치지 않는다. 주요주제는 오히려 '이웃'이란 무엇인가에 대한 고민, 정확히는 '이웃을 네 몸처럼 사랑하라'는 기독교적인 주제, 그러나 이질적이고 낯설며 심지어 공격적일지 모를 이웃에 대한 사랑이 가능한가 하는 문제를 이 작품에서 고민하고 있다고 생각한다.

「히로시마의 불꽃」의 묘산이 예민해 지는 장면은 이런 맥락에서 이해할 수 있다. 도와주어야 하겠지만 그 이질감과 묘하게 풍기는 공격성으로 인해 도저히 가까이 할 수 없는 이웃을 설정하여 '이웃 사랑의 실험 극장'을 설정해 놓았다. 사실 이웃 사랑은 사랑의 대상의 특출함 여부에 따라 결정되는 것이 아니라 사랑 그 자체에 의해 결정된다. 진정한 이웃 사랑이란 이웃의 선악이나 미추에 의해 좌우되어서는 안 된다. 그렇다면 사랑 자체에 강조점이 놓여져야 하지 않겠는가. 완전한 사랑은 사랑하는 대상에 철저하게 무관심해야 한다. 이런 사랑은 사랑 자체를 위한 사랑, 즉 자기 지시적인 사랑이다. 이것이 가능한가. 김원

일의 또 다른 소설 「깨끗한 몸」과 「마음의 감옥」은 이러한 주제의 또
다른 변주이다.

3. '무한 사랑'의 윤리학

김원일의 소설 「깨끗한 몸」[5]이 보여주는 상상력은 독특하다. 작
중 화자는 지금 성인이 되어, 1952년 겨울 어느 날을 회고하고 있다.
초등학교 오학년인 어린 소년이 어머니 손에 이끌려 여탕에서 때를 벗
기고 있다. 부끄러워 죽고 싶을 지경이다. 어머니는 어린 아들을 욕탕
에 넣어 때를 불리고 삼베 때밀이 수건으로 필사적으로 때를 닦아낸
다. 귓바퀴의 미로조차 손가락을 돌려가며 쑤셔 넣는 그 청결벽을 어
린 소년은 감당하고 있다. 아주 모질게 몸을 씻기는 어머니의 모습은
구도자에 가깝다. 어머니는 이에 그치지 않는다. 이 어린 장남을 후미
진 곳으로 데려가 성실성과 정직함의 부족을 질책하며 매질을 한다.
그러나 정결성, 성실함과 정직함이란 누구에게나 또 언제나 부족한 것
이다. 성인이거나 죽음을 무릅쓴 성자급 인간이 아니라면 누가 완전한
인간에 다가갈 수 있겠는가. 그 요구는 충족되기 어려운 '불가능함' 자
체이다.

어머니는 왜 이러한 요구를 강요하는가. 지고선(至高善)을 강조하
는 이유는 이 선을 강박하는 '악'이라는 배후 없이는 가능하지 않다.
그 악이란 무엇인가. 죄 많은 한국현대사의 상처에서 왔다.

애비는 전쟁 직후 어느 날 인민복 차림으로 쌀 한가마니를 집에
들이고는 행방불명이 되었고 어려운 살림에 아이들을 모두 거둘 수 없
는 어머니는 이 어린 장남을 고향 장터 국밥집 울산댁에 맡겨 키웠다.
일 년에 한두 번 고향 나들이를 할 때면 온몸에 이가 끓는 이 소년에

게 목욕과 매질로 죄 없는 정직한 삶, 정결한 삶을 가르치려 했다. "더러운 세월을 만나 애비 읇는 설움으로 니가 비록 남으 집에 얹혀 언어 묵고 있지마는 씻은 몸멘쿠로 정직한 마음으로 어른이 돼서…"⁶⁾라고 어머니는 엄숙하게 그러나 절규에 가깝게 호소하고 있다. '더러운 세상'을 헤쳐 나가기 위해서는 "우짜든동 니가 열심히 공부해서 훌륭한 사람이 되는 길"(같은 면) 밖에 없으며 성실하고 정직하게 사는 일이 그 방편이라는 것을 강조한다.

좌익 아비의 죄는 가난과 불결함으로 드러난다. 그 불결함을 씻어야 한다. 한국현대사가 어머니에게 입힌 트라우마에서 비롯된 이 죄의 구조는 '속죄'의 구조도 내포한다. 어떻게 이 죄를 씻을 것인가. 무지막지하게 때를 벗겨내는 목욕이 은유하고 있는 것은 무한하게 스스로를 정화하는 태도이다. 목욕의 플롯에 한국현대사가 녹아든 이 유래 없는 구성법은 '속죄'의 플롯이 된다. 어머니는 말없이 말한다. 몸과 마음을 훼손한 아버지를 대신하여 아들인 너는 그 죄를 떠안아라. 아버지를 거울삼아 스스로를 무한히 정화해야 한다고. 끝에 닿을 수 없는 이 욕망이란 따라서 '무한 정화'(infinite purification)라는 주제에 닿아있다. 십계명에서 표현되고 철학자 칸트가 자주 강조한 최고선에 대한 점층적인 접근의 태도란 바로 이런 것이다. 최고선은 언제나 인간에게는 부정적으로밖에 확인되지 않는 것이다. 도달에 실패하고 죄의식을 느끼면서 그 가치를 내면화하는 것이 아닌가. 김원일의 분단소설을 뒤집어보면 종교소설이 될 수도 있다는 생각은 이 작품 속에 그 단초가 존재한다.

분단의 상징인 아버지를 배경으로 해서 「깨끗한 몸」의 어머니는 이러한 '종교적' 윤리를 작동시킨다. 그러나 그 윤리적 강박은 이제 일종의 '증상'으로 찾아온 것이며 그 윤리적 '욕망'은 아들에게 청결성을 강요하는 형태로 전이되어있다. 어린 소년은 이를 감당할 수 없었다.

아들은 그것을 "어머니의 청결벽은 병적이라고 말해야 옳았다."[7]로 정리한다. 그렇다면 아들이 주인공이 되어 이 윤리를 실행한다면 어떤 양상으로 드러나는가. 「마음의 감옥」[8]이 그 표현이다.

「마음의 감옥」에서 화자인 '나'는 동생 박현구의 죽음에 이르는 과정을 살피고 있다. 현구는 1970년대 후반 첫 징역을 살았다. 재개발지 철거 분쟁에서 철거민들을 위해 싸우다 폭력 혐의에 연루되어 현재 세 번째 옥살이를 하고 있다. 그런 그가 간암 판정을 받아 병원으로 '감정유치'되었고 집안의 장남인 '나'는 그를 보기 위해 대구로 향한다. 대구에 도착해서 동생을 만나고 이러저러한 일에 휘말린다. 그러나 결론부터 말하자면 작품의 주제는 다음 글 속에 응축되어 있다.

> 어머니가 살인한 자식을 조건 없이 사랑하듯, 그런 마음을 가지지 않곤 하루인들 여기서 배겨내지 못해요. 그러니 처음은 벗에게 봉사한다는 정신에서 출발하여, 한 몸이 되어 함께 뒹굴며 희생하다 보면, 얻게 되는 결론이 대가를 바라지 않는 사랑의 실천이요, 종된 자로서 겸손이 최상임을 깨닫게 되지요.[9]

'조건과 목적 없이', 즉 대가나 어떤 목적을 실현하기 위한 헌신, 심지어 대의를 위해 자기를 희생하는 희생적 사랑이 아니라 그야말로 '사랑 자체가 목적인 사랑'이야말로 박현구가 빈민촌에서 몸소 행하는 실천의 본질이다. 자신의 행위를 아버지의 죄에 대한 씻음으로 여기는 차원도 아니요, 모계가부장의 상징이었던 어머니의 응시 속에서의 실천도 아닌, 사랑 자체가 목적인 사랑의 실천이다. 특징적인 것은 이제 어머니는 아들에 군림하여 선행을 강조하는 아버지의 대리인이 아니라 현구의 지원자의 역할에 한정된 독실한 기독교인으로 등장한다. "여기도 그렇게 영육의 괴로움으로 신음하는 사람들만 모여 산단다. 그러나 주님은 언제나 그렇듯, 부자를 보지 않고 불쌍한 이웃들을 지켜보고 계시지."10)

분단의 체험에서 빈민의 현장까지의 변전은 어머니의 '무한 정화'에서 아들의 '무한 사랑'으로의 전화이다. 분단 체험이 후에 한국사회의 일상사에서 민중에 대한 긍정적인 계기로 작동하는 희유한 예를 우리는 「마음의 감옥」에서 보는 것이다. 기독교적 세계관의 공유가 결정적인 역할을 했다. 작품의 말미에 현구의 사태를 원목사의 말을 빌려 "예수께서 성전에서 매매하는 자를 내쫓고 돈 바꾸는 자며 비둘기를 파는 자들 의자를 둘러엎으셨다는" 장면으로 오버랩시키는 데서도 적실히 드러난다.

그렇다면 이 작품은 현구라는 인물의 성인전인가. 그렇지만은 않다. 이 작품의 또 다른 축은 화자의 4.19체험이다. '그 해 학생들과 함께 경무대 앞까지 진출한' 화자는 "그러나 사일구가 순수하고 정직한 젊은이들의 의분만으로 사령탑의 전략 전술 없이 시작되었고 끝났기에 참여자 대부분은 본래의 자기 직분으로 돌아갈 수밖에 없었다"고 술회하고 있다. 그는 기자로 다시 해직기자로 그리고 양서를 내려 노력하는 작은 출판사 사장으로 일생을 살아왔다. 그러나 한편으로 사일구에 참여했던 자들 중에는 혁명의 주역이었음을 내세우며 정권에 유착하여 출세에 급급한 자들도 있었다고 적고 있다. 순수하고 정직한 의분만으로 악에 대항했던 그 정신은 화자에 깊이 각인되어 있다. 일상을 살면서도 그 저변에 놓인 이러한 정신은 일상의 정직함을 지탱하는 기둥이 되었지만 한편으로 일상의 무의미함을 강변하는 근거이기도 했다. 이 작품의 저변에 은근하게 흐르는 우울증의 색조란 이런 구조에서 왔다고 생각된다. 마지막 장면, 동생은 혼수상태에 빠지고 빈민촌 주민들은 그가 운명하기 전에 병원에서 그의 육신을 빼내 마을로 데려가려다 이를 막는 경찰과 충돌하며, 나와 누이, 그리고 어머니는 이 탈출 행위에 동조 가담하는 장면에서, '나'는 4.19 당시의 벅찬 흥분을 다시 한 번 느끼는 것이다.

4. '이웃'에 대한 왜곡된 시선

이웃에 대한 무관심 혹은 적대는 현대사회에서는 구조적 차원에 의해 규정된 것이다. 현대 생활은 타인에 대해 눈 감는 사회이다. 서로를 정중히 무시해야 한다. 타인의 사생활을 캐는 일을 삼가야 하고 적당한 거리를 두어야 한다. 모르는 사람에게 그들의 사적인 영역을 질문하는 것은 예의에 어긋나는 일이다. 즉 현대사회는 서로의 프라이버시를 존중하는 개인들로 구성되어 있다. 사생활 보호는 최고의 윤리적 덕목이다.[11] 「히로시마의 불꽃」에 등장하는 묘산의 아내 이 여사는 그러한 의미에서 현대사회의 '윤리적 인간'이다. 그러나 그것은 한편으로 타인에 대한 냉정함이자 거리두기이기도 하다.

이러한 개인적인 윤리는 개인의 심리적 차원에서 이뤄진 것이 아니라 자본주의가 강요하는 주체성의 일부이다. 안나 컨블루에 의하면 자본주의사회의 원자화된 일상적 기능과 이로 인한 거리두기로 인해 타인에 대한 애정이나 그들과 맺는 관계는 체계적으로 배제된다. 노숙자 옆을 무심히 지나거나, 빈민촌 아이들이 밥을 굶고 있어도 내가 밥을 맛있게 먹거나 하는 일들이 가능해진 사회이다. 이제 특정한 정서적 구조가 만들어진다. 타인에 대한 냉정함과는 대조되는 '풍요로운 사적 감정생활'의 양립이라는 구조가 그것이다. "나의 민감함 때문에 그 험한 곤경을 차마 볼 수가 없구나"와 같은 구조가 그것이다.

이런 거리두기와 나만의 풍요로운 감정생활은 타인의 은밀한 사생활 공간에 대해 야만적인 관심과 침해가 발생하는 토대이다. 수많은

'몰래 카메라'가 그 예이다. 이런 구조의 또 다른 이면은 사이버 공간 채팅방에서처럼 낯선 사람에게 비밀을 잘 털어놓는다는 것. 그 낯선 이와 일정한 거리가 보장된다면 그 낯선 이는 나의 비밀의 저장소가 된다. 기형적이고 왜곡된 방식으로 나와 타자는 서로 침투해 있다.

이렇듯 현대 사회에서 우리의 사적인 감정생활은 회복할 수 없이 갈라져 있다. 분열된 사적 감정은 이웃 사랑의 진정한 장애이다. 나의 "사생활"의 영역이 있다면 반대편에는 TV를 통해 '인종청소' 등등의 뉴스 속에 보이는 고통 받는 이웃이 있다. 이 이중구조는 프랑스의 철학자 알랭 바디우가 든 예에서 잘 설명된다. 유고 연방의 붕괴 과정에서 벌어진 인종청소를 두고 유럽의 언론들은 '파리에서 두 시간 떨어진 곳'이라는 표현을 써가며 인종청소의 야만성을 놀라워하고 비난했다. 악이 회귀하고 있다고 비난했고 인도적 개입이 필요하다고 역설했다. 그러나 그러한 역설 속에서도 야만에 대한 전율과 함께 우리의 선과 윤리에 대한 상대적 안정감을 느끼면서 그 야만에 대해 수다스러움이 혐오스러운 침묵으로 바뀌었다고 그는 지적한다.[12] 그들의 고난에 공감하고 인도주의 활동도 하지만 고통 받는 다른 사람들을 적당히 떼어두려는 심리도 작동하지 않을 수 없다는 것이다.

'똘레랑스' 역시 그와 유사한 감정 구조에서 온다. 다문화 사회에서 이질적인 것에 대한 용인과 관용은 물론 필수적이다. 그러나 나와 전혀 다르고 '나'를 배제하려고 조차 하는 타자에 대해서는 어떻게 할 것인가. 그것은 용납되지 않는다. 결국 '나처럼 되어라, 그러면 너의 차이를 존중하겠다'는 입장에 서있을 수밖에 없다.[13] 이것이 똘레랑스라는 어휘에 값하는 것이라 할 수 있을까.

이웃의 비극에 대한 감정적 공감에 참여할 수는 있지만 그들의 현실로부터 안전하게 분리된 상태에서 위협을 느끼지 않아야 한다. 서로 관여하지 말아야 한다. 그들이 나의 일상에 침투해 와서 나의 일상과 정서를 뒤흔든다면 그 괴로움은 감당할 수 없다. 따라서 그 거리는 확보되어야 하고 나의 이웃들이 내게 관여해오는 것을 피할 권리는 보장되어야 한다.

　이렇게 보아온다면 응당 이웃의 무의식적 상은 이웃이지만 또한 참을 수 없는 침입자이다. 그렇다면 타자를 향한 이러한 '불관용'은 어디에서 오는가. 타자들을 지각하는 바로 우리의 그 왜곡된 정서, 우리의 마음의 눈 그 자체에서 온다. 간단히 말해 우리가 초점을 맞추어야 하는 것은, 이웃의 다양한 괴롭힘 양식에 대한 강박관념에 어떤 종류의 자기 주체성의 관념이 관련되어 있느냐 하는 것이다. 그것은 다른 사람들이 하는 모든 일이 잠재적으로 위협이 된다고 생각하는 "자기도취적" 주체성이다. 이런 주체성에서 보면 타인은 지옥이다.

　그런데 이런 주체의 인식론적 구조를 살펴보면 그것이 대단히 이데올로기적이라는 점을 알 수 있다. 지젝은 이 측면에 대해 한 가지 예를 들고 있다. 덴마크의 소규모 일간 신문에서 무함마드에 대한 풍자 만평이 실렸는데 아랍국가들에서 이를 비난하는 시위가 광범위하게 벌어졌다는 것이다. 이 예에서 주목할 점은 너무도 명백한 사실이라 다들 간과하고 있는데 그 만평에 불만을 품고 시위에 나선 수많은 이들 중 대부분은 그 만화를 직접 본 적이 없었다. 무슬림 군중들은 무함마드를 그린 만평 자체에 반발한 것이 아니다. 그들은 만평의 뒤에 도사리고 있던 태도에서 서구가 가진 복합적인 이미지를 알아차렸는데 그들은 이 이미지에 반발한 것이다. 서구의 제국주의, 무신론적 물질주의 등등 복잡하게 얽힌 상징과 이미지와 태도들을 떠올리며 이에 폭력이라는 형태로 저항한 것이다. 무슬림 국가에서 특정한 이데올로기적 시각으로 서구를 본다. 그리고 이런 시각은 오리엔탈리즘의 시각이 동양을 왜곡하는 만큼이나 서구를 왜곡한다.

　이 양상은 반유태주의에서도 그대로 중층적으로 재현된다. 유태인 학살을 주도한 자들은 왜 유태인을 참을 수 없어했을까. 그들은 실제 유태인에 대한 경험과는 '관계없이' 자기 전통 속에서 만들어지고 유포된 유태인에 대한 이미지/형상을 두고 분노하고 반응한 것이다. 이런 이미지 때문에 또 실제 유태인을 볼 때도 그런 눈으로 보게 되고 참을 수 없어 하며 따라서 이 언어로 응축된 환상의 차원의 이미지에서 비롯하여 현실적 적을 만들어낸 것이다.14)

다른 예를 들어보자. 가령 미국인들은 아시아인들이 충분히 소비하지 않고 많은 부를 축적하는 다소 불가사의한 사실을 비난한다. 이유는 그들이 즐길 줄 모른다는 것이다. 그러나 진짜 이유는 마치 아시아인들이 쾌락의 바로 그 포기에서 향유를 발견하는 것처럼 보이기 때문이다. 미국의 우월성에 대한 위협으로 지각되는 것은 이 부분이다. 백인 인종주의들은 점점 늘어나는 외래인들 때문에 당혹해 한다. 뭔가 우리들의 가치가 그들에 의해 위협받는다고 생각한다. 흑인들의 혹은 아시아인들의 이상한 습관, 그들의 일하는 태도, 그들의 이상한 잉여와 과도함이 참을 수가 없다. 그들은 무언가 우리 것을 빼앗아가는 이미지로 각인된다. 그러나 "타자에게 향유의 도둑질을 전가함으로써 우리가 은폐하고 있는 것은 우리에게서 도둑해간 것이라고 하는 그것을 우리가 결코 소유한 적이 없다는 외상적 사실이다."15) 이러한 구조 속에는 타자는 증오의 대상으로 떠오른다. 그러나 그 증오의 근원은 '나'의 이데올로기적 사유에서 비롯된다는 점이다.

5. 믿음에 관하여

기독교의 철학자 키에르케고르가 <사랑의 작품> 2장 <네 이웃을 사랑하라>에서 우리의 이상적인 이웃은 죽은 이웃이라는 주장을 펼친 것16)은 암시적이다. 좋은 이웃은 죽은 이웃밖에 없다는 것이다. 시인과 연인들은 자기 사랑의 대상을 자기의 선호에 따라 다른 이들과는 구별되는 대상의 뛰어난 특질에 의해 결정한다. 반면 "이웃을 사랑하는" 일은 대상이 뛰어나서 하는 것이 아니라 평등하게 해야 하는 것이다. "모든 구별을 버리고 이웃을 사랑하라는 것이다." 그러나 살아있는 모든 이는 차이가 있으니 모든 구별이 없는 단계는 죽었을 때뿐이다. 이 의미는 죽은 이를 사랑하라는 것이 아님은 물론이다. 사랑의 대상의 완전성과 사랑 자체의 완전성을 구별하라는 말이다. 우정은 그 친구의 품성에 의해 결정된다. 사랑하고 싶은 배우자는 그 상대의 특질에 의해 결정된다. 이들의 사랑은 그 대상의 완전성 때문에 발생한다. 바로 이런 이유로 이런 사랑은 불완전하다. "네 이웃을 네 몸과 같이 사랑하라"에서 사랑하는 이웃은 연인, 친구, 교양인, 존경을 받는 사람처럼 특별한 사람의 그 탁월한 면을 고려하지 않는다. 성서의 이웃사랑은 사랑의 대상의 특출 여부에 따라 결정되는 것이 아니라 사랑 그 자체에 의해 결정된다. 이웃은 모든 사람이며 모든 구별이 사라진 사람이기에 사랑은 사랑 그 자체에 연유한다. 따라서 진정한 사랑은 다음과 같다. 즉 그 대상이 차이를 드러낼 만한 분명한 특질을 전혀 가지지 않는다는 사실, 대상의 특이성을 무시한 사랑으로만 확인할 수 있다. 완전한 사랑은 사랑하는 대상에 철저하게 무관심해야 한다.

"내가 너를 사랑하는 것은 너만이 지닌, 특별하게 남과 구별해주는 특징들이 매력적이기 때문이 아니다. 거꾸로 내가 너를 사랑하기 때문에 너의 실재하는 특징들이 매력적으로 보이는 것이며 따라서 너를 사랑하는 눈길로 보는 것이다."

그렇다면 이 상황으로의 비약이자 사랑의 기적이 이루어지는 순간이 가능한가. 물론 이러한 비약은 칸트의 윤리학을 연상시킨다. 칸트는 정언명령의 실례로서 레위기의 "네 이웃을 네 몸과 같이 사랑하라."

를 자주 인용한다. 칸트에게 '이웃사랑'의 명제는 순수실천이성으로서의 윤리학이 놓인 궁극을 표현한다. 이를 통해 유대교의 율법이나 이교도적 행복과 명확히 구별되는 '선'을 강조하고자 하였다. 그러나 이 '선'은 점근선적으로만 접근할 수 있는, 도달 불가능한 윤리이다. 인간은 누구나 약하고 오류에 빠져있다. 완벽한 윤리적 인간으로의 도약은 불가능할 뿐 아니라 그런 인간들로 이루어진 도덕의 왕국은 인간사회에서는 불가능하다. "우리는 십계명을 어기며 우리의 시간을 보낸다. 그리고 이 때문에 사회가 존재 가능하다." 우리가 이 명령에 복종하려 하면 할수록 이 명령은 위반이나 예외로만 반증되기에 인간의 죄스러운 욕망만이 남는 것이 아닌가.

불가능한 듯이 보이는 이 정언명령은 "네가 해야 하기 때문에 너는 할 수 있다"라는 필연과 당위로서 표현된다. "사랑해야 하기 때문에 너는 사랑할 수 있다." 그런데 이 입장에서 '윤리적 태도'가 금욕주의의 윤리, 즉 원칙 상 모든 쾌락을 포기하는 윤리가 아니라는 점을 강조해야한다. 윤리적 주체에게는 자기 자신을 위한 어떤 안락이나 평안이 허용되지 않을 것이라 생각해서는 안 된다. 안락을 잃을지 모른다는 염려가 쾌락원칙과 관계된 것이라면 '사랑 자체를 위한 사랑'은 윤리의 영역이다. 윤리의 영역에 들어오는 순간 쾌락의 원리에 지배되어 있던 모든 정염적 생각들은 그 매혹의 힘을 상실한다. 이를 알렌카 주판치치는 '빗나간 조우'라 명명한다. "쾌락원칙과 윤리적 차원은 구조적으로 어긋난다."17) 쾌락원칙에서 윤리의 영역으로의 도약은 물론 어떤 결단을 필요로 한다. 나와 남을 구별하는 어떤 주인기표(민족, 계층, 인종, 종교) 등의 구별을 넘어설 때 이웃은 내 마음 속의 불편함을 벗어버리는 열린 영역, 즉 이웃됨의 상황으로 전화한다. 그때 필연과 당위의 명제는 "네가 그것을 안 할 수 없기 때문에 너는 할 수 있다."18)로 뒤바뀐다. 이것은 일종의 믿음이자 신앙, 즉 결단의 차원에서 비로소 가능하다.

　이런 차원의 고민을 다루고 있는 김원일의 소설 「믿음의 충돌」은 암시적이다. 이 작품에서는 본격적으로 기독교적 주제를 다루고 있다. 믿음이란 무엇인가에 대해서 논하는 것이 아니라 한국의 사회에서 이 기독교적인 '믿음'은 어떤 방식으로 작동하는가, 그리고 신자인 '나'는 그것을 받아들일 수 있는가에 대해 다루고 있다. 이렇게 이해된 그것은 우리의 역사와 어우러지며 우리의 곤궁한 삶에 개입되어 있는 것이기에 '믿음'의 진정한 본체에 대한 탐구라 해도 과언이 아니다.

　이 작품에는 두 명의 어머니와 두 명의 '나'가 등장한다. 이 작품의 주인공인 소설가 '나'가 있으며 그 소설가가 쓰다가 중지하곤 하는 '소설' 속의 '나'가 있다. 어머니는 작중인물의 주인공인 소설가 '나'의 어머니와 이 어머니를 소설 속에서 가공해낸 소설 속의 어머니가 존재한다. 그러나 이 어머니도 실의 어머니를 그려내는 소설가의 어머니이지 작가 김원일의 어머니는 아니다. 그것은 '나'의 경우도 마찬가지. 작품의 주인공인 소설가 '나'는 작가 김원일이 아니다.

　이런 중층적 구조는 마치 세 명의 나와 세 명의 어머니를 한 작품에 동시에 등장시킨 것과 마찬가지. '나'는 여러 '나'를 견주며 끊임없이 스스로를 상대화하며 반성적으로 사유하게 되고 독실한 기독교 신자인 '어머니'라는 대상은 그야말로 다각적 탐구의 대상으로 승화된다.

　그 구조 속에 놓여 있는 것이 바로 하나님의 말씀에 대한 '믿음'. 이 '믿음'의 또 다른 구현자는 신주엽이다. 대학 동창이자 기독교 학생회 서클 동기. 그는 신학대학을 졸업하고 목회의 길로 들어섰으며 지금은 교단에서 파문 당하고 남해의 고도에서 장애인들을 돌보며 '말씀의 집'을 꾸려가고 있다. 철저히 복음주의에 입각해 교회를 세우지 않고 가난한 자들과 함께하는 생활을 한다.

　작품은 어머니와 신주엽의 믿음을 견줘가면서 그들이 지니고 있는 초월적 믿음의 상을 구체적으로 그려낸다. 구체적이라 함은 그 '믿음'의 계기를 각 개인의 삶의 궤적 속에서 상세히 살피는 것을 말한다. 반공포로이자 남한 사회의 부적응자인 지아비가 어머니의 '믿음'의 타자라면, 겸손치 못하고 '재물과 권세'에 치우친 교회의 행태가 신주엽의 '믿음'의 타자로 존재한다. 이 타자의 존재가 '나'를 혼란케 한다. '나'는 "어머니의 생애와, 내가 쓰고 있는 소설 속의 '노친네'와, 신주엽에 대해, 그들의 신앙적 태도를 비교하며 따졌다. 이것이다 하며 나를 사로잡는 어떤 명제도 없었다. 인간의 초월적 믿음에 관해 정답을 찾아낸다는 게 헛수고임을 알면서도 나는 되풀이 궁색한 질문을 던지고, 변명과 항의를 이끌어내"[19]고 있다. 이 과정 속에서 작가는 이미 결정적인 답을 하고 있다는 생각이다. 신에 대한 믿음을 합리적으로 이해하고 나서 믿는 자들은 진정한 신자가 아니라는 답이 그것. '믿음'은 믿은 연후에 그 정체가 밝혀진다는 사실을 이 작품은 음화로서 보여주고 있지 않은가. "무릎을 꿇고 믿으면 너는 믿게 될 것이다"라는 파스칼의 경구가 연상되지 않는가.

참고문헌

1) 케네스 레이너스, 에릭 센트너, 슬라보예 지젝, 정혁현 역, <이웃: 정치신학에 있어서의 세 가지 문제>, 도서출판 b, 2010.

2) 위의 책, 역자 서문.

3) 프로이트, <문명 속의 불만>, 김석희 역, 열린 책들, 2011, 285-295면. <이웃: 정치신학에 있어서의 세 가지 문제>의 서문에 이 부분이 자세히 설명되어 있다.

4) 라이너 마리아 릴케, 박환덕 역, <말테의 수기>, 문예출판사, 1999, e-version, 200/310(63.59%).

5) 『현대문학』1987년 1월호에 처음 발표됨.

6) 김원일 소설 전집 23권, 도서출판 강, 2012, 64면

7) 위의 책, 18면

8) 『현대문학』1990년 6월호에 처음 발표됨.

9) 김원일, 앞의 책, 전집 23권, 29면.

10) 같은 책, 89면.

11) 슬라보예 지젝, <혁명이 다가온다>, 이서원 역, 도서출판 길, 2006.

12) 알랭 바디우, 이종영 역, <윤리학>, 동문선, 1993, 46면.

13) 위의 책, 34면

14) 슬라보예 지젝, 이현우 외 역, <폭력이란 무엇인가>, 도서출판 난장이, 2008,

15) 슬라보예 지젝, 이성민 역, <부정적인 것과 함께 머물기>, 도서출판 b, 1993, 392면.

16) 슬라보예 지젝, 이서원 역, <혁명이 다가온다>, 도서출판 길, 2006, 114-115면.

17) 알렌카 주판치치, 이성민 역, <실재의 윤리>, 도서출판 b, 2008, 27 면.

18) 슬라보예 지젝, <시차적 관점> 제2장 '유물론적 신학을 위한 기본 구 성요소' 중 '칸트주의자되기의 어려움'.

19) 김원일, 앞의 책, 전집 23권, 414면.

'모방 욕망'의 창으로 본 우리 안의 폭력과 예수를 모방한다는 것[1)](#)

심혜영 _성결대학교 중어중문학과

1. 우리 안의 폭력과 외면된 자유의 원리들

우리가 살아가는 사회적 공간은 늘 뜨겁게 달아올라 있는 것 같다. 당장이라도 활활 타오르는 전장으로 화할 태세를 갖추고 있는 갈등의 불씨들이 곳곳에 내장되어 있는 것처럼 보인다. '친일잔재 청산'의 문제나 대한민국정부수립의 정통성 문제 등 갈등적인 역사해석의 소지가 큰 문제들은 말할 것도 없고, 공공의료체계 건설이나 미래에너지 정책, 재난관리나 환경보호, 민생 관련 공공 의제들도 민감한 정치적 쟁점으로 비화되어 진영 간 격돌을 불러일으키기 십상이다.

사적인 영역에서도 인신공격적인 악플이나 사실 확인이 결락된 비방들이 여전히 기세를 부린다. 그러한 행위들이 누군가에게는 돌이킬 수 없는 무책임한 폭력이 되는 현실을 여러 차례 목도하면서도 적의에 찬 비난이나 욕설, 살벌한 성토의 목소리는 쉬이 잦아들지 않는다. 직장 내 위계관계에서 발생하는 폭언과 폭행은 말할 것도 없고 자

---

1) 이 글은 《한반도평화연구원총서9》로 발간된 《평화와 반평화─평화인문학적 고찰》(2013.2.)에 수록했던 필자의 글, <반(反)평화적인 삶의 문화와 그 근저>의 내용을 수정·보완한 것이다. 1장 대부분의 내용과 7장~9장까지의 내용은 새로 추가하였다.

기 방어능력이 없는 아동이나 심지어는 자기 자녀에 대한 가혹행위까지, 폭력이 횡행하는 인권의 사각지대가 우리 사회 곳곳에 여전히 존재한다.

한편 이렇게 폭언과 폭행이 넘쳐나는 사회문화적 공간 안에 정작 남들과 다른 생각, 다른 가치에 대해 자유롭게 말하고 행동할 공간은 많지 않다. 공공선에 앞선 집단 이기주의의 옹호가 '집단 윤리'의 상식인양 여겨지고 전체주의적인 의사결정 방식이나 행동양식의 '대세'를 따르지 않는 사람들은 비아냥이나 '마녀사냥'의 대상이 되는 걸 감수해야 한다.

그러나 생각해보면 우리가 현실 속에서 마주하게 되는 문제들은 대부분 서로 다른 가치지향과 이해관계로 공통의 답을 찾기 어려운 것들이다. 옳고 그름의 문제로 단순히 환원해버리기에는 판단이 쉽지 않은 복잡하고 미묘한 문제들이 너무 많다. 논란의 중심에 선 역사적인 인물의 삶의 행적에는 흔히 공(功)과 과(過)가 뒤얽혀 있어 일도양단의 평가를 내리는 일이 불가능하다. 쟁점이 되는 역사적 사실이나 현재적 사건들도 각각이 속한 다양한 문맥이나 주장의 당위성, 필요성 등에 대한 차분한 검토 없이는 진위와 시비를 가리기 어렵다. 공정하고 객관적인 판단의 토대가 되어야 할 사실 인정의 문제나 사실 해석의 문제는 처음부터 서로 다른 경험과 입장, 서로 다른 가치판단이나 이해관계와 밀접하게 연결되어 있어 종종 첫 단추를 끼는 일부터 난항을 겪기 십상이다. 오랜 세월 저마다의 삶 속에서 몸에 밴 생각이나 행동을 바꾸는 일은 누구에게도 쉽지 않다. 그러기에 상호존중과 상호이해의 공간을 넓혀나가면서 공동선을 추구해나가려는 노력이 없다면 우리가 살아가는 공간을 만인에 대한 만인의 투쟁의 전장으로 전락시킬 폭력의 상승작용을 피하기는 어려워 보인다.

무엇보다 그렇게 많은 사회적인 비용과 대가를 치르면서 진행되는 폭력적인 논쟁이나 대결이 정작 우리 사회가 나아가야 할 방향에 대한 생산적이고 의미 있는 대화나 노력의 방향과는 무관하다는 점, 오히려 우리 사회의 성숙과 발전에는 역행하는 부정적 영향을 더 많이 주고 있다는 점을 우려하지 않을 수 없다. 우리 현실을 둘러싸고 있는 다양한 폭력의 양상들은 우리가 자유 민주주의의 기치를 높이 들고 있긴 하지만 정작 '자유 민주주의'를 지탱하는 '자유'의 원리들은 존중하지 않고 있음을 보여준다. 이해와 조정이 결여된 채 심판과 집단행동만이 난무하는 현실 속에서 나의 자유만큼 타자의 자유도 존중받아야 한다는 '자유의 상호 승인' 원리는 쉽게 무시된다. "내가 향유할 수 있는 기본적 자유를 타자도 향유할 수 있게" 하고 "나와 다른 가치를 추구하는 타자의 자유를 나의 가치(선한 삶의 구상)로 제약하지 않는 '타자의 자유에 대한 책임'도 외면된다.[2]

21세기 대한민국에서 이제 국가가 공권력의 남용으로 국민의 생각과 표현의 자유를 억압하는 시기는 지나갔다고 말할 수 있을 것이다. 적어도 지금의 현실에서 우리가 누려야 할 생각과 표현의 자유에 대한 최대의 위협이 국가로부터 오는 것이 아닌 것만은 분명하다. 그런데도 우리 안에는 여전히 자유롭게 자신의 생각을 말하고 토론할 수 없는, 특정한 생각이나 표현을 금기의 영역 안에 가두는 '보이지 않는 폭력'이 존재한다. 왜일까. '우리'의 주장이 '그들'의 기본적인 인권을 침해하게 되는 것은 아닌지, 나의 입장만이 아니라 그의 입장에서도 한번 진지하게 생각해보는 것이 필요하지 않은지 하는 기초적이고 상식적인 차원에서의 문제 제기도 자기 집단의 이해에 반하는 '해당적'

2) 사이토 준이치 지음/이혜진 김수영 송미정 옮김, 『자유란 무엇인가 - 벌린, 아렌트, 푸코의 자유 개념을 넘어』, 한울 아카데미, (파주/서울) 2011. 185쪽

행위로 가차 없이 날아들 돌팔매질의 협박을 감수해야 한다. 정치적
제도적 민주주의의 역사는 이미 수십 년이 되었지만, 나와 동일하게
누려야 할 타자의 자유는 여전히 너무 쉽게 부정되고, 나와 동일하게
존중받아야 할 타자의 주장은 너무나 가혹하게 배척하는 불관용이 여
전히 팽배하다. 가치관과 세계관의 차이를 선과 악의 구도로 바꾸어
스스로를 정당화하고, 함께 살아가야 할 이웃을 배제해야 할 타자로
몰아 공격하는 적대적이고 파괴적인 삶의 태도가 여전히 우리의 일상
깊숙이 스며들어 있다. 과거 국가 권력이 차지하던 자리에 보이지 않
는 '우리' 권력이 들어서서 생각과 표현의 자유를 억압하고 있는 것처
럼 보인다. 이러한 문제들 앞에서 우리는 무엇을 할 수 있나? 우리에겐
무엇이 필요한가?

이러한 질문에서 출발하여 이글에서는 먼저 우리 문화의 근저에
서 끊임없이 폭력적 삶의 행태를 확대 재생산해내는 근본적인 메커니
즘을 우리 내면의 폭력성에 대한 성찰을 통해 찾아보고자 한다. 반(反)
평화적인 사회문화적 현실에 대한 해석과 성찰의 실마리를 우리 내면
의 폭력성 안에서 찾아보려는 이유는, 우리 삶의 공간을 폭력적인 것
으로 만드는 가장 중요한 요인의 하나가 바로 우리 자신의 폭력성에
대한 인지불능이나 자기기만이 아닐까하는 생각 때문이다. 많은 경우
우리가 악을 행하고 악한 일에 가담하는 군중이 되는 것은 우리 "자신
이 하는 일을 알지 못하기" 때문이 아닐까. 그렇다면 폭력의 확대재생
산을 막고 반평화적인 삶의 문화를 변화시키기 위해서는 이 인지불능
이나 자기기만을 깨고, 질문하는 사회와 생각하는 개인이 살아있는 사
회문화를 창조하는 일이 절실히 필요할 것이다. 우리 안의 폭력성을
냉정하게 들여다봄으로써 그러한 폭력성으로부터 성찰적 거리를 확보
하는 일은 인지불능이나 자기기만 속에서 모방 폭력의 회오리 안으로

휘말려 들어갈 위험으로부터 스스로를 보호하고 나아가 그러한 삶의
문화를 바꾸어나가는 의미 있는 실천이 될 것이기 때문이다.

스스로의 "행동과 반응양식으로부터 거리를 두고 그것을 사고(思考)
의 대상으로 삼아 그것의 의미, 조건, 목적을 물을 수 있게 하는"3) 일
은 우리공동체가 소중히 여기는 자유를 실제로 누리기 위해서도 빼놓
을 수 없는 실천적 노력이다. 이 글이 우리 안에서 부단히 확대 재생산
되는 개인적 집단적 폭력의 메커니즘에 제동을 걸고 평화의 작은 물길
을 곳곳에 열어가는 선한 모방의 파장을 일으킬 수 있기를 희망하며
논의를 시작한다.

2. 르네 지라르의 '모방 욕망'과 폭력의 메커니즘

문학평론가이자 사회인류학자인 르네 지라르는 개인적·집단적
차원에서 다양한 형태로 표출되는 폭력의 내면적 본질을 '모방 욕망'
(혹은 '모방 폭력')4)과 '희생양 메커니즘'을 통해 밝혀내려 했다. 그는 욕
망의 본질을 대상에 대한 충동이나 본능이 아니라 '모방'으로 해석하면
서 '모방 욕망'을 인간행위의 원초적 동력이자 인간사회가 갈등과 폭력
의 회오리 속에 휩싸이게 되는 근원적 동기로 파악했다. 인간의 욕망
은 대상 자체에 대한 것이 아니라 그 대상을 욕망하게 만드는 타인을
매개로 촉발된다. 욕망과 대상의 관계는 직선이 아니라 '중개자'를 매

---

3) 사이토 준이치, 앞의 책, 114-115쪽.

4) 르네 지라르의 관점에서 보면 모방 욕망과 폭력은 불가분의 관계로 묶여 있다. 인
   간의 가장 본질적인 내적 경향인 모방 욕망 위에서 형성되는 인간관계에는 근본
   적으로 폭력의 계기가 잠재되어 있기 때문이다. 관련 내용에 대해서는 김모세,
   《르네지라르: 욕망, 폭력, 구원의 인류학》, 살림, 2008. 124-125쪽 참조.

개로 한 '삼각형'의 구조를 가지고 있다. 이 '욕망의 삼각형' 이론으로 르네지라르는 서구의 대표적인 문학작품들의 주인공들에게서 나타나는 행위의 근원적 동기를 분석한다. 예컨대 돈키호테가 이상적인 방랑 기사의 삶을 꿈꾸게 되는 것은 아마디스라는 전설의 기사가 그 욕망의 중개자가 되었기 때문이며, 보바리 부인이 사교계의 여왕을 꿈꾸게 되는 것은 사춘기 시절에 읽은 삼류소설의 여주인공이 그 '매개'로 작용했기 때문이라는 것이다.[5]

그런데 "타인들이 욕망의 대상으로 삼고 있는 것을 욕망의 대상으로 삼는" 이 모방 욕망은 근본적으로 경쟁적인 속성을 가진 '억제할 수 없는 성향'이다.[6] 그 욕망은 언제나 "누군가의 것에 속하는 모든 것"을 욕망하며 특히 욕망을 중개하는 대상이 이웃일 때 훨씬 더 강한 경쟁적 욕망이 된다. 그리고 이 경쟁적인 모방 욕망은 다시 쉽게 대상에 대한 미움이나 폭력으로 전화되면서 서로서로의 '짝패(double)', 즉 폭력의 쌍둥이를 만들어내게 되는데 이렇게 되면 이러한 미움과 폭력 의지는 점점 더 상승작용을 일으키면서 인간 집단 내부에서 자연발생적으로 갈등을 격화시키고 폭력을 전면화해나가게 된다.[7] 이러한 갈등의 격화와 폭력의 전면화 경향은 너무나 자연적이고 강렬해서 인간의 내면이나 사회 안에 이를 제어할 수 있는 강력한 금기나 제동장치가 없다면 불가피하게 만인에 대한 만인의 투쟁이라는 무정부적 상태

5) 김치수, <르네 지라르의 삼각형의 욕망>, 《낭만적 거짓과 소설적 진실》, 23-26쪽.
6) 김치수, 위의 책, 54쪽.
7) "서로에 대한 서로의 의구심이 단 한 사람을 부정하는 모두의 확신으로 변하기 위해서는 거의 아무 것도 필요치 않다. 가장 사소한 징후나 가장 하찮은 추측도 엄청난 속도로 사람들 사이로 전파되어서는 거의 순식간에 부인할 수 없는 증거로 변하게 될 것이다. 거의 즉각적인 <모방>의 영향으로 만인이 모두 다른 사람들의 확신을 자기 것이라고 결론짓기 때문에 이 확신은 눈덩이처럼 불어난다." 《폭력과 성스러움》, 123쪽.

로 치닫게 된다.8)

르네 지라르는 성경 안에서 경쟁적인 모방 욕망이 쉽게 미움으로 전화되고 이 미움이 결국 형제나 이웃에 대한 살의 혹은 살해의 폭력으로 까지 이어진 사례를 여럿 찾아낸다. 인류 최초의 살인 사건이라 할 카인의 아벨 살해, 편애의 대상이었던 동생 요셉을 구덩이에 던져 죽이려다 결국 애굽의 종으로 팔아버린 형들의 이야기, 사탄의 시험으로 극심한 고통의 시간을 통과하고 있는 욥을 향해 비난을 퍼붓던 친구들의 이야기 등이 구약 안에 담긴 모방 욕망과 모방 폭력의 사례들이다.

신약의 세계 안에서도 같은 맥락에서 해석할 수 있는 이야기들이 다수 발견된다. 십자가에 달리게 될 예수를 멀찍이서 좇아가다가 너도 예수와 한패가 아니냐고 다그쳐 묻는 사람들의 시선에 눌려 결국은 예수를 부인하는 베드로, 빌라도 앞에선 예수를 향해 누군가가 먼저 내뱉은 거친 외침에 감염되어 성난 폭력의 회오리 속으로 휩싸여 들어가는 군중, 그 군중의 압력에 굴복하여 마침내 예수에게 십자가형을 선고하는 빌라도의 이야기는 모두 모방 폭력의 전형적인 사례들이다.

르네 지라르는 자연발생적으로 발생하여 격화되는 폭력의 상승작용에 제동을 걸고 무질서를 질서화하는 수단으로 고대사회나 신화의 세계에서는 '희생 제의'9)가 사용되어 왔음을 지적한다. '희생 제의'는

----

8) 이웃의 소유에 대한 무제한적 욕망이 인간 사회의 폭력을 만들어내는 근본적인 요인이라고 해석하는 르네지라르의 관점에서 보면 욕망의 위계질서를 무너뜨림으로써 모든 사람을 자기 욕망의 대상으로 삼을 수 있게 된 민주주의에서 이러한 모방 욕망의 감염력과 파괴성은 더욱 강하게 작동할 수 있으며 그러한 집단 폭력의 위험성에 더 많이 노출되어 있다. "개인들 간의 차이가 점점 사라지고 있는 세계에서 내면적 간접화가 승리를 거두고 있기 때문이다."《낭만적 거짓과 소설적 진실》, 56쪽.

9) '희생 제의'는 단순한 처형과는 달리 자연발생적으로 일어난 집단 폭력이 희생양에 의해 해결된 신비한 경험에 근거하여, 이렇게 발견한 '희생의 정화기능'을 기

한 집단 안에 만연된 미움과 폭력을 하나의 표적으로 모아 문제를 해결하는 방식이다. "수많은 개인들에게 분산되어 있던 모든 원한과 증오들이 이제부터는 단 한 사람의 개인, 즉 희생양에게로 수렴"10)된다. 만인에 대한 만인의 투쟁을 일인에 대한 만인의 투쟁으로 바꾸어 '폭력적 만장일치'를 만들어내는 것이다. 이 '폭력적 만장일치'의 제물이 될 희생양으로는 흔히 전쟁포로나 노예, 파르마코스11)처럼 그 사회에서 가해지는 집단 폭력에 감히 이의를 제기하거나 저항할 능력을 가지지 못한 사회적 약자가 선택되며 때로는 '왕'처럼 "사회에서 배척된 자"가 선택되기도 한다.12)

희생 제의는 이 고립된 약자에게 만인의 폭력을 대체 집중시킴으로써 그 한 사람을 제외한 나머지 성원들 사이에 강한 결속력을 만들어내고 이를 통해 만인 사이의 갈등을 일거에 치유하는 '폭력을 통한 폭력의 치유방식'이다. 이 '폭력을 통한 폭력의 치유방식'을 통해 공동체에는 일시적인 평화가 찾아온다. 그러나 시간이 지나면 집단 내에서는 다시 모방 욕망에 의한 갈등의 상승작용과 그로 인한 무질서 상태

대하고 희생양에 대한 폭력을 반복적으로 거행하는 것을 말한다. 이점에서 '희생제의'는 "공동체 내부에 질서를 회복시킨 최초의 자연발생적인 사형의 되풀이" 혹은 "자발적인 만장일치적 폭력의 모방과 반복"이라고 말할 수 있다. 제의화된 희생물에 대한 폭력은 한편으로는 폭력의 악순환을 끝내지만 다른 한편으로는 또 다른 희생제의의 악순환을 시작하는 '초석적인' 성격을 갖게 된다. 《폭력과 성스러움》, 142-151쪽

10) 위의 책, 123쪽

11) 파르마코스는 고대 그리스에서 사회에 재앙이 덮쳤을 때, 그 원흉으로 몰아 처형함으로써 민심을 수습하고 안정을 되찾기 위해서 도시가 스스로의 경비로 준비해 두었던 인간 희생물을 말한다. 위의 책, 21쪽, 주⑪ 참조.

12) "(왕은) 핵심적이고 중요한 그 지위 자체가 그를 타인들과 분리시키며 그를 진짜 <사회에서 배척된 자>로 만든다. 마치 파르마코스가 <낮은 것>으로 사회에서 유리되어 있듯이 왕은 <높은 것> 때문에 사회에서 벗어나 있다." 위의 책, 25쪽.

가 출현하게 되고 그것이 다시 통제할 수 없을 정도로까지 격화되면
군중의 만장일치로 새로운 희생양이 지목된다. 새로운 희생양이 다시
군중의 폭력을 대신 받아내는 방식을 통해 일촉즉발의 위기에 놓여 있
던 집단 폭력의 문제가 일시적으로 해결되고 남은 사람들 간에는 다시
화해와 결속이 이루어진다.

  인간의 모방 욕망에서 비롯되는 자연발생적인 집단 폭력의 이야
기와 그 속에서 발견되는 만장일치적인 모방 폭력의 물결, 그리고 희
생양을 통한 폭력 치유의 메커니즘은 고대 신화의 전형적인 이야기 구
조이면서 동시에 성경 이야기의 전형적인 구조이기도 하다. 인간 사회
의 폭력과 관련하여 신화의 세계와 성경의 세계는 매우 유사한 이야기
구조를 가지고 있다. 그러나 둘 사이에는 화해할 수 없는 차이가 있다.
그것은 바로 폭력을 바라보는 태도의 차이이다.

  신화의 세계에서는 '폭력을 통한 폭력의 치유'의 메커니즘이 무의
식의 차원에서 진행된다. 모든 사람은 "폭력에 전염되어 과도하게 모
방에 빠져들어 있기 때문에 희생물이 죄가 있다고 믿는다." 거기에서
는 희생양이 그 자신의 죄 때문이 아니라 그 사회의 폭력의 진화와 안
정 회복을 위해 임의로 선택된, 폭력의 대체적인 배출구라는 진실이
은폐되어 있다. 신화의 세계에서 희생양은 죄가 있고 박해는 정당화된
다. 희생양을 둘러싼 폭력의 메커니즘은 구성원 모두에게 숨겨져 있다.
그러나 성경의 세계에서는 그러한 폭력의 정당성과 합법성에 의문이
제기되고 희생양이 모방 폭력의 무고한 희생자라는 사실이 드러난다.
신화의 세계에서는 감추어져 있던 '폭력을 통한 폭력의 치유 메커니즘'
의 정체가 성경에서는 환히 밝혀져 있다.

3. '희생양'과 '박해자의 무의식'

성경은 무엇보다도 희생양을 바라보는 시선과 희생양에 대한 태도에서 신화와 결정적인 차이를 보여준다. 성경에서 희생양은 무고한 존재이며, 구약의 하나님과 신약의 예수는 모두 희생양의 변호자요 수호자로 등장한다. 카인의 살해 사건에서 죽은 아벨을 안타까이 찾는 하나님, 낯선 땅에서 희생양이 될 처지에 놓이게 된 카인이 느끼는 두려움 앞에서 그에게 행해질 폭력을 강한 경고로 막는 하나님, 극심한 고난 속에서 다른 한편으로는 친구들이 퍼붓는 가혹한 정죄 앞에 놓인 욥의 변호자가 되는 하나님.

그 하나님은 "이웃의 소유를 탐하지 말라"는 명령으로 우리 안에 있는 폭력의 근원인 모방 욕망에 근본적인 금기를 설정하고 명한 존재이다. 이러한 맥락에서 보면 십계명의 이 마지막 열 번째 계명은 각별한 의미를 갖는다. 이 '금기'에는 인간 모두에게 내재되어 있는 '모방 욕망'과 이것이 초래하게 될 '만인의 만인에 대한 투쟁'의 파멸적 종국에 대한 통찰이 담겨져 있으며 동시에 욕망이라는 내적 폭력의 문제를 해결하기 위한 하나님의 고심과 결단이 담겨 있기 때문이다.

신약에서 희생양의 무고함과 그 희생양의 수호자가 되는 예수의 모습을 가장 선명하게 보여주는 이야기는 간음한 여인을 돌로 치려는 군중과 그들에 둘러싸인 예수에 관한 이야기이다. 군중이 간음한 여인을 돌로 치려는 상황에서 이내 그들을 사로잡게 될 모방 폭력의 회오리를 예수는 온 힘으로 막는다. 그 모방 폭력의 회오리를 일으키게 될 첫 돌을 막기 위해 예수가 한 말은 "죄 없는 자가 먼저 돌로 치라"는 것이었다. 이 한 마디가 폭력의 무의식에 깊이 빠져 있던 군중들을 어둠에서 깨어나게 한다. 자신들이 하려던 일이 무엇인지를 비로소 깨달은 군중들은 하나씩 둘씩 자리를 뜬다.

르네 지라르는 이와 너무나 유사한 이야기 구조를 가지고 있지만 정반대의 결말을 보여주는 아폴로니우스의 기적과 이 이야기를 비교하면서 신화의 세계와 성경의 세계 사이의 건널 수 없는 간극을 설명한다. 마을 전역으로 확산되어 가는 페스트와 그로 인한 군중의 불안과 공포, 그리고 그것이 야기하게 될 폭력적인 상황을 막기 위해 마을의 정신적 지도자인 아폴로니우스는 군중들을 이끌고 극장으로 간다. 거기에서 극장 한구석에 쭈그리고 앉아있는 거지 하나를 우연히 발견한 아폴로니우스는 모든 액운의 원인을 그 거지에게로 돌리면서 그에게 '첫 돌'을 던지도록 군중을 선동한다. 첫 돌이 던져지면 삽시간에 퍼져 나갈 모방 폭력의 위력을 그는 이용한 것이다. 불쌍한 거지는 결국 군중이 던지는 돌에 맞아 거품을 토하며 죽고, '돌에 맞아 곤죽이 된 짐승' 같아진 거지가 죽은 자리에는 악령을 쫓아낸 기념으로 수호신 헤라클레스의 흉상이 세워진다.13)

성경의 간음한 여인에 관한 이야기와 아폴로니우스의 기적, 이 두 이야기를 비교하면서 르네 지라르는 아폴로니우스와 예수의 세계를 가르는 결정적인 차이를 다음과 같이 설명한다.

집단의 폭력성이 잘 분출되도록 하기 위해서는 그들의 무의식에 힘을 실어주어야 하는데, 아폴로니우스가 바로 그렇게 한 것이다. 그리고 반대로 똑같은 폭력을 잠재우려면 그 폭력에 빛을 쬐어서 폭력의 진상을 밝혀주어야 하는데, 예수가 바로 그렇게 한 것이다.14)

---

13) 앞의 책, 69-73쪽.
14) 위의 책, 80쪽.

무의식 속에 잠겨 있는 폭력성에 불을 붙여 그것이 희생양을 소
멸시키는 거대한 불이 되도록 집단의 폭력성을 부추기는 아폴로니우스
의 세계, 그 반대편에 빛의 힘으로 집단의 폭력성을 잠재우는 예수의
세계가 있다. 르네 지라르는 이 두 세계의 차이를 신화의 세계와 성경
의 세계를 가르는 결정적인 차이로 설명한다.

신화의 세계 안에서는 감추어져 있던 집단 폭력의 메커니즘이 예
수의 빛 아래서 그 작동 과정을 환히 드러내 보여주는 가장 뚜렷한 사
례는 예수의 십자가 사건이다. "인류학적 관점에서 볼 때 십자가는 한
마디로 위기에 서로 맹렬하게 부딪치던 수많은 모방 갈등과 스캔들이
예수에게만 반대하기로 합의를 보는 순간"이다. "처음에는 공동체를
나누고 분리하고 해체하던 모방이 이제는 사람들을 결합시키는 모방으
로 변한다. 이때 사람들은 모두 스캔들에 빠져서 단 하나의 희생양에
게 반대하는데 이 순간 희생양은 모든 이의 스캔들로 역할이 격상되어
있다."15) 개인적인 사소한 스캔들이 모여 거대한 폭력의 물결을 이루
고 이것이 점점 격화되면서 이러한 폭력을 하나로 모아 대체적으로 해
결할 희생양이 지목되고 그 희생양이 무고하게 희생되면서 일시적으로
폭력이 진화되는 '모방 폭력의 사이클'이 예수의 십자가 사건을 둘러싸
고 전개되는 성경의 이야기들을 통해 그 전모를 드러낸다.

예수가 행하는 기적과 예수가 선포하는 하나님 나라의 진리를 흠
모하여 가는 곳마다 무리지어 따라 다니던 군중들이 어느 순간 갑자기
앞 다투어 예수를 십자가에 못 박으라고 소리치는 성난 폭도로 변하는
것은 곁에 선 '이웃'의 욕망에 감염되어 분출되는 집단 폭력성의 뚜렷
한 사례다. 두려움과 불안에 싸인 채 예수를 좇아가던 베드로가 거듭
된 의심의 질문들 앞에서 결국은 예수를 저주하며 부인하는 지경으로

---

15) 앞의 책, 36 – 37쪽.

몰려가는 것 역시 자신을 핍박해오는 모방 폭력의 위협을 이기지 못하고 휩쓸려버린 모습을 보여준다. 예수에게 십자가형을 내릴 아무런 근거도 찾지 못한 채 예수의 억울한 죽음에 연루되기를 원하지 않았던 빌라도가 결국 십자가형을 선고하게 되는 건 예수를 십자가에 못 박으라고 외쳐대는 폭력에 휩싸인 군중의 위세에 눌렸기 때문이다. 르네 지라르는 이것을 "군중과 대립하는 것이 두려워서 군중 속에서 길을 잃고 마는 국가권력의 패러독스"라고 해석한다.16) 성경은 폭력의 작은 불씨가 놀라운 모방의 감염력으로 삽시간에 집단 폭력의 거대한 불로 변화되는 과정, 이 거대한 폭력의 불이 지목된 희생양을 향해 달려드는 모습을 세세하게 기록함으로써 모방 폭력의 작동과정과 그 엄청난 위력을 생생하게 보여주고 있다.

예수의 십자가 사건을 둘러싸고 전개되는 이야기는 또한 그러한 모방 폭력의 회오리를 만들어내는 강력한 힘이 실제로 존재하면서 작용하며 이러한 모방 폭력의 전염 과정은 무의식 속에서 이루어지는 것이라는 사실을 밝혀준다. 예수를 죽이라고 소리치는 사람들을 좇아 함께 소리치는 군중을 성경은 "자신들이 하는 일을 알지 못하는" 존재들이라고 말한다. 이전에는 갈등적 관계에 있었지만 예수를 죽이는 일의 공모자가 되어 일시적인 화해에 도달하게 된 헤롯과 빌라도 역시 그들 뒤에서 작용하는 힘에 대해 무지하다. "희생양 메커니즘이 효력을 발휘하려면, 일인에 대한 만인의 반대 현상에 가담하는 사람들 자신은 모방이 불러일으키는 전염과 그 현상에 대해 알지 못해야 한다." "신화의 작업은 '무지' 또는 '박해의 무의식'에 기초해" 있지만 그것을 결코 표현하지 않는데 그것은 신화 자체가 거기에 젖어 있기 때문"이다.17)

---

16) 앞의 책, 36쪽.
17) 위의 책, 161-162쪽.

그러나 이러한 "박해자의 무의식"을 이용하면서 어둠 속에서 강력한 모방의 회오리를 만들어내며 사회 전체를 순식간에 전염시키는 그 보이지 않는 힘의 존재를 성경은 보여준다. 그것은 개개인 안의 모방 욕망을 모아 거대한 집단모방의 회오리를 만들어내면서 모두에게 무의식의 어둠 속에서 희생양에게 죄가 있도록 믿도록 설득하는 존재이다. 이 존재는 부재하는 주체, 속이는 주체인 사탄이다. 사탄은 이제 '전염에 휩싸인' "그 사회를 대신해서 말하는 자"가 된다.

"일단 한 사회가 전염에 휩싸이면 그 사회가 말하는 것이나 그 사회를 대신해서 말하는 것은 모두 폭력적인 모방이다 … 더 이상 그 사회가 진정으로 말하는 것이 아니다. 말하는 자, 그는 바로 복음서가 사탄이라고 부르는 자다."18)

4. 성경의 빛과 희생양의 자리에 앉은 예수

십자가 사건에서 예수의 죽음이 보여주는 것은 사회 전체가 휩싸이게 되는 모방 폭력의 회오리가 결국은 희생양의 죽음으로 종결되는 모방 폭력의 사이클의 완성이다. "욕망과 그것의 경쟁관계에서 시작하여 스캔들의 확산과 모방 위기를 통해" 계속적으로 증폭되어 가던 집단 폭력의 회오리는 결국 희생양의 죽음[죽임]을 통해 마무리된다. 그런데 여기에서 한 가지 주목할 것은 그 희생양이 바로 예수 자신이라는 점이다. 이 점이 가장 의미심장한 대목이다. 십자가에 달린 예수는 아폴로니우스의 선동으로 군중들의 돌에 맞아 죽는 거지처럼, 군중들

----

18) 앞의 책, 182쪽.

을 급속하게 모방 폭력의 회오리 속으로 몰아넣는 선동과 거기에 무자각적으로 휩쓸려 들어간 군중에 의해 무고하게 희생되는 희생양이다.19) 예수는 앞서 간음한 여인을 둘러싸고 폭도가 될 위기에 놓여 있던 군중들을 진정시키고 그 폭력의 방향을 돌려 간음한 여인을 구해냈지만, 정작 자신을 향해 두렵게 몰려오는 폭력의 회오리에 대해서는 무방비로 앉아 그 모든 폭력을 받아낸다. 그 예수는 톰 라이트가 "처음부터 끝까지 악의 오염시키는 힘이 그분을 무겁게 짓눌렀습니다. 그리고 그분은 그것을 짊어졌고, 온전히 받아냈고, 마침내 그 악의 힘을 소진시켜버리셨습니다"라고 해석한 예수이다.20) 아폴로니우스와 군중의 돌에 맞아 죽은 거지의 자리에 예수가 앉아 있다, "하나님의 택하신 자, 그리스도"가 희생양의 자리에 앉아 '모든 폭력을 받아내는' 예수라는 사실은 가히 충격적이다.

신화의 세계에서 집단폭력에 가담한 사람들에게 폭력은 자각되지 않는다. "신화를 만드는 사회는 자신의 사회를 해석할 수 없다. 폭력적 만장일치가 만들어낸 환상을 보아낼 수가 없는 것이다." 신화적 폭력 뒤에 있는 군중현상을 그들은 알아보지 못한다. 그러나 성경은 이러한 집단 폭력의 본질을 환하게 밝혀낸다. 신화가 죄인으로 지목한 희생양이 실은 집단폭력에 의해 무고하게 희생된 존재임을 성경은 보여준다. 놀라운 것은 성경의 하나님이 희생양의 제물을 바치는 군중의 편이 아니라 무고하게 희생된 희생양의 호소를 듣고, 그의 무고함을 옹호하며 종국에는 그를 최종적인 승리자로 만드는 하나님이라는 점이다. 아들

---

19) 예수는 그의 출생 배경과 정치적·종교적 위치와 언행에서 "유대사회의 모든 구성원들의 폭력을 한데 모으는" 희생양으로 선택될 조건을 두루 갖추고 있었다. 관련 내용에 관해서는 김모세, 앞의 책, 258−259쪽, 294−297쪽 참조.

20) 톰 라이트, 《악의 문제와 하나님의 정의》, 96쪽.

예수를 군중에 의해 무참하게 죽임당하는 희생양의 자리에 놓으시는
하나님, 그 하나님은 저항할 힘이 없는 희생양을 향해 퍼붓는 폭력에
대한 경고와 각성을 촉구하는 신이다.

  예수의 십자가가 왜 우리에게 복음인가? 르네 지라르는 그것은 바
로 예수의 십자가가 우리를 둘러싸고 있는 어둠을 걷어내고 은폐되어
있던 폭력의 기원을 볼 수 있는 빛의 세계로 인도하기 때문이라고 말
한다. 그 어둠은 우리를 폭력의 노예로 삼는 무지와 자기기만이다. 십
자가의 빛은 '악마의 거짓에 갇혀 있는 인간', '극복할 수 없는 맹목'에
갇혀 모방에 의해 움직이면서도 자신들을 움직이게 한 그 모방을 보지
못하게 하는 어둠을 걷어내고 우리를 신화의 세계에서 이끌어낸다.
"십자가는 희생양 메커니즘이 모든 것을 지배하기 위해 주변에 둘러치
고 있던 어둠을 걷어냄으로써 세상을 완전히 전복시킨다. 십자가의 빛
은 사탄이 가진 중요한 힘, 즉 사탄이 사탄을 추방하는 힘을 빼앗아 버
린다."21) 비난의 허구성과 헛된 권세와 권능의 속임수는 그 빛의 폭로
를 통해 '영원히 신빙성을 잃게' 된다.22)
  예수의 십자가와 부활 사건이 인류의 정신에 대해 가지는 획기적
인 의미는 이처럼 숨어서 강력하게 작동하는 폭력의 메커니즘을 남김
없이 드러내고, 그 메커니즘을 무력화시켰다는 데 있다. 이웃의 소유를
무제한으로 욕망하는 우리는 자신도 모르는 사이에 우리 안에서 작동
하는 어두운 힘에 의해 형제를 미워하고 저주하며 형제에게 돌을 던지

21) 《나는 사탄이 번개처럼 떨어지는 것을 본다》, 180쪽
22) "예수 수난 이야기에서 예수는 자신의 무고함을 만천하에 보여주면서 (비난해야
    한다는) 이 의무를 무효화시키고 없애버렸다. 이 비난을 십자가에 못 박은 것은
    이제 예수 자신이다. 달리 말하면 그런 비난의 허구성을 폭로한 자가 바로 예수
    다. 그리하여 사탄의 속임수, 그리고 이와 같은 권세와 권능의 속임수는 십자가의
    길에서 영원히 신빙성을 잃게 된다." 위의 책, 175쪽 참조.

는 어둠 속으로 쉽게 빨려 들어가지만, 복음의 빛은 우리로 하여금 그것을 보게 하고 깨닫게 함으로써 우리를 거기에서 이끌어 내어 새로운 세계로 인도한다. 복음은 자각과 성찰을 통해 우리를 그릇된 욕망과 미움과 폭력의 노예 상태로부터 해방시키고 우리를 인류의 삶 전체에 대해 열어놓은 새로운 존재의 가능성으로 인도하는 빛이기에 복음인 것이다. "십자가의 고통은 예수가 인간들이 갇혀 있는 기원에 대한 진상을 인간에게 알려주고 나아가서는 희생양 메커니즘이 더 이상 효력을 발휘하지 못하도록 하기 위해 기꺼이 받아들인 대가다. 이것은 승리 그 자체, 즉 폭력적 기원에 대한 폭로다." 23) 그리고 이 점이 바로 성경의 세계가 신화의 세계를 훌쩍 뛰어 넘는, 인류의 정신적 단계가 신화로부터 벗어나 새로운 단계로 진입했음을 보여주는 인류의식 진보의 표징이라고 말할 수 있는 이유이기도 하다.

5. '두 개의 원형 모델' - 아담의 욕망과 예수의 욕망

모방 폭력과 희생양 메커니즘에 대한 성찰을 통해 성경이 인류의 정신사에서 차지하는 의미와 예수의 십자가 사건이 던지는 평화의 빛에 대한 르네 지라르의 설명을 들으면서 다시 고개를 드는 질문들이 있다. 인류의 정신이 이미 신화의 세계에서 벗어나 새로운 정신의 세계로 진입한 지 수천 년이 지났다면, 포스트 신화 시대를 살아가고 있는 우리의 삶과 정신은 왜 여전히 신화의 시대에 머물러 있는 것일까? 성경의 세계가 예수의 십자가 사건을 통해 우리의 정신을 가두고 있던 모방 폭력의 어두운 힘을 남김없이 드러내줌으로써 우리를 그 보이지

---

23) 앞의 책, 180쪽.

않는 사슬에서 해방시키고 새로운 정신의 세계로 인도하였다면, 우리의 삶의 공간 안에서는 왜 여전히 희생양이나 마녀사냥 같은 폭력적 만장일치의 신화들이 힘을 잃지 않고 있는 것인가.

우리 문화 안에서는 아직도 동료 시민에 대한 최소한의 존중이나 연민조차 없는 것처럼 보이는 가혹한 폭력들이 빈번하게 자행된다. 복잡한 문맥 속에 놓여 있는 사실을 사실 그대로의 복합성 속에서 사고하는 대신, 문제를 왜곡하기에 충분하고 사람들을 선동하기에 필요한 만큼의 단순화 속에서24) 사유 없는 입장의 선택을 강요하고 강요당한다. 우리의 집단 문화 안에서는 여전히 생각하는 개인, 자각한 개인의 집단이 설 자리가 없는 것 같다. 기독교 신앙은 이러한 현실을 바꾸는 힘을 전혀 가지지 못하는 것처럼 보인다. 아니 때로는 오히려 그런 현실을 강화시키는 데 앞장서기까지 한다. 왜 그런가?

예수가 이스라엘의 종교지도자들을 향해 퍼부은 혹독한 비난과 정죄를 기독교인들은 종종 그들이 타 집단에 대해 가하는 정죄와 비난의 합리화 구실로 사용한다. 그러나 이스라엘의 종교지도자들을 향해 독사의 자식이요 회칠한 무덤이라고 혹독하게 비난했던 예수는 마치 암탉이 병아리를 품듯 이스라엘을 위해 울며 바로 그들을 위해 자기 목숨을 내어줄 정도의 사랑을 실천했다. 그들은 이 중요한 사실을 간과하고 있다. 예수의 비난은 사랑에서 나온 것이며, 예수가 택한 방법은 자신의 목숨을 내어주는, 지배력의 완전한 포기와 자기희생의 사랑의 길이었다. 그 목적이 해방과 구원의 사랑이었기 때문이다. 그러나

---

24) "사회적 갈등에서 서로 경쟁하는 당파들은 사기(士氣)를 필요로 한다. 그리고 이러한 사기는 올바른 교의체계와 상징들 그리고 정서에 강력히 호소할 수 있는 과감한 단순화에 의해 생겨난다." 라인홀드 니버 지음/이한우 옮김, 《도덕적 인간과 비도덕적 사회》, 문예출판사, 1995. 10쪽.

우리가 이웃을 정죄할 때 그 동기와 목적은 사랑이 아니다. 그 동기는
이웃의 소유를 탐하는 욕망과 질투이며, 우리가 쉽게 택하는 방법은
내 목숨을 내어 놓는 자기희생이 아니라 타인의 목숨을 내어놓도록 요
구하는 폭력과 힘의 행사다. 우리가 그렇게 하는 목적 역시 구원이나
사랑의 완성이 아니라 타인에 대한 지배력의 확립, 세속적인 권능과
영광의 과시, 자기 영토의 확장이다. 정죄의 외양은 닮았지만 이 두 행
위의 동기와 방법과 목적은 완전히 차원이 다르다.

　　"하나님과 사탄은 두 개의 '원형모델'이라고 르네 지라르는 말한
다. 자유롭게 지어진 인간에게 있어서 "모방 욕망은 우리 안에 있는 최
선과 최악에 대한 원인이 된다"는 것이다. 르네 지라르의 이러한 관점
은 우리로 하여금 아담의 길과 예수의 길을 '모방 욕망'의 창을 통해
새로운 각도에서 조명해 볼 수 있게 해준다. 표면적으로 보면 아담과
예수는 모두 하나님을 욕망의 대상으로 삼았다. 이 둘은 모두 하나님
같아지기를 원했다. 그러나 사실상 아담이 모델로 삼은 것은 하나님
자신이 아니라 뱀에 의해 욕망된 하나님이었다. 뱀의 욕망은 하나님의
소유를 탐낸 경쟁적인 모방 욕망이었고, 아담은 그 뱀의 모방 욕망에
감염되어 하나님의 능력을 욕망했다. 하나님 자신이 아니라 하나님의
능력만을 욕망했던 아담이 얻은 것은 하나님과의 분리였다.
　　예수 역시 하나님의 형상이 자신을 통해 온전히 드러나기를, "아
버지의 뜻이 온전히 이루어지기를" 욕망했다. 그러나 예수가 욕망한
것은 선인과 악인에게 공평하게 비를 내리시는 하나님의 공평무사와,
종의 형체가 되어 십자가에 달려 죽기까지 순종하는, 자신의 모든 것
을 비운 자리로 들어오는 하나님의 품성과 하나님의 뜻이었다. 예수도
아담처럼 유혹을 받았다. 사십 일간의 금식 후 광야에서 받았던 시험,
자신의 십자가 사건을 제자들 앞에서 예고했을 때 그것을 강하게 말했

던 베드로에 의한 시험, 마지막 십자가에 달려 있을 때 둘러싼 군중들과 로마의 병사들이 한 목소리로 요구하며 조롱한 시험에서 공통적인 것은 하나님의 뜻을 외면하고 자신의 영광을 위해 하나님의 능력을 보이라는 것이었다. 그러나 예수는 그 모든 것을 거부하고 끝까지 하나님 자신만을 전적인 모방의 대상으로 삼았다.

6. 예수를 모방한다는 것 - '다른 한 행악자의 길'

그리스도인이 된다는 것은 예수 그리스도를 모방의 모델로 삼는 것이며 이는 곧 예수의 욕망을 모방의 대상으로 삼는 것이다. 예수를 모방한다는 것은 다시, 자신을 속이는 거짓 욕망에 현혹되지 않고 '가능한 한 하나님 아버지를 가장 많이 담는다는 목표로 그를 인도하는 정신'에 이끌리는 것이다. 예수를 모방할 때 비로소 우리는 "우리 자신이 오래전부터 우리를 항상 경쟁이라는 함정에 빠지게 하는 나쁜 모델의 모방자였다는 사실을 깨닫고" 거기에서 벗어져 나올 수 있게 된다.

우리를 휩싸는 모방 폭력의 강력한 회오리에서 벗어나 예수를 모방한다는 것, 오직 하나님 자신을 닮는다는 목표로 그를 인도하는 정신에 이끌린다는 것은 어떠한 것일까? 이러한 질문을 붙잡고 십자가 사건을 바라보면 문득 놀라움으로 멈추게 되는 장면이 있다. 누가복음 23장이다. 누가복음 23장에는 십자가에 매달리기 위해 골고다 언덕으로 올라가는 예수와 그를 둘러싼 사람들의 모습이 생생하게 그려져 있다. 예수를 따라오며 우는 여인들, 그 여인들에게 "날 위해 울지 말고 너희를 위해 울라"고 위로하는 예수, 제비뽑기를 하며 예수를 조롱하고 비웃는 병사와 관리들, 구경꾼이 되어 늘어선 사람들과 예수와 함께 사형을 받게 된 두 사람의 '행악자'가 차례로 등장한다. 둘러선 병사들 중 누군가가 "저가 남을 구원하였으니 만일 하나님이 택하신 자 그리스도이면 자신도 구원할지어다", "네가 만일 유대인의 왕이면 제가 너를 구원하라"고 소리치며 예수를 조롱하기 시작한다. 남은 병사들과 둘러 선 군중이 이내 조롱과 비난의 거센 회오리에 휩싸이기 시작한다. 그 소리를 듣고 예수의 좌우편에 달린 두 행악자 중 한 사람도 "네가 그리스도가 아니냐, 너와 우리를 구원하라"고 덩달아 예수를 조롱하며 소리친다. 그러나 이때 다른 한 행악자는 그를 꾸짖으며 "예수여 당신의 나라에 임하실 때에 나를 기억하소서"라고 간청한다. 자신에게로 몰아쳐 오는 거센 폭력의 회오리 앞에서 시종 잠잠히 있던 예수가 "네가 나와 함께 낙원에 있으리라"고 그를 축복한다.

모든 사람이 예수를 조롱하면서 예수에게 능력을 보이라고 유혹하며, 어두운 폭력의 거센 회오리 속으로 휘말려 들어갈 때 그 어두운 힘에 굴복하지 않고 예수를 향해 얼굴을 돌렸던 한 사람. 예수에게 돌을 던지는 성난 군중의 거친 함성이 아니라 자신을 못 박는 자들을 위해 조용히 기도하는 예수를 모방의 모델로 삼을 수 있었던 그 '다른 한 행악자'가 선택한 길. 그 길에 마음이 머문다. 무엇이 그것을 가능하게 한 것일까.

이 질문에 대한 대답을 찾는 일은 갈등과 폭력이 만연한 반(反)평화적인 삶의 문화 안에서 평화의 정신, 평화의 문화를 일구어가는 개인과 사회의 가능성을 찾으려는 이 글의 목적에 다가가는 일이다. 예수가 간음한 여인을 구해내는 이야기에 대한 르네 지라르의 다음 해설에서 다시 이 질문에 대한 해답의 실마리를 찾아본다.

예수가 돌에 맞아 죽는 간음한 여인을 구해내는 것은 모방이 폭력의 방향으로 폭발하는 것을 막고 그 역의 방향, 즉 비폭력의 방향으로 돌리는 것이다. 첫 번째 사람이 그 간음한 여인에게 돌을 던지는 것을 단념하면 그 뒤를 이어서 다른 사람들도 그를 본받아서 돌 던지기를 단념하게 된다. 결국 예수가 인도한 그 사람들 모두는 돌 던지기를 단념하게 된다.[25)]

예수가 간음한 여인을 둘러싸고 돌을 던지려는 성난 군중에 대해 행한 것은 단지 그 폭력의 사건을 중단시킨 것만이 아니다. 더 중요한 것은 첫 돌의 선동으로 이어지게 될 연쇄적인 폭력의 거대한 물결을 그 역의 방향으로 틀어 비폭력의 방향으로 돌려놓았다는 점이다. 르네 지라르의 이 글은 "죄 없는 자가 먼저 돌로 치라"는 예수의 깨우침에 의해 가장 먼저 내려진 첫 돌이 또 다른 모방 욕망의 모델이 되어 비폭력의 연쇄 작용을 일으키는 첫 돌이 되었다는 점을 일깨운다.

자신을 조롱하고 못 박는 성난 군중을 위해 "아버지, 저들을 용서하여주옵소서. 저들은 자신이 무슨 일을 하고 있는지도 모르고 있나이다."라고 기도했던 예수와 덩달아 예수를 조롱하던 행악자를 꾸짖으며 "예수여 당신의 나라에 임하실 때에 나를 기억하소서"라고 간청할 수 있게 한 다른 한 행악자의 자리로 다시 돌아와 생각해본다. 예수를 향해 능력을 보이라고 고함을 지르며 예수를 조롱하고 죽음으로 몰아갔던 군중의 자리는, 뱀의 욕망에 감염되어 하나님 자신이 아니라 하나님의 능력에 대한 욕망에 빠져 애초의 자신을 잃어버린 아담이 선택한 자리였고, 그 아담이 선택한 길은 결국 카인의 아벨 살해로 이어지는 폭력의 거대한 물길을 여는 자리였다. 그러나 '다른 한 행악자'가 선택

---

25) 《나는 사탄이 번개처럼 떨어지는 것을 본다》, 79쪽

한 길은 십자가에 달려 죽기까지 하나님의 품성과 뜻을 모방하는 길을 택했던 예수가 연 평화의 길, 거대한 폭력의 물줄기를 돌려 선한 모방의 물결을 일으켜낸 예수에게로 이어진 길이었다고 말할 수 있을 것이다.

7. 제주 4·3 사건 – 카인의 아벨 살해와 반공주의의 우상

2020년 한반도평화연구원 연구여행으로 제주 4·3 평화기념관과 평화공원을 방문하면서 나는 이 아담의 욕망이 초래한 아벨 살해의 비극과 '다른 한 행악자'가 선택한 예수의 길을 다시 한 번 생각하게 되었다. 제주 4·3 사건은 이 땅에서 드러난 모방 폭력의 파괴적 위력을 다시 한 번 절감하게 해주었다. 어린 아이 노인 할 것 없이 열에 하나 꼴로 사람이 죽고, 중산간의 95%가 불태워져 제주도 전체가 '불타는 섬'이 된 사건. 모든 것을 죽이고 태우고 없애는, 일제의 난징대학살을 방불케 하는 잔혹한 민간인 대학살. 현기영은 소설집 《순이 삼촌》에서 당시의 끔찍한 상황과 그것이 남긴 무시무시한 공포를 이렇게 재현한다.

폭도들이 태우고 도망간 것은 안거리(안채)였다. 그놈들은 한 달 후인 10월 보름날 국방군들이 와서 불태울 몫으로 밖거리(바깥채)와 대문간을 남겨둔 셈이었다. 온 부락이 불타 화광이 충천하던 토벌군의 소까이…

시어머니가 폭도한테 죽창 맞아 죽은 다음에야 비로소 폭도 가족이라는 누명이 벗겨졌다. 서호로 소까이 내려와서 병정들이 폭도 가족을 가릴 때 귀리집은 무사했다. 사람마다 살려달라고 도수장 소 울듯 울부짖고 심지어는 행여 아기 핑계로 동정을 얻을 수 있을까 하고 팔을 꼬집어 젖먹이 아기까지 울려놓은 그 생지옥에서 살아나올 수 있었던 건 오직

죽은 시어머니 덕분이었다. (<도령마루의 까마귀>, 132-133쪽)

그 무섭던 소까이(疏開). 온 섬을 뺑 돌아가며 중간간 부락이란 부락
은 죄다 불태워 열흘이 넘도록 섬의 밤하늘을 훤히 밝혀놓던 소까이.
통틀어 이백도 안 되는 무장폭도를 진압한다고 온 섬을 불지르다니. 그
야말로 모기를 향해 칼을 빼어든 격이었다. 그래서 이백을 훨씬 넘어
삼만이 죽었다. 대부분 육지서 들어온 토벌군들의 혈기는 그렇게 철철
넘쳐흘렀다. 특히 서북군은 섬을 바닷속으로 가라앉힐 만큼 혈기방장하
였고 군화 뒤축으로 짓뭉개어 이 섬을 지도상에서 아주 없애버릴 만큼
냉혹했다.

… 누구는 편리하게 이렇게 말할지 모른다. 전쟁이란 으레 그런 거다,
그게 전쟁의 메커니즘이라는 것이다, 전쟁이 그렇게 시킨다, 그 사람들이
특히 잔인해서 그런 게 아니다, 죽이지 않으면 죽는 전쟁 통에선 어느 때
어디서든 얼마든지 일어날 수가 있는 일이다, 월남 땅 밀라이 사건을
보라, 하고 말할지 모른다. 그러나 그건 전쟁 중에 일어난 게 아니었다.
6·25 터지기 두해 전 일, 그러니까 그건 전쟁이 아니라 좌익 폭동 진압
이었다. 폭동 진압에서 삼만이 죽었다니!(<해룡이야기>, 149-150)[26]

---

[26] 제주 출신 작가 현기영이 1979년(38세) 창작과 비평사에서 출간한 『순이 삼촌』에
수록된 소설이다. 이 소설집에 실린 세 편의 연작 중편 <순이삼촌> <도령마을
의 까마귀> <해룡이야기> 는 모두 4·3 사건을 소재로 다루고 있다. 현기영은
6세(1947년) 때 노형리 소재 노형 초등학교에 입학한 후 제주 4·3 사건의 직접적
인 배경이 된 '3·1 사건'으로 제주 읍내를 제외한 모든 학교가 문을 닫게 되자 이
듬해에 북국민학교에 입학했고, 7세 때(1948년) '4·3 사건'이 일어나 토벌대의 초
토화작전으로 고향 마을이 송두리째 불타 잿더미로 변하는 참혹한 광경을 목격했
다. 현기영은 『순이 삼촌』을 써낸 대가로 두 차례나 군 수사기관과 종로서에 끌려
가 고문을 받았고 감옥에 구치되는 고초를 겪었다. 그의 소설이 판매금지를 당한
것은 말할 것도 없다(관련내용은 『순이 삼촌』의 <연보> 363-365쪽 참고).

"그건 전쟁 중에 일어난 일이 아니었다." 그러나 전쟁 같은 아비규환의 '생지옥'이었다. 대부분의 목숨을 앗아간 토벌군의 '초토화 작전'은 전시에 적을 상대로 벌어진 것이 아니라, "6·25전쟁이 터지기두 해전" 갓 수립된 대한민국 정부의 통치 권력에 의해 자국민을 상대로 저질러진 것이었다.[27] 전쟁의 막바지에 일본이 침략국에서 자행한 가혹한 폭력을 그대로 연상시키는 동족 학살의 회오리 바람속에서 나는 순식간에 짝패를 이루며 거대한 불길로 번져나가는 모방 폭력의 무시무시한 괴력을 실감했다.

제주 4·3 사건은 대한민국 정부수립 과정에서 원죄처럼 저질러진 '빨갱이 사냥'이었다. '빨갱이'는 대한민국에서 그 뒤로도 줄곧 무소불위의 칼로 서슬 퍼런 파괴력을 과시해왔다. 동족상잔의 전쟁을 치르면서 고착화된 분단 체제 하에서 '빨갱이'라는 낙인은 "어떤 비난을 받더라도 감수해야만 하는 존재, 죽임을 당하더라도 마땅한 존재, 누구라도 죽일 수 있는 존재이지만 항변하지 못하는 존재"[28]가 되는 것을 의미했다. 그 어떤 개념적 논박도 철저하게 무력화시킬 수 있는 "신성한 존재로서의 '빨갱이'"[29], 그것은 우리 현대사에서 줄곧 가장 "공격적이며 폭력적인, 피에 젖은 정치의 기호"로 작동해왔다.[30] 제주 4·3 사건은 대한민국 현대사에서 그 '빨갱이'의 무시무시한 화인(火印)이 처음으로 만들어지는 거대한 불구덩이, 악의 심연 같은 곳이었다.

제주 4·3 사건 속에서 거듭 "가혹한 방법으로 탄압"할 것을 지시

---

27) 『제주 4·3 평화기념관 상설전시관 도록』, 74-105쪽 참조

28) 김득중, 『빨갱이의 탄생: 여순사건과 반공 국가의 형성』, 선인, 2009. 560쪽 <빨갱이>, 이와사키 미노루/김은혜 옮김, 『동아시아 기억의 장』, 정지영 등 편저, 삼인, (서울: 2015). 495에서 재인용])

29) 『동아시아 기억의 장』, 495쪽

30) 위의 책, 462쪽.

한 이승만과 그에 의해 가장 믿을 만한 사상성을 가진 집단으로 인정받아 '빨갱이 사냥'의 전면에 나섰던 서북청년단이 기독교의 옷을 입은 사람들이었다는 사실은 각별히 가슴 아프게 다가온다. 기독교인이라는 이유로 북한에서 박해와 탄압을 받아 남으로 내려온 서북청년단이 정작 모방의 대상으로 삼은 건 예수가 아니라 자신들을 탄압한 북한의 통치 권력이었다. 그들은 자신들이 믿음 때문에 당한 박해와 탄압의 고통을, 자신들과 다른 신념과 사상을 가진 것으로 간주된 이들에게 몇 곱절로 되돌리는 모방 폭력의 길을 걸었다.

문득 다시, 영화 <폴란드로 간 아이들>[31]이 떠오른다. 6·25 전쟁으로 고아가 된 북한 아이들을 위탁받은 폴란드 선생님들이 불안과 두려움에 떠는 아이들의 모습 속에서 어린 시절 전쟁 중에 겪었던 자신들의 아픔을 떠올리며 더 깊은 사랑으로 아이들의 상처와 아픔을 보듬어주고 그 아이들에게 사랑이 무엇인지를 알게 해주었던. 상처 입은 자로서 상처 입은 자의 아픔을 더 깊이 품을 수 있었던 폴란드의 선생님들처럼, 그때 그들도 자신들이 겪은 아픔과 고통으로 같은 아픔과 고통을 겪는 타인[이웃]의 처지를 더 깊이 헤아리는 상처의 연대를 이루어낼 수는 없었을까. 영문도 모르는 채 죽음의 불구덩이로 몰려 두려움에 떨고 있는 연약한 생명들 앞에서 차마 그렇게 까지는 할 수 없는 최소한의 연민의 마음도 가질 수 없었을까.

한국 기독교인 1세대로 미국 선교사들의 전적인 후원을 받으며, 일제 강점기 독립운동가들 가운데 누구도 누려보지 못한 자유와 안전을 수십 년간 경험해본 이승만이 당시 조선인 대다수가 사회주의에 호감을 가지고 있었다는 사실 앞에서[32] 반공주의의 총칼을 들고 동족을

31) 추상미 감독, 2018. 10. 31. 개봉.
32) 1946년 8월 13일 미군정청 여론 조사국 설문조사 결과에서 "귀하의 찬성하는 것

살해하는 카인의 길을 걷지 않고 동포인민을 진정한 자유민주주의의 길로 안내하는 평화의 길을 찾아볼 수는 없었을까.

그들이 밖으로 내걸었던 기독교 신앙이 반공주의의 이름으로 저질러진 대학살의 집단 광기 앞에서 전혀 무력한 것이었다면, 이웃을 네 몸같이 사랑하라는 하나님의 계명이 그들의 또 다른 신앙의 대상이었던 반공주의의 위력 앞에서 전혀 맥을 추지 못하는 정도의 것이었다면, 기독교 신앙은 단지 그들의 지배욕과 탐욕을 가리는 겉옷에 불과했을 뿐 그들이 진정으로 숭배한 건 반공주의의 우상이었다고 말할 수밖에 없다. 그들이 숭배하고 욕망한 건 예수의 사랑이 아니라 전지전능한 신의 힘이었다. 기독교 신앙의 옷 안에 감추어진 그들의 욕망이 모델로 삼은 건 스스로 희생양의 자리에서 그 무고함을 역설한 예수가 아니라 뱀의 꼬임에 넘어간 아담의 욕망, 질투로 아벨을 살해한 카인의 욕망이었다.

8. 평화의 길과 십자가에 달린 '다른 한 행악자'의 자리

그러나 제주 4·3 사건의 참혹한 어둠 속에서도 평화의 사도로 별처럼 빛나는 사람들이 있다. 점점 더 거세져 가는 폭력의 회오리 속에서 온 힘으로 그것을 막고자 했던 사람들. 무장대의 봉기로 갓 시작된 4·3 사건이 강경진압으로 인해 악화될 것을 우려해서 끝까지 평화적인 방법으로 해결할 것을 자신의 직을 걸고 주장했던 김익렬 연대

은 어느 것입니까?"라는 질문에 대한 응답에서 사회주의를 지지하는 사람이 조사 대상의 70%를 차지하는 것으로 나왔다. 관련 내용은 도올 김용옥 지음, 《우린 너무 몰랐다 - 해방, 제주 4·3과 여순민중항쟁》, 서울: 통나무, 2019. 5. <연표> 320쪽 참조.

장33), '한국군대'로서 '한국민족을 학살'하라는 명령에 더 이상은 복종
할 수 없어서 목숨을 내놓고 직속 상관의 암살을 감행한 문상길 중위
와 손선호 하사,34) "조선 사람의 아들로서 조선 동포를 학살"할 수는
없다는 양심의 호소 아래 '총궐기'를 결행했던 여수순천의 '제주토벌출
동거부병사위원회',35) 6·25전쟁 발발 직후 서슬 퍼런 계엄군의 총살
집행 명령문서 위에 자신의 목숨을 걸고 "부당함으로 불이행"이라고
명령 거부 사유를 써서 상부로 돌려보냄으로써 억울하게 죽을 수 있었
던 예비 검속자 295명의 목숨을 구한 '한국의 쉰들러' 문형순 성산포경
찰서장.36) 이들은 모두 군인이나 경찰의 신분으로 폭력 집행의 최전선

....

33) 김익렬 연대장은 4·3 사건의 시발점이 된 무장대의 봉기에 미군정이 과도한 강경
진압으로 대응함으로써 생겨나게 될 무고한 민간인 피해를 막기 위해 무장대와의
평화협정을 시도했고, 그것이 '오라리 방화사건'을 계기로 결렬의 위기에 놓였을
때 열린, 미군정 수뇌부가 참석한 긴급대책회의에서 4·3사건을 '계획된 공산폭
동'으로 규정하며 강경작전을 주장하는 경무부장 조병옥에게 끝까지 맞서 무장대
와 주민을 분별하지 않는 강경진압을 막으려 했다. 그에 맞서 조병옥이 빼어든
칼은 이후 '전혀 근거가 없는' 것으로 밝혀진 '빨갱이 자식'이라는 것이었다. 이
일로 김익렬 연대장은 전격 해임되었고 그 후임의 자리를 박진경 중령이 맡게 된
다. (앞의 책, 235-237쪽 참조.)
34) 박진경 중령은 "우리나라의 독립을 방해하는 제주도 폭동사건을 진압하기 위해서
는 제주도민 30만을 희생시키더라도 무방하다"는 취임사를 날리며 무장대와 일
반 민간인을 가리지 않고 가혹한 '토벌작전'을 전개했다. 박진경의 과도한 도민
학살은 많은 병사들에게 적지 않은 갈등과 동요를 일으켰고 문상길 중위와 손선
호 하사의 박진경 암살은 그런 분위기 속에서 이루어진다. (위의 책, 238-241
참조)
35) 여순병사들이 제주 토벌에의 출동을 거부하는 항쟁을 시작하면서 공표한 <호소
문>의 내용은 "제주도 애국 인민을 무차별 학살하기 위해 우리들을 출동시키려
는 작전에 조선 사람의 아들로서 조선 동포를 학살하는 것을 거부"하는 것이었
다. 이것은 김익렬 연대장이나 문상길 중위, 손선호 하사가 한국 군인의 양심으로
차마 무차별한 양민학살에 동참할 수는 없다는 이유와 동일한 이유였다. 그러나
이 사건을 계기로 예비검속, 연좌제 등이 실시되고 군대 내 좌익세력 청산을 목
표로 하는 대대적인 숙군사업을 벌여 수십만이 처형되었다. (위의 책, 304쪽.)
36) 1950년 8월 30일 문형순 제주도 성산포경찰서장은 "예비구속중인 D급 C급 귀서
에서 총살집행하라"는 서슬퍼런 제주계엄군 소속 해병대 정보과에서 하달되어 온

에 서 있었지만, 그 어떤 명령보다 상위의 명령일 수밖에 없는 인간생명의 존엄성을 지키고자 동포 학살의 반인륜적 명령 앞에서 기꺼이 자신의 직과 목숨을 걸고 저항했다. 그들이 무시무시한 어둠과 공포의 한복판에서도 지킨 평화의 길이 제주 4·3의 칠흑 같은 어둠 속에서, 벌겋게 타오르는 죽음의 불길 속에서 사라지지 않는 생명의 빛으로 우리에게 전해져 온다. 이 글을 준비하는 과정에서 한동안 정신의 어두운 골짜기를 헤맬 수밖에 없었던 내게도 그 빛은 큰 위로와 희망이 되어 주었다.

이 가운데 한 사람, 문상길 중위는 독실한 기독교인이었다.[37) 박진경 연대장의 암살범으로 사형 선고를 받는 자리에서 문상길 중위는 그가 '죽음을 결심하고' 암살을 결행한 이유가 더 이상은 도민 학살의 잔혹함을 묵인할 수 없었던 신앙적 양심 때문임을 분명하게 밝히고 있다. 그가 법정에서 행한 최후 진술은 "가이사의 것은 가이사에게로, 하나님의 것은 하나님에게로"라고 하신 예수의 말씀을 다시 떠올리게 한다.

"… 우리는 죽음을 결심하고 행동한 것이다. 우리는 이 법정에 대하여 조금도 원한을 가지지 않는다. 안심하기 바란다. 박진경 연대장은 먼저 저세상으로 갔고, 수일 후에는 우리가 간다. 그리고 재판장 이하 모든 사람들도 저세상에 갈 것이다. 그러면 우리와 박진경 연대장과 이 자리에 참석한 모든 사람들이 저세상 하느님 앞에서 만나게 될 것이다.

명령문서 위에 "부당함으로 불이행이라는 명령 거부 사유를 정확하게 써서 상부로 돌려보냈다. 자신의 목숨을 걸고 명령의 부당함을 준열하게 저항한 결과 295명의 목숨을 구했고 이로 인해 '한국판 쉰들러'로 일컬어졌고, 2018년 (故)문순경 경감은 '올해의 경찰영웅'으로 선정되었다.(국가기록원문보관) (위의 책, 365쪽.)]
37) 위의 책, 239쪽.

이 인간의 법정은 공평하지 못해도 하느님의 법정은 절대적으로 공평하다. 그러니 재판장은 장차 하느님의 법정에서 다시 재판하여 주기를 부탁한다."[38]

그는 모방 폭력의 거센 불길 앞에서 기꺼이 자기 목숨을 내어놓고 예수가 앉았던 희생양의 자리에 앉기를 선택했다. 그 자리는 십자가에 달린 예수에게 조롱과 비난을 퍼붓는 군중의 폭력에 맞서 자기삶의 마지막 순간에 "예수여, 당신의 나라에 임하실 때에 나를 기억하소서"라고 간청한 '다른 행악자'의 자리이기도 했다. 문상길 중위가 거대한 모방 폭력의 회오리에 휩싸이지 않고 그 자리를 벗어나 희생양의 자리로 옮겨 올 수 있었던 건 자신이 최후로 서야 할 법정이 공평하지못한 '인간의 법정'이 아니라 '절대적으로 공평한' '하느님의 법정'임을굳게 믿는 기독교 신앙 때문이었다. 그의 신앙이 그로 하여금 예수의빛 안에서 '악마의 거짓 속에 가두는' 모방 폭력의 실체와 '희생양의 무고함'을 환히 볼 수 있게 해주었기 때문이다.

9. '내면화된 반공주의' 파시즘과 내려놓은
'첫 돌'이 여는 평화의 물길

70년이 넘도록 "입 밖에 내놓지 못하는 일, 알고서도 몰라야 하는일"이었던 제주 4·3은 이 땅에 불어온 민주화의 바람과 함께 마침내'말할 수 있는 기억' '말해야 하는 기억'으로 되돌아왔다. "과거 국가 권력의 잘못"에 대한 대통령의 공식적인 사과가 이루어졌고 "무고하게

---

38) 《4·3이 머우꽈?》 23쪽.

희생된 영령들"에 대한 위로와 추념을 위한 노력들도 진행되었다. '4·3
의 진실'이 '공식 역사' 안으로 들어오기까지 그렇게 오랜 기간 동안 우
리사회 대다수의 사람들에게 "너무 몰랐"던 사건으로 가려져 있었던
건 공권력에 의해 강요된 '기억의 말살' 만이 아니라 "공포에 질린 섬
사람들 자신이 스스로 기억을 망각으로 들이 쳐서 죽인" '기억의 자살'
때문이기도 했다. 기억의 말살과 기억의 자살 속에서 4·3은 망각된 역
사, '주검 같은 존재'로 남겨져 있었다.[39] 그러나 그 '주검 같은' 긴 침
묵의 시간을 견뎌내면서 지난한 '기억 투쟁'을 포기 하지 않았던 사람
들의 노력을 통해 4·3은 마침내 "국가의 공권력에 의해 보호받아야
할 국민의 생명권이 무참히 유린된 역사"로 "인권과 평화와 통일의 나
라를 만드는 밑거름"으로[40] 새롭게 자리매김하게 되었다.

오랫동안 어렵게 진행해온 제주도민들 안에서의 '화해와 상생'의
노력도 이런 저런 모습으로 결실을 맺고 있다. 서로를 가해자로 간주
하던 4·3 유족회와 제주 경우회 사이에서도 도저히 가능할 것 같지
않았던 용서와 화해가 현실이 되었다. 그것을 가능하게 한 건 그들 "모
두가 희생자"라는 깨달음 때문이었다고 양조훈 이사장은 말한다.[41] 그
깨달음은 그들 모두가 절대적으로 옳다고 생각한 믿음, 가치, 행동 양
식을 둘러싸고 있는, 그러한 것들을 만들어낸 더 큰 구조적 현실에 대
한 공동의 앎을 통해서 왔다. 그 앎은 자신들이 지금까지 굳게 붙잡아

39) 《4·3이 머우꽈?》 4쪽 참조.
40) 위의 책, 38-39쪽.
41) 2003년 애월읍 순전히 제주도민들의 돈과 노력으로 세워진 추모원으로 4·3 사건
화해의 최초의 모델이 된 하귀리 영모원에 세워진 위령비에는 "모두가 희생자이
기에 모두가 용서한다"는 비문이 새겨져 있다. (제주 4·3 평화재단, 《제주 4·3
평화기념관 상설전시관 도록(요약본)》, 제주: 도서출판 각(유), 2018. 12. 138쪽.

온 경험에 대한 해석과 확신을 내려놓고, 그에 대한 성찰적 '거리두기'를 가능하게 했고, 그 '거리 두기' 속에서 그들은 다시 자신들과 서로를 다른 각도에서 바라볼 수 있었다.

순수하게 제주도민들의 뜻으로 그들의 돈과 땀만으로 만들어진 애월읍 하귀리 영모원은 제주 4·3 사건의 치유와 화해, 상생을 상징하는 최초의 공간으로, 평화의 시대를 여는 작은 모델로 주목받으며 선한 '모방'의 물결을 일으키고 있다. 국가가 모방 폭력의 주체가 되어 벌인, 피로 얼룩진 20세기 역사의 한복판에서 용서와 화해, 평화와 상생의 새 물길을 여는 움직임이 시작된 것이다.

그러나 4·3은 이제 과거의 상처를 딛고 치유와 희망의 상징으로 되살아나고 있지만, 70여 년 전 제주를 '불타는 섬'으로 만들었던 '빨갱이'라는 기호의 위력은 우리 사회에서 여전히 사라지지 않고 있다. 국가가 무소불위의 폭력으로 자유와 인권을 유린하던 시대는 지났지만, '빨갱이 사냥'의 흔적은 "우리의 일상적 사고에 깊게 스며들어"있으면서 한편으로는 내면화된 공포와 억압으로, 다른 한편으로는 우리 사회에서 '평등한 자유'의 가치를 옹호하는 모든 주장들을 단칼에 매도할 수 있는 강력한 무기로 여전히 살아있다. "이미 한국 사회 구성원들의 정신과 가슴 속에 '한국적 정서'의 일부로 내면화" 된 반공주의는 "국가 권력 못지않은 또 하나의 권력"으로, '우리 안의 파시즘'으로 자리잡고 있는 것이다.

"자유 민주주의 사회인 한국에서 이미 좌파적 언행의 공간을 완전히 죄악시, 불법시함으로써 사상의 자유에 대한 권리를 부정하는 것은 대한민국 헌법 제21조 1항과 제37조 2항을 위반하는 것"[42]이라는

----

42) 권혁범, 내 몸 속의 반공주의 회로와 권력, 《우리 안의 파시즘》, 임지현 외 지음,

선언과 함께 우리가 신봉하는 대한민국 자유 민주주의 현주소에 대해
권혁범이 던지는 질문은 여전히 뼈아픈 지적이다.

> "적과 동지를 명확히 할 것을 강요하는 사회, … 모든 비판적이고 이
> 탈적인 문제 제기가 불순 혐의를 받을 수 있는, 그래서 말조심해야 하
> 는, 또 그래서 나는 빨갱이가 아님을 확실하게 증명하고 일을 시작해야
> 하는 사회, 사실 여부에 관계없이 혐의를 받은 즉시 집단적 이지메 대
> 상으로 전락하는 사회, 좌경 자체가 범죄인 사회, 사상의 자유가 사회적
> 법적으로 보장되지 않은 사회, 이런 사회에서 우리들은 일종의 집단적
> 정신병으로부터 자유로운가?"[43]

우리 사회는 이 질문에 자신 있게 아니라고 말할 수 있을까? 갈등
과 대결의 폭력으로 얼룩진 우리 사회 문화 안에서 우리가 걸어가야
할 길은 성난 군중들의 거센 위협 앞에서도 중심을 잃지 않고 예수를
모방할 수 있었던 다른 한 행악자의 길, "죄 없는 자가 먼저 돌로 치
라"는 예수의 말씀의 빛에 자신의 어둠이 비추어지자 스스로 돌 던지
기를 단념하고 예수의 좇아갔던 반(反)폭력의 길, 평화의 예수를 욕망
의 모델로 삼아 모방하는 길일 것이다.
　　예수를 모방하며 열어가는 평화의 길은 단번의 선택과 결단이 아
니라 부단한 자각과 부단한 결단과 부단한 실천의 노력을 요구한다.
르네 지라르의 말처럼 모방적 존재인 우리의 욕망은 끊임없이 하나님
과 사탄이라는 두 개의 '원형모델' 사이를 오갈 것이기 때문이다. 우리
는 늘 선과 악을 가르는 선은 우리와 그들 사이에 있지 않고 우리 안

　삼인, 2000/2019. 61쪽.
43) 권혁범, 앞의 글, 62-63쪽

에 있다는 사실을 기억해야 한다.[44] 예수를 모방하는 길을 걷기로 끊임없이 결단하고 노력하지 않을 때, 우리는 어느새 다시 형제에게 돌을 던지는 어둠에 갇힌 존재들이 될 것이다.

페미니스트 평화 연구자 베티 리어던은 "평화로 가는 길은 없다. 평화가 길이다"[45]라고 말했다. 끊임없이 적과 희생자를 만들어내며 피로 얼룩진 '전쟁 체제'를 유지해갔던 20세기의 어두운 역사를 뒤로하고 평화가 곧 길이 되는 새 희망의 21세기가 환히 열리길 소망한다. 그 새 희망을 안고 우리 한 사람 한 사람이 예수의 빛 안에서 간음한 여인을 치려다 내려놓은 첫돌의 모방자가 되어 연쇄적으로 일어날 평화의 물길을 열고 넓혀나가는 사람들이 될 수 있기를 간절히 소망한다.

---

44) "복음서들이 말하는 예수님의 이야기 속에서는, 선과 악을 나누는 선이 예수님과 그의 친구들을 한편으로, 나머지 모든 사람들을 다른 편으로 갈라놓으며 지나가지 않습니다. 유대인과 이방인 사이를 가르는 것도 아닙니다. 그 선은 바로 예수님을 따르는 사람들의 한가운데로 지나가고 있습니다." 톰 라이트, 앞의 책, 92–93쪽.

45) 베티 리어든 지음, 정희진 기획 감수 해제, 황미요조 옮김, 《성차별주의는 전쟁을 불러온다》, 나무연필(서울, 2020. 6.), 40쪽.

참고문헌

르네지라르, 김치수·송의경 옮김, 《낭만적 거짓과 소설적 진실》, 한길사, 2001.

_____, 김진식·박무호 옮김, 《폭력과 성스러움》, 민음사, 1997.

_____, 김진식 옮김, 《나는 사탄이 번개처럼 떨어지는 것을 본다》, 문학과지성사, 2004.

_____, 《그들을 통해 스캔들이 왔다 - 모방적 욕망과 르네지라르 철학》, 문학과지성사, 2007

_____, 《문화의 기원》, 기파랑, 2006.

_____, 《희생양》, 민음사, 2007.

라이문트 슈바거 지음, 손희송 옮김, 《희생양은 필요한가》 가톨릭대학교출판부, 2009.

톰 라이트 지음, 노종문 옮김, 《악의 문제와 하나님의 정의》, IVP, 2008.

라인홀드 니버 지음 / 이한우 옮김, 《도덕적 인간과 비도덕적 사회》, 문예출판사, 1995.

Rachel M. Macnair, *The Psychology of Peace,* Praeger, 2003.

요한 갈퉁 지음, 강중일 등 옮김, 《평화적 수단에 의한 평화》, 들녘, 2000.

김모세, 《르네지라르: 욕망, 폭력, 구원의 인류학》, 살림, 2008.

김현, 《르네지라르 혹은 폭력의 구조》, 나남출판, 1996.

차정식, <스캔들과 타자의 윤리 - 예수의 어록을 중심으로>, 《신약논단》 제17권 제2호. 2010년 여름.

박종균, <르네지라르의 성서적 宗敎와 비폭력>, 《한국기독교신학논총》 34

집, 2004.

양조훈,《4·3 그 진실을 찾아서》, 도서출판 선인, 2015. 3.

제주 4·3 평화재단,《제주 4·3 평화기념관 상설전시관 도록(요약본)》, 도서
출판 각(유), 2018. 12.

르네지라르,《4·3이 머우꽈? - 기억투쟁 70년 제주 4·3》, 2018.

도올 김용옥 지음,《우린 너무 몰랐다 - 해방, 제주 4·3과 여순민중항쟁》,
통나무, 2019. 5.

한중일3국공동역사편찬위원회 지음,《한중일이 함께 쓴 동아시아 근현대사
1, 2,》, Humanist, 2012. 5.

사이토 준이치 지음/이혜진 김수영 송미정 옮김,《자유란 무엇인가 - 벌린,
아렌트, 푸코의 자유 개념을 넘어》, 한울 아카데미, 2011.

테사 모리스－스즈키 지음/ 김경원 옮김,《우리 안의 과거, media, memory,
history》, 휴머니스트, 2006. 6.

정지영 등 편저,《동아시아 기억의 장》, 삼인, 2015.

임지현 외 지음,《우리 안의 파시즘》, 도서출판 삼인, 2016. 9.

현기영,《순이삼촌》, 창비, 2015. 3.

베티 리어든 지음, 정희진 기획 감수 해제, 황미요조 옮김,《성차별주의는 전
쟁을 불러온다》, 나무연필, 2020. 6.

폭력과 휴머니티:
인류에게 폭력 극복의 희망은 있는가?46)
김선욱_ 숭실대 철학과

1. 휴머니티와 폭력

지난 2015년 3월 24일에 유럽에서 저먼윙스 소속의 비행기 한 대가 추락하여 150명이 일시에 사망한 사건이 발생했다. 이 사건은 기장이 화장실에 가기 위해 조종실에서 나온 뒤 남아 있던 평소 우울증 질환을 앓던 부기장이 고의로 비행기를 추락시켜 일어난 것이었다. 심각한 우울증은 정신의 병리적 현상으로 종종 자기파멸로 이어지기도 하는데, 이번 사건에서 그것이 다른 149명의 목숨을 앗아간 가장 중요한 원인이 되었다. 나치 독일이 벌인 전쟁과 유대인에 대한 학살은 종종 히틀러라는 이름으로 떠올려지지만, 그것을 히틀러라는 개인의 정신 문제로 돌릴 수는 없다. 그를 중심으로 조직적 다수와 군중에 조장되었던 공포심과 그들을 특정한 방향으로 집결시킨 이데올로기의 작용이 이루어진 메커니즘을 도외시해서는 문제의 본질을 읽을 수 없기 때문이다. 일본이 19세기 말부터 우리나라와 동남아 각국에 대해 행했던

---

46) 이 글은 한국학술협의회에서 발간한 『지식의 지평』 18호(아카넷, 2015)의 기획 특집 <우리 사회의 폭력>에 게재된 글이다. 이 글의 전재를 허락해 주신 한국학술협의회와 출판사 아카넷에 감사드린다.

폭력적인 많은 일들은 자국의 이익추구와 패권주의로 설명할 수 있다. 일본 후쿠시마의 원전사고는 인간에 대한 자연의 폭력에서 발생한 것이지만 인간의 이기심을 위한 과학기술의 사용과 정치인의 당파적 이익추구가 비극의 토대를 형성한 것이었다. 2014년 4월에 일어난 세월호의 비극은 다수의 안전을 무시하고 이익을 추구한 탐욕의 결과요, 위기 상황에서 시스템을 제대로 작동하지 못한 인재(人災)였다. 무고한 사람을 잡아다 참수하고 전쟁을 일으켜 수많은 양민을 학살하는 이슬람국가(IS)의 활동의 배경에는 억압받은 역사가 있지만 그보다는 근본주의 종교에 의한 왜곡된 목표설정과 행동에서 더 큰 문제를 보아야 한다.

파멸적 사건들과 그 아래 감춰진 인간의 폭력성을 논하기 위해 사건들의 리스트를 적는 것만으로는 불충분하다. 이런 사건들 가운데 인간의 폭력성을 노출시키는 사례들을 보자. 도스토옙스키는 이반 카라마조프의 입을 통해, 담벼락에 귀가 못질 당한 채 밤을 지낸 뒤 교수형을 당하는 일이 일어나고, 단검으로 자궁이 찢기고 태아가 끄집어내지는 일이 일어나는 이 세상에 대해 신에게 항의했다. 불가리아에서 일어난 사건을 두고 한 말이었다. 1980년대에 있었던 사담 후세인의 쿠웨이트 침공 때 이라크 군대도 비슷한 일을 자행했다. 이라크 군은 자신들의 허가를 받지 않은 사람들을 진료했던 부인과 의사 히샴 알아바단을 죽였는데, 그는 손톱과 눈알이 빠진 채 죽어 있었다. 이라크 군인에게 체포된 한 20세 여성은 머리카락이 모두 뽑힌 상태로 두 달간 반복적으로 강간을 당하여 임신을 한 상태에서 전기 처형을 당했다. 죽기 전에 그녀의 가슴은 절단되었고 배는 갈라졌다. 한 이라크 장교는 군대에 의해 체포된 19세 쿠웨이트 청년 아마드 카바자드가 곧 석방될 것이라고 부모에게 알렸는데, 기쁨에 차 음식을 만들다 마중 나온 부모에게 나타난 이 청년은 귀와 코와 성기가 잘려 있었다. 이라크 군은 마중 나온 부모 앞에서 아들의 배와 머리에 총을 쏘아 죽인 뒤, 그 시신을 사흘 동안 건드리지 말라고 명령하고 돌아갔다.

위의 내용은 폭력이 만든 잔혹상에 대한 묘사가 우리로 하여금 문제에 대한 경각심을 일으켜 해결을 향한 마음을 더 이끌어낼 것이라는 생각에서 의료윤리학자인 조나선 글로버가 썼던 『휴머니티』에서 인용한 내용이다.47) 글로버의 추정에 따르면 1980년대에 있었던 이란 -이라크 전쟁에서는 100만여 명이 살해되었고, 베트남 전쟁에서는 200만여 명이 살해되었으며, 한국전쟁에서는 300만여 명이 살해되었다. 1900년에서 1989년 사이에 8600만여 명이 죽었는데 이는 하루 평균 2,500명, 시간당 100명 이상에 해당된다.

폭력을 유발하는 야만이 개인의 정신 이상에서 유발되는 경우가 있기 때문에, 야만성을 인간성과 대립되는 개념으로 간주하고 휴머니티의 영역에서 폭력성을 배제하는 경향이 우리에게 있다. 그런데 지난 세기에 일어난 전쟁의 모습을 돌아보면 인간이야말로 동물의 경우와는 비교할 수 없을 정도의 잔인성과 규모를 가진 폭력 사태들을 만들었고, 또 그런 폭력은 인간에 의해서만 가능함을 알게 되었기 때문에, 이제는 휴머니티에 폭력성이 본질적으로 내장되어 있음을 인정할 때가 되었다고 할 수 있다. 물론 정신 이상은 의학적 치료를 요구한다. 그러나 조직적으로 유발된 폭력은 인간에 대한 이해와 더불어 인간의 사회적 행위를 통해 해결이 도모되어야 한다. 그런데 폭력을 줄이거나 근절시키려는 노력이 긍정적 결과를 낳을 수 있다는 희망을 우리는 가질 수 있는가? 만일 그렇다면 어떤 근거에서 그런가? 낙관의 근거를 찾을 수 있다면 우리는 노력의 이유를 가지는 셈이다. 이 글에서 우리는 그

---

47) 조나선 글로버, 김선욱 옮김, 『휴머니티: 20세기의 폭력과 새로운 도덕』(문예출판사, 2008), 56~58, 78쪽.

런 근거와 이유를 콘라드 로렌츠의 동물행동학(ethology)적 관점과 한나 아렌트의 정치철학적 견해를 중심으로 찾아보려 한다.

2. 공격성은 인간의 자율적 본능

콘라드 로렌츠는 오스트리아의 동물행동학자로 동물에 대한 연구를 통해 인간에 대한 이해를 추구하였고, 1973년에 노벨상을 수상하였다. 그의 저서 『공격성에 대하여』는 동일한 종 내에서 일어나는 공격성에 주목한다. 그리고 이 연구를 바탕으로 인간의 폭력성에 대한 고찰로 나아가며, 인간의 폭력 문제에 대한 해결책을 제안하기도 했다.[48]

로렌츠에 따르면 공격성이란 동물의 모든 공격행위를 설명하는 일반적 정서가 아니며, 야수와 인간에 있어서 같은 종의 구성원에 대하여 향하는 싸움 본능을 말한다. 맹수가 사냥을 위해 다른 종의 동물을 공격하지만 그것이 공격성의 발로는 아니라고 한다. 그것은 먹잇감을 위한 사냥이며, 이때는 공격성보다는 오히려 즐기는 태도를 가진다. 공격성은 동일한 종의 다른 개체들을 향해 드러나는 것이다.

로렌츠가 말하는 공격성의 가장 큰 특징은 인간을 포함한 많은 동물에 지속적으로 나타나는 자발성을 가진 본능이라는 점이다. 공격성은 종의 생존에 대한 가치를 지니기 때문이다. 경쟁자가 있다면 영토나 원하는 배우자를 소유하는 것이 종의 미래를 위해 유리하므로 강자는 그것을 소유하기 위해 공격성을 드러내고, 강자를 통해 종의 성공적 발전을 이루어낸다. 인간의 공격성 또한 4만 년간의 종 내 선택

---

48) 콘라드 로렌츠, 송준만 옮김, 『공격성에 관하여』(이화여자대학교 출판부, 1986).

과정의 결과로 정착된 것이다. 인간이 옷을 만들어 입고, 사냥을 위한 무기를 만들게 되고, 사회조직을 갖추는 단계로 나아가게 되면서 추위와 기아와 짐승에게 먹힐 위험 등을 극복하였다. 그리고 이와 동시에 종 내부에서 진화를 위한 선택과정이 시작되고, 이것이 부족 간에 적대적 관계를 낳고 전쟁으로 이어졌다.

공격성은 다른 부족 혹은 다른 공동체를 향해서만이 아니라, 동일한 사회 내부에서도 나타난다. 공동체를 이룬 개체들은 누가 더 강하고 누가 더 약한가를 인식한 뒤에 약자의 복종을 기할 수 있도록 위계질서를 만들어 낸다. 위계질서는 동일 집단 내에서 공격성을 억제하는 기제로 작용한다. 이러한 과정은 하나의 사회조직을 더 나은 조직으로 발달시키는 원리로 작용하였다.

공격성은 자발성을 가진 본능의 하나이며, 어떤 외부적 자극에 의해서만 드러나는 반응 기제로만 머물러 있지 않다. 이는 또한 공격성이 저절로 없어지거나 문화적 장치나 정신적 장치를 통해 소멸될 성질의 것이 아니라는 것을 의미한다. 심지어 인간은 공격성이 배출될 적절한 통로를 일정 기간 찾지 못할 경우 불안정한 상태에 빠질 수 있으며, 공격성을 표출할 수 있는 결핍된 자극을 적극적으로 찾기도 한다. 외부로의 공격성 발산이 지속적으로 차단되면 공격성은 동료나 배우자와 같은 내부를 향하게 된다.

흥미로운 점은 공격성이 다른 본능들과의 적절한 조정 기능 속에서 작용한다는 것이다. 로렌츠는 식욕, 성욕, 공격욕, 그리고 공포로부터의 도피욕이 인간의 4대 충동이라고 한다. 이 충동들은 서로 대립적이기도 하고 반대적이기도 하지만, 모두 자율성을 갖고 있으며 상황에 따라 특정 충동들이 우세하게 나타난다. 어떤 상황이 발생하면 이 본능들은 좋은 해결책을 위해 현명한 타협(a wise compromise)을 이루어 낸다는 것이다.

인간의 경우에 이러한 타협의 기제에 있어서 다른 독특한 변수 하나가 존재하는데, 그것은 진화의 선택적 과정에서 형성된 공동체적 습성이다. 이것도 공격성과 마찬가지의 자율성을 갖고 있다. 인간을 포함한 일부 동물들은 생존을 위해 장기적으로 사회적 습성을 발휘하였고, 그것이 종들 간에 새로운 진화된 협동양식을 만들어 내었다. 동물에게서도 이런 협동양식은 존재한다. 가장 단순한 원시적인 사회의 모습은 곤충의 집단과 같은 '익명의 무리' 성격의 단계이며, 보다 진화된 형태의 사회는 쥐와 같은 동물들의 집단이고, 나아가 기러기와 같이 공격성을 가진 동물들 사이에 개체 간의 상호 애착관계를 바탕으로 결속을 형성한 사회도 있다. 이러한 사회들에서 단순한 집단적 습성에서 문화적 의례에 이르는 일련의 사회적 행동양식들이 계통발생적 과정 (phylogenetic process)에 따라 형성되는데, 이것이 공격성과 같은 기존의 본능적 동기로 이루어진 타협 기제를 간섭하여 성공적으로 맞설 수 있는 자율성을 가진 새로운 행동 근원이 된다. 사회적 행동양식과의 관계 속에서 공격기능은 종에게 해롭게 작용되지 않도록 지양되는데, 문화적 의례는 이러한 지속적 조정과정의 산물이다. 예컨대 싸움의 의례화는, 싸움이 일어났을 때 약자를 완전히 상하게 하지는 않고 어느 쪽이 더 강한지를 확인하는 선에서 싸움이 멈추게 만든다. 이것이 인간에게는 정정당당함이나 기사도와 같은 형태로 의례화되어 나타나는 것이다.

공동체 자체에 대한 인간의 희생적 기여 또한 본능에 기초한 것이다. 개체가 집단의 구성원이 되려는 것은 유대를 통해 결속을 이루려는 본능에 의거한 것이다. 개인은 의례화된 행동규범을 통해 개인적 유대를 넘어 집단의 일원으로 결속하게 된다. 개인이 자신의 개인적 복리를 희생하고 공동체의 복리를 위해 봉사하는 것도 본능에서 진화된 행동양식이다. 잘 조직된 공동체의 삶이 있었기에 인간이 동물 위에 군림할 수 있었고, 언어능력이나 문화적 전통, 나아가 도덕적 책임감과 이성적 사유도 공동체적 삶의 토대 위에서 형성될 수 있었다.

인간에게 있어 독특한 점은 합리적 책임감(rational responsibility)이 전쟁과 같은 폭력적 상황을 예방할 수 있는 기제로 작용할 수 있다는 점이다. 그런데 책임감이 도덕에서 온다고 해서 도덕성의 힘을 과대평가해서는 안 된다. 인간이 동물과 차별화되는 주요 기능인 개념적 사유와 언어 사용이 인간의 최대 성취물이기는 하지만, 이는 동시에 인간을 거대한 폭력으로 이끈 근원이기도 했다. 인간의 행동은 계통발생적으로 적응된 본능들에 따라 이루어지며, 그런 본능들이 자율적으로 발휘하는 힘과 법칙에 지배를 받는다. 도덕성의 근원이 되는 공동체성 또한 인간의 본능적 충동이 계통발생적으로 진화한 결과이다. 따라서 문제의 해결은 본능들의 조율이 합리적 방식으로 책임감을 발휘하여 도덕성을 이루어갈 수 있도록 하는 데 있다. 이것이 가능한 것은 인간에게 공격성은 맹수와는 다르게 작용하기 때문이다.

맹수들은 동료를 살해할 수 있는 무기를 자신의 몸에 장착하고 있기 때문에 공격적 힘의 오용을 제어하는 안전장치를 본능 속에 갖추고 있다. 하지만 인간은 그런 무기를 신체에 갖추고 있지 않고 본능적 안전장치 또한 갖추고 있지 않다. 이런 인간이 도구를 사용하게 되고 인공적인 살상무기를 발명했을 때 인간의 폭력성은 심각한 양상을 보이게 된다. 그래서 인간에게는 종의 생존을 위한 살생억제기제가 독특한 방식으로 발생하게 된다. 인간에게 형성된 살생억제기제는 편한 마음으로 살생을 하지 못하게 하는 정서(emotion)와 합리적 책임감이다. 살생억제 정서는 살인 현장과의 거리에 비례하여 활성화된다. 눈앞에서 피를 쏟는 살생을 할 경우에 인간은 직접적으로 정서적 반응을 일으키게 되고, 내면적 거부의 정서를 드러내게 된다. 하지만 원격으로 무기를 조정하는 경우 발사 단추를 누르는 사람은 살상 현장을 직접

보고 듣지 못하기 때문에 감정적 자각이 차단되어 아무런 정서적 부담
감이나 죄책감 없이 대량학살을 저지를 수 있다. 그래서 선한 정상인
이 악마와 같은 전쟁의 잔혹 행위를 범할 수 있게 된다. 따라서 잔혹한
폭력을 피하는 길은 폭력에 대한 정서를 불러일으켜 합리적 책임감이
작용할 수 있게 하는 것이다.

최근의 폭력은 종교나 이념에 대한 호전적 열광에 뿌리를 두고
발생하는 경우가 많다. 로렌츠는 호전적 열광이 인간의 공동체에 대한
방어와 집착의 태도에서 진화하여 공동체적 공격성이 특수화된 것이라
고 한다. 한 개인에게 호전적 열광이 발생하고 이에 대한 집념이 형성
되면 인간은 자신이 속한 공동체 전체의 대의명분을 위하여 자신의 마
음과 몸을 바칠 수 있고, 자기 가족에 대한 의무와 애정도 넘어설 수
있게 된다. 호전적 열광의 공격성에는 개인에게 발생하는 대상고착
(object-fixation) 과정이 작용한다. 사춘기를 지나 경험하는 대상고착
과정에서 어떤 사회 규범이나 대의명분에의 사로잡히게 되면, 고착된
대상을 위해 투쟁하고 죽을 수도 있는 태도가 굳게 형성된다. 호전적
열광은 이를 유발하는 조건화된 자극에 의해 촉발되며 아주 비극적인
결과를 초래할 수 있는데, 이는 나치의 유대인 학살과 같은 사례들로
서 이미 여러 차례 경험되었던 적이 있다. 호전적 열광이 일상적 정신
상태를 능가할 정도로 고조되면 개인은 이 특별한 감정의 순간에 '성
스러운 의무'에 대한 소명감을 느끼게 되며, 이를 위해 모든 것을 던질
심적 자세가 형성된다. 이를 대항할 수 있는 합리적 고려, 비판, 그리
고 모든 이성적 논의는 잠잠해진다. 그런 개인에게 모든 다른 가치는
비천하고 불명예스럽게 보이며, 개념적 사유의 역할과 도덕적 책임감
의 역할은 최하로 떨어지고, 극악한 행위를 저지르면서도 스스로는 절
대적으로 의롭다는 느낌을 갖게 된다. 여기에 필요한 것은 호전적 열
광이 발생하는 인과관계를 과학적으로 포착하여 합리적 책임감에 따라

엄격히 통제하는 일이다.

호전적 열광이 지향하는 대상은 원래는 구성원의 소속 집단이었으나, 사회의 복잡한 분화와 더불어 사회규범이나 의례가 집단을 대신하기도 하고, '추상적 가치들'이 구체적인 대상을 대체하기도 하였다. 고착 대상이 추상적인 가치로 바뀌면 호전적 열광은 추상적 본질을 지니게 되고, 이는 인간을 결정적으로 비인간적이고 잔혹한 폭력으로 이끌게 된다.

공격성이 인간에게 본능으로 존재하며 자율성을 가진 것이며 제거 가능한 것이 아니라는 로렌츠의 『공격성에 대하여』의 발견은 공격성이 좋은 것이라는 주장을 함축하는 것처럼 보인다. 그러나 로렌츠의 주장은 인간의 생존에 대한 공격성의 긍정적 기여 가능성에 방점을 둔 것이지, 공격성 자체를 바람직한 것이라고 주장하는 것은 아니다. 공격성이 바람직하기만 한 것이라면 인간의 공동체성이라는 다른 본능적 기제가 형성되지도 않았을 것이다. 결국 중요한 것은 공동체성을 포함한 여러 기능들이 잘 조정될 수 있도록 하는 것이다. 로렌츠의 말처럼 과학적 자기 인식에 기초한 자기 통제를 잘 이루는 것이 답이다. 로렌츠는 인간의 자연, 즉 인간본질(human nature)에 기초하여, 폭력에 대한 통제 기능에 낙관적 근거를 제시하고 있는 것으로 우리는 이해할 수 있는 것이다.

3. 폭력과 법과 국가

이제 우리는 인간의 본질과 관련된 공격성 이해와, 제도로 발전해간 인간의 공동체성에서의 폭력의 문제를 연결시켜보자. 로렌츠의 연구는 정치철학을 판단하는 하나의 시각을 제공한다. 폭력성을 치유 가능한 질병처럼 여기며 도덕성을 통해 해결할 수 있다는 이론은 수용하기 어렵고, 폭력성의 작동을 인간본질의 한 측면으로 받아들이면서 동시에 그와 동일한 인간의 본성인 사회성을 통해 제어하는 이론이 현실성이 있다는 것이다. 이렇게 볼 때 우리는 곧바로 토마스 홉스를 떠올릴 수 있다.

홉스가 자연 상태(the state of nature)에서의 인간을 폭력 행사의 권리를 가진 주체라고 보았던 것은 폭력성이 인간본성에 해당한다고 보았던 입장과 유사하다. 물론 홉스의 폭력성 개념이 생물학적인 것은 아니지만, 그럼에도 불구하고 변수가 아니라 상수로 설정되었다는 점에서 로렌츠의 공격성과 유사한 이론적 기능을 그의 정치철학에서 한다. 홉스에 따르면 자연 상태의 인간은 자신의 보존이라는 자연적 권리를 가진다. 이런 인간은 생명 보존을 위해 다른 인간을 해칠 권리도 있고, 남의 것을 폭력적으로 탈취할 권리도 있다. 이런 권리 주장은 결국 만인의 만인에 대한 투쟁 상태로 이끈다. 그런데 이성적 사유에 따라 인간은 자신의 것과 동일한 권리 주장을 남도 할 수 있기에, 파멸을 피하기 위해 상호 협력을 모색하게 된다. 절대적 힘을 가진 국가는 이렇게 만들어진다.

홉스의 국가 형성 과정을 발터 벤야민의 개념을 빌려 정리해 보자. 자연 상태에서는 만인의 만인에 대한 전쟁상태가 지속된다. 그러나 전쟁은 한 사람을 제외한 다른 모든 인간의 멸종으로 나아갈 수 있는데, 그렇게 되기 전에 인간은 집단 간의 힘의 우위를 확인하는 정도에서 전쟁이 종료되도록 한다. 전쟁의 종료와 더불어 찾아온 평화는 승리한 집단에 대한 인정을 수반하고, 이러한 승인은 법의 제정과 더불어 영구화를 도모하게 된다. 폭력적 행위의 종식과 더불어 법적 사회가 성립되는 것이다. 이렇게 볼 때 법의 정립은 폭력의 방법을 통해 이루어진 결과이다. 벤야민은 이때의 폭력을 법정립적 폭력(das rechtsetzende Gewalt)

이라고 부른다. 이렇게 정립된 법은 시민을 법 아래 예속시키는 것을 목적으로 하며, 이러한 법의 보존을 위해 국가는 폭력을 사용한다. 벤야민은 이때의 폭력을 법보존적 폭력(das rechtserhaltende Gewalt)이라고 부른다.49)

원시적 단계에서 폭력은 생명 보존이라는 자연적 목적에 따라 타당성을 갖지만, 전쟁이 종식되고 법을 갖춘 국가가 형성되면 개인의 폭력은 더 이상 타당성을 가질 수 없게 된다. 이제 폭력은 법정립적이거나 법보존적일 때 타당성을 가질 수 있을 뿐이다. 이 말은 법이 폭력을 없애는 것이 아니라 오히려 법 일반과 내밀히 연관되어 있음을 의미한다. 우선 법 형성 자체가 폭력에 의한 것이었으므로 폭력은 법의 원천이다. 또한, 법적 계약 자체는 평화로운 것이라 하더라도 법의 위반은 폭력의 행사를 초래한다. 계약은 폭력을 전제로 한다. 법적 기관도 폭력 행사의 잠재성을 갖지 않으면 아무런 힘을 발휘할 수 없다. 법과 국가는 이처럼 폭력과 근원적인 관계를 형성하고 있는 셈이다.

전통적으로 법에 대한 두 관점이 있는데, 이는 자연법적 관점과 실정법적 관점이다. 벤야민은 이 두 관점에 따라 폭력의 타당성 문제를 보다 깊이 들여다본다. 우선, 자연법적 관점에서 보면, 홉스의 자연 상태에서의 생존 욕구는 당연한 권리이며, 자연법적으로 인정받는 목적을 위한 인간의 행위는 문제되지 않는다. 나아가 현존하는 법도 그 목적이 자연법적 목적에 위배되는지의 여부에 따라 정당성이 판단될 수 있고, 자연법적 목적에 따라 수행되는 혁명적 행위가 내포한 폭력도 자연법적으로 정당화될 수 있다. 한편, 실정법적 관점에서 보면 정당한 목적이 자연적으로 혹은 초월적으로 존재하는 것이 아니다. 법은

---

49) 발터 벤야민, 최성만 옮김, 「폭력비판을 위하여」, 『발터 벤야민 선집 5』(도서출판 길, 2008), 89~108쪽.

정의를 위해 설정되며, 법에 부합하는가의 여부가 수단을 정당화하는
기준이 된다. 법의 정당성에 대한 판단은 그것이 어떤 수단을 사용하
는가에 대한 비판적 검토를 바탕으로 이루어진다. 즉 정당한 수단 여
부에 따라 법의 정당성이 판단된다.[50]

자연법적 관점에서 폭력은 정당한 목적을 위한 폭력과 부당한 목
적을 위한 폭력으로 구분된다. 법은 사람들의 일반적 승인에 따라 존
재한다. 사람들이 이의 없이 법에 복종한다는 것은 그 법에 대한 역사
적이고 일반적인 승인이 존재한다는 뜻이다. 그런데 자연법적 관점에
서도 그런 승인된 법에 대한 위반, 즉 법이 승인하지 못하는 폭력 행위
도 정당한 목적을 위해서는 용인될 수 있게 된다. 노동운동의 법적 지
위의 문제는 이 두 관점의 갈등을 잘 보여 준다. 노동운동이 총파업으
로 발전하는 경우에 이를 허용하는 것은 법 밖의 폭력을 인정하는 것
이 되므로, 국가는 이를 법 위반 행위로 간주한다. 노동자의 관점에서
파업은 자연법적 정당성을 가진 행위이므로 법 밖에 있으나 정당한 폭
력이다.

폭력을 의미하는 독일어 '게발트(Gewalt)'는 국가가 행사하는 권력
을 의미하는 말이기도 하다. 국가가 행사하는 힘은 그것이 정당한 권
력이면서 동시에 폭력일 수 있다는 것이 '게발트'의 함의이지만, 이는
홉스에서 베버에 이르기까지 유럽 전통에서 형성된 정치철학의 일반적
이해라고 할 수 있다. 이러한 이해의 기반에서 막스 베버는, 국가를 정
당한 물리적 강제력을 독점한 유일한 인간 공동체이며 강제력을 사용
할 수 있는 유일한 원천이라고 정의하고, 정치란 폭력성을 내포하고
있는 권력이라는 수단을 가지고 있는 행위라고 하고, 또 정치가에 대
해 "너는 악에 대해 폭력으로 저항해야만 한다. 만약 그렇게 하지 않으

50) 위의 글, 81~86쪽.

면 네가 악의 만연에 책임이 있다."51)고 하였다. 이런 폭력과 권력 개
념은 현실주의 정치철학의 기본 이해이다.

4. 게발트, 바이올런스, 그리고 진정한 권력

　폭력이라는 우리말은 거칠고 사나운 힘을 의미하며, 결코 그 자체
로는 긍정적인 의미를 내포하지 않는다. '정당한 폭력'이라는 표현은
항상 의심스러운 시선을 받는다. 벤야민과 베버는 '폭력'이란 뜻으로
독일어 '게발트(Gewalt)'를 사용했는데, 이는 폭력을 종식시키기 위해
국가와 필요에 따라 사용하는 폭력을 의미하기도 한다. 국가의 게발트
는 폭력 그 자체일 수도 있지만 정당한 억제력일 수도 있다. 전자의 경
우는 '국가 폭력', 즉 국가가 자행한 범죄적 폭력이지만, 후자의 올바로
행사된 공권력이다. '게발트'는 이 둘을 명확히 구별하지 못한다.

　역사적으로 많은 국가적 폭압 사건이 존재했기 때문에, 우리는 국
가의 권력 행사가 단지 폭력에 불과한 경우도 많이 있음을 안다. 그러
나 그럼에도 불구하고 우리는 과거에 비해 많이 발전된 민주주의 체제
를 오늘날 경험하면서, 국가의 권력이 한갓 폭력에만 머물러 있지는
않는다는 것 또한 알고 있다. 따라서 만일 우리가 국가의 힘이 실제로
폭력으로 작용되는 경우와 타당한 억제력으로만 작용되는 경우를 원리
적으로 구분할 수 있다면, 그 원리에 따라 권력과 폭력이 선명하게 구
별될 수 있을 것이다. 앞 장에서 논의한 개념을 활용하여 말하자면, 국
가 권력의 억제력이 더 이상 폭력의 이름으로 상상되지 않는 국가란
자연법적 목적이 현실의 실정법 가운데 발현이 된 국가일 것이다. 이

---

51) 막스 베버, 전성우 옮김, 『직업으로서의 정치』(나남, 2007), 117쪽.

런 국가가 완전한 형태로 현존한다거나 존재할 수 있다고 주장할 넘
나간 학자는 없겠지만, 정치가 역사를 통해 그 방향으로 진보를 하고
있는지에 대해서는 논의할 수 있다. 이런 방향의 논의를 우리는 한나
아렌트에게서 찾아볼 수 있다.

　시민이 국가의 법을 준수하며 심지어 자신의 자의적 행동에 대한
법적 제약을 감내하는 것은, 국가의 힘이 자신의 힘보다 강해서 이루
어진 어쩔 수 없는 노예적 복종 행위일 수 있지만, 그 법이 자신들의
동의에 근거하고 있다는 인식 때문에 이루어지는 적극적이고 자발적인
행위일 수도 있다. 벤야민의 법정립적 폭력과 법보존적 폭력 개념이
초기 국가 형성과정에 대한 상상력에 기초하고 있으므로 국가의 법에
대한 복종과 노예적 복종을 동일시할 수 있는 여지가 많다. 하지만 아
렌트는 20세기 중엽에까지 이르는 정치사적 기간에 이루어진 수많은
혁명들과 체제의 변화 가운데서 시민의 권력이 법과 국가 조직체와 결
부되고 일치되는 흐름을 읽어내고 있다. 따라서 아렌트는 국가 권력이
시민들의 법으로 구체화된 시민의 합의이며, 정치 기구들은 시민의 권
력으로 구성된 것이고, 정치적 장치를 통하여 시민은 자신들을 규제하
는 자들을 규제할 가능성이 있다고 생각할 수 있었다. 또한 권위란 법
적 기반에 근거한 제도에서 나오는 힘을 의미하므로, 국가의 권위가
갖는 강제력은 그것이 정치 영역에서 작동하는 것인 한 궁극적으로는
시민의 소통과 합의에 기초하는 것이므로 다른 정당화의 장치를 요구
하지 않는 시민의 권력의 발현으로 이해될 수 있었던 것이다.[52]

　국가 권력에 대한 이러한 이해에 따르면, 아렌트는 권력과 폭력은
동질적이지 않을 뿐 아니라 심지어 배타적이다. 이때 아렌트가 사용하

---

52) 이런 아렌트의 권력 개념은 그녀의 『공화국의 위기』에 수록된 논문인 「폭력론」
　과 「시민불복종에 관하여」와 『혁명론』을 관통하는 중심 개념이다.

는 '폭력'이라는 뜻의 말은 영어로 '바이올런스(violence)'이다. 어원학적으로 보면 이 단어는 15세기 말부터 무엇을 위반하는 행위라는 부정적 의미로 사용되어 왔으며, '위반'을 의미하는 violation과 연관을 갖고 있다. 이에 반해 독일어 게발트의 동사형은 walten으로 '지배하다' 혹은 '관리하다'라는 의미를 갖고 있는데, 이때의 지배와 관리는 기능적인 개념이 아니라 신의 섭리의 지배라는 말에서처럼 초월적이고 강압적 제어의 함의를 갖는 말이다. 이처럼 바이올런스는 위반이라는 부정적 함의를 가진 폭력을 말하며, 게발트는 지배와 관리의 의미를 가진 폭력을 말한다. 이 단어들의 의미 차이는 각각의 단어로 전개할 수 있는 이론 전개의 차이로 이어질 수 있다. 따라서 만일 우리가 게발트와 바이올런스를 우리말로 옮길 때 모두 '폭력'이라고만 하면 상당한 혼돈에 빠질 수 있다.

아렌트는 박사학위까지의 공부를 독일에서 했으나 미국으로 망명했고 대부분의 저술활동을 영어로 했다. 독일어와 영어 모두에 능숙한 아렌트에 따르면, 권력이 극대화된 경우에 바이올런스는 최소화되며, 반대로 바이올런스가 극대화된 경우에 권력은 최소화된다. 시민의 자발적 동의에 기반을 두고 성립된 정부의 요구에 대해 시민이 자신의 동의에 부합한다고 판단하고 자발적으로 따른다면, 정부에게는 바이올런스가 필요하지 않게 된다. 이때는 국가의 권력은 최대화된다. 그러나 시민이 어떤 부당한 범죄를 저질렀을 경우에 국가는 법의 강제력을 발휘하여 그 범죄자가 원하지 않는 처벌을 강압적으로 부과하게 된다. 범죄자는 자신이 당한 것을 폭력으로 여길 수는 있으나 그 또한 바이올런스라고 할 수는 없다.

그런데 시민이 법에 어긋나는 행위를 했으나 그 이유가 법의 부당성 때문이라면 국가가 그 부당한 법이 포함된 법체계를 통해 처벌을 강제할 경우 정당성을 가질 수 없다. 이때 국가의 처벌은 바이올런스가 된다. 시민이 국가의 바이올런스에 대항하여 법의 부당성을 지적하고 수정을 요구하는 경우가 발생할 수 있는데, 부당한 법이 법체계 내에서 차지하는 비중이 작을 경우에는 시민의 저항 행위는 시민불복종에 머무르지만, 그 비중이 커서 법체계 전체의 교정을 추구할 경우에 그 행위는 혁명이 된다. 국가 권력의 크기는 국가가 행사하는 바이올런스의 크기에 반비례한다.

벤야민이 보았던 것처럼 원초적인 바이올런스의 상황에서 법이 정립될 때 바이올런스는 법정립적 기능으로서 정당화된다. 그리고 아렌트가 보았던 것처럼 법이 시민의 합의에 기초한 것일 때 법의 기능은 바이올런스와 멀어지며, 법은 확립된 시민의 권력으로 존재하게 된다. 권력의 시작은 함께함에 있고, 함께한 사람들이 약속을 통해 법을 만들면 사람들은 그 법에 따라 시민이 되고 권력은 법과 더불어 존재하게 된다. 정부 조직은 법에 따라 구성되며 정치는 권력을 활용한다. 권력은 법 자체와 함께 존재한다.[53]

막스 베버가 『직업으로서의 정치』의 내용을 학생들에게 연설할 때는 나치의 광풍이 예감되었던 때였고, 벤야민이 자살했던 때는 나치가 득세한 때였다. 아렌트가 폭력론을 썼을 때는 민권운동과 학생운동이 상당히 확산된 1960년대였으며 정치체제의 발전을 경험한 뒤였다. 폭력을 정치적 폭력으로 제어하던 시대에서 폭력을 최소화하고 진정한 권력을 구축하는 방향으로 정치 공동체의 발전이 이루어진 것이다. 이를 두고 우리는 폭력을 제어하는 인류의 능력이 발전해가고 있다고 말할 수 있을 것이다. 적어도 국내정치와 연관하여서는 그렇다.

---

53) 한나 아렌트, 김선욱 옮김, 「폭력론」, 『공화국의 위기』(한길사, 2011).

5. 휴머니티의 안과 밖

국제정치에 있어서도 아렌트가 말하는 권력이 형성될 수 있을까? 홉스의 대답은 부정적이었다. 개인의 폭력의 권리를 위임받은 국가인 리바이어던은 개인과는 질적으로 상위의 정치적 존재인 반면, 국가들 위에는 질적 상위의 것이 존재할 수 없다고 보았기 때문이다. 그래서 국제정치에는 정글의 법칙이 지배한다고 하였지만, 그나마 지금은 UN 과 다양한 산하단체 및 국제형사재판소 등이 설치되면서 국제적 분쟁 에 있어서도 미력하나마 휴머니티의 입장에서 개입할 길은 열려 있는 편이다.

저먼윙스 여객기 추락 사고를 다시 떠올려보자. 부기장은 비행기 이륙 직후부터 기장에게 화장실을 다녀오라고 종용했다. 사고는 의도 적이었고, 사고가 발생한 지점은 조종실 내부였다. 그런데 그 조종실은 외부로부터 분리되어 있었다. 9.11사태 이후에 비행기 조종실의 문은 외부에서 열지 못하게 되었던 것이었다. 결국 비행기를 안전하게 조종 하기 위해 외부로부터 분리시킨 조종실이 통제의 외부에 놓여버린 것 이다. 비행기는 조종실 외부에 있는 승객을 위해 안전하게 작동해야 하는데 말이다. 이러한 사실은 우리에게 하나의 상징처럼 다가온다. 로 렌츠는 폭력성이 휴머니티의 내부에 있으며, 그것은 치료될 수 있는 질환이 아니라 자율성을 가진 본능의 하나라고 한다. 한편 인류는 또 다른 본능인 공동체성을 발전시켜 공격성을 나름대로 조종하는 기제를 내부에서 발전시켜 왔다. 성공적인 조종은 휴머니티의 내부에서 공동 체성이 가능할 때 가능한 것이다.

인간의 폭력성이 잔혹한 결과로 나타나지 않으려면 휴머니티의 내부에서 철저히 통제되어야 한있다. 잔혹한 폭력의 국제적 분쟁 양상 은 폭력성이 휴머니티의 외부에서 작용한 결과이다. 문제의 원인을 대화와 타협을 이루는 인간의 손 안에 두어야 하고 관계를 통해 문제의 해결을 추구해야 한다. 그러한 관계가 지배와 피지배의 구도 속에 자리를 잡아서는 내부와 외부의 분리는 불가피하다.

아렌트가 폭력에 대립하는 권력 개념을 세운 것은, 지배-피지배의 관계가 깨지고 그에 대신하여 비지배(non-domination)의 방식으로 권력이 형성될 때 정치를 통한 폭력의 해결이 가능하다는 것을 보여주려는 것이었다. 국내 정치에서 어느 정도의 성공을 거두어온 이러한 진정한 시민적 권력의 정치가 국제사회에서도 형성될 수 있다면 사태는 훨씬 나아질 것이다. 시민사회운동이 국제적 맥락에서도 영향력을 증대시켜가는 현상을 점점 더 많이 볼 수 있다는 점은 폭력을 휴머니티의 내부에서 관리하는 데 확실히 도움이 된다는 점에서 희망적이다.

참고문헌

레오 스트라우스. 홍원표 옮김. 『자연권과 역사』. 고양 : 인간사랑, 2001.

막스 베버. 전성우 옮김. 『직업으로서의 정치』. 파주 : 나남, 2007.

발터 벤야민. 최성만 옮김. 「폭력비판을 위하여」, 『발터 벤냐민 선집 5』. 서울
: 도서출판 길, 2008.

슬라보예 지젝. 이현우·김희진·정일권 옮김. 『폭력이란 무엇인가: 폭력에
대한 6가지 삐딱한 성찰』. 서울 : 난장이, 2011.

에릭 홉스봄. 이원기 옮김. 『폭력의 시대』. 서울 : 민음사, 2008.

우에노 나리토시. 정기문 옮김. 『폭력』. 부산 : 산지니, 2014.

조르주 소렐. 이용재 옮김. 『폭력에 대한 성찰』. 서울 : 나남. 2007.

Arendt, Hannah, *Crises of the Republic.* San Diego : A Harvest/HBJ
Book, 1972. 김선욱 옮김. 『공화국의 위기』. 파주 : 한길사, 2011.

Arendt, Hannah, *Eichmann in Jerusalem: A Report on the Banality of
Evil.* New York : Penguin Books, 1994. 김선욱 옮김. 『예루살렘의 아
이히만: 악의 평범성에 대한 보고』. 파주 : 한길사, 2006.

Arendt, Hannah, *On Revolution.* New York : Viking Press, 1963. 홍원표
옮김. 『혁명론』. 파주 : 한길사, 2004.

Glover, Jonathan, *Humanity: A Moral History of the Twentieth Century.*
London : Pimlico, 2001. 김선욱 옮김. 『휴머니티: 20세기의 폭력과 새로
운 도덕』. 서울 : 문예출판사, 2008.

Loptson, Peter, *Theories of Human Nature.* Ontario : Broadview Press,
1995.

Lorenz, Konrad, Marjorie Kerr Wilson (trans.), *On Aggression*. San Diego : A Harvest Book, 1966. 송준만 옮김.『공격성에 관하여』. 서울 : 이화여자대학교 출판부, 1986.

Stevenson, Leslie, *Seven Theories of Human Nature*. New York : Oxford University Press, 1987.

PART

02

한반도의 평화와
반(反)평화

인간의 공격성과 한반도의 평화
전우택 _연세의대

I. 시작하는 말 : 인간의 공격성에 대한 성찰

1차 세계대전은 끝난 후이고, 아직 2차 세계대전은 발발하기 전인 1932년, 국제연맹(League of Nations)과 국제지식인연대(International Institute of Intellectual Co-operation)는 공동으로, 당시 세계 최고의 물리학자이자 지식인으로 명망이 높던 알버트 아인슈타인(Abert Einstein)에게 두 가지 요청을 한다. 첫째, 현재 인류에게 가장 중요한 문제를 하나 선정하여 줄 것, 둘째, 그 문제에 대하여 함께 토론을 할 수 있는 사람을 한 명 지정하여 그와 그 주제에 대하여 토론하고 그 결과를 보고하여 것. 이 요청에 대하여 아인슈타인은 <인간을 전쟁의 위협에서 구할 수 있는 방법이 있는가?>라는 주제를 선택하였다. 그리고는 토론 상대로 정신분석학자인 지그문트 프로이트(Sigmund Freud)를 지정한다. 그 후 두 사람 사이에서 많은 서신과 토론이 오고 갔으며 그 결과는 1년 뒤인 1933년, <전쟁의 이유?>라는 제목으로 국제연맹에서 발표되었다. 당시 독일에서는 이미 나찌가 비극의 시작을 만들어가고 있었다.

그 발표에서 프로이트는 인간 내면의 두 가지 본능을 이야기한다. 즉, 사랑, 협동의 본능인 에로스(eros)와 죽음, 파괴의 본능인 타나토스(thanatos)가 그것이었다. 그러면서 그는 "인간의 공격적인 성향을 인간 스스로 억제할 수 있을 것 같지는 않다"라고 결론을 내었다. 그리고 인간이 전쟁을 없애기 위하여 인간 내면의 공격적 충동을 없애는, 그런 직접적인 방법은 불가능하다고 하였다. 그보다는 인간의 공격적 충동을 전쟁이 아닌 다른 수단으로 표출하도록 전환시키고, 그런 인간 노력과 즐거움에 모든 인간이 공동으로 참여하게 하고, 인간 사이의 감정적인 유대를 강화하는, 즉 간접적인 방법으로 전쟁을 억제하여야 할 것이라고 이야기하였다. 그리고 이를 위하여 전통적인 권위주의적 형태의 인간 통제보다는 이성의 원칙에 입각하여 인간의 평화를 강화시키는 인간 조직의 세력을 더 강화하여야 할 것이라 제안하였다. 그러면서 만일 이러한 노력을 너무 늦게 한다면, 인간은 결국 파멸할 수도 있다는 경고를 덧붙였다. 프로이트는 인간이 전쟁을 피할 수 있는 가능성을 가질 수 있는 이유로서 다음의 두 가지를 보았었다. 첫째, 인간은 자신의 지적인 능력을 이용하여 인간 자신의 본능을 지배할 수 있는 능력을 가지고 있다는 것이었다. 둘째, 미래의 전쟁은 너무도 끔찍하기 때문에, 그것을 이미 아는 인간이 그것을 회피하려 할 가능성이 있다는 것이었다. 프로이트는 낙관주의적이고 합리적인 자유의 시대 속을 살면서도 인간의 합리성이 얼마나 나약할 수 있는가를 잘 알고 있었다. 그러면서 플라톤적인 권위주의적 사상 통제나, 소수 귀족의 지배가 아닌, 합리적인 다수의 인간 조직이 인간에게 자유와 행복을 줄 수 있는 유일한 수단이라고 보았다.[1]

프로이트의 이런 성찰에서, 우리가 주목할 만한 사항이 하나 있다. 그동안 인간이 만들어 온 갈등과 전쟁의 원인은 "이익의 문제"였다고 보는 것이 일반적이었다. 즉 인간은 자신이 더 풍요롭고 안락하게

---

1) William Ebstein. Introduction of political philosophy. 정치사상사, 김문환 역. 1971, 교문사. pp.407-413

살기 위하여, 다른 사람이 가지고 있는 한정된 자원을 빼앗으려 투쟁과 전쟁을 한다는 것이었다. 그래서 한 사회 안에서는 계급의 차이, 빈부 격차가 있을 때 그것이 투쟁과 내전으로 변해가고, 국가 간에도 누가 더 많은 영토와 자원을 점유할 것인가를 가지고 전쟁을 한다고 보았다. 그런데 이런 가정과 전제에 의문이 제기된 것이다. 그것은 갈등의 원인이 정말로 "자원의 한정성"인가, 아니면 "인간 욕망의 무한정성"인가 하는 것이었다. 설사, 자원이 한정되어 있다 할지라도 인간들이 그런 자원의 한정성을 객관적 사실로 인정하고 모두가 공평하게 나누어 가지는 것을 당연한 것으로 받아들인다면 갈등과 전쟁은 없을 수 있기 때문이다. 반대로, 자원이 거의 무한정으로 있다 할지라도, 동시에 인간의 욕망도 무한정으로 있다면, 인간은 결국 그 무한정한 자원을 더 많이 소유하기 위한 투쟁과 전쟁을 벌이게 될 것이었다. 프로이드는 "자원의 한정성", "계급 간, 사회 간, 국가 간의 이익 배분"이라는 사회 구조적 측면에 주목한 것이 아니라 그 "욕망의 무한정성"이라는 인간의 내면성을 바라보고 전쟁과 평화의 문제에 접근하였다. 그리고 그 욕망의 무한정성이 외부적으로는 "공격성"이라는 모습으로 표출되고 있다고 본 것이었다.

그러면서 여기에 또 다른 질문이 하나 제기될 수 있다. 정말로 인간의 공격성은 인간에게 해로운 것일까? 이런 질문을 하는 이유는 공격성이 동물들에게는 그들의 존재를 위하여 이로운 것이기도 하기 때문이다. 동물은 같은 종류의 동물에게만 공격성을 가진다. 예를 들어 늑대는 늑대에게, 사슴은 사슴에게, 피라미는 피라미에게만 공격성을 가진다(육식 동물들이 먹이 사냥을 하는 것은 공격성이라고 지칭하지 않는다. 실제로 그것은 섭식행위이지 순수한 의미의 공격행위가 아니기 때문이다. 공격행위는 분노를 포함하는데, 먹이 사냥 행위에는 분노가 포함되지 않는다). 동물이 자신과 동종의 동물에 대하여 공격적 행위를 하는 이유는 크게 두 가지이다. 첫째는 영역 싸움이다. 동물들은 같은 종들이 한 곳에 모여 살려 하지 않는다. 영역 싸움에 의하여 하나의 종은 여러 곳으로 분산되게 되고, 그럼으로써 한 지역에서 발생하는 먹이의 급감을 피하면서 전체적으로 자기 종의 보존에 유리한 상황을 만든다. 둘째, 강한 수컷을 선택하는 싸움이다. 더 강한 수컷에 의하여 암컷들이 임신하여 더 강한 새끼들을 얻으려는 행동인 것이다. 그러기에 동물의 세계에서는 공격성이 종의 멸망이 아닌, 종의 보존에 중요한 의미를 가진다. 그러면 인간에게는 어떨까? 지구상의 생물 중 인간은 영역이나 강한 수컷을 선택하는 것과 상관없는 이유로 자신의 동종을 무제한적이면서 잔인하게 죽여 간 긴 역사를 가지고 있는 유일한 존재일지 모른다. 이러한 인간의 무절제적인 공격성은 인간 스스로를 더 불안하게 만들고 소외시켰다. 20세기의 1, 2차 세계대전들과 수많은 대량 학살 사건들은 그런 '인간에 대한 인간의 공격성'을 극대화하여 보여준 예들이다. 그리고 맞이한 21세기 역시, 인간의 공격성은 결코 쉽게 가라앉거나 극복될 것으로 보이지 않음을 이미 보여주고 있다. 그런 의미에서, 인간의 공격성과 그로 인한 인간 스스로의 자기파괴는 인간에게 해로운 것이었다고 할 수 있다. 그리고 인간이 인간 안에 존재하는 이 공격성을 이해하고 통제하지 못하는 한, 다른 동물들과는 달리, 인간은 정말로 멸망에 이를 수 있다는 사실을 직시할 필요가 있다. 특히, 전 지구적으로도 인간의 공격성이 가장 적나라하게 노출되고 있는 곳 중 하나가 바로 우리가 살고 있는 한반도이기에, 이 주제는 우리에게 매우 중요한 의미를 가진다고 할 수 있다.

II. 인간의 공격성에 대한 이론들

인간의 공격성과 평화라는 주제 앞에서 먼저 던지게 되는 질문이 있다. 그것은 "인간은 근본적으로 평화롭게 살 수 있는 가능성을 가지고 있는 존재인가?"라는 것이다. 이 질문은 두 가지 측면을 가진다.

첫째, 인간의 내면적 측면이다. 만일 인간의 본능적 성향 속에 억제할 수 없는 공격성이 내재하여 있다면, 원칙적으로 인간은 평화롭게 살기 어려운 존재가 된다. 반대로, 만일 인간이 근본적으로 억제하고 조절 가능한 공격성을 가지고 있다면, 인간은 평화롭게 살 수 있는 가능성을 가진 존재가 된다. 역사적으로 이것에 대한 수많은 성찰이 종교, 철학, 심리학, 정신분석 등을 통하여 이루어졌다.

둘째, 인간의 외면적 측면이다. 이것은 사회구조적, 환경적 영역의 역할을 보는 것이다. 만일, 각 개인이 매우 강한 공격성을 가지고 있다 할지라도, 그런 개개인을 강력하게 통제하는 사회구조적인 외부의 힘이 존재할 수 있다면, 평화가 유지될 수 있는 가능성을 찾을 수 있을 것이다. 일반적으로 이것은 교육, 법, 제도, 문화 등을 통하여 이루어질 수 있다. 그러나 이 말은 그 반대의 현상도 가능할 수 있음을 보여준다. 즉, 어릴 때부터 인간에게 공격적 행동, 반(反)평화적 행동을 하도록 강력하게 훈련시키고, 그런 공격성에 가장 높은 사회적 가치를 부여하는 사회가 존재한다면, 그 안에서 인간의 공격성은 조장되거나 강화되고, 그래서 결국 이웃과의 평화는 무너질 수 있는 것이다.

그러므로 이 질문은 인간의 공격성, 더 깊이는, 인간 그 자체의 본성에 대한 질문이 된다. 그런데 인간의 공격성은 이미 어린 아이들에서도 관찰이 되는 현상이라 할 수 있다. 어린 아이들도 타인이나 자신, 사물에 대한 물리적 공격이나 해를 입히는 행동, 또는 소리 지름 등의 위협 행동으로 그런 공격성을 표현하고 있기 때문이다. 이런 인간의 공격성에 대한 원인으로 그동안 크게 심리적 원인, 사회적 원인, 환경 상황적 원인의 3가지 이론들이 있어 왔다.[2] 이제부터는 그에 대하여 알아보도록 한다.

1. 심리적 원인

인간의 공격성이 심리적 현상에 의하여 유발된다는 이론은 다시 본능이론과 학습이론으로 나뉜다.

1) 본능 이론

일반적으로 본능이란 다음의 5가지 특징을 가지는 현상을 의미한다.[3] 즉, (1) 일련의 복합적 행위로 구성되어 있고, (2) 특정의 신호 자극이 발생하였을 때에 자동적으로 그 행위가 나타나고, (3) 학습되지 않았으며, (4) 종의 모든 개체가 그 행위를 하며, (5) 행위의 강도는 생화학적 요인에 의하여 결정된다는 것이 그 특징이다. 그런데 인간의 공격성은 이런 다섯 가지 특징을 모두 다 가지고 있기 때문에, 인간의 공격성은 본능이라고 보는 것이다.

프로이드는 인간의 공격성을 인간의 "본능"으로 보았다. 그리고

---

2) Sadock B.J., Sadock V.A. (2007). Synopsis of Psychiatry. 10th ed. Wolters Kluwer, Lippincott Williams & Wilkins. pp.149 - 154

3) Tedeschi J., Lindskoid S., Rosonfeld P. (1985) Introduction of social psychology. New York, West. p.233

인간이 가지고 있는 삶을 향한 본능(eros, life instinct)이 좌절되거나 공격받을 때, 공격성이라는 현상이 나타나는 것으로 보았다. 그러나 1차 세계대전을 겪으면서 프로이드의 생각은 수정된다. 즉 인간에게는 삶을 향한 본능, 에로스만이 있는 것이 아니라, 자신 자신을 파괴하고 삶을 끝내려는 죽음의 본능(thanatos)도 함께 있다는 생각을 하게 된 것이다. 그러면서 프로이드는 인간이 자기 안에 있는 이런 죽음의 본능을 자기 자신에게 향하지 않도록 하기 위하여, 자신이 아닌 타인이나 다른 대상에게 그 죽음의 본능을 "전치"(displacement)[4]시키고, 그에 따라 타인을 공격함으로써 자기를 보호한다고 보았다. 그리하여 모든 인간의 행동은 이 두 본능, 즉 삶의 본능인 에로스와 죽음의 본능인 타나토스의 상호작용이며, 그 사이에 긴장이 존재한다는 이론을 주장하였다. 이에 더하여 동물행태학자인 콘래드 로렌츠(Konrad Lorenz)[5]는 모든 유기체는 싸우는 본능(fighting instinct)을 가지고 있으며, 이것은 계속 생성되고 축적되며, 그에 따라 공격성은 불가피하고, 그것은 그냥 자연적으로 터져 나오는 것이라는 본능이론을 제시하였다. 이 이론은 공격성이라는 것이 인간만이 아닌, 모든 유기체의 공통적 특성이며, 인간도 생명체로서 그 특성을 공유하고 있는 존재라 이야기하고 있어, 결국 인간의 공격적 행동은 불가피하며, 이것의 조절은 원칙적으로 불가능하다는 결론에 이르게 하였다.

그러나 이런 본능이론에 대한 반론들도 많았다. 이것은 무엇보다

4) 전치란 "한 가지 생각 혹은 대상과 관련된 감정들을 어떤 면에서든 원래의 것과 유사한 다른 생각 혹은 대상으로 옮기는 것"을 의미한다. Glen O. Gabbard. (2005) Psychodynamic Psychiatry in Clinical Practice, 4th Ed., American Psychiatric Press, Inc.

5) Konrad Lorenz (1971) On Aggression. Harcourt Brace & World Inc. 콘라드 로렌츠. 공격성에 관하여. 송준만 역. 이화여자대학교출판부. 1996. 4판.

도 다른 동물들과는 달리, 인간의 위계질서는 신체를 이용한 물리적 공격행위로 정해지지 않는다는 점을 그 바탕으로 하였다. 즉 인간이 추구하는 사회적, 심리적 기능과 가치의 성취는 물리적, 신체적 공격성이 아닌, 다른 힘으로 이루어진다는 것이었다. 그러면서 인간의 물리적 공격 행동은 본능이라기보다는 환경 속에서 획득되어지고 변형되는 사회적 행동으로 보아야 한다는 의견들이 있게 되었다. 그러면서 1986년, 심리학, 생물학, 유전학, 인류학, 생화학 분야의 관련 학자들이 스페인의 세비야(Sevill) 대학에 모여 '인간의 뇌와 공격성'에 대한 토의를 한 후에 작성한 폭력에 대한 '세비야 선언'(The Seville Statement)이 있게 되었고, 그것은 1989년 11월 16일, UN의 UNESCO 총회에서 채택되었다. 그 내용은 요약하면 다음과 같은 다섯 개의 주장은 과학적 근거가 명백히 없다는 것이었다.[6] 그 부정되는 주장들은 다음과 같은 것들이었다.

  i) 인간은 동물로부터 진화되어 오면서 전쟁을 하는 경향을 유
     전 받았다는 주장
 ii) 전쟁이나 폭력적 행위는 인간의 본성에 유전적으로 프로그래
     밍 되어 있다는 주장
iii) 인간의 진화 단계에서 다른 유형의 행동보다 공격적 행동이
     인간에 의하여 선택되어졌다는 주장
iv) 인간은 '폭력적인 뇌'를 가지고 있다는 주장
 v) 인간의 전쟁은 본능이나 다른 어떤 단일한 동기에 의해 초래
     된다는 주장

----

6) 폭력에 관한 세비야 선언 - 유네스코한국위원회
   https://www.unesco.or.kr/data/report/download/76/2

이런 세비야 선언은 인간의 공격적 행동이 본능에 따른 불가피한 행동이 아니며, 그에 따라, 인간은 자신이 하는 공격적 행동에 대한 책임을 져야 한다는 것을 주장 한다.[7] 본능이론에 대한 이런 상반된 주장들에 대하여, 어떤 최종적 정답을 말하기는 아직 어려움이 있다. 그러나 이런 논쟁들은 인간과 인간의 공격적 본능을 생각하는 데 있어 많은 중요 단서들을 제공한다고 할 수 있다.

2) 학습 이론

이것은 인간의 공격성이 학습된 행동이라고 보는 이론이다. 즉 공격성은 교육과 학습에 의하여 만들어 지고 강화되는 것이며, 그런 의미에서 공격성은 본능적이라고는 볼 수 없다는 이론이다. 그리고 그에 따라, 인간은 공격적 행동을 함으로써 그에 대한 보상을 받을 수 있게 되면 그 공격적 행동은 더 강화된다고 본다. 예를 들어 군인이 사람을 더 많이 죽일수록 더 많이 훈장을 받거나, 권투선수가 더 많은 공격성을 보여주는 것에 따라 더 많은 돈과 명성을 얻게 되면, 인간의 공격성은 증가한다고 보는 것이다. 그리고 이것은 그 반대 현상도 예상하게 한다. 즉 만일 인간이 공격성을 학습 받지 않거나 격려 받지 않는다면, 인간의 공격성은 매우 낮게 나타나거나, 또는 조절이 가능한 상태가 된다고 보는 것이다. 그러나 유감스럽게도 현대 인간은 어릴 때부터

---

7) 세비야 선언의 결론은 다음과 같다. "우리는 생물학이 인류에게 전쟁을 운명 지어 주지 않으며, 인류는 생물학적 비관주의의 굴레로부터 자유로울 수 있고, '세계평화의 해'와 그리고 그 이후의 시대에 필요한 변혁적 과업을 수행할 수 있는 능력을 자신 있게 부여받았다고 결론짓는다. 비록 이러한 과업들은 주로 제도적이며 집단적이지만, 그것들은 또한 비관주의와 낙관주의를 중요 요소로 삼고 있는 개인 참여자들의 의식에도 의존한다. '전쟁이 인간의 마음에서 시작'하듯이 평화 역시 우리의 마음에서 시작한다. 전쟁을 창안한 바로 그 종이 평화도 고안할 수 있다. 그 책임은 우리 각자에 있다" (폭력에 관한 세비야 선언 − 유네스코한국위원회 https://www.unesco.or.kr/data/report/download/76/2)

늘 공격성에 노출되고, 학습되는 환경 속에 살고 있다고 할 수 있다. 그 한 예로 현대 미디어에 수없이 등장하는 폭력물이 있다. 사람들은 아주 어린 시기부터 TV, 영화, 컴퓨터 게임 등을 통하여 폭력물을 보고 자라나고 있고, 그를 통하여 폭력이 정당하고 때로는 효과적인 갈등 해결 방법이라고 인식하게 학습되고 있으며, 자신들도 언젠가 그렇게 하겠다는 모방 심리를 가지도록 하고 있다. 또한 비민주적인 독재 체제 국가일수록, 사회 자체가 폭력으로 작동되고, 그러면서 폭력을 찬양하며, 교육을 통하여 인간을 더 폭력적으로 만들어 가기도 한다. 그러나 학습이 정말로 인간의 공격성을 조절할 수 있는가에는 여전히 많은 논란이 있다. 그러나 만일 학습에 의하여 인간의 공격성을 줄일 수 있다면, 인간은 전쟁을 막고 평화를 이루는 희망을 가질 수 있다는 측면에서 주목되는 이론이라고 할 수 있다.

2. 사회적 원인

위에서 나온 이론들이 공격성을 인간의 내면적이고 심리적 원인에 의한 현상으로 본 것들이라면, 여기서는 공격성을 사회적 원인에 의한 것으로 본다. 그 사회적 원인으로 몇 가지가 언급된다. 첫째, "사회적 좌절"이 공격성을 만들어 낸다는 이론이 있다. 존 돌라드(John Dollard) 등은 사회적 좌절이 강하게 이루어지고, 그런 좌절이 가해자의 독단으로 이루어지며, 피해자가 그것을 불법적인 것으로 인식하면, 결국 공격적 폭력이 유발된다고 보았다.[8] 그러나 사회적 좌절이 있다고 그것이 반드시 공격적 행동으로 이어지는 것은 아니라는 주장도 있

---

8) Dollard J., Doob L., Miller N., Mowrer O.H., Sears R. (1939). Frustration and aggression. New Haven, CT: Yale University Press

었다. 상황에 대한 해석, 학습, 규범, 개인 성향 등이 작동하여 공격적 행동은 억제될 수도 있다는 보고들도 있었던 것이다.9) 둘째, "사회적 도발"이 인간의 공격성을 만들어 낸다는 이론이 있다. 그런데 이런 사회적 도발이 인간의 공격성을 자극하고 폭력을 일으키는 것은 사실이지만, 사회적 도발로 인한 분노가 최종적인 폭력으로 옮겨가는 것은 매우 제한적이라는 (10% 정도) 연구 결과들도 있었다. 여기서도 인지적 상황 해석과 조율이 중간에 작동하여 공격성이 표출되지 않도록 할 수 있다는 것이었다. 이러한 이론들은 인간이 본능적인 공격성을 설사 가지고 있다 할지라도, 사회적인 조건과 상황들이 그 본능을 억제할 수도 있고, 또는 유도할 수도 있음을 지지한다. 즉 공격성은 사회적 요인에 의하여 좌우되는 현상이라는 것이다. 이 외에도 직접적 폭력이 또 다른 폭력을 유발한다고 보는 이론, 폭력적 내용의 미디어에 노출되는 축적된 시간이 공격성을 유발한다는 이론 등도 사회적 체험과 요인들이 폭력과 공격성에 영향을 끼치고 있음을 지지한다. 셋째, "사회적 접촉 부족"이 공격성의 원인이라는 이론도 있다. 즉 인간이 공격적 행동을 하는 이유 중 하나는 공격 대상이 되는 상대방과의 사회적이고 일상적 접촉이 부족하여 나타난다고 보는 것이다. 그러나 사회적 접촉을 늘리는 것이 반드시 갈등 해결에 도움이 되는 것이 아님을 나타내는 연구 결과들도 있었다. 예를 들어 미국에서 흑인에 대한 인종 차별적 태도를 가장 강하게 가지고 있는 집단은 백인 하층민들이다. 그런데 백인들 중 흑인들과의 접촉이 가장 많은 집단 역시 백인의 하층민들이다. 이들은 주거 지역이나 직장, 생활환경 속에서 흑인들과 가장 잦은 접촉을 가지지만, 그 과정에서 흑인들에 대한 부정적인 경험들을 많이

---

9) Geen R.G. (1995) Human Motivation. : A Social Psychological Approach. Pacific Grove, CA: Brooks/Cole

하였고, 그것이 때로는 좌절과 편견을 강화하여 흑인에 대한 언어적, 신체적 폭력 등 공격성으로 나타난다는 것이었다.[10] 따라서 사회적 접촉은 그것이 있다고 하여 무조건 좋은 관계가 형성되고 공격성을 줄이는 것은 아니라는 것이다. 이것은 좋은 사회적 접촉경험만이 낮은 공격성을 만들어 낼 수 있음을 보여 준다. 따라서 위와 같은 사회적 요인과 공격성 사이의 관계는 인간의 공격성에 대한 더 넓은 시각을 요구한다.

3. 환경, 상황적 원인

이것은 인간의 다양한 환경적 요인이나 상황적 요인이 인간의 공격성을 유발한다는 이론이다. 이것은 다시 인간의 외부와 내부의 환경 및 상황으로 구분된다.

1) 인간 외부의 상황과 환경

심한 공기 오염, 심한 소음, 높은 밀집도 하에서 사는 것 등의 외부적 환경과 상황이 인간을 공격적으로 만든다는 것이다. 그런데 이런 외부적 환경으로 인한 공격성 표출은 반드시 인간에게만 국한되는 것은 아니다. 실험실의 쥐들도 낮은 밀도로 키우게 되면 싸우는 행동이 적지만, 높은 밀도로 키우게 되면 싸움이 크게 증가하는 것이 관찰된다. 코로나 19로 인하여 많은 사람들이 집안에서만 살게 되었을 때 전 세계적으로 가정폭력이 증가한 것도 이것의 또 다른 한 예라 할 것이다.

---

10) Argyle M. (1992). The Social Psychology of everyday life. London: Routledge. p.177

2) 인간 내부의 환경과 상황

인간의 과각성 상태, 과도한 성적 흥분, 통증, 호르몬의 변화 등 인간 신체 및 정신 내부의 환경과 상황이 공격성의 원인이 된다는 것이다. 예를 들어 어느 나라에서고 군인으로 징집되고 전쟁에 투입되는 남성 연령층은 평균 19~21세 정도이다. 사회가 제공하는 기본적인 교육 기간이 막 끝나고 아직 결혼을 하지는 않은 정도의 나이라는 사회적 조건 때문에 소집이 용이하다는 측면도 있지만, 그와 함께 고려할 수 있는 것이 신체적 내부 환경이다. 그 기간이 남성들에게는 생물학적으로 남성 호르몬인 테스토스테론 수치가 가장 높은 기간인 것이다. 경험적으로 인간은 인간이 가장 공격적일 수 있는 생물학적 기간을 알고 있었으며, 사회나 국가는 그것을 역사적으로 이미 이용하여 왔던 것이다. 북극권의 여러 지역에서 흩어져 살고 있는 이누이트 족 사람들은 평화 지향적 태도로 유명하다. 타 부족과 갈등이 생기면, 부락민 전체가 다른 지역으로 이주해 떠나가는 모습을 보일 정도로 투쟁과 전쟁이라는 것을 멀리하고 산다. 반대로 아마존 강 유역에서 살고 있는 야노마노 족 사람들은 다른 부족과의 싸움에서 뿐만 아니라 부족 내부에서도 끊임없이 싸움과 폭력이 있어, 전체 성인남성의 1/3만이 자연사를 하는 것으로 알려져 있다.[11] 이런 현상은 몇 가지 생각을 하게 한다. 극단적인 추위 속에서 생존하는 것 자체가 힘든 이누이트 사람들은 적어도 인간들 사이의 갈등은 아예 처음부터 없도록 함으로써 자신들의 생존율을 높이려고 하는 전통을 가졌을 수 있다. 또는 그런 추위 속에서 살면서 신체 호르몬의 적응이 낮은 공격성을 만들어 낸 것

---

11) Gorer G. (1968). Man has no "killer" instinct. In A. Montagu (Edf.), The New Socilogy. NY: Oxford University Press.

일 수도 있다. 반대로 야노마노 족의 사람들은 척박한 밀림 환경 속에서 더 강한 인간들만이 선택적으로 살아남도록 함으로써 유전적으로 더 강한 종족을 만들어 가는 과정을 반복하고 있는 것일 수도 있다. 이런 이론들은 인간의 공격성이 인간의 본능 속에 절대적으로 존재하는 것이 아니라, 환경과 조건에 따라 영향과 지배를 받는다는 점을 강조하는 특징을 보인다.

III. 한반도에서 인간의 공격성을 강화하는 요소들

앞에서 본 바와 같이, 인간의 공격성은 두 가지 방향을 가질 수 있다. 하나는 타인을 향할 수 있는 가능성이고, 다른 하나는 자기 자신을 향할 가능성이다. 이 두 가지 방향은 때로 서로 상반되는 모습으로 보이지만, 사실은 그 본질상 하나라고 볼 수 있다. 어느 쪽으로든, 무언가를 공격한다는 점은 같기 때문이다. 그런 의미에서, 어떤 공격성의 모습이 나타났을 때, 외부에 노출되는 모습만이 아닌, 그 이면과 기저에 흐르고 있는 본질적 요인과 모습을 찾아보려는 노력을 하는 것이 중요하다. 그렇다면, 이제부터는 이 공격성이라는 이슈를 우리가 살고 있는 한반도라는 상황 속에 적용하여 검토해 보고자 한다.

현재 지구상에 한민족(韓民族)이 세운 국가는 두 개가 있다. 그리고 그 국가들은 모두 한반도 안에 위치하고 있다. 그런데 그 중 북쪽에 위치하고 있는 국가인 북한은 지금 전 세계에서 가장 호전적이고 "공격적"인 나라 중 하나로 알려져 있다. 한국전쟁을 일으켰었고, 남한을 포함한 다양한 국가에서 많은 테러를 자행하였으며, 천안함 사건이나 연평도 포격 사건 등과 같은 군사적 행위도 거침없이 실행하였다. 그 일련의 과정에서 국제 사회의 우려와 시선은 완전히 무시하였다. 그리고 그 공격성 표현의 극치는 핵개발로 나타났다. 수차례 핵실험을 하고, 대륙간탄도탄을 쏘아 올리면서, 특히 미국을 향하여 극도의 증오 속에서 군사적 긴장을 높이고 위협하는 모습을 보이고 있다. 그리고 이런 북한의 공격성은 외부를 향하는 것과 함께 내부를 향해서도 뚜렷하게 나타나고 있다. 극심한 경제난 속에서도 전체 국민들을 향한 극단적인 정치적 압제와 통제를 하고 있고, 거대한 강제수용소 시설 운영 등 인권 침해들이 이루어지고 있는 것이다. 이것은 북한의 내부를 향한 일종의 "자해적 공격성" 표출이라 할 수 있다.

그렇다면, 한반도 남쪽에 있는 국가, 즉 남한은 어떠할까? 남한은 북한처럼 군사적인 위험을 북한이나 주변 국가들에게 하는 나라는 아니다. 그리고 6.25로 인하여 완전히 잿더미가 된 나라를 열심히 일하여 경제 강국으로 성장시킨, K-pop의 매우 평화로운 나라라는 이미지를 스스로 가지고 있고, 외국에도 그런 이미지를 주기 원하는 국가이다. 그러나 우리가 조금 다른 각도에서 볼 수 있는 측면도 있다. 가난에서 한번 벗어나 보자는 남한 모든 국민들의 결심은 스스로 밤잠을 자지 않고 근면하게 일하게 하였고, 돈이 되는 일이라면 그것이 무엇이든 해낸다는 식의 태도와 정신으로 살게 하였다. 이것은 북한처럼 군사적 무력을 "공격적"으로 추구한 것은 아니었으나, 경제를 "공격적"으로 추구한 측면을 가진다. 마치 군사작전처럼 경제 발전을 추구한 것이다. 그러면서 마침내 경제발전의 기적을 만들어 냈지만, 그 과정 속에서 끝없는 극단적 경쟁주의, 경쟁에서 밀린 사람들에 대한 철저한 무관심과 무관용, 환경의 파괴, 일을 추진함에 있어 도덕적 원칙의 무시 등, 남한 사회는 내부적으로 매우 "공격적" 사회였다. 그리고 그런 공격성은 다시 자기 자신을 향하여 이제는 OECD 국가 중 자살률 1위의 국가가 되었다.[12] 외국인이 보는 한국은 역동적인(dynamic) 나라이지만 그것은 바꾸어 말하면 공격적(aggressive)인 나라라 표현할 수도 있는 특성이 된 것이다.

우리 민족은 스스로를 평화를 사랑하는 선량한 민족이고, 외국을 침략한 적이 없는 은둔의 민족으로 생각하며 살아왔는데, 북한과 남한의 한민족은 어떻게 이렇게도 "공격적"인 민족의 모습을 가지게 된 것일까? 이것은 본능적인 것인가? 학습된 것인가? 또는 사회적 유발 요인에 의한 것인가? 아니면 내부적 또는 외부적 환경의 영향을 받아서인가? 특히 우리 민족이 겪은 일제 식민지 경험과 분단과 전쟁, 그 이후 남북한 사이의 극단적인 대립과 의심, 증오심 등은 이런 공격성에 어떤 영향을 끼친 것이었을까? 여기서는 분단 이후 남한과 북한에서 이루어진 공격적 현상들을 강화시킨 원인들을 생각해 보도록 한다.

1. 남한과 북한의 "통일에 대한 정의(definition)"가 스스로를 더 공격적으로 만들고 있다.

한반도에 존재하고 있는 두 개의 국가인 남한과 북한은 서로를 "평화롭게 공존할 수 있는 이웃 국가"로 보지 않고, 각자 자기들 주도로 이루어져야 하는 통일의 대상으로만 보고 있어 더 공격적이 되고 있다.

---

12) 자살률은 인구 10만 명당 자살자 숫자로 표기되는데, 대한민국은 2011년 31.7명으로 정점을 찍었고, 2018년 26.6명으로 나왔다. 대한민국은 2003년 이후 지속적으로 OECD 국가 중 자살률 1위 국가였으며, 2017년에도 23.0명도 OECD 국가 중 가장 높은 자살률을 보였다. (OECD Data / Suicide rate. https://data.oecd.org/healthstat/suicide-rates.htm. 2020년 7월 2일 검색)

남한은 헌법 제3조에서 "대한민국의 영토는 한반도와 그 부속도
서로 한다"라고 규정하고 있다. 즉 북한이 현재 점유하고 있는 휴전선
북쪽 지역 전부를 남한의 "미수복된 영토"로 규정하고 있는 것이다. 그
리고 제4조에서는 "대한민국은 통일을 지향하며, 자유민주적 기본질서
에 입각한 평화적 통일정책을 수립하고 이를 추진 한다"라고 명시하
여, 통일은 국가적 차원에서의 분명한 목표임을 밝히고 있다. 그것이
"평화적 통일정책"에 의하여 진행되어야 한다고는 하지만, "자유민주
적 기본질서"에 따라 이루어져야 한다고 보기 때문에, 자유민주적 질
서를 가진 남한의 주도에 의하여 통일이 이루어져야 한다고 보는 것이
다. 즉 북한과의 평화로운 "공존"을 남한은 헌법적으로 인정하지 않는
것이다.

이것은 북한도 마찬가지이다. 북한 역시 분단 현실을 있는 그대로
인정하고 북한만의 국가 발전과 인민 행복을 추구한다면 북한이 굳이
그렇게까지 공격적이지 않을 수 있을 것이다. 그러나 북한은 현재의 상
황을 아직 민족해방이 다 이루어지지 않은 불안정하고 비극적인 상황
이라는 본다. 그리고 북한에게 있어 통일이란 "못다 이룬 민족해방의
완성"을 의미한다. 북한은 그 이유를 이렇게 이야기한다.13) "한반도는
1945년 8월에 "위대한 해방자이신 스탈린 원수"에 의하여 북반부만 해
방이 되었고, 남반부는 일본 제국주의자들을 승계한 미제국주의자들에
의하여 점령되었다. 미국은 자기들의 괴뢰정권으로 '대한민국'을 세워
놓고 지금까지 한반도의 남쪽을 지배한다고 본다. 그러기에 통일이란
남반부에서 미제국주의자들을 몰아내어 민족해방을 이루어 남북한 인
민들이 하나의 해방된 인민공화국을 만들어 내는 것으로 보는 것이다."
그에 따라 통일은 북한이라는 국가와 정권의 존재 이유로 이야기되는

13) 이상우 (2008). 북한 정치, 서울, 나남. p.238

데, 북한 조선노동당의 규약은 그것을 다음과 같이 규정한다.

조선로동당의 당면목적은 공화국북반부에서 사회주의강성국가를 건
설하며 전국적범위에서 민족해방민주주의혁명의 과업을 수행하는 데
있으며 최종목적은 온 사회를 김일성－김정일주의화하여 인민대중의
자주성을 완전히 실현하는 데 있다.[14] (조선노동당 규약, 서문 중에서)

여기서는 북한 지역에서뿐만 아니라 "전국적 범위"라고 지칭되는
남한 지역에까지 혁명을 완수하는 것이 자신들이 당면한 최종 목표임
을 선언하고 있다. 이와 같은 남한과 북한의 통일에 대한 인식이 한반
도 상황을 더 공격적으로 만들고 있다. 물론 북한도 이제 경제적인 측
면에서 남북한의 격차가 매우 크다는 것을 알고 있다. 그리고 그에 따
라 통일에 대한 의지를 낮추고, 전략적으로 평화공존을 선호하는 모습
으로 점차 변화해 가는 양상도 보이고는 있다. 그러나 핵개발을 성공
하면서 적어도 군사력에 있어서는 이제 북한이 더 우위에 있는 존재가
되었다고 생각하게 되었고, 이것은 북한 주도적인 통일에 대한 생각을
재정비하는 여건으로 작동하게 된 측면이 있다.

2. 폭력적 공격성을 정당화시키는 "왜곡된 휴머니즘"이
남한과 북한을 공격적으로 만들고 있다.

남한의 공격적 경제발전 속에는 그 빠른 속도만큼이나 많은 부정
부패가 같이 있어 왔다. 이것은 국가와 거대 기업 차원에서도 존재하

---

14) 조선노동당규약 서문. 주체101(2012)년 4월 12일 노동신문. 통일부 북한정보포탈.
file:///C:/Users/wtjeon/AppData/Local/Microsoft/Windows/INetCache/IE/BX5B
KLM2/조선노동당규약_서문.pdf

였고, 동시에 가장 말단의 개개인에게도 크고 작은 모습으로 있었다. 그런데 그런 부정부패는 개인 자신을 위한 탐욕의 결과이기도 하였지만, 동시에 많은 경우에는 유교문화적이면서 집단적인 전통적 문화 속에서 자신의 가족, 친지들을 자신이 도와주고 챙겨주어야 한다는 책임감, 또는 일종의 "그들 식 왜곡된 휴머니즘적 의도"가 작동한 측면이 있었다고 할 수 있다. 즉 당사자의 능력을 넘어서는 정도의 도움을 상대방은 기대하고 때로는 요구하였고, 당사자는 그것에 마지못하여 끌려간 측면이 있는 것이다. 각박한 자본주의 체제 하에서 이러한 부정부패는 가장 반(反)휴머니즘적 현상인 것처럼 보이지만, 반대로 이것은 가장 휴머니즘적인 현상이었다고 강변하는 왜곡된 논리가 존재할 수 있다. "남한식(式) 모순된 휴머니즘"이었던 것이다.

그런데 이런 모순된 휴머니즘은 북한에서는 "북한식(式) 증오의 휴머니즘"으로 존재한다. 예를 들어 북한에서 1988년 최창학에 의하여 발표된 소설 <위대한 사랑>에 대하여 남한의 학자인 신형기는 다음과 같이 이야기한다.15)

"소설은 버려진 아이들의 가련한 정상과 그들의 고통에 깊이 동감하는 김일성의 모습을 비춘다. 이윽고 그는 100 여명의 고아들을 모아 보호하고 키우기 시작한다. 아이들에 대한 배려는 가장 우선하여야 할 일이다. 토벌대가 뒤를 쫓는 상황이지만 유격대는 아이들을 데리고 행군한다. 아이들은 천진난만하게 법석을 부리다가도 전투에 참가해 일본군을 쏘아 죽이는데 '신나한다'. 아이들을 향해 김일성이 아낌없이 베푸는 '어버이'의 사랑은 증오의 불씨를 품은 아이들이 혁명의 후비대가 되는

---

15) 신형기 (1996). 북한 소설의 이해, 서울. 실천문학사, pp.82-83

힘이 된다 … 아이들은 그를 부모로 모시며 그의 은정에 보답하려고 몸
을 아끼지 않는다. 이 이야기는 충성의 유대가 어떻게 확보되는 것인가
를 보여준다."

적에 대한 '증오와 폭력'이 자기를 진정으로 사랑하는 존재에게
'자신의 사랑을 표현하는 유일한 방법'이라고 주장하는 이러한 식의 북
한식 논리는 그들의 공격성과 폭력성을 정당화하는 중요한 근거가 된
다. 그에 대하여 신형기와 오성호는 다음과 같이 이야기한다.[16)]

"대중적 영웅주의는 이른바 증오의 휴머니즘에 입각해 요구되었다.
증오는 거센 감정이다. 적을 향한 증오는 적의 비인간성을 강조하고 우
리가 옳다는 확신을 다짐함으로써 더욱 격렬할 수 있다. 미국은 마성에
휘감긴 존재며 모든 악의 원천이었다. 이 악귀는 구원될 수 없다. 따라
서 증오는 불가피하고 무자비해야 했다. 악의 근원을 제거하는 것은 인
간이 지향해야 할 윤리적 과제라는 점에서 휴머니즘이다. 결과적으로
증오는 휴머니즘이며 정당한 것이 된다."

북한의 소설에서 김일성은 언제나 사랑의 화신이다. 그리고 그의
사랑은 악에 대한 증오, 악에 대한 폭력으로 표현된다. 그러한 김일성
의 사랑에 감복한 사람들 역시, 그 김일성의 싸움에 같은 증오를 가지
고 동참한다. 김일성에 대한 사랑을 표현하는 방법은 곧 김일성의 적
에 대한 증오를 표현하는 것으로 나타낼 수 있었던 것이다. 이런 논리
하에서는 폭력과 증오에 대한 더 깊은 성찰이나, 그 증오가 적절한 것
이냐는 식의 질문이 있을 수 없다. 그 증오는 조국에 대한 충성과도 연

16) 신형기, 오성호 (1999). 북한문학사, 서울. 평민사, p.132

관되면서 북한 사람들에게 공격성은 언제나 옳은 것이고 아름다운 것
이라는 의식을 심어 왔고, 그것이 국가의 통치 도구가 되어 온 것이다.
이러한 폭력적 투쟁에 대하여 김일성은 다음과 같이 말한 바 있다.

> "결정적 투쟁은 오직 폭력적 방법에 의해서만 승리할 수 있다 … 인
> 류 역사는 아직 어떤 통치계급이 자기의 지배권을 순순히 양보한 일을
> 알지 못하며 어떤 반동 계급이 반혁명적 폭력을 쓰지 않고 공손히 정권
> 에서 물러선 선례를 알지 못한다."17)

북한은 통일을 이루는 데 있어 무력과 폭력만이 그 해결 방법이
라 생각하는 근거를 이런 문헌들 속에서 찾는다. 그러면서 북한은 그
들이 가지고 있는 그 공격성이 바로 "휴머니즘"이라는 식의 "폭력의
정당화 논리"를 만들어 왔다. 즉 공격성이라는 것이라는 것은 "反 휴
머니즘"적인 것이 아니라 오히려 더 휴머니즘적이라는 것이다. 이것이
"북한식 증오의 휴머니즘", 왜곡된 휴머니즘이다.

3. 남한과 북한이 자기의 이데올로기를 절대화시킴으로 인해 공격성이 강화되고 있다.

평화학자 요한 갈퉁(Johan Galgung)은 인간의 종교와 이데올로기
를 문화적 차원에서 강성(强性)과 연성(軟性)으로 분류한 바 있었다.18)
그러면서 강성 종교와 강성 이데올로기의 특징은, 자신들만이 옳고 자

---

17) 김일성 저작선집, 5권, 평양: 조선로동당출판사 199년, p.243
18) Johan Galtung (1996). Peace by peaceful Means. 강종일 등 역. 평화적 수단에
   의한 평화 (2000). 서울. 들녘. pp.28-30

신들이 지배하는 승리가 있어야 하며, 그것을 외부로 전파하여야 한다
는 사고를 하는 것이라 설명한다. 즉 자신이 가진 가치의 절대성를 주
장한다는 것이다. 그에 비하여 연성 종교와 연성 이데올로기의 특징은
각자 사람들 속에 내재하는 신(神), 그리고 각자 인간이 가진 기본적 욕
구의 충족을 모두 인정하면서, 생명에 대한 존중을 하는 사고라고 설명
한다. 즉 인간 각자가 가진 가치의 상대성을 인정한다는 것이다. 그러
면서 강성 문화들의 또 다른 특징으로 특정한 상황에서의 폭력을 정당
화하는 것이 있다고 그는 이야기한다. 자신들만이 옳고, 그 옳은 것이
세계를 지배할 수 있게 만들어야 한다고 보기 때문에, 폭력과 무력은
불가피하고, 때로는 그것이 역사를 이끌어 가는 핵심적인 조건이 된다
고 본다는 것이다.

　　그런 점에서 건국 후 남한의 문화는 강성적 측면을 강하게 가지고
있었다. 반공 이데올로기는 해방 전후 시기부터 시작하여 한국전쟁을
지나면서 절대적 가치가 되었다. 국제적 냉전 체제는 그것을 더욱 정당
화하여 주고 강화시키는 토양이 되었다. 반공 이데올로기에 대하여 어
떠한 의문이나 이견을 제기하는 것도 허용되지 않았고, 그런 것을 제기
하는 사람들은 모두 "빨갱이"로 지목되어 그 자신과 가족들 전체가 죽
임을 당하거나 사회적으로 매장이 되어왔다. 그에 따라 해방 후 친일파
사람들은 스스로를 반공주의자로 색칠하여 친일파로서 받아야 했던 단
죄를 피하기도 하였고, 때로는 정치적 반대자들을 빨갱이로 몰아 처단
해 나간 슬픈 역사를 남한은 가지고 있다. 반공 이데올로기의 확산은
월남전 참전의 중요한 명분이 되었다. 경제적 발전과 민주화가 어느 정
도 이루어지고, 전쟁을 직접 경험한 세대가 줄어들면서 남한의 강성 문
화는 세계적 흐름 속에서 점차 연성 문화로 바뀌어 가고 있다. 그러나
남한을 대상으로 강력한 증오심을 보여주며 대치하고 있는 북한이라는

구체적 "적"을 직접 대면하고 있는 남한이기에, 강성 문화의 그림자는 여전히 남한 사회 깊숙이에 강하게 존재하고 있다고 할 수 있다.

그런 점에서 북한은 세계에서 가장 강경한 강성 이데올로기를 가진 국가 중 하나로 존재하고 있다. 그들의 헌법인 조선민주주의인민공화국 사회주의 헌법("김일성 헌법". 1998년 개정)은 절대적 종교의 성격까지 가진 이데올로기 선언을 그 서문으로 시작한다.

"조선민주주의인민공화국은 위대한 수령 김일성동지의 사상과 영도를 구현한 주체의 사회주의 조국이다 … 김일성동지께서는 영생불멸의 주체사상을 창시하시고 그 기치 밑에 항일 혁명투쟁을 조직 령도하시어 영광스러운 혁명전통을 마련하시고 … 위대한 수령 김일성동지는 민족의 태양이시며 조국통일의 구성이시다. 김일성동지의 위대한 사상과 령도업적은 조선혁명의 만년재보이며 조선민주주의인민공화국의 륭성번영을 위한 기본담보이다19)"

그리고 2019년 8월에 개정된 조선민주주의인민공화국 사회주의 헌법("김일성－김정일 헌법")의 서문은 이런 내용을 추가적으로 가지고 있다.

"… 위대한 령도자 김정일동지께서는 세계사회주의체계의 붕괴와 제국주의련합세력의 악랄한 반공화국 압살공세 속에서 선군정치로 위대한 수령 김일성동지의 고귀한 유산인 사회주의전취물을 영예롭게 수호하시고 우리 조국을 불패의 정치사상강국, 핵보유국, 무적의 군사강국

19) 통일부 통일법제데이터베이스. 사회주의헌법. (1998년 9월 5일 수정보충)

으로 전변시키시였으며 사회주의강국건설의 휘황한 대통로를 열어놓으
시였다. 위대한 수령 김일성동지와 위대한 령도자 김정일동지의 위대한
사상과 령도업적은 조선혁명의 만년재보이고 조선민주주의인민공화국
의 륭성번영을 위한 기본담보이며 … 조선민주주의인민공화국과 조선인
민은 위대한 김일성동지와 위대한 김정일동지를 주체조선의 영원한 수
령으로 높이 모시고 조선로동당의 령도밑에 위대한 수령 김일성동지와
위대한 령도자 김정일동지의 사상과 업적을 옹호고수하고 계승발전시
켜 주체혁명위업을 끝까지 완성하여 나갈 것이다."[20]

이와 같이 김일성과 김정일의 사상, 통치 지침에 대한 정당성 부
여는 북한에게 다른 사상과의 어떠한 타협의 여지도 주지 않고 있다.
그리고 그런 강성 이데올로기는 이들의 공격성을 정당화시켜 주고 있
고, 또한 강화시켜 주고 있다. 이에 따라 북한에서는 내부적으로 어떤
합리적 토론이 이루어지더라도 최종적으로 이런 강성 이데올로기가 등
장을 하는 순간, 모든 논의는 다시 원점으로 돌아갈 수밖에 없는 측면
을 가지고 있다.

4. 한반도 분단의 상황이 공격성을 강화시키는 조건을 만들고 있다.

동물행태학자였던 콘래드 로렌츠(Konrad Lorenz)는 그의 공격성에
대한 연구에서 인간의 공격성이 증가할 수 있는 조건으로 네 가지를
제시한 바 있다.[21] 그리고 그 각각의 조건은 한반도에서 남한과 북한

20) 통일부 통일법제데이터베이스. 사회주의헌법. (2019년 8월 29일 수정보충)
21) Konrad Lorenz (1971). On Aggression. Harcourt Brace & World Inc. 송준만 역
    (1985). 공격성에 대하여. 이화여대출판부 pp.301–303

의 공격성을 증가시키는 조건과 깊게 연관되어 있는 것으로 보인다. 여기서는 그 네 가지 조건을 한반도 상황에서 살펴보도록 한다.

1) 자신과 동일시하는 사회단위가 외부로부터 어떤 위협을 받게 되는 경우에 인간의 공격성은 증가한다.

이것은 자신이 속하여 있는 집단이나 공동체에 대한 소속감이 크면 클수록, 자기 집단이 공격을 받는다고 느끼게 될 때 인간의 공격성이 더 커진다는 것이다. 한국인들은 지정학적 특성에 의하여 비교적 외부 세계와의 연결이 없는 고립된 역사를 가져왔다고 할 수 있다. 적극적 해외 진출이 있지도 않았고, 그에 따라 외국과의 적극적 교류 및 갈등을 가져 본적도 별로 없다. 몇 차례 북방민족 및 일본의 침입은 있었어도, 세계의 많은 다른 민족들과 비교를 한다면, 매우 조용하고 은둔적 역사를 가졌었다. 그에 따라, 단일민족이라는 특성을 가지고 있었다 할지라도, 민족 단위의 큰 집단의식을 가지기보다는, 작은 단위로서의 혈연, 지연, 학연으로 만들어지는 작은 집단의식을 가지고 살아왔다. 폭력적 전쟁 등에 의하여 통일 국가가 다시 몇 개의 국가로 나누어지는 일은 거의 없었다 할지라도, 늘 작은 단위의 집단의식이 한국인 사이에 작동하면서, 그것이 사회적 긴장과 갈등을 만들어 온 것이 한국사의 특징 중 하나였다. 그러기에 한국인들은 전통적으로 자신이 속해 있는 작은 집단에 강한 소속감과 충성심을 보이는 의식을 가지고 있고, 자신이 속한 그 집단이 어떤 형태로든 공격을 받는다고 느꼈을 때, 그에 대한 강한 공격성을 보이고 있다고 할 수 있다. 그에 따라 남한의 경우, 원칙적으로 개인주의적 특성을 가진 자본주의 체제 하에 있다 할지라도, 일반적 사회문화 속에서는 매우 강한 작은 집단주의 의식이 공존하고 있다. 그리고 자신이 속한 공동체를 자신과 동일시하는 의식을 강하게 가지면서, 그로 인한 공격성의 표출 가능성이 언제든지 상존하는 상황에 있다고 할 수 있다.

　　같은 역사적, 문화적 배경을 가진 북한이지만, 북한은 전통적인 한국적 특징에 공산독재국가로서의 특징이 더해지면서 그들만의 독특한 더 강력한 집단주의 특성이 만들어졌다고 할 수 있다. 북한은 매우 강력한 전체주의가 지배하는 사회로서, 각 개인은 매우 다양한 크기와 성격을 가진 집단에 중복되어 소속되게 되어 있고, 모든 생활은 철저히 집단적으로 하게 되어 있다. 이에 따라 개인으로서의 자기정체성은 희박하고, 자신이 속한 집단의 일원으로서의 자기정체성을 가지도록 국가는 강제하여 왔다. 즉 자신이 속한 국가와 자기 개인이 철저히 하나의 일체감을 가지도록 하는 교육이 이루어지고, 사회는 그 원칙에 따라 운영이 되고 있다. 이러한 바탕 하에 북한 정권은 지속적으로 북한이 미국, 남한 등 외부세력으로부터 공격을 당하는 위험한 처지에 놓여 있다는 것을 주민들에게 강조하여 왔고, 그것을 통하여 북한 주민들의 공격성을 유도, 조장하려 하여왔다. 이것은 어떤 의미에서 북한 정권의 통치 근간이 되어왔고, 따라서 북한에서의 공격성은 매우 구조적 측면을 가지고 있다고 할 수 있다.

2) 증오하는 적이 존재하여야 하며, 그 적은 구체적이거나 추상적인 존재, 어느 쪽이 되든, 다 가능하다.

　　남한 사회는 현대사 속에서 언제나 강렬한 적대감의 대상이 되는 "적"들을 가지고 있었다. 가장 먼저, 공산주의자들이 큰 적이었다. 6.25에서의 비참하였던 실제 경험들을 통하여 북한에 있는 공산주의들뿐만 아니라 남한에 있는 공산주의자들, 또는 공산주의자들과 유사하다고 생각되는 사람들을 모두 강렬한 증오대상의 적으로 보았다. 그러나 동시에 민주화를 가로막았던 군부 독재 세력에 대한 증오도 같이 존재하였다. 또한 시류, 정권, 특권에 편승한 사람들과 그렇지 않은 사

람들 사이의 증오도 현실의 문제로 늘 공존하였다. 이러한 증오의 감
정들은 기존에 잠재적으로 존재하던 작은 집단주의들과 뒤섞이기도 하
였다. 서로 다른 출신 지역의 사람들을 향한 모호한 편견과 때로는 증
오심이 매우 심각한 사회 문제가 된 적도 있었다. 경제적 불평등에 의
하여 못 가진 자들은 가진 자들에 대한 증오가 크고, 가진 자들은 노조
등의 요구와 행동 양식에 적대감을 가지고 있다. 최근 들어 남한에서
는 연령대별로 완전히 다른 문화와 가치관을 가지면서 서로를 같은 사
회의 일원으로 보려 하지 않는 현상들이 나타나기도 한다. 또한 성별
에 의한 날카로운 대립도 한국 사회의 새로운 갈등 현상으로 나타나고
있다. 정규직과 비정규직의 문제도 사회의 적대적 불안을 만들어 내는
원인이 되고 있다. 이와 같이 남한 사회의 연속적인 변화들은 끊임없
이 "새로운 내부의 적"을 생성하고 있다. 그리고 그 갈등의 골을 쉽게
메꾸지 못하고 있는 문제를 안고 있다.

　북한은 아예 국가의 통치 도구로서 "증오하는 적"를 이용하는 국
가이다. 과거 일제 강점기에 대한 고통스러운 식민지 기억과 "강력하
고도 사악한 적"인 일본인들에 대한 증오는 끊임없이 학교 교육, 영화
와 소설, 드리마로서 재현되어 북한 인민들에게 지속적이면서도 반강
제적으로 주입되고 있다. 그리고 그것은 항일투쟁을 하였던 김일성 및
김일성의 후손들의 북한 통치를 정당화하는 가장 중요한 장치로서 사
용된다. 현재 가장 중요하고 현실적인 "강력하고도 사악한 적"은 미국
과 남한이다. 이것은 한국전쟁 시의 고통스러웠던 경험들, 미군과 국군
에 의하여 이루어졌다고 주장 되어지는 잔혹한 일들에 대한 기억을 하
도록 하는 학교 교육, 영화와 소설, 드리마 등을 통하여 주민들에게 계
속 주입된다. 그에 더하여 주기적으로 미국 및 남한과의 군사적 긴장
상태를 최고조로 올리고는 하여, 북한 주민들로 하여금 그들의 적이

여전히 강력하게 그들 앞에 현실적으로 존재하고 있음을 상기하도록
하고 있다. 이런 증오심은 주민들의 공격성을 유도하며, 그것이 북한
권력에 대한 충성심으로 이어지도록 하여, 경제적, 정치적인 내부적 불
만을 억누르는 도구로 사용되고 있다. 이와 같이 어린 시절부터 끊임
없이 강조되는 구체적인 적에 대한 강렬한 증오, 그리고 자신들의 생
존과 안녕을 위협하는 그 적을 반드시 무력으로 타파하여야 한다는 식
의 설득과 강요가 북한 사람들을 더 공격적으로 만들고 있다. 어떤 의
미에서 보면 북한은 지난 70여 년 동안 미국과 남한이라는 "구체적이
고도 추상적인 적"을 상정하고 그것을 증오하도록 하는 것을 국가 유
지의 핵심으로 삼아 존재하여 왔다. 그리고 그런 북한의 공격성이 남
한의 공격성을 더욱 자극하여 왔다는 점에서, 분단은 한국인의 공격성
을 지속적으로 상호 상승시키는 불행의 원인이 되고 있는 것이다.

3) 집단의 정신을 고취시키는 지도자를 가지고 있어야 한다.

사회 전체의 정신을 고취시키고 그것을 집단의 공격성으로 연결
시키는 지도자의 존재가 인간의 공격성을 강화시킨다. 남한의 경우, 극
심하게 가난하였던 남한의 경제 부흥을 이끌면서 그에 따라 동반되었
던 개발독재적 성격을 가진 "박정희 류(類) 지도자들"이 그러한 공격성
을 이끈 지도자들이었다. 전 국민은 그런 지도자들을 따라 "공격적"으
로 더 잘살기 위하여 몸부림쳤었다. 많은 경우, 남한에서 지도자란 언
제나 "공격적 존재"여야만 했다. 분단과 혼란 속의 상황 속에서 평화로
운 이미지의 지도자를 가지기 힘들었던 것이다.

북한은 적에 대한 구체적이면서도 극단적인 증오와 투쟁을 불러
일으키는 '김일성'이라고 하는 절대적인 지도자를 가지고 있었다는 것
이 그들의 공격성을 더 증가시켰던 근거가 되었다. 북한이 공산주의

국가이기는 하지만, 김일성과 같이 절대적으로 우상화되는 지도자가 없었다면 북한의 공격성은 상대적으로 줄어들었을 가능성이 있다. 김일성 사후 그 후계자가 되었던 김정일이나 김정은 역시, "김일성 류(類)"의 공격적 지도자로서 존재하여 왔고, 미국과 남한에 대한 증오를 유도하여 자신들의 통치 도구로 사용하였다는 점에서 김일성과 다른 바가 없었다.

4) 같은 감정에 흥분된 다수의 사람들이 같이 있어야 한다.

남한에서는 더 잘살아 보려고 이를 악물었던 사람들이 그 공격성으로 서로가 서로를 더욱 흥분시켰다고 할 수 있다. 아파트 투기, 땅 투기, 주식 투기 등 광풍에 흥분한 "다수의 사람들"이 전국을 뒤덮곤 하였다. 동시에 또 다른 "흥분한 다수의 사람들"은 남한에서 민주화를 만들어 갈 때도 중요한 역할을 하였다. 남한 사회의 민주화는 언제나 수많은 사람들이 거리로 나옴으로써 진전을 이루었다. 물리적 억압을 뚫고 거리로 나선 것은 언제나 감정적 흥분을 동반하여야 하는 일이었고, 시대를 향한 "공격성"을 나타내 보여야 하는 일이었다. 흥분한 개인들이 흥분한 집단을 만들고, 흥분한 집단은 다시 흥분한 개인을 새로이 만들어 내었다는 점에서, 남한의 역사는 늘 흥분된 다수가 그 주체가 되었다고 할 수 있다.

북한의 정권은 끊임없는 군중대회를 통하여 북한 사람들을 흥분시키고, 거대한 집단 속에 자신이 그 일원으로 들어가 있다는 것을 느끼도록 만들어 왔다. 북한의 모든 군중대회는 인간의 감정을 최고조로 높이는 조작을 하기에 적합하게 꾸며졌고, 그것은 북한식으로 계속 발전하여왔다.[22] 이런 집단 안에 있는 사람들은 더 쉽게 공격성을 가진다. 집단이 인정하는 명분에 편승하여 표현되는 공격성은 집단으로부

터 인정을 받고, 그 표현 자체는 집단 안에서 안전하기 때문이다. 그리
고 북한 내 모든 사회 조직과 정치운동은 그런 "같은 감정적 흥분"을
공유하도록 요구하고 강제한다. 그에 따라 북한은 인간의 공격성을 크
게 만들 수 있는 요건들을 국가적 차원에서 늘 조장한다. 같은 감정에
흥분된 다수의 사람들 중 하나가 되도록 강제되는 것이 북한에서의 일
상적 삶이 되어 있다.

5. 남북한 사람들의 "피해자 심리"가 그들의 공격성을
    강화하고 있다.

인간은 자신이 악한 범죄의 피해자라고 느끼는 경우에 분노하고,
그 분노에 따른 자신의 공격적 행동을 스스로 정당화시키는 경향을 가
지게 된다. 이런 감정이 인간의 공격성을 더 강화하는 것이다. 남한과
북한의 사람들은 공히 자신들을 일제 강점기에 의한 피해자라고 인식
하여 왔다. 평화스럽고 선하게 살아왔던 조선 민족이 일본의 침략에
의하여 비참한 피해를 당하였다는 의식이었다. 그런 가운데 남한에서
는 북한의 남침으로 인하여 6.25 기간중 막대한 인명과 경제적 희생을
겪어야 했기에 그로 인한 피해의식이 더해진다.

그리고 남한의 경제발전이 제대로 시작되기 전이었던 1950년대
중반부터 1970년대 중반까지 20여 년 동안 남한의 대다수 국민들은
극심한 가난 속에서 고통을 받아야 했기에 이것이 또 다른 피해의식을
만들어 내었다고 할 수 있다. 또한 굴곡진 정치사 속에서 민주주의를
이루어 나갔던 과정에서 겪었던 고통들도 또 다른 성격의 피해자 의식
을 만들었고, 경제 성장과 함께 있었던 일부의 부정부패 역시, 사람들

---

22) 권헌익, 정병호. 극장국가 북한. 2013. 창비. pp.64-70

의 의식 속에 많은 피해자 의식을 만들어 놓았다고 할 수 있다. 그러나
그 후 남한은 경제성장과 민주화를 이루어 나가면서 과거 있었던 피해
자 의식을 점차 치유할 수 있었다고 할 수 있다.

북한도 역시 6.25에 의한 큰 인명과 경제적 타격을 받았다. 그리
고 그에 의하여 강력한 피해자 의식을 가지고 있다. 더구나 북한 정권
은 과거의 상처와 피해자 의식을 정권적 차원에서 계속 상기시키고 교
육 시켜 왔기에 그에 따라 만들어진 피해자 의식은 계속 유지, 강화된
측면이 있다. 북한은 1960년대와 70년대에 매우 빠른 경제 성장을 이
룩하면서, 나름 피해자로서의 의식을 극복할 수 있는 기회를 가지기도
하였다. 그러나 1980년대부터의 급격한 경제 악화, 그리고 김정일의
등장과 주체사상에 의한 독재 강화 등을 통하여, 북한 주민들은 새로
운 고통과 피해를 겪어야만 하였다. 이러한 고통과 피해의 원인을 북
한 정권은 미국과 남한의 군사적 압박, 경제적 제제 등으로 선전하면
서, 새로운 형태의 피해자 의식을 북한 주민들에게 주입하였다. 그런
의미에서 북한과 북한 주민들은 끝없이 중첩되는 피해자 의식 속에서
지금까지 70여 년을 살아온 것이다. 이런 북한 사람들의 피해자의식은
범죄 피해자들이 가지게 되는 심리적 후유증과 유사한 연관성을 보인
다. 여기서는 북한 사람들의 "피해자 의식"이 어떻게 그들의 공격적인
심리로 연결되는지를 생각해 본다. 범죄 피해자들의 심리적 후유증은
다음과 같다.23)

　　1) 도움을 받지 못한다는 느낌(sense of helplessness) – 세상은 안
　　　전하지 않다고 느끼고, 세상에 대한 자신의 판단에 대하여 스

23) Sadock B.J., Sadock V.A. (2007). Synopsis of Psychiatry. 10th ed. Wolters
Kluwer, Lippincott Williams & Wilkins. p156 (Courtesy of Stuart Kleinman)

스로 확신을 가지지 못하게 된다.

2) 피해자가 되었다는 것에 대한 분노 – 이런 분노가 가족 등 자신을 돕는 사람에게 표현되기도 하고, 또는 어떤 분노도 표현하지 못하는 사람이 되기도 한다.

3) 영원히 손상되었다는 느낌 – 예를 들어 강간피해자는 자신이 영원히 성적으로 매력적인 존재가 되지 못할 것이라 생각하게 된다.

4) 타인을 신뢰하거나 타인과 친밀해지지 못함 – 경찰, 법정, 정의(justice) 등을 더 이상 신뢰하지 못하게 되고, 타인도 신뢰하지 못하여 친밀한 관계를 맺지 못한다.

5) 과거 당한 사건에 대한 지속적인 집착 – 자신이 당하지 않은 다른 범죄에도 민감하게 반응하면서 과도한 관심을 가지고 그 세세한 사항에까지 강박적으로 매달린다.

6) 세상은 올바르다는 믿음의 상실 – 세상이 제대로 돌아가지 않는다고 절망하면서, 동시에 피해자가 스스로를 비난하고 자기가 피해자가 된 것은 그럴만하게 자신이 잘못 행동하였던 결과라고 해석한다.

이상과 같은 "피해자 심리"가 특히 북한에서는 다음과 같은 세 가지로 집약되어 집단적이고 국가적으로 나타나고 있다.

첫째, 한국전쟁 기간, 북한 일반 주민들은 남한 사람들만큼 큰 고통을 겪었고, 정신적인 충격들과 상처들을 받은 것이 있었다. 김일성 집단에 의하여 발발된 전쟁이었다 할지라도, 일반 인민들이 전쟁을 통하여 겪은 일들은 실제로 처참한 것이었다. 수많은 사람들이 가족들을 잃었고, 거의 전 국토가 폭격으로 파괴되었다. 그러면서 북한은 또다시 있을 수 있는 전쟁의 위험에 대하여 큰 공포를 가지게 되었고, 그것을 현실적으로 우려하고 그 위험에 집착하는 모습들을 보이고 있다. 김정일의 "선군정치" 역시 그들의 그런 심리를 보여주는 상징적 단어 중 하나였고, 김정은의 핵개발 역시 그런 생각을 가장 극적으로 반영하고 있다고 보아야 할 것이다.

둘째, 북한의 외교적 고립 상태가 이들의 피해자 의식을 강화하고 있다. 북한은 1990년 이전까지는 구소련 및 중국 등과 이데올로기적 및 외교적으로 강력하게 연계되어 국제사회 속에 존재하였었다. 그러나 공산권의 붕괴 이후, 세계적으로 완전히 고립무원의 상태로 변하게 되었다. 이제는 이데올로기적으로 러시아와 연관되는 것이 아니고, 중국과도 실제적으로는 연결되지 않는다고 생각한다. 다만, 미국을 견제하여야 하는 중국 및 러시아의 입장이 있고, 북한도 미국과의 대결에서 중국과 러시아를 필요로 하기 때문에, 상호 이익이 맞아 서로 좋은 관계를 가지는 것으로 보이지만, 본질적으로 북한은 중국 및 러시아와 서로를 깊이 신뢰하는 관계는 되지 못하고 있다. 북한의 이러한 외교적 상황은 아무도 자신들을 도와주지 못한다는 생각으로 연결되어 북한을 더 불안하고 더 공격적으로 만들고 있다.

셋째, 북한은 자신들의 경제적 침체에 의한 고통을 자기 내부모순이 아닌, 미국과 남한 등, 외부의 책동에 의한 것이라 생각하는 피해자 의식을 가지고 있다. 그러기에, 자신들이 겪는 경제적 고통에 대한 보상을 외부로부터 받아내야 한다는 식의 이상한 논리를 가지게 된다. 그리고 그 외부에 대한 분노를 더 불러일으켜야 내부적 불만 요인을 없앨 수 있다고 본다. 그러다 보니, 이런 피해자 의식은 늘 분노에 찬 대중집회와 연계되고, 그것을 국가 통치의 도구로 사용하게 되는 면이 강화된다. 한국과 미국에 대한 분노를 조장하는 것은 그들에게 정권을 정당화시켜 주는 중요한 수단이 되고 있다.

IV. 한반도에서 인간의 공격성을 어떻게 극복하고 평화를 이룰 것인가?

그렇다면 한반도에서 인간의 공격성은 어떻게 극복되어야 하며, 평화를 이룰 수 있는 것일까? 여기서는 이에 대한 검토를 해보고 평화를 위해 남북한의 대화 및 협상 시 인지적 측면에서 고려할 사항들을 생각해 보도록 한다.

1. 인간의 공격성을 극복하는 일반적 방안들이 한반도에도 적용될 필요가 있다.

일부 한국인들은 북한 정권의 성격과 공격성, 호전성은 세계적으로 그 유래를 찾아보기 힘든 매우 특수한 경우에 속한다고 생각한다. 따라서 북한의 문제를 평화적으로 해결하는 것은 현실적으로 불가능하기에, 결국은 전쟁 등의 가장 강경한 방법만이 그 해결책이라고 생각한다. 그러나 정말 그럴까? 북한이 매우 특별한 특성을 몇 가지 가지고 있는 측면도 있기는 하나, 북한 역시, 일반적인 인간의 공격성을 벗어나는 것이 아니라는 시각을 가지는 것이 필요하다. 그리고 그런 시각에서부터 어떤 해결책을 찾을 필요가 있을 것이다. 콘래드 로렌츠(Konrad Lorenz)는 인간의 공격성을 해결할 수 있는 방법으로 다음과 같은 네 가지를 제안한 바 있다.[24]

첫째, 인간의 행동을 지배하는 원리에 대한 통찰을 높이는 것이

---

24) Konrad Lorenz (1971). On Aggression. Harcourt Brace & World Inc. 송준만 역 (1985). 공격성에 대하여. 이화여대출판부. pp.306-308

필요하다는 것이다. 인간은 공격성을 자극하는 외부 요인을 차단하여도 공격적 행동을 할 수 있는 존재라고 그는 이야기한다. 따라서 인간의 이런 본질적 특성을 이해하고, 그에 대한 주의와 경계, 자기 조절을 할 수 있도록 하는 대응 조치, 그리고 이런 모든 것들에 대한 깊은 성찰을 하는 것이 필요하다.

둘째, 인간의 공격성에 대한 카타르시스, 즉(정신분석적인 용어로서는) 승화25)가 필요하다는 것이다. 이것은 인간에게 내재해 있는 단순한 공격적 욕구를 더 숭고한 일로 전환 시키는 것을 의미하며, 그를 통하여 인간의 공격성은 극복될 수 있다고 보는 것이다. 예를 들어 매우 엄격한 가부장적 아버지 밑에서 자라면서 아버지에 대한 분노가 가득하였던 아들이, 커서 그 아버지를 때리는 것이 아니라, 국가의 정치적 독재자에게 도전하고 싸우는 민주투사로 바뀌었다면, 그것이 승화의 한 예가 된다.

셋째, 서로 다른 특성을 가진 존재, 즉 개인이나 집단이나 국가들끼리, 그 다른 특성을 넘어서는 개인, 집단, 국가 간 친분, 우정을 높이는 것이 필요하다는 것이다. 예를 들어 이데올로기 하나 만을 가지고 한 인간을 평가하고 관계를 설정한다면, 이데올로기가 서로 다른 사람들과는 절대로 어떠한 교류도 가질 수 없게 된다. 그러나 이데올로기는 서로 다르더라도 이데올로기와는 다른 사항들, 즉 인간의 다른 관

---

25) "승화(sublimation)란 원시적이고 용납되지 않는 충동을 억압으로 충분히 해결하지 못할 때 그 충동이 갖고 있는 에너지를 변형시켜 사회적으로 용납되는 건설적이고도 유익한 목적을 위한 행동으로 표현하는 기제이다. 따라서 가장 건전하고 바람직한 기제이다. 예를 들어 성충동이나 폭력충동이 승화되어 각종 예술, 문화, 종교, 과학 및 직업 활동으로 나타날 수 있다" (민성길 외. 최신정신의학 6판. 일조각. 2015. p.177)

심 사항들, 예를 들어 예술이나 취미, 체육활동 등과 같은 것들을 가지고 먼저 친분을 쌓고 서로에 대한 이해를 높여 나갈 수 있다면, 이데올로기라는 단 하나의 도구만 가지고 서로를 평가하고 관계를 설정하던 것에서 벗어나서 다변화된 도구를 가지고 상대방을 평가하고 관계를 맺을 수 있을 것이라는 것이다.

넷째, 사람들이 호전적인 공격적 열광에만 갇혀 있지 않고, 자신들의 열광에 대한 지성적 성찰을 하고, 책임감 있는 행동을 할 수 있는 통로를 마련해 주어야 한다는 것이다. 그리고 그를 통하여 사람들이 몸 바쳐 봉사할 진정한 가치를 가진 어떤 대의명분을 찾게 해 주어야 한다는 것이다. 인간, 특히 젊은이들은 열광할 그 무엇을 늘 찾고 있고, 건강한 사회란 그 사회의 구성원들에게 건강한 열광의 대상을 제공할 수 있는 사회라는 것을 인식하여야 한다는 것이다.

이런 콘랜드 로렌츠의 제안은 우리가 향후 한반도에서 평화를 만들어 가는데 몇 가지 생각할 거리를 준다.

첫째, 남한 사람들의 북한 사람들에 대한 통찰과 이해가 더 깊어져야 한다. 여러 가지 병적인 형태를 보이고 있는 북한 사람들에 대하여 그저 "원래 나쁘고 모자르고 이상한 사람들"이라는 정도의 표피적이고 짧은 이해와 인식만으로는 북한과의 문제를 해결할 수는 없다. 이해하기가 쉬운 것은 아니더라도, 인간에 대한 더 깊은 성찰을 하는 능력이 커져서 북한과 북한 사람들을 본질적으로 바라보고 이해할 수 있게 되어야 분단의 문제에 비로소 접근할 수 있고 극복할 수 있을 것이다. 이러한 깊은 성찰이 북한 사람들에게도 즉각 영향을 끼칠 수 있으면 더 좋겠지만, 그렇게 되지 못한다 할지라도, 그런 성찰이 가능한 집단과 국가, 즉 남한만이라도 먼저 움직일 수 있을 때, 역사는 전진할 수 있을 것이다. 결국 남한 사람들의 이런 성찰 능력은 한반도에서 평화를 이룰 수 있는 국가적, 민족적 힘을 더 강하게 할 것이다.[26]

둘째, 남한과 북한 사이의 갈등을 단순한 정치 군사적 대립으로 보는 것을 넘어서서, 인간의 더 높고 숭고한 인간성의 구현을 실현 시킬 수 있는 기회로 보는 시각의 전환이 필요하다. 그동안 북한이 보여 온 공격성은 위에서 본 바와 같이 북한 사람들의 피해자 의식, 북한 정권을 쥐고 있는 사람들의 정권 유지를 위한 정략적 기획, 그리고 자기 식(式)의 왜곡된 휴머니즘 등이 뒤섞여 나타나고 있는 현상이다. 이러한 현상을 북한이 가지고 있는 근본적이면서도 치유 불가능한 한계로만 보고, 그래서 그들과는 어떤 상종도 하지 않아야 하는 이유로 삼아서는 안 될 것이다. 오히려 그들이 그런 문제를 가지고 있기에, 우리는 더욱 북한의 문제를 이해하고, 그들도 인권이 보장되는 정상적 국가의 국민으로 건강하고 행복한 삶을 살 수 있도록 도와야 하는 이유로 받아들여야 할 것이다. 그런 노력을 통하여 남북한의 갈등은 더 숭고한 인간애의 표현 기회로 바뀌어 갈 것이다. 인간은 자신이 가지고 있는 낮은 차원의 욕구를 더 높은 차원의 행동으로 전환할 수 있는, 즉 승화시킬 수 있는 존재이다. 예를 들어 "자기 자신"만을 생각하고 그것에 단단히 묶여 있던 한 개인이, 결혼을 하여 가정을 이루면서 비로소 자신만이 아닌, 배우자와 자식들을 위하여 자신의 욕망도 억누를 줄 알

---

26) 북한 사람들에 대한 심층적 이해를 심화시킬 수 있는 다양한 연구 저작물들이 있어왔다. 책으로는 권헌익, 정병호(2013) 극장국가 북한. 창비; 정병호(2020) 고난과 웃음의 나라. 창비; 김병로(2016) 북한, 조선으로 다시 읽다. 서울대학교 출판문화원; 전우택(2000) 사람의 통일을 위하여. 오름; 전우택(2007) 사람의 통일, 땅의 통일. 연세대학교 출판부 등이 있다.

게 되고, 희생도 할 줄 알게 변화하면서 "더 큰 자신"이 되는 것처럼, 그런 현상이 민족적 차원에서도 나타나야 한다는 것이다.

셋째, 북한과의 교류, 북한과의 친선관계를 쌓는 일에 대한 전략적이고 적극적인 행동들이 필요하다. 아무런 인간적 교류도 가지지 못한 가운데, 생경하게 북한과 정책 현안이나 주체사상에 대하여 논하는 것은 긍정적 결과를 만들기 어렵다. 그러나 북한과 만날 수 있고 대화할 수 있는 주제는 사상적인 것만 있는 것은 아니다. 가장 대립이 크게 되고 있는 것이 아닌, 가장 먼저 쉽게 논의할 수 있는 것부터 접촉하고 관계를 맺는 것이 필요하다. 물론 북한이 이것에 동의하고 협조하여야 할 측면이 있다. 그리고 북한과의 협상 등에서, 북한의 협상 전술상, 북한은 가장 큰 정치적 차원의 원칙 또는 총론 부분의 합의를 먼저 요구할 수도 있으나, 이것 역시 큰 틀에서 유연하게 대응할 필요가 있다. 북한의 공개되거나 숨은 의도가 무엇이든, 어떤 형태로든, 북한과의 현실적인 관계 개선을 높일 수 있는 통로를 만들어 가는 것은 매우 큰 의미를 가진다. 남북한 단일 스포츠 팀의 구성, 남북한이 공동으로 만드는 영화와 공연, 공동의 사업 구성 등은 매우 사소한 문제인 것처럼 보인다 할지라도 사실은 거대한 의미를 가지는 일들임을 인식하는 것이 필요하다.

넷째, 남한 사람과 북한 사람 모두를 포함하여, 한국인들은 더 높고 숭고한 명분에 자신들을 과감히 던지는 역사적이고 전통적인 특성을 공유하고 있다. 그것이 지금까지 통일을 힘들게 만든 측면도 있지만, 동시에 통일을 이룰 수 있는 가장 강력한 정신적 토대가 될 수도 있다. 전 세계에서 마지막으로 공산주의 체제를 유지하겠다고 몸부림치는 북한은 그것이 그들에게는 숭고한 명분이라는 생각이 있기 때문에 그러는 측면이 있다. 그러나 동시에 북한은 민족주의적 사고도 매우 강하게 하는 집단이기에, 북한과의 관계 형성에 있어 민족주의적 접근은 중요한 의미를 가진다. 그것이 또 다른 숭고한 명분이 되도록 노력해야 하는 측면이 있는 것이다. 또한 민족을 넘어선 인류애(humanism)적 차원의 접근 역시 숭고한 명분으로서 북한도 동참할 수 있는 측면을 가진다. "단순한 땅의 통일"보다 더 크고 높은 목적을 남북한이 공유할 수 있도록 주제와 내용을 찾아내는 일을 남북한이 함께 할 수 있는 기회를 만들고, 기회가 왔을 때 그 기회를 붙잡는 지혜와 결단이 남북한 모두에게 요구된다. 그때 우리 민족은 진정한 의미에서의 "사람의 통일"을 이루게 될 것이다.[27]

　이상과 같은 점들을 고려한다 할지라도 아직 남북한은 그 대화와 협상의 돌파구를 찾기 힘들어 하고 있다. 따라서 이제부터는 남북한이 대화하고 협상하는 데 있어 고려하여야 할 사항에 대하여 갈등의 인지적 요소들을 가지고 제안해 보기로 한다.

2. 남북 대화와 협상에서 갈등의 인지적 요소들을 고려한 접근이 필요하다.

　일반적으로 공격성은 갈등으로 인하여 야기되며, 그 갈등은 대립하고 있는 양 당사자가 상황을 인식하고 접근하는 방식에 의하여 큰 영향을 받는다. 이것은 남한과 북한 사이의 갈등에서도 그대로 적용되는 측면이 있다. 따라서 이것을 이해하는 것이 남북한 갈등과 상호 공격성을 조절하는 데 의미를 가질 수 있다. 갈등을 유발하는 인지적 특

27) 전우택(2000) 사람의 통일을 위하여. 오름. pp.313-336

성 및 그 극복 방안 네 가지[28)]를 남북한 상황에 적용하여 본다면 다음과 같다.

1) 비양립성 오류의 극복

비양립성 오류란 갈등 당사자들이 갈등 속에서 각자 더 중요하게 여기고 있는 것이 서로 다르다는 것을 서로 모르는 있는 상태를 말한다.[29)] 예를 들어 남한과 북한이 대화를 하는데 있어 각자가 더 중요하게 생각하는 것은 서로 다를 수 있는데 그것을 서로 모를 수 있다는 것이다. 북한의 경우, 자신들이 민족의 주체성과 정체성을 유지하고 있는 집단이라는 것을 인정받기 원하는 마음, 외교적, 경제적으로는 약세이지만 자존심은 유지하고 싶다는 마음 등이 중요한 심리이고 우선순위일 수 있다. 그러나 남한의 경우, 전쟁에 의한 파괴가 없이 양 체제가 모두 평화롭게 공존하고, 그런 조건 하에서 추후 만일 가능하다면 통일까지 이루어지기를 바라는 마음, 가급적 경제적 부담을 최소화하는 가운데 남북 모두에게 경제적으로 유익이 되는 상황이 발전되기 바라는 마음 등이 중요한 심리이고 우선순위일 수 있다. 이와 같이 각자 중요하게 생각하고 있는 주안점이 서로 다름에도 불구하고, 그것을 서로가 충분히 인지하고 있지 못하면, 대화는 불필요한 새로운 갈등만을 만들어 내고, 결국에는 아무런 긍정적 결과를 도출해 내지 못하게 된다는 것이다. 비양립성 오류를 해결하는 방법은 각자 중요하게 생각하는 우선순위가 서로 다를 수 있다는 것을 서로가 정확하게 인식하고 각자의 이익을 위하여 자신들이 가진 낮은 우선순위의 목표를 서로에

---

28) 한규석 (2002). 사회심리학의 이해. 서울. 학지사. pp.373 – 374

29) Thompson L., Hastie R. (1990). Social Perception in negotiation. Organizational Behavior and Human decision process, 47, pp.98 – 123

게 양보하도록 하는 것이다. 이를 위하여는 서로가 서로에 대하여 정확하게 알고 이해하는 능력이 있어야 한다. 이때 만일 가능하다면 적절한 중재자가 가운데서 서로에게 정보를 주고 최상의 결과를 만들도록 돕는 것도 중요하다.

2) 투명성 과장 오류의 극복

투명성 과장의 오류란 갈등에 있는 양 당사자들이 자신들의 목표와 동기를 상대방이 이미 잘 알고 있을 것이라고 착각하는 것이다.[30] 남북한에서의 예를 들면, 상대방도 이미 자신들에 대한 분석을 다 마쳤으며, 그에 따라 그들은 내가 지금 무엇을 원하고 무엇을 목표로 하고 있는지를 다 아는 상황에서 지금 협상에 임하고 있다고 생각하는 것이다. 그러나 사실은 그와 다를 수 있다. 각자가 자신의 입장과 시각에서 상대방을 분석하고 있기 때문에, 상대방이 정말 어떤 의도와 필요를 가지고 대화에 나서는지는 정확하게 알지 못할 가능성이 크다. 이러한 점에서 서로 자신의 의사와 생각하는 조건에 대한 정보를 얼마나 솔직하게 상대방에게 내놓고 협상에 임할 수 있는가가 일종의 딜레마가 된다. 내 쪽의 정보를 많이 내놓을수록 내가 협상에서 불리할 것이라는 생각이 지배적일수록 투명성 과장의 오류는 더 커지게 된다. 그러나 최종적인 협상을 성공시키기 위하여는 일정 부분 자신들의 생각과 정보를 상호적으로 내놓는 방법을 받아들이는 것이 이 문제를 해결할 수 있는 중요한 방법이 된다. 이때도 적절한 중재자가 역할을 할 수 있으면 좋은 결과를 만들 가능성이 커진다.

---

30) Varauer J.D., Claude S.D. (1998). Perceived versus actual tranparency of goals in negotiation. Personality and Social Psychology Bulletin, 24, pp.371-385

3) 거울적 사고의 극복

거울적 사고란 갈등 당사자들이 서로 스스로를 옳게 여기고, 상대
방을 악으로 보는 흑백논리적 사고에 서로 잡혀 있는 상태를 말한
다.[31] 과거 냉전 시절, 한 미국 학자가 구소련을 방문하였을 때, 모든
소련 사람들은 미국을 모든 악의 근원이고 악의 화신이라고 보고 있다
는 사실을 알게 된다. 그런데 그 당시 미국에서 모든 미국사람들은 소
련을 모든 악의 근원이고 악의 화신이라고 보고 있었다는 사실에서,
양 집단은 서로에 대하여 똑같은 생각을 하고 있는 현상이 있다 하여
이름을 붙인 것이 거울적 사고이다. 현재 남한과 북한은 전형적인 거
울적 사고를 서로에게 하고 있는 상황이다. 남한은 북한을 인간이 상
상할 수 있는 최악의 정치 및 인권, 사회 체제의 국가라고 생각한다.
북한은 남한을 돈에 매달려 민족의 자존심과 주체성을 버린 최악의 한
심하고 비열한 존재로 본다. 즉 서로를 최악의 상태로 똑같이 보고 있
는 것이다. 이런 식으로 서로를 바라보는 태도가 있게 되면, 근본적으
로 서로가 함께 마주 앉아 미래지향적 대화를 나누는 것이 어려워진
다. 따라서 이러한 사고가 존재할 수 있음을 서로가 인식하고, 이를 극
복하기 위한 시도가 필요하다는 것을 서로가 인정하는 것부터, 이러한
거울적 사고의 극복이 시작될 수 있다.

4) 소박한 현실론의 극복

소박한 현실론이란 일반적으로 갈등 관계에 있는 사람들이 자신
은 지금 객관적으로 현실을 직시하고 있으나, 상대방은 그렇지 않다고

---

31) Bronfenbrenner U. (1961). The mirror image in Soviet Americal relations: A
social psychological report. Journal of Social Issues, 7, pp.45－56

생각하는 것을 말한다.[32] 이런 현상은 특히 갈등 속에서도 지배적 위치에 있는 집단의 사람들이 주로 하는 사고의 특징이라고 할 수 있다. 실제로 현재의 남북한 상황에서, 좀 더 지배적 위치에 있는 것은 남한이라고 할 수 있다. 더 강한 경제력과, 더 개방된 정보 공유, 그리고 더 긴밀한 국제 관계 속에서, 세계의 상황과 현실을 더 직시할 수 있는 것은 북한보다 남한일 수밖에 없기 때문이다. 그러나 여기서 한 가지 주의하여야 할 것이 있다. 남한이 전 세계적 차원의 현실은 더 많이 알고 있는 것이 사실이라 하더라도, 북한 그 자체에 대하여 만큼은 협상을 진행시키기에 충분한 지식과 정보가 없을 수 있다는 사실이다. 따라서 그런 사실을 인정하고, 더 겸허한 태도로 북한을 이해하려는 태도를 취하며, 그에 동반하는 심층적 관찰과 연구 분석을 하는 것이 필요하다. 그렇지 않으면 남한도 소박한 현실론의 함정에 빠질 수 있을 것이다.

V. 마치는 말 - 한반도를 넘어 세계로

이 글에서는 인간의 공격성에 대한 검토를 통하여 한반도에서 평화를 어떻게 이루어 나갈 수 있는가를 생각해 보았다. 20세기가 만들어 놓은 가장 극단적인 이데올로기 대결 지역, 가장 처절하게 평화가 깨져왔고, 증오와 불안을 극도로 상승시켜 왔던 지역, 그 한반도에서 인간의 공격성과 평화에 대한 생각을 하는 것은 단지 한반도에게만 의미를 가지는 것은 아니다. 정도와 성격은 다르더라도, 분열과 의심과 증오와 폭력은 전 세계 모든 곳에 존재하고 있기 때문이다. 따라서 가

---

32) Robinson R., Keltner D., Ward A., Ross L. (1995). Actual versus assumed differences in construal: "Naive realism" in intergroup perception and conflict. Journal of Personality and Social Psychology, 68, pp.404-417

장 힘든 사례 중 하나인 한반도에서 그런 대립과 갈등을 넘어서서 평화를 향하는 어떤 생각과 시도를 할 수 있다면, 그것은 곧 인류 전체에게 좋은 모범과 희망을 주는 일이 될 수 있다. 그리고 그렇게 할 수 있을 때, 우리 민족은, 민족의 한계를 넘어서서 인류의 역사와 정신사에 거대한 기여를 하게 될 것이다. 그런 의미에서 남북한의 분단과 갈등은 우리에게 큰 아픔과 시련이지만, 동시에 하나의 기회가 되기도 한다. 이런 일을 해 나감에 있어 북한이 먼저 그런 제안을 하고, 어떤 평화적이고 긍정적인 행동에 나서기는 여러 사정상 아직 어려울 수 있을 것이다. 따라서 한반도 상황에서는 남한의 역할이 중요하다. 남한이 한반도 상황을 더 큰 시각에서 바라보고 나서서 먼저 움직일 때, 북한도, 그리고 동아시아의 관련 국가들도, 그리고 세계도 같이 움직일 것이기 때문이다. 20세기 초, 아인슈타인과 프로이트가 어둡게만 보았던 인간의 공격성의 미래는 결국 제2차 세계대전이라는 인류 역사상 가장 비참하였던 대규모 전쟁으로 나타났었다. 이제 21세기, 인류와 특히 한국인은, 인간의 내면 깊은 곳에 존재하는 그 공격성과 다시 마주 서고 있다. 이것에 대하여 우리가 무엇이라 대답할 것인가에 의하여, 21세기의 한반도와 세계의 모습은 달라질 것이다. 그것이 21세기를 살고 있는 남한과 북한의 모든 한국인들이 가진 시대의 사명일 것이다.

권력 · 자유 · 헌법*

이국운 _한동대학교 법학부 교수

I. 성찰적 공동체로 국가를 사유한다는 것

이 글은 오늘날 대한민국의 상황에서 성찰적 공동체로 국가를 사유하기 위한 예비적 시도이다. 자유민주주의 국가에서 이와 같은 시도는 권력과 자유의 개념 및 그 상호관계에 대한 숙고를 전제하며, 이는 헌법의 본질에 대한 통찰로 이어질 수밖에 없다. 헌법은 흔히 "권력과 자유의 조화의 기술"로서 일컬어지곤 한다.1) 그 전통적인 문제의식을 이어받아 나는 이곳에서 권력과 자유와 헌법을 개념적으로 통관(通貫)하는 짧은 논변을 전개해 보려고 한다.

본격적인 논의에 앞서서 간략하게나마 이 논구의 전체적인 구도를 설명해 두고 싶다. 출발점은 대한민국의 건국시점에 관한 지난 수년간의 논란을 국가 개념론의 관점에서 재검토함으로써 그 중심에 있는 주권이라는 단어의 불충분성을 드러내는 것이다. 이 불충분성의 원인을 나는 권력과 자유를 관계짓는 주권론 또는 주권국가론의 방

---

* 이 글은 성낙인 서울대학교 전 총장의 퇴임기념논문집 '국가와 헌법 I'(법문사, 2018)에 실린 저자의 원고를 수정·보완·가필한 것이다.
1) 성낙인, 헌법학, 법문사, 2018(제18판), 3면 이하

식, 즉 영국의 신학자 존 밀뱅크가 일찍이 '폭력의 존재론'(ontology of violence)으로 명명했던 특수한 논변에서 찾고자 한다.[2] 이에 따르면 기본적으로 '생존을 위한 선택'이라는 관점을 전제하는 주권 개념은 국가를 딱딱하고 무서우며 욕망에 가득 찬 무엇으로 만들 뿐만 아니라, 그 반영으로써 인간의 존엄과 가치를 인권이라는 법적 권리의 형식 속에 가두고 만다.

모든 이를 수인(囚人)으로 만드는 이러한 방식에 대항하여 권력과 자유를 관계짓는 대안적 방식을 탐색하는 것이 이 글의 목표이다. 한편으로 권력을 현전(presence)의 가능성이라는 관점에서 재규정하고, 다른 한편으로 자유를 절대적 불가침성(absolute inviolability)의 관점에서 재규정함으로써, 나는 권력과 자유를 새롭게 이해하는 동시에 양자를 서로에게 연결하고자 한다. 권력을 자유의 조건이자 한계로 읽고, 자유를 권력의 조건이자 한계로 읽어 보려는 것이다. 나아가 이 글은 이와 같은 나름의 이론화를 헌법의 본질에 대한 재음미로 이어가려고 생각한다. 특히 권력으로 권력을 견제하는 헌정주의의 비기(秘技)에 대해서는 정치신학적 재음미가 반드시 요구된다. 결론부터 말해서 권력분립의 가능성을 도무지 인정하지 않는 주권론 또는 주권국가론의 맹목적인 고집을 치유하기 위해서는 궁극적으로 삶 그 자체를 대가 없이 주어진 것, 선물, 또는 선택받음으로 놓는 정치신학적 결단이 필요하다. 이러한 필요성, 당위성, 아니 '요청'을 받아들이는 것이야말로 오늘날 대한민국의 상황에서 국가를 성찰적 공동체로 사유하기 위한 출발점이다.

논의의 실마리를 얻기 위하여 대한민국의 시점에 관한 최근의 경

---

2) John Milbank, Theology and Social Theory: Beyond Secular Reason, Wiley-Blackwell, 2nd edition), 2006

험을 반추해 보자. 주지하듯이, 대한민국이 언제 시작되었느냐를 두고 한국 사회는 한동안 격렬한 논란을 치렀다. 1919년 3.1 운동 또는 그로 인해 상하이에서 성립된 대한민국 임시정부가 기점이라는 주장과 1948년 8월 15일의 대한민국 정부수립이 기점이라는 주장이 맞부딪혔다. 나는 여기서 그 논란을 반복하거나 재연시키고 싶은 마음이 추호도 없다. 단지 논쟁이 첨예하게 진행되는 어느 시점에 텔레비전 토론 프로그램에서 목격했던 한 지식인의 발언을 함께 상기해보고 싶을 뿐이다.

기억을 더듬어 보자면, 그 지식인은 발언을 이어가다 말고 한심스럽다는 듯이 소리쳤었다.

"아니 국가라는 것이 성립이 되려면 주권, 국민, 영토, 이렇게 세 개가 있어야 한다고요. 이건 정치학 교과서에 나오는 기본입니다. 헌데, 1948년 8월 15일 이전에는 그게 없잖아요. 고집부릴 일이 따로 있지…"

독자들은 이 지식인이 논쟁의 어느 편에 서 있었는지를 충분히 짐작할 수 있을 것이다. 헌데 흥미로운 일은 그다음에 벌어졌다. 논쟁의 다른 편에 있던 지식인들이 독립운동사가 어떻고 제헌헌법의 전문이 어떠하다는 잘 알려진 근거들은 강조하면서도, 유독 이 발언에 대해서는 별다른 반론을 제기하지 않았던 것이다. 비록 논쟁의 다른 편에 서 있을지언정 이들마저도 앞서의 지식인이 말한 정치학 교과서의 기본 지식에 동의하고 있거나 혹은 (너무 강한 표현인지 모르지만) 제압당하고 있음이 분명했다.

나는 이 한 장면에 국가란 무엇인가에 대한 우리 지식인 사회의 빈곤함이 고스란히 담겨 있다고 생각한다. 대한민국이 언제 시작되었

느냐는 질문은 국가란 무엇인가라는 더 근본적인 질문을 전제한다. 후
자와 연결 짓지 않고 전자만을 답할 수 있는 방법은 없다. 그러나 이 장
면을 주도한 문제의 지식인은 마치 후자가 정치학 교과서에 의하여 이
미 해결되었다는 듯이 말하고 있다. 하지만 과연 그러한가? 후술하듯
국가를 주권, 국가, 영토 이렇게 셋으로 규정하는 태도는 결코 보편적
인 것이 아니라 서구 근대 문명이 극심한 종교전쟁의 와중에서 안출해
낸 독특한 국가이론일 뿐이며, 이에 대해서는 서구 문명 안팎에서 17세
기부터 지금까지 정당화와 문제제기가 경쟁적으로 계속되고 있다.3) 그
럼에도 불구하고 문제의 지식인은 그와 같은 역사적 맥락을 사상(捨象)
한 채, 국가에 관한 하나의 이론(a theory)을 마치 유일무이한 이론 또는
규범(the theory or norm)이라도 되는 듯 활용했던 셈이다.

　　사실 미국의 국제법학자 헨리 휘튼(Henry Wheaton)의 국제법 교과
서인 Elements of International Law를 '만국 공법'이라는 한문번역본
으로 접했던 19세기 말 이래, 국가의 정의를 정치학 교과서에서 찾고,
그 기준, 그 요건에 맞추어 스스로의 정치적 성취를 평가하는 태도는
우리 지식인 사회에 일반화된 광경이다. 하지만 엄밀하게 말해서 그와
같은 선택의 대가는 사뭇 치욕스럽기까지 하다. 자신들이 만든 정치공
동체가 국가인지 아닌지를, 자신들이 만들지 않은 정치학 교과서의 기
본 지식, 그 기준, 그 요건에 맞추어 검증받아야만 한다고 주장하는 것
이 어찌 부끄럽지 않겠는가? 하지만 문제의 지식인은 아랑곳하지 않고
마치 남의 국가의 일을 말하듯이 주장을 이어간다. 혹시 이러한 방식

----

3) 최근에 이루어진 대표적인 시도들을 일별할 수 있는 문헌으로서 Jacques
Maritain, Man and the State, The Catholic University of America Press(revised
version), 1998; 앤드류 빈센트, 국가론, 권석원 역, 인간사랑, 1994; 존 드라이젝
외, 민주주의 국가이론-과거 뿌리, 현재 논쟁, 미래 전망, 김욱 역, 명인문화사,
2014; 로버트 잭슨, 주권이란 무엇인가-근대 국가의 기원과 진화, 옥동석 역, 21
세기북스, 2016 등을 예로 들 수 있을 듯하다.

이야말로 우리 지식인들이 지난 20세기를, 유독 우리에게만 아직도 지나가지 않고 있는 이 고통스러운 20세기를, 살아온 특유의 방식이어서 일까?

비록 현실정치의 진영 논리에 기대는 한계는 있으나, 한국 사회에서 대한민국의 기원 논쟁이 불붙게 된 것을 나는 큰 다행으로 여긴다. 이 논쟁이 오랫동안 우리 지식인들이 스스로의 관점, 스스로의 역사, 스스로의 지적 자원 속에서 묻고 답하기를 꺼려 왔던 국가란 무엇인가 라는 질문을 더 이상 회피할 수 없도록 강제하고 있기 때문이다. 국가를 성찰적 공동체로 다시 사유해 보려는 이 글 또한 그와 같은 강제에 대해 응답하기 위한 시도 중 하나임이 명백하다. 나는 이제 헌법의 관점에서 권력과 자유의 개념을 재구성하려는 시도를 통하여 현재의 지식인 세대가 반드시 추진해야 할 이 공동작업의 일익을 감당해 보고자 한다.

II. 주권국가론의 모순

위에서 언급한 정치학 교과서의 시각은 한마디로 권력의 관점에서 국가를 정의하는 것이다.[4] 주권 개념은 그 명백한 상징이다. 국민과 영토도 근대국가의 세 가지 요소로 거론되지만, 이들은 주권과 동등한 차원으로 볼 수 없다. 국민은 주권의 인적 적용 범위이고, 영토는 주권의 공간적 적용 범위에 불과하기 때문이다. 정치학 교과서는 오로지 주권의 입장에서 국가를 이해하는 주권국가론을 설파하고 있을 따

---

4) 정치학 교과서의 예로, 김영국 외 공저, 신정치학개론, 서울대학교출판부, 1984, 156-8면(김학준 집필) 참조

름이다. 도대체 왜 이렇게 된 것일까?

앞서 언급했듯이, 정치학 교과서의 주권국가론은 서구 근대 문명의 특정한 역사적 맥락을 전제로 구성된 것이다. 프로테스탄트 종교혁명 이래 유럽을 휩쓴 종교적 내전의 틈바구니에서 17세기 유럽인들은 어떻게 해서든 평화를 확보할 수 있는 도구적 개념의 수립을 갈망했고, 일찍이 장 보댕이 제안했던 주권이론에서 그 대안을 찾아냈다. 대내적으로 최고이며 대외적으로 독립인 주권 개념을 통하여 주권국가를 향한 충성과 주권국가들 사이의 독립을 근거 짓는 방식으로 그들은 지긋지긋한 종교적 살육전을 끝내고 최소한의 평화를 확보할 수 있었던 것이다. 유럽의 정치사에서 주권국가론은 1648년 베스트팔렌조약을 통해 '정상이론'이 되었고, 이후 주권국가들 사이의 끊임없는 전쟁과 식민 지배를 경유하여 전 세계로 그 범위를 확대했다.

지난 4백여 년 동안 주권국가론이 왜 전 세계에 그처럼 강렬하게 확산될 수 있었는지, 그리고 그것이 인류의 정치사에 어떠한 성취와 폐해를 가져왔는지에 관해서는 다른 자리에서 서구적 모더니티와 관련하여 논의한 바에 의존하기로 하자.5) 여기서 내가 주목하고 싶은 것은

---

5) 나는 서구적 모더니티를 사회 내에 지속적으로 관철되는 독특한 경향성의 문제로 이해한다. 하나는 사회구성원들이 스스로에 대한 이해를 '비자족적 존재'에서 '자족적(自足的) 존재'로 전환·심화시키는 것이고, 다른 하나는 사회구성원들 간의 관계 형태를 '인격적-대면적 인간관계'에서 '비인격적-비대면적 인간관계'로 전환·심화시키는 것이다. '자족적 존재로서의 자기이해'란 스스로를 삶의 주권자, 즉 왕이라고 생각하는 것이고, '비인격적-비대면적 인간관계'란 그 왕들이 서로의 얼굴을 마주 보지 않은 채 익명으로 관계를 맺는 것이다. 서구적 모더니티는 한마디로 익명의 왕들로 사회를 재구성하려는 일관된 경향성이라고 볼 수 있다. (이국운, 정치적 근대화와 법, 법철학연구 2권, 1999) 익명의 왕들은 모두 자유롭게 자기를 실현하길 원하고, 그에 대한 제약은 항상 자신들의 동의를 전제로만 받아들일 수 있다고 여긴다. 하지만 그렇게 하려면 먼저 익명 속의 다른 왕들을 식별해내야 하며, 여기에는 익명의 타자 앞에 자신의 얼굴을 드러내는 위험이 따를 수밖에 없다. 흥미롭게도 서구 근대 문명의 전개과정에서 주권 개념은 이와 같은 위험을 회피하기 위한 방편으로 활용된 측면이 많다. 왜냐하면 그것은 익명

단 한 가지, 주권국가론이 근본적으로 논리적 모순을 내포하고 있다는 점이다. 앞서 말했듯이 주권국가론은 권력의 관점에서 국가를 정의한다. 그렇다면 이때의 권력이란 도대체 무엇인가? 흥미롭게도 주권국가론은 이 질문에 대하여 적어도 국가적 차원에서 모든 권력은 주권이라는 최고이자 최강의 권력으로부터 유래한다고 선언하는 방식으로 대응한다. 그리고 그 모든 권력의 원천인 주권이란 스스로의 결정을 그 자신만이 번복할 수 있는 시원적 권력이라고 규정한다. 비유컨대 이는 역학의 논리로 신의 존재를 추론했던 아리스토텔레스의 시도를 모사하는 것이나 다름없다. 마치 모든 운동을 가능케 하는 '부동의 원동자', 즉 신(神)처럼, 주권국가론은 모든 권력을 가능케 하는 시원적 권력으로 주권을 정의한다.

그러나 여기에는 결정적인 논리적 오류가 존재한다. 주권국가론은 앞서 제기되었던 권력이란 무엇인가의 질문에 대해서는 여전히 아무것도 답하지 않기 때문이다. 권력이 무엇인지를 정의하지 않은 채, 주권국가론은 모든 권력 현상을 시원적인 권력, 즉 국가 안에서 상상할 수 있는 그 무엇보다도 더욱 크고 더욱 원초적인 권력(주권)에서 유래하는 것으로 설명할 뿐이다. 그러나 권력을 정의하지 않고 어떻게 가장 시원적인 권력인 주권을 정의할 수 있단 말인가?

의 왕들이 거주하는 시공간 안팎에 비주권자들, 즉 익명이 아니거나, 왕이 아니거나, 익명도 아니고 왕도 아닌 타자들을 포획해 두는 방식으로 식별의 문제를 해결해 왔기 때문이다. 이 비주권자들, 즉 이 포획된 타자들은 일종의 기준점이 되어 익명의 왕들이 서로를 식별할 수 있게 만들어 주었던 것이다. 역사적으로 관찰할 때, 서구 근대 문명은 내전의 고통을 덜어내기 위하여 서구적 모더니티 바깥에 새로운 타자들을 지속적으로 포획한 뒤 문명적 비대칭관계를 연장하는 방식을 선택해 왔다. 그리고 이러한 책략은 문제를 해결하기보다 더욱 심화시켰다. 서구 근대 문명에 의하여 포획된 타자들 중 일부는 서구적 모더니티에 찬동하여 새로운 제국주의적 정복을 시도했고, 다른 일부는 서구적 모더니티 그 자체에 대한 극심한 반대와 저항을 부활시켰던 것이다.

이와 같은 논리적 오류의 일단은 기실 주권과 국가가 연결되는 맥락에 이미 드러나 있다. 주권은 개념 필연적으로 최고성과 유일성을 내포할 수밖에 없다. 그러나 국가라는 권력 현상에 연결되면서 주권은 불가피하게 복수성을 띠게 된다. 주권이 국가를 창설한다는 발상은 적어도 국가 숫자만큼의 주권을 전제하는 것이기 때문이다. 이는 주권의 최고성 그리고 유일성에 명백히 배치되는 결과이다. 도대체 최고이며 유일한 시원적 권력이 복수로 존재한다는 명제가 어떻게 모순 없이 정당화될 수 있을까? 권력의 개념을 합리적으로 재구성하지 않고는 도무지 불가능한 문제이다.

그렇다면 이와 같은 논리적 오류에도 불구하고 주권국가론이 정치학 교과서를 차지하게 된 까닭은 무엇일까? 앞에서 잠시 언급했듯이, 나는 그 원인을 일찍이 존 밀뱅크가 '폭력의 존재론'으로 명명했던 주권국가론의 독특한 존재론적 맥락에서 찾고 싶다. 밀뱅크는 서구의 사회과학이 학문 세계에서 신학을 퇴출시켜버린 것에 대하여 서구의 사회과학 역시 일종의 나쁜 신학일 뿐이라는 도발적인 반론을 제시한다. 그의 핵심 논거는 토마스 홉스로부터 비롯되는 서구의 사회과학이 폭력의 존재론이라는 비상사태의 정치신학을 전제하는 점이다.[6] 폭력의 존재론은 폭력의 원인의 탐구에 대한 판단 중지를 선언함으로써 존재자를 위협하는 폭력을 그 자체로 관찰하고 해결할 수 있는 논리적 교두보를 마련하며, 이를 통해 폭력에 대한 과학적 접근(정치과학)을 시도한다.[7] 이처럼 주권국가론은 정치를 진리투쟁과 분리시켜 폭력의 문제를 과학적으로 해결하기 위하여 구성되었다. 하지만 그것은 국가를 주권이라는 법적 형식에 갇힌, 딱딱하고 무서우며 욕망에 가득 찬

---

6) John Milbank, 앞의 책(2006), introduction
7) John Milbank, 앞의 책(2006), part 1과 part 2

무엇으로 만들 뿐만 아니라, 그 속의 인간 또한 인권이라는 법적 형식 속에서만 존엄과 가치를 지니는 것처럼 보이게 만든다. 권력과 자유를 폭력과 생존을 통해 연결시킴으로써 주권국가론은 모든 사람을 주권과 인권의 수인(囚人)으로 변모시키는 셈이다.

III. 권력이란 무엇인가?

흥미롭게도 지난 4백여 년 동안 주권국가론은 주권 개념 그 자체의 논리적 오류를 해결하기보다는 주권자의 문제, 즉 누가 주권을 행사해야 하는가를 두고 논란을 거듭해 왔다. 군주, 시민, 프롤레타리아트, 국민 등이 거론되었고, 심지어 사법상의 법인이론에 기대어 국가 그 자체를 주권자로 내세우는 논리가 유행하기도 했다(국가법인설). 그러나 주권자의 문제를 아무리 잘 다듬어 보아도, 주권 개념 그 자체에 존재하는 논리적 모순은 도무지 치유되지 않는다. 이러한 이유로 정치이론가들 중에는 보편적 인권사상이 받아들여진 사회에서는 더 이상 주권 개념이 필요 없다는 주장을 내놓는 경우마저 있을 정도이다.8) 그러나 설혹 그와 같은 주장을 받아들여 주권 개념을 포기하더라도 국가에 대한 이론적 설명과 정당화를 포기할 수는 없으며, 이는 다시 권력이란 무엇인가의 질문을 부각시킨다. 국가는 무엇보다 하나의 권력 현상으로서 우리 앞에 나타나기 때문이다.

정확히 이 점을 인식하면서, 지난 세기 구미의 정치이론은 가능한 한 주권국가론을 우회하여 권력 현상을 설명하고자 애썼다. 대표적으

---

8) 마르틴 크릴레, 민주적 헌정국가의 역사적 전개, 국순옥 역, 종로서적, 1983

로 막스 베버는 권력을 "어떤 사회관계의 내부에서 자기의 의사를 관철시킬 수 있는 일체의 가능성"으로 정의했고, 해롤드 라스웰은 "어떤 행동양식에 위반한다면 그 결과 중대한 가치박탈이 기대되는 것과 같은 관계"로 이해했으며, 라이트 밀즈는 "타인의 반항을 배제하면서까지 자기의사를 실현시킬 수 있는 힘"으로 간주했다. 이러한 흐름이 공유하고 있는 문제의식은, 무한히 큰 시원적 권력을 상정하는 방식으로 권력 개념을 신화화하는 주권 개념을 우회하여, 권력을 힘 또는 능력이라는 실체가 아니라 인간들 사이의 상호관계를 중심으로 파악하려는 것이다.[9] 권력 대신 영향력의 개념화를 추진하거나, 언술의 공공성에 주목하여 소통 자체를 권력적으로 이해하거나, 권력의 제도화를 합리적 선택으로 설명하려는 시도들은 크게 보아 이와 같은 권력의 관계개념화에 합세하고 있다.

그렇다면 관계개념으로서 권력은 어떻게 설명할 수 있을까? 주권 개념의 논리적 오류를 답습하지 않은 채 권력을 이해하려면 권력 현상 그 자체로부터 권력의 개념화를 진척시키는 수밖에 없다. 이 점이야말로 20세기 후반 서구의 대표적인 사회이론가들인 니클라스 루만, 위르겐 하버마스, 미셸 푸코 등을 관통하는 공통점이다. 이들은 주권 개념에 전제된 소유적 권력 개념을 버리고 각기 커뮤니케이션과 체계, 담화상황과 공론장, 생체-네트워크의 차원에서 권력 현상을 포착하려고 했기 때문이다. 이 각각의 이론들로부터 배운 바가 적지 않음을 고백하면서, 나는 이 글에서 다소 단도직입적으로 권력에 대한 내 나름의 개념화를 시도해 보려고 한다. 이를 위해선 우리 모두가 경험하는 권력 현상 그 자체를 정직하게 관찰하는 곳에서 출발해야 한다.

나는 미셸 푸코가 일찍이 제안했던 기율권력/사목권력(disciplinary/

9) 김영국 외 공저, 앞의 책(1984), 159면

pastoral power)과 통치성(governmentality)론이 권력 현상에 관하여 새로운 시야를 열어 준다고 생각한다. 아니 더 정확히 말하면, 개념적 선입견을 걷어내고 권력 현상을 정직하게 관찰하도록 요구한다고 본다. 권력은 근본적으로 인간관계적 현상이며 무엇보다 각 사람의 몸에 작용하는 현상이다. 체계 이전에, 의사소통 이전에, 아니 체계로서도 의사소통으로서도, 권력은 결국 사람의 몸에 작용하고 그때 비로소 권력이 된다.10) 그렇다면 이 권력은 어떻게 사람의 몸에 작용하는가? 잘 알려져 있듯, 푸코는 근대 서구에서 정신병원이나 감옥이 탄생하는 과정을 살펴보는 방식으로 이 점을 밝히고자 했다. 하지만 아쉽게도 권력 현상에 대한 일반이론을 내놓지 못한 채 타계했다. 우리는 바로 그곳에서 출발해야 한다.

일찍이 제레미 벤담이 제안했고, 푸코가 그 의미를 세밀하게 밝혔던 근대 감옥, 판옵티콘을 예로 들어 생각해 보자. 중앙탑의 어두운 정점에서 감시자는 감옥의 모든 방을 언제나 감시할 수 있다. 아니 감시하는 것으로 피감시자에 의하여 전제될 수 있다. 만약 이와 같은 전면적 감시를 권력 현상으로 본다면, 도대체 그것은 어떻게 가능한가? 어둠 속의 감시자는 도대체 어떻게 감시되는 수인의 몸에 권력을 행사할 수 있는가?

내 생각에 열쇠말은 현전(presence), 더 정확히는 현전의 가능성이다. 푸코는 어둠 속의 감시자와 수인의 몸이 감시자의 시선 또는 그 가능성에 의하여 연결된다고 보았다. 그렇다면 이때의 연결은 무엇이며 그것은 어떻게 가능한가? 나는 그 시선 또는 그 가능성을 감시자라는 주체의 현전 또는 현전의 가능성의 범위로 생각해 보고 싶다. 달리 말

10) 미셸 푸코, 통치성, 콜린 고든 외, 푸코 효과-통치성에 관한 연구, 심성보 외 역, 난장, 2014, 3장

해, 시선이라는 매개에 의하여 주체의 현전 또는 그 가능성이 표상된다는 것이다. 벤담과 푸코는 시선에 주목하고 있지만, 사실 권력 현상에서 매개는 주먹이어도 되고 목소리나 CCTV여도 되며 심리적 강박이거나 도저히 잊을 수 없는 기억이어도 된다. 물리적 시공간은 물론이거니와 심리적, 지적 차원으로 주체의 현전 또는 그 가능성을 확대할 수 있는 모든 것은 권력 현상에서 매개가 될 수 있다. 기술의 발달이나 지식의 축적이 더욱 막강한 권력의 등장으로 귀결되는 것은 바로 이 때문이다. 인간의 문명에서 권력 현상이 가면 갈수록 더 거대하고 더 치밀하며 더 체계적이고 더 세심해지는 것은 권력 현상의 매개가 되는 기술이나 지식의 발전 또는 축적과 깊은 관련이 있다. 계몽주의 이래의 지속적인 지식 축적과 세계를 평평하게 만드는 포스트모던 통신기술의 발달은 지금 우리 모두를 순식간에 전지구적 차원으로 현전의 가능 범위를 확대할 수 있는 권력자들로 만들지 않았는가?

권력 현상은 현전의 가능범위를 확대 또는 유지하려는 인간의 욕망과 관련된 사회적 현상이다. 인간의 현전을 가능케 하는 매개의 변화에 따라 그 범위는 시간과 공간, 자신과 타인을 포함한 인간의 내면에 이르기까지 확대될 수 있다. 나는 이와 같은 권력 현상의 정직한 관찰로부터 권력의 개념화가 가능하다고 믿는다. 요컨대 권력은 인간이 현전의 가능범위를 확대하거나 유지하기 위하여 동원하는 물리적, 지적, 제도적 자원의 총체이다. 권력 개념은 세 가지 요소를 내포한다. 첫째는 인간의 사회적 실존이고, 둘째는 물리적, 지적, 제도적 자원, 즉 앞에서 말한 권력의 매개이며, 셋째는 현전의 가능범위를 확대하거나 유지하려는 인간의 욕망이다. 앞의 둘을 서로에게 연결시키는 것은 셋째이다. 하지만 이 셋 중 어느 하나만 없어도 인간 사회에 권력 현상은 발생할 수 없다. 권력은 스스로의 현전을 확대하거나 유지하려고 하는 인간의 실존적 욕망에서 유래하는 사회적 현상이다.[11]

IV. 권력과 자유의 관계에 대하여

권력 현상과 권력에 대한 이와 같은 개념 규정에는 솔직히 당혹스러운 측면이 있다. 얼핏 보면, 도대체 인간 현상 가운데 권력 현상이 아닌 것을 찾기가 어렵기 때문이다. 하지만 자세히 들여다보면 이러한 개념화에는 그와 같은 동일시를 피할 수 있는 실마리 또한 담겨 있다. 특히 인간을 사회적 실존으로 이해하는 점이나 현전의 가능범위를 확대하거나 유지하려는 인간의 실존적 욕망에 주목하는 점에는 인간 현상 가운데 권력 현상의 독특성이 내포되어 있기 때문이다.

정치이론가들은 흔히 인간의 권력 욕망을 무한한 것처럼 상정하고 이론을 전개한다. 주권국가론이 무한히 큰 시원적 권력에 의존할 수 있는 까닭은 인간의 권력 욕망이 무한하다는 전제가 있기 때문이다. 그러나 이러한 생각은 현실에서 우리가 경험하는 권력 현상과 일치하지 않는다. 모든 사람이 진시황이나 히틀러는 아니지 않는가? 비록 때때로 조금 더 많은 권력을 향한 속물근성에 굴복하기는 하지만, 대부분의 사람들은 주어진 삶의 조건에 적응하면서 그럭저럭 살아간다. 인간의 실존적 욕망은 스스로의 현전을 확대하거나 유지하려는 방향으로 작용하기도 하지만, 주어진 삶의 조건을 받아들이고 그 속에 적응하려는 방향으로 전개되기도 한다. 이와 같은 미묘하고도 복잡한 측면을 충분히 감안하지 않고, 인간의 실존적 욕망의 특정한 국면만을 권력 욕망에 연결하는 것은 바람직하지 않다.

결국 초점은 인간의 실존적 욕망에서 권력 현상이 어떻게 비롯되고 또 사라지는가를 밝히는 것이다. 권력 욕망의 출현과 소멸을 설명

---

11) 이러한 개념화에는 앤서니 기든스의 사회구성론이 간접적으로 도움이 되었다. 앤서니 기든스, 사회구성론, 황명주 역, 자작아카데미, 1998, 특히 2장과 3장

하지 못하면 권력 개념은 완성될 수 없다. 이 지점에서 우리는 아마도 자크 라캉과 같은 정치심리학자들의 공헌을 기대할 수 있을 것이다. 하지만 그 결과가 무엇이든 나는 이에 관하여 자유의 문제를 배제할 수 없다고 생각한다. 권력 욕망의 출현, 즉 현전의 가능범위를 확대하거나 유지하려는 주체의 욕망의 출현은 그 반대의 선택을 배제하는 점에서 분명 자유의 차원을 딛고 있기 때문이다. 이 점은 무엇보다 주체가 그와 같은 욕망을 스스로 포기하는 것, 즉 권력 현상 자체를 소멸시키는 것이 불가능하지 않다는 사실에서 잘 드러난다.

권력 현상은 자유 현상과 결부된다. 아니 결부될 수밖에 없다. 그리고 이 둘 중에는 권력이 아니라 자유가 먼저다. 적어도 논리적으로는 그렇다. 권력 현상은 스스로 비롯되는 자유 현상의 결과로서 우리 앞에 출현한다. 자유를 실현하기 위하여 현전의 가능범위를 확대하거나 유지해야 할 때, 자유는 무엇보다 권력 현상으로 우리 앞에 나타나기 때문이다. 그러나 앞서 말했듯이 자유는 때때로 정반대의 방향을 선택하기도 한다. 현전의 가능범위의 확장을 중단하거나 그 축소를 받아들이는 것, 더 나아가 심지어는 현전의 가능범위를 스스로 축소하거나 아예 소멸하는 선택도 불가능하지 않기 때문이다. 자유는 때때로 권력을 요청하지만, 반대로 권력을 포기하기도 한다. 자유 현상에는 권력의 언어로는 도무지 설명하기 어려운 신비로운 측면이 포함되어 있다.

일찍이 인간 현상 안에 이처럼 신비로운 자유 현상이 존재함을 통찰한 정치이론가들은 그 자유를 절대적 불가침성(absolute inviolability)의 관점에서 규정하고자 했다. 여기서 절대적 불가침성은 인간의 자유가 절대적으로 보장되어야 한다는 의미가 아니다. 오히려 그것은 아무리 침해하려고 해도 결코 침해할 수 없는 절대적 불가침의 영역에서 인간의 자유가 비롯된다는 뜻이다. 극단적인 경우에 권력은 절대적 불가침의 자유를 훼손하기 위하여 살육이라는 최종적 해결책을 동원하기도

한다. 그러나 이 또한 죽음을 각오한 자유 현상 앞에서는 근본적으로 무력할 수밖에 없다.

절대적 불가침의 자유에 대한 제한은 원리적으로 그 인간 자신의 자유에 의해서만 가능하다. 바로 이 점에서 인간의 자유는 생명 현상과 연결될 수밖에 없다. 인간에게 생명이 있는 한, 선택은 가능하며 또 불가피하다. 그 선택은 오로지 자신에 의해서만 거부될 수 있으며, 이 거부에 대한 거부는 그 생명이 깃든 몸의 죽임에 의해서만 가능하다. 다만 그렇더라도 죽음을 각오한 자유 앞에서 죽임은 효력을 잃게 될 뿐이다. 요컨대 자유는 생명에 깃들고, 그 생명은 다시 각 사람의 몸에 깃든다. 따라서 자유를 지키려면, 생명을 지켜야 하고, 생명을 지키려면 몸을 지켜야 한다. 바로 이와 같은 맥락에서 인간의 몸은 자유가 깃든 현전의 토대로서 신성한 가치를 가질 수 있다.

그렇다면 권력 현상에 대한 이상과 같은 관찰이 종국적으로 도착하는 지점은 어디인가? 스스로의 현전의 가능범위를 확대하거나 유지하려는 주체, 그 자유와 생명이 깃든 몸 앞에 그와 하등 다를 것이 없는 또 다른 몸이 출현하는 지점, 바로 그곳이다. 자유 현상은 그 출발점인 몸 앞에 절대적 불가침성을 가진 또 다른 자유 현상이 몸으로 도래할 때 비로소 한계에 도달한다. 권력 현상은 현전의 가능범위를 확대하거나 유지하려는 주체의 자유에 의하여 발생하지만, 바로 그 권력 현상 앞에 절대적 불가침성을 가진 또 다른 자유 현상이 출현함으로써 주체의 자유는 한계에 부딪힐 수밖에 없다.

앞에서 나는 권력을 인간이 현전의 가능범위를 확대하거나 유지하기 위하여 동원하는 물리적, 지적, 제도적 자원의 총체로 정의했다. 이러한 권력 개념을 전제로 이제 자유와 권력의 관계를 정리해 보자.

우선 자유가 권력을 필요로 할 때, 권력은 자유의 조건이자 한계가 된다. 그러나 그로 인해 자유가 권력 현상으로 전화된 다음에는, 정반대로 자유 현상이 권력의 조건이자 한계가 된다. 이처럼 권력과 자유가 서로의 조건이자 한계가 될 때, 인간은 양자택일의 윤리적 요청에 부딪힐 수밖에 없다. 자신 앞에 도래한 자유 현상을 단지 스스로의 현전의 가능범위를 확대하거나 유지하는데 방해가 되는 장애물로 간주하느냐? 아니면 자신과 하등 다를 것이 없는 절대적 불가침성을 가진 타자, 즉 또 하나의 자유 현상으로 인정하느냐? 헌정주의, 즉 헌법을 정치의 중심에 놓으려는 태도는 이 가운데 근본적으로 후자의 입장에 서려는 사람들에 의하여 출현한다. 과도한 일반화의 위험을 무릅쓰고 말하자면, 그 과정은 크게 네 단계로 구분할 수 있다.[12]

첫째는 주체의 자유와 타자의 자유, 즉 주체의 권력과 타자의 권력 사이에 공동의 표상을 마련하는 단계이다. 인간의 정치는 본질적으로 표상을 통한 사유정치(thinking politics through representation)이므로 이 단계의 실질적 의미는 타자의 몸에 대한 절멸을 단념하는 방식으로 주체에 드리운 타자의 표상과 타자에 드리운 주체의 표상 사이에 공동의 표상이 발생할 때까지 기다리는 것이다. 둘째는 이 공동의 표상 안에 주체의 자유와 타자의 자유, 즉 주체의 권력과 타자의 권력을 공히 제한할 수 있는 제도적 장치들을 마련하는 단계이다. 동서고금을 막론하고 성숙한 차원으로 나아간 문명들은 예외 없이 권력 현상이 과거 — 현재 — 미래, 역사 — 내면 — 초월로 이루어진 인간 현상의 시공간적 제약을 과도하게 넘어서지 못하도록 세련된 제도적 장치들을 발전시켰다. 셋째는 한 걸음 더 나아가서 인간의 몸의 절대적 불가침성과 그로 인한 인간들 사이의 근원적 평등을 전제로 정치공동체를 운영할 수 있는 시스템을 공동의 표상 안에 못 박아 넣는 단계이다. 오늘날의 자유민주주의 체제에서는 ① 인간으로서의 존엄과 가치에 기초한 보편적

---

12) 이국운, '헌정적인 것'의 개념, 법과 사회, 제51호, 2016

인권 사상 ② 정치공동체 구성원들의 평등에서 출발하는 민주주의 이념 ③ 제도적 권력들의 분립 및 견제와 균형의 시스템 ④ 사람이 아니라 사람들 사이의 법에 의한 통치, 그리고 ⑤ 이 모두를 연결하면서 정치공동체들 사이의 동등성을 보장하는 주권국가체제를 그러한 시스템의 예로 들 수 있다.

이상과 같은 세 단계의 헌법 정치는 권력이 아니라 자유가 먼저임을 받아들이는 윤리적 결단만이 아니라 스스로의 현전의 가능범위를 끊임없이 확대하거나 유지하려는 권력 현상의 악마적 성격을 통찰하는 실천적 지혜도 요구한다. 공동의 정치적 표상을 인정하고, 주체의 권력의 한계를 제도화하며, 자유와 평등에 기초한 헌법 정치의 세련된 시스템을 구축하는 것은 주체에게도 그것이 최선의 선택이기에 가능한 것이다. 권력으로 권력을 통제하는 헌정주의의 비기(秘技)는 윤리적 결단과 정치적 지혜의 두 조건이 갖추어질 때 비로소 만개할 수 있다.

바로 이 점에서 지난 세기 이래 헌정주의 앞에 도래한 상황은 근본적인 성찰을 요구하고 있다. 무한히 큰 시원적 권력, 즉 주권을 통하여 헌정주의를 추진하는 것은 권력으로 권력을 통제하는 헌정주의의 입장에 위반되기 때문이다. 게다가 주권국가론은 그 내부의 논리적 모순을 은폐하기 위하여 점점 더 무한히 큰 시원적 권력을 동원하는 무리수를 두어 왔다. 지난 세기 전반 주권국가의 이름으로 총력전을 선포하여 수천만 명의 무고한 인명을 살상한 두 차례의 세계 대전을 벌인 뒤, 그것도 모자라 수십 년을 더 핵무기 경쟁을 벌였던 서구 주권국가들의 경험은 이를 보여 주는 단적인 증거가 아니겠는가?

이와 같은 사태에 대한 깊은 반성의 맥락에서 지난 세기 후반 내내 인류 사회에는 앞서 말한 양자택일의 윤리적 요청 가운데 후자의 입장을 선택하는 차원을 넘어 타자의 선재성을 무조건적으로 받아들이라는 더욱 단호하고도 급진적인 요청이 제기되어 왔다. 프랑스의 유대인 철학자 엠마누엘 레비나스(Emmanuel Levinas)의 이름으로 대표되는 타자 윤리가 대표적인 예이다. 그렇다면 이를 헌정주의의 네 번째 단계에 연결시킬 수 있는 정치적 지혜는 어디서 찾을 수 있을까? 이것이야말로 21세기 초반 정치이론가들이 대답해야 할 핵심 질문이다.

V. 헌법과 선물

대단히 조심스러운 마음으로 이 질문에 대한 답변의 가능성을 타진해 보자. 내가 보기에 헌정주의의 네 번째 단계에서는 권력보다 자유가 먼저라고 인정하는 것만으로 부족하다. 그보다는 오히려 자유를 어떻게 이해하느냐가 더욱 결정적인 문제가 된다. 사르트르나 카뮈와 같은 지난 세기의 실존주의 철학자들은 인간의 자유를 부조리와 연결시켜 이해하고자 했다. 무의미 속에 주어진 것, 방향 없이 던져진 것, 바로 그러한 부조리 속에서, 그럼에도 불구하고 인간이 그 부조리에 주체적으로 맞설 때, 비로소 자유를 경험할 수 있는 것으로 그들은 생각했다. 그 때문에 실존적 자유는 언제나 부조리에 저항하기 위한 권력을 필요로 했고, 그 권력이 없어질 때 자유 또한 사라지는 운명을 감수할 수밖에 없었다. 무의미에서 시작하여 부조리와 자유와 저항과 권력을 거쳐 다시 무의미로 돌아오는 궤적이 두 차례의 세계 대전을 거친 뒤 그들이 그렸던 인간 현상의 모습이었다.

그러나 타자 윤리를 무겁게 받아들이는 21세기의 헌정주의자들은 그와 다른 지점에서 출발해야 하지 않을까? 만약 인간 현상을 무의미와 부조리가 아니라 대가 없이 주어진 것, 선물, 또는 선택 받음으로 놓을 수 있다면 어떨까? 그 주어짐, 그 선물, 그 선택 받음의 근거와 의미에 관해서는 당분간 각자의 형이상학에 맡겨 두기로 하자.[13] 그러나 적어도 그 무수한 형이상학의 결론이 인간 현상을 대가 없이 주어진 것, 선물, 또는 선택 받음으로 놓는다면, 그로부터 적어도 인간의 정치는 전혀 다른 방향으로 나아갈 수도 있지 않을까? 인간 현상의 출발점을 대가 없이 주어진 선물과 연결시킨다면 자유는 곧바로 부조리가 아니라 그 선택 받음에 관련된 어떤 감사, 어떤 원초적인 고마움과 연결될 수 있게 된다. 따라서 그로부터 전혀 다른 이야기가 전개되는 것은 당연하다. 처음은 말없는 똘레랑스이며, 다음은 환대의 정치이며, 그 뒤를 사랑의 실천이 잇는다. 무한히 큰 시원적 권력에만 집중하는 주권국가론은 이처럼 스스로를 초과하는 흘러넘침의 차원을 전혀 알지 못한다. 이것이 바로 저 정치학 교과서에 담긴 매정하고도 우울한 근대국가론의 한계인 것이다.

나는 21세기의 헌정주의자들이 지향해야 할 이와 같은 고결한 뜻이 대한민국 헌법 제1조 제1항이 말하는 민주공화국 프로젝트에 이미 녹아 있다고 생각한다. 민주공화국은 주권국가 이전에 헌법국가이다. 그 출발점에는 자신의 자유를 부조리가 아니라 대가 없이 주어진 선물로 이해하고, 그 선택 받음에 관한 감사와 고마움에서 출발하여 헌정주의를 실천하는 일단의 사람들이 있다. 따라서 대한민국의 기원 논쟁에서 가장 중요한 초점은 결코 주권, 국민, 영토의 요건들을 기계적으로 확인하는 것이어서는 안 된다. 그것은 오히려 대한민국이라는 민주공화국 프로젝트를 추진하는 사람들이 도대체 언제 자신들의 몸을 서로에게 드러냈는가의 질문이어야만 한다. 제헌헌법이, 그리고 현행 헌법까지도, 3.1 운동과 그 이후 설립된 대한민국 임시정부의 법통을 따

---

13) 그 한 예로서 John Milbank, Being Reconciled: Ontology and Pardon, Routledge, 2003 참조

르는 까닭은 그 시점에 바로 이 사람들, 즉 헌법 문서에 "우리 대한국민"으로 스스로의 이름을 새겨 넣은 이 사람들이 자신들의 몸을 서로에게 드러냈기 때문이다.

이러한 관점에서 보자면, 헌법은 "우리 대한국민"이 "대한민국의 국민"에게 선사한 선물이다. 전자는 헌법보다 먼저 존재하고, 후자는 헌법 이후에 나타나며, 후자는 전자의 선물인 헌법에 의해서만 형성될 수 있다. 우리는 대개 "대한민국의 국민"으로 자신을 동일시하면서 헌법을 읽기 시작한다. 그러다가 헌법의 주어가 "우리 대한국민"이며, 헌법은 바로 그 "우리 대한국민"이 선사한 선물이라는 점을 깨닫고 나면, 자연스럽게 자신의 헌법적 위상을 자문하게 된다. "도대체 나는 누구인가? 대한민국의 국민일 뿐인가? 아니면 우리 대한국민의 한 사람이기도 한가?" 이 질문은 헌법이라는 선물의 양 당사자 중 어느 편인가를 묻는 것이기도 하다. "나는 선물을 받는 사람일 뿐인가? 아니면 선물을 주는 사람이기도 한가?"

나는 이와 같은 질문이야말로 대한민국이라는 국가를 성찰적 공동체로 사유하는 출발점이라고 생각한다. 우리는 결코 헌법이라는 선물을 받는 "대한민국의 국민"의 자리에 머물러 있어서는 안 된다. 선물을 준 사람들에 대한 고마움을 가지고, 우리 자신 또한 헌법의 주어인 "우리 대한국민"의 한 사람임을 깨달아야 한다. 그리고 그 깨달음에서 출발하여 헌법이라는 선물을 주는 자리로 나아가야 한다. "우리 대한국민"으로서 이제 우리가 헌법을 선물해야 할 상대방은 다른 "대한민국의 국민"이다. 우리가 그랬듯이, 그 선물을 받은 사람들도 언젠가는 헌법을 읽다가 자신들이 헌법의 주어의 일부임을 깨닫게 될 것이다. 그리고 그때 그들은, 지금의 우리와 마찬가지로, "우리 대한국민"의 자리로 나아와 다시 또 다른 사람들에게 헌법이라는 선물을 전하게 될 것이다. 이와 같은 선순환, 즉 "대한민국의 국민"을 "우리 대한국민"으로 거듭나게 만드는 흥미로운 과정이야말로 헌법 현상의 본질이자 핵심이다.

그러므로 오늘날 대한민국의 상황에서 국가를 성찰적 공동체로 사유하기 위한 출발점은 대한민국이라는 민주공화국 프로젝트를 시작한 사람들, 즉 헌법의 주어인 "우리 대한국민"의 앞으로 돌아오는 것이어야 한다. 무한히 큰 시원적 권력, 즉 주권을 동원한 뒤 그 그늘에 숨는 방식으로 "우리 대한국민" 앞에 스스로의 몸을 드러내는 모험을 회피한다면, 대한민국이라는 국가는 결코 성찰적 공동체가 될 수 없다. "우리 대한국민"과 "대한민국의 국민"이 서로의 앞에 스스로의 몸을 드러내는 방식으로, 오로지 그 방식으로만, 대한민국은 성찰적 공동체가 될 수 있다.

VI. 사족 : 이 글의 유래에 관하여

이 글처럼 독자를 고통스럽게 만드는 난삽한 원고에는 대개 그 나름의 곡절이 있게 마련이다. 이에 관한 간단한 사족으로 글을 마무리하고자 한다.

2003년 연초였던 것으로 기억한다. 나는 한국헌정사연구회가 베이징 인민대학교 법과대학에서 개최했던 헌정사비교연구세미나에 참여했다. 무지하게 추웠던 행사 당일, 한국 측에서는 조선대학교의 이영록 교수가 대한민국 제헌헌법(1948)에 대해, 중국 측에서는 인민대학교의 한대원 교수가 중화인민공화국의 제헌헌법(1954)에 대해, 각기 그 성립과정과 특징을 비교헌법적 시각에서 발표했다. 각 발표에 대해서는 국제학술모임답게 상대방 국가의 학자가 논찬을 진행했는데, 나는 한대원 교수의 발표에 대한 토론을 맡았다. 조선족 출신의 중국학자가 통역을 진행했다.

한대원 교수는 1954년 중화인민공화국의 제헌헌법이 흔히 생각하는 것과 달리 헌정주의의 여러 특징들을 이미 고루 갖추고 있었다고 주장했다. 직접 부연하지는 않았지만, 다분히 문화대혁명 이후 몇 차례 수정된 헌법의 연원을 제헌헌법에서 찾으려는 의도가 도드라지는 논지였다. 논찬 순서가 되자 나는 우선 한대원 교수의 노작이 거둔 성과에 경의를 표하고, 헌정주의의 계보를 제헌헌법에 찾는 것은 어느 나라에서나 헌법정치를 튼실하게 만드는 좋은 방법이라고 덧붙였다. 그리고 다음과 같은 질문을 던졌다.

"그런데 말입니다. 한 교수님의 논지를 재미있게 읽으면서도 제게는 한 가지 의문이 생겼습니다. 제헌헌법이 그처럼 헌정주의의 특징을 고루 갖추고 있었다면, 그 이후에 그 헌법이 제대로 작동을 했어야 하지 않을까요? 제가 귀국의 최근 역사를 잘 알지 못합니다만, 실제의 역사는 조금 다르게 진행된 것 같아서요. 이 점에 관한 설명이 부가되어야 할 듯합니다."

발언을 마치면서 흘낏 보니, 한국 헌법학계에서 중국 헌법 전문가로 통하는 신우철 교수의 두 눈이 동그랗게 변해 있었다. 한국어를 알아듣는 한대원 교수 역시 얼굴이 붉게 상기 되었고, 통역자도 마찬가지였다. 한국 측 참가자들은 모두 중국 측 참가자들이 어떤 반응을 보일지 한껏 궁금해하는 모습이었다.

내 논평과 마지막 질문이 통역을 통해 전달되자 중국 헌법학자들 사이에서는 잠시 당혹스런 분위기가 형성되었다. 한대원 교수는 내 질문에 대하여 자신은 연배가 어리니 헌정사를 잘 아는 선배 학자들께서

답하는 것이 좋겠다고 짐짓 답변을 미루었고, 뒤를 이어 연배가 어린 학자들부터 거슬러 올라가며 선배 학자들에게 답변의 책임을 미루는 일종의 도미노 현상이 벌어졌다. 결국 답변의 책임은 세미나에 참여한 헌법학자들 가운데 가장 연장자인 허숭덕 선생에게 맡겨졌다. 허숭덕 선생은 문화대혁명 기간 베이징 대학교 법과대학과 함께 명맥을 유지했던 길림 대학교 법과대학 출신으로서 중국 헌법학계의 최고 원로들 중 한 사람인 동시에 사실상 그 세미나에 참여한 중국 헌법학자들 모두의 지도교수나 다름없는 분이었다.

작은 체구에 눈매가 유난히 형형한 허숭덕 선생은 잠시 생각을 가다듬은 후 내 질문에 대해 간명하게 답변했다. 말하는 내내 허숭덕 선생의 입가에는 알 수 없는 희미한 미소가 맴돌았다. 통역을 통해 전달된 내용은 대체로 다음과 같았다.

"그렇지요. 중화인민공화국의 제헌헌법은 제정된 뒤 오래지 않아 상당기간 동안 제대로 효력을 발휘하지 못했습니다. 그 이유는 정치적인 것이었어요. 다만, 여기서 주목할 점은 제헌헌법을 만들던 당시의 지도자들이 일이 그렇게 되리라는 것을 이미 알고 있었다는 사실입니다. 특히 마오 주석은 권력은 근본적으로 하나이며, 결코 분할될 수 없다는 것을 누구보다도 분명하게 꿰뚫고 있었습니다."

나는 그날 허숭덕 선생으로부터 이 글에서 주권국가론으로 지칭한 정치철학적 입장의 진면목을 확인할 수 있었다. 그리고 무한히 큰 시원적 권력으로 정치의 모든 문제들을 해결하려는 태도에 담긴 어떤 매혹과 악마성 또한 확실히 느낄 수 있었다.

그로부터 20년 가까운 세월이 지나는 동안 나는 어떻게 해서든 허숭덕 선생이 헌정사적 논변으로 돌려 주장했던 주권국가론의 입장을 넘어설 뿐만 아니라, 가능하다면 허숭덕 선생까지도 설득할 수 있을 만한 헌정주의자의 논변을 마련하기 위하여 애를 써왔다. 이 글에서 제시한 논변의 완성도와는 아무 상관이 없겠지만, 어쨌든 이것이 이 글이 세상에 나오게 된 나름의 곡절이다.

I. 자치분권의 이념적 가치

이 글은 자유민주주의에서 자치분권의 이념적 가치를 확인하고 자치분권을 지향하는 헌법개정의 당위성을 주장하려는 시도이다. 나는 자유민주주의를 헌정주의의 근대적 변형으로서 자유(liberty)와 민주(democracy)의 모순적인 요구를 양자 모두 거부하거나 그 중 어느 하나만을 선택하는 방식으로 해소하지 아니하고, 그때그때의 상황과 맥락 속에서 끊임없이 조화시키려는 불굴의 프로젝트로 이해한다.[1] 타율을 전제하는 중앙집권적 주권국가의 이념은 오로지 예외적인 상황에서만 자유민주주의와 결합할 수 있으며, 자치분권이야말로 자유민주주의의 골간인 자유와 민주와 공화와 헌정의 이념에 더욱 친화적일 수밖에 없다.

우선 자치분권의 이념은 "자유"를 주권국가에 의한 권리의 보호를 넘어 헌법적 주체들 스스로의 자아실현으로 이해할 때 자연스럽게 도출된다. 누구에게나 자아실현은 풀뿌리 지역 공동체로부터 출발하여 국민국가와 세계에 이르렀다가 다시 출발점으로 돌아오는 동심원적 환

---

1) 이국운, 자유민주주의란 무엇인가?-헌정주의자의 시각, 공법연구 제47권 제4호, 2019

원과정이기 때문이다. 또한 그것은 민주주의로부터도 도출된다. 민주주의는 주권자들이 구성하는 구체적인 생활세계를 전제하는 것이며, 따라서 집단적 삶의 현장인 지역공동체 단위의 자치(풀뿌리 민주정치)를 우선적으로 전제하기 때문이다.

자유민주주의에서 자유는 본질적으로 개인의 자유이며, 이때 개인의 자유는 마치 작은 동심원과 같은 형상으로 이해될 수 있다. 누구에게나 개인의 삶은 세상이라는 호수에 던져진 하나의 점과 같은 존재에서 시작하여 점차 바깥을 향해 커지다가 인생의 클라이맥스를 지나면 다시 작아져서 하나의 점으로 돌아가는 과정이다. 여기서 핵심은 이 동심원이 안으로부터 바깥으로, 작은 동그라미에서 시작하여 큰 동그라미 쪽으로 펼쳐지며, 결국은 다시 작은 동그라미로 돌아간다는 점이다. 자유를 중앙집권적 주권국가에 의한 기본권의 보호로 관념하는 것은 항상 이처럼 자연스러운 삶의 동심원적 구조를 무시하고 자유를 단지 추상적인 이념으로만 받아들일 때 발생한다. 솔직히 말해서 그것은 자유가 아니라 자유의 모사에 가깝다.

자유에 대한 이와 같은 동심원적 이해는 민주에 대한 동심원적 이해와도 그대로 연결된다. 자유민주주의에서 민주는 자유의 동그라미들이 서로에게 부딪혀 만들어내는 파열을 해결하기 위한 유일한 방식이다. 자유의 동그라미들은 부딪힘을 통하여 스스로 또 다른 동그라미를 만들어낸다. 그러므로 민주 역시 작은 동그라미에서 시작하여 큰 동그라미로 나아갔다가, 다시 작은 동그라미로 돌아오는 동심원적 구조일 수밖에 없다. 여기서 핵심 역시 이 민주의 동그라미가 안으로부터 바깥으로, 즉 작은 동그라미로부터 시작된다는 점이다. 자유가 그렇기 때문이다. 따라서 자유의 동그라미에서부터 출발하는 민주의 동그라미는 풀뿌리 공간과 지역 공동체와 국민국가와 세계로 나아갔다가 다시 출발점으로 돌아오는 동심원적 환원과정일 수밖에 없다.

이상과 같은 소략한 논증만으로도 자유민주주의가 결과적으로 타율과 연결되게 마련인 집권의 이념보다는 자치를 근거로 하는 분권의 이념에 더욱 친화적이라는 점이 여실히 드러난다. 그러나 이 명제는 결코 자유가 발생하며 풀뿌리 자치가 이루어지는 작은 동그라미 속에서 자유가 완결될 수 있다는 의미가 아니다. 자유는 안으로부터 바깥으로 펼쳐지는 운동이며 따라서 그 출발점이 되는 안, 즉 개인의 내면과, 그 지향점이 되는 바깥, 즉 공동체의 바깥을 함께 확보해야 한다.

공화주의는 자유와 민주의 동심원들이 만들어내는 파열을 끊임없이 관리하는 문제와 깊이 관련된다. 이를 위해 공화주의는 자유민주주의의 구성원들에게 권력들 사이의 상호 견제를 통해 정치공동체 내부에 깨어진 균형을 끊임없이 회복시킬 것을 요청한다. 자유와 민주 중어느 하나만을 선택해서는 자유민주주의는 추구할 수 없다. 그 둘을 모두 선택해야 하며, 이는 결국 양자의 접목과 조화를 끊임없이 추구한다는 말이고, 따라서 그 추구를 지속할 수 있는 역량을 갖추어야 한다는 말이기도 하다. 이와 같은 헌법적 실천의 요체는 자유와 평등, 자유와 민주의 모순적 길항 관계를 그 중 어느 한쪽을 선택하는 방식으로 해소하는 것을 거부하고, 끊임없이 그리고 끝까지 양자를 조화하며 타협시키는 것이다. 공화주의는 자유의 이념과 민주의 이념을 서로에게 맞세운 뒤, 그 사이에서 시공간적 상황에 맞는 제도적 타협책을 그때그때 확보하려는 기획이면서, 그와 같은 긴장을 능히 견디어 낼 수 있는 헌법적 시민의 덕성을 함양하려는 기획이다.

자유민주주의는 "견제받는 정부가 견제받지 않는 정부보다 더욱 강력하거나 더욱 강력해질 수 있다(Limited government is, or can be, more powerful than unlimited government)"는 믿음에 근거한다.[2] 이때의 견제는 입법, 행정, 사법 간의 견제와 균형에 의해서만 아니라 시장과 정부와 공론장과 국가의 차원을 가로지르는 공간적 차원의 권력 분립에 의해서도 달성되어야 한다. 자유민주주의를 포기하지 않는 한, 공간적 권력 분립은 당연히 따라올 수밖에 없다.

따라서 오늘날의 한국 사회와 같이 헌법문서가 표상하는 과도한 중앙집권으로 인하여 공간적 권력분립이 무의미해진 지경에 이르렀을 때, 자유민주주의의 정상화를 위하여 헌법적 시민들이 선택해야 할 대안이 무엇인지는 분명하다. 그것은 당연히 공간적 권력분립을 제도화하는 방향으로 헌법개정을 추구하는 것이어야 한다.

대한민국 헌정사를 일관해 온 중앙집권적 편향은 그 자체만으로도 자유민주주의의 요청을 일정 정도 거부해 온 것이나 마찬가지이다. 물론 고난과 시련 속에 주권국가의 기틀을 마련해야만 했던 헌정사의 여러 고비에서 중앙집권적 편향은 불가피한 측면이 있었다. 하지만 그 유효성은 주권국가의 독립을 확보하고 국민 개개인의 기본적 자유와 권리를 확보하는 것으로 충분하다. 헌정수립 70년을 훨씬 넘긴 시점까지 지나간 시대의 상황 논리를 만연히 되풀이해서는 안 된다.

대한민국은 이제라도 헌정사의 기본 방향을 기능적 권력 분립과 공간적 권력 분립이 함께 작동하는 자치 분권의 방향으로 바꾸어야 한다. 지역공동체에 기초한 풀뿌리 민주정치와 이로부터 경쟁력을 공급받는 각급 지방자치단체들, 그리고 그 토대 위에서 각종 국가적 과제들은 물론 한반도의 재통일과 같은 시대적 과제를 효과적으로 추진해 가는 중앙 정부로 하루바삐 대한민국을 재구성해야 한다. 이러한 관점에서 나는 자치분권을 지향하는 헌법개정이야말로 오늘날 대한민국에

---

2) Stephen Holmes, Passions and Constraint: On the Theory of Liberal Democracy, The University of Chicago Press, 1997, preface

서 자유민주주의를 정상화하고 민주공화국을 바로 세우는 지름길이라고 주장한다. 다만, 이 주장이 적실성을 가지려면 타율을 전제하는 중앙집권적 주권국가의 이념을 자유민주주의와 연결할 수밖에 없었던 예외적인 상황을 먼저 살펴야 할 것이다. 대한민국 헌정사에서 이 점에 관한 상념을 이어가는 것으로 논의를 시작해 보자.3)

II. 어려운 자유, 어려운 평화

한국 전쟁의 휴전을 위한 회담이 막바지 단계에 접어들고 있던 1953년 초여름 대한민국은 온통 휴전을 반대하는 시위로 들끓었다. "통일 없는 정전(停戰) 결사반대"를 외치는 시민들의 궐기대회가 서울 한복판에서 개최되었고, 이승만 대통령을 비롯한 정치인들은 국군 단독으로라도 북으로 진격하자는 북진통일론을 주장했다. 후일 미국으로부터 한미상호방위조약과 대규모 경제 원조를 이끌어내는 데 기여하기도 했던 이 휴전반대시위의 정치적 의미에 대해서는 다양한 층위에서 평가가 가능할 것이다. 그러나 그 평가가 무엇이든 간에, 실제로 휴전반대시위에 나섰던 평범한 시민들이 어떤 심정이었을지는 그리 어렵지 않게 짐작할 수 있다. "3년 넘게 삼천리 반도를 피로 물들인 참혹한 전쟁을 그렇게 끝낸다면, 그동안 당했던 피흘림과 고통과 수모를 어떻게 풀 수 있으며, 무엇보다 죄 없이 죽임당한 숱한 영혼들 앞에 어떻게 고개를 들 수 있을까?" 당시의 시민들은 너나 할 것 없이 이와 비슷한 마음이었을 것이다.

----

3) 이하 두 장의 논의에는 선행연구에서 개진한 내용의 발췌·요약이 부분적으로 포함된다. 이국운, '민주적 연방주의와 평화,' 헌정주의와 타자, 박영사, 2019, 10장.

휴전반대시위의 사례는 우리에게 자유와 평화에 여러 차원이 있음을 알려 준다. 단순하고 쉬운 자유와 평화가 있는가 하면, 복잡하고 어려운 자유와 평화도 있다. 유엔의 깃발아래 참전한 다른 나라들의 입장에서 3년이 넘긴 한국 전쟁을 애초의 38선 부근에서 중지하는 것은 명분과 실리의 측면에서 비교적 선택할 만한 자유와 평화였을 것이다. 그러나 3년 동안 수많은 피를 흘려가며 목숨 바쳐 싸운 대한국민들에게 그처럼 쉬운 자유와 평화는 너무도 선택하기 어려운 것이 아니었을까? 휴전반대시위에 참여한 시민들의 모습에는 쉬운 자유와 쉬운 평화를 거부하고 어려운 자유와 어려운 평화를 선택할 수밖에 없는 슬픔과 분노와 안타까움이 착잡하게 교차하고 있다. 기실 평화 중에 가장 쉬운 것은 굴종으로 얻는 평화이며, 이는 자유의 상실, 즉 자유를 포기하는 자유를 의미할 뿐이다. 만약 우리가 그 차원을 거부한다면, 그 이후 만나게 되는 것은 갈수록 조금씩 더 힘들고 복잡해지는 더 어려운 자유이자 더 어려운 평화일 수밖에 없다. 휴전반대시위의 시민들은 휴전을 통한 덜 어려운 자유와 덜 어려운 평화를 거부하고 오로지 싸워 이겨야만 얻을 수 있는 더 어려운 자유와 더 어려운 평화를 주장했던 셈이다.

한국 전쟁의 휴전 이래 대한민국 헌정사에서 자유와 평화에 대한 집단적 사유와 추구는 갈수록 조금씩 더 힘들고 복잡해지는 '더 어려운 자유와 더 어려운 평화의 노선'을 따르고 있다. 언뜻 보기에 휴전반대와 북진통일을 주장하던 체제가 남북공존과 평화통일을 강조하게 된 것은 쉬운 자유/쉬운 평화 또는 덜 어려운 자유/덜 어려운 평화로의 퇴행으로 평가될 여지가 없지 않다. 그러나 현행 헌법 제4조는 자유민주적 기본질서라는 규범적 기준을 평화통일의 원칙으로 천명함으로써 이 변화가 결코 그와 같은 퇴행이 아니며 오히려 더 어려운 자유이자 더 어려운 평화로의 진전이라는 점을 증명하고 있다. "대한민국은 통

일을 지향하며, 자유민주적 기본질서에 입각한 평화적 통일정책을 수
립하고 이를 추진한다."(제4조)4) 휴전회담시도에 맞서서 북진통일론을
외쳤던 것이 쉬운 자유/쉬운 평화를 거부하고 어려운 자유/어려운 평
화를 지향한 선택이었듯, 북진통일론을 폐기하고 자유민주적 기본질서
에 입각한 평화통일론을 채택한 것 또한 한층 더 어려운 자유/더 어려
운 평화를 지향한 선택이었다.5)

　　타자의 논리와 관련하여, 이와 같은 역사적 경험은 '더 어려운 자
유/더 어려운 평화의 노선'을 따르는 한 거치지 않을 수 없는 몇 개의
단계를 보여 준다.6) 첫째는 타자에게 굴종함으로써 얻는 쉬운 자유/쉬
운 평화를 거부하는 단계이고, 둘째는 타자와의 투쟁을 통해 자유와
평화의 토대인 자기정체성을 확립하는 단계이다. 예컨대, 위에서 언급
한 휴전반대시위와 북진통일론을 이 단계에 해당하는 것으로 생각할
수 있다. 셋째는 타자와의 투쟁 과정에서 확립된 자기정체성에 입각하
여 자기만이 아니라 타자의 자유와 평화를 인정하고 나아가 타자와의
공존을 선택하는 단계이며, 넷째는 이와 같은 타자와의 공존의 결과로
서 복수(複數)의 타자들 앞에서 자기정체성의 분화를 경험하는 단계이
다. 자유민주적 기본질서에 입각한 평화통일론에 대하여 한국 사회 내
부에 존재하는 상반된 해석 경향은 한국 사회가 이 셋째 단계를 거쳐

----

4) 평화통일조항은 1972년 유신헌법에서 처음 신설했고, 1987년 헌법(현행)에서 상
　세한 조항을 두었다. 헌법 제4조 이외에도 제66조 제3항, 제69조, 제72조, 제92조
　제1항 등을 일관된 취지에서 거론할 수 있다.
5) 물론 그럼에도 불구하고 한국 사회에서 자유민주적 기본질서에 입각한 평화통일
　론은 여전히 매우 상반된 해석의 가능성을 내포하고 있다. 그 대강의 정리로는
　다음을 볼 것. 도회근, '헌법의 영토와 통일조항 개정론에 대한 비판적 검토', 헌
　법학연구 제12권 제4호, 2006
6) 이하의 단계론은 엠마누엘 레비나스에게서 배운 것을 기초로 내가 생각해 본 것
　이다. 강영안, '레비나스의 평화의 형이상학－일인칭적 관점에서 본 평화의 문제',
　서강대학교 철학연구소 편, 평화의 철학, 철학과현실사, 1995 참조

넷째 단계의 어귀에 다다르고 있음을 나타내는 증표이다.

그렇다면 이와 같은 단계들을 거쳐서 '더 어려운 자유/더 어려운 평화의 노선'이 지향해야 할 다섯째 단계는 무엇일까? 이론적으로 말하자면 그것은 복수의 타자들과의 관계에서 정립된 복수의 자기정체성을 기반으로 타자들과의 다원적 자유와 평화를 모색하는 단계여야만 할 것이다. 물론 이러한 이론적 진술을 실천에 옮기는 것, 즉 복수의 자기정체성을 기반으로 타자들과 공존할 수 있는 이념과 제도와 주체와 문화를 만드는 것은 지극히 어려운 일이다. '더 어려운 자유/더 어려운 평화의 노선'은 가면 갈수록 조금씩 더 힘들고 복잡해지는, 짜증나고 고통스러운 실천의 연속일 수밖에 없다. 그러나 타자와의 진정한 공존을 위하여 쉬운 자유/쉬운 평화 또는 덜 어려운 자유/덜 어려운 평화를 거부하고 '더 어려운 자유/더 어려운 평화'를 추구하는 것은 근대적 헌정주의로서 자유민주주의의 본질이다. 1953년 이후 대한민국 헌정사는 명백하게 이 방향을 지향하고 있다.

이하에서 나는 자치분권을 지향하는 헌법개정의 당위성을 '더 어려운 자유/더 어려운 평화의 노선'에서 생각해 보려고 한다. 앞에서 거론했듯이, 이 시도는 복수의 타자들 앞에서 자기정체성의 분화를 경험한 뒤 그 복수의 자기정체성을 기반으로 타자들과의 다원적 자유와 평화를 모색하는 단계에 해당한다. 오늘날 한반도에는 첫째, 둘째, 셋째 단계들에 해당하는 자유와 평화에 대한 집단적 사유와 추구가 각각 매우 강력한 형태로 존재하고 있으나, 그 모두는 초집권적 단일중심주의라는 공통점을 가지고 있다. 그 모두를 극복하고 더 어려운 자유/더 어려운 평화로 나아가기 위해서는 자치분권을 지향하는 헌법개정이 요청된다. 헌법이론의 전문 용어로 말하면, 이는 현행 헌법이 평화통일의 규범적 기준으로 제시하고 있는 자유민주적 기본질서를 공간적 다원성의 차원에서 더욱 깊이 이해해 보려는 것이다.

더 어려운 자유/더 어려운 평화의 관점에 서면 反자유/反평화에
대해서도 색다른 이해를 확보할 수 있다. 자유와 평화를 억압과 전쟁
에 대비하는 통속적인 프레임에 비하여, 이 관점에선 反자유/反평화의
미묘하고 노회한 측면을 통찰할 수 있기 때문이다. 갈수록 조금씩 더
힘들고 복잡해지는 더 어려운 자유/더 어려운 평화에 대항하여 反자유
/反평화는 항상 덜 어려운 자유/덜 어려운 평화 또는 단순하고 쉬운
자유와 평화의 모습으로 나타난다. 나아가 反자유/反평화는 곧잘 자유
와 평화란 원래 단순하고 쉬운 것이라는 대중적 관념을 활용하여 더
어려운 자유/더 어려운 평화의 노선을 모함하기도 한다. 복잡하고 어
려운 것은 자유가 아니고 평화도 아니므로 더 어려운 자유/더 어려운
평화의 노선은 자유와 평화의 적(敵)일 뿐이라는 비판이다.

자유와 평화를 원래 단순하고 쉬운 것으로 바라보는 대중적 관념
은 간단히 무시될 수 있는 것이 아니다. 그 속에는 때때로 "인애와 진
리가 같이 만나고, 정의와 평화가 서로 입을 맞추는"(구약성서 시편 85:
10), 초월적이며 궁극적인 자유와 평화에 대한 희구가 담기기도 하는
까닭이다. 하지만 이러한 희구는 오히려 갈수록 조금씩 더 힘들고 복
잡해지는 더 어려운 자유/더 어려운 평화의 노선과 더 자연스럽게 조
화된다. 만약 자유와 평화가 그처럼 단순하고 쉬운 것이라면, 우리가
굳이 "정의와 평화가 서로 입 맞추는" 세상을 꿈꾸어야 하는 까닭이
무엇이겠는가? 단순하고 쉬운 자유와 평화를 그저 실행하면 되지 않겠
는가? 그러나 모두가 늘 경험하듯이 타자와의 공존은 단순하고 쉬운
과제가 아니다. 그것은 갈수록 조금씩 더 힘들고 복잡해지는 '더 어려
운 과제'이다. 초월적이고 궁극적인 자유와 평화에 대한 희구는 단순하
고 쉬운 자유와 평화를 버리고 더 어려운 자유/더 어려운 평화를 향해
나아갈 때, 더욱 절실해진다. 이 더 어려운 자유/더 어려운 평화의 길
에서 지치고 쓰러져서, 진정한 자유/진정한 평화는 불가능한 것일지도

234 PART 02 한반도의 평화와 반(反)평화

모른다는 절망감에 휩싸일 때라야, 우리는 비로소 시편의 저자가 노래하는 대로 초월적이고 궁극적인 자유와 평화를 꿈꿀 수 있는 것이 아니겠는가?

III. 자유와 평화의 공간적 차원

더 어려운 자유/더 어려운 평화의 노선을 추구하기 위해서는 헌법이론적인 전제로서 자치분권의 규범적 우월성에 대한 정당화가 필요하다. 특히 중앙집권적 주권국가의 이념에 대해서는 자치분권을 강화하는 자유민주주의 체제가 주권적 단방국가들로 구성된 국제사회보다 자유와 평화의 관점에서 더 바람직하다는 논증이 제시되어야 한다. 이를 위하여 나는 자유와 평화의 공간적 차원을 탐구하는 작업에서 시작하여 약간의 논의를 전개해 보고자 한다.

나는 인간의 사회적 현존이 세 개의 공간으로 구성된다고 생각한다. 우선 모든 사회적 삶이 이루어지는 사회적 공간이 존재한다. 이는 삶 속에서 모두가 함께 경험하는 공간이며, 그 점에서 '역사 공간'(historical space)이라고도 부를 수 있다. 이 '역사 공간' 속에서 우리가 경험하는 삶의 본질은 다양성이다. 언뜻 보기에 유사하게 생각되는 사태들은 자세히 들여다보면 모두 각각의 고유성을 가지고 있는 '사건'들(events)이다. 이 사건들은 고유하기에 다양하며, 그 때문에 복잡성을 법칙적으로 감축시켜야 할 사회적 필요를 배태한다. 그렇다면 이와 같은 고유성과 다양성은 어디에서 오며, 무한한 사태들의 반복을 규칙을 통해 포섭하는 '복잡성의 감축'은 어떻게 가능한가?

인간의 사회적 현존에는 '역사 공간' 말고도 두 개의 공간이 더 결부된다. 하나는 모든 인간이 오로지 개인으로서만 경험할 수 있고, 또 늘 경험하는 본유 공간이다. 실존은 이 본유 공간의 표현이다. 나는 이 공간을 '내면 공간'(inner space)이라고 부른다. 다른 하나는 모든 인간 이 개인이나 집단으로도 경험할 수 없는 '역사 공간' 바깥의 공간이다. 이 공간은 경험할 수 없지만, 그렇다고 부인할 수도 없는, 존재하지 않 는 것이 아닌 공간이다. 죽음은 이 궁극적 바깥의 표현이다. 나는 이 이중부재(二重不在)의 공간을 '초월 공간'(transcendent space)이라고 부 른다.

'역사 공간'에서 우리가 경험하는 고유하고 사건들의 다양성은 역 사 공간 안팎에 존재하는 '내면 공간'과 '초월 공간'에서 비롯된다. 존 재는 초월 공간으로부터 역사 공간으로 주어지며(彼投), 사유는 내면 공간으로부터 역사 공간으로 전개된다(企投). 존재와 사유는 고유성을 본질로 하며 그 때문에 역사 공간은 다양성으로 가득 차게 되는 것이 다. 흥미롭게도 '내면 공간'과 '초월 공간'은 '역사 공간'을 가득 채운 무 한한 사태들을 의미의 연쇄로 규칙화하여 복잡성을 감축할 수 있게 만 드는 근거 공간이 되기도 한다. 복잡성의 감축을 위해서 인간은 '내면 공간'에서 비롯되는 실존적 자각을 기초로 이성을 작동시키기도 하고, '초월 공간'을 마주한 죽음의 공포와 무의미 앞에서 신앙을 작동시키기 도 한다.

어떤 경우이든 그 과정에서 생성되는 의미의 연쇄는 '역사 공간' 안에 인간에게 특유한 '상징 공간'(symbolic space)을 형성하게 마련이 다. 표상을 통해 나타나는 공간이기에 이를 '표상 공간'(representative space)이라고 부를 수도 있다. 언어와 문화와 규범과 사상들로 구성되 는 이 '표상 공간'은 사유하는 인간(homo sapience)의 특징이지만, 공간 적 관점에서 그것은 여전히 '역사 공간' 안에 존재한다. 그러나 이는 '표상 공간'이 '역사 공간'에 제한된다는 의미는 아니다. 마치 근대 물리학자들이 전제한 '절대 공간'이 그것을 사유하는 물리학자 자신의 '내면 공간'이나 그것을 의심하는 신학자의 '초월 공간'을 봉쇄해 버릴 수 없듯이, 인간은 '내면 공간'과 '초월 공간'을 '표상 공간'에 표상하고, 이를 통해서 '역사 공간'을 넘어선다.[7]

　　이처럼 인간의 사회적 현존을 세 개의 공간으로 구조화하고 나면, 인간의 자유와 평화가 어떻게 공간적으로 기획되어야 하는지는 비교적 명확해진다. 자유와 평화의 실현은 적어도 이 세 공간의 공존을 무시하거나 거부하는 방식으로는 이루어질 수 없기 때문이다. '역사 공간', '내면 공간', '초월 공간' 사이의 존재론적 균형이 달성되어야 한다. 그 어느 하나의 공간이 다른 공간들에 비해 존재론적으로 우위에 서게 되면, 인간의 자유와 평화는 공간적으로 실현될 수 없다. 그렇다면 구체적으로 자유와 평화의 공간적 실현은 어떻게 제도화될 수 있는가?

　　개인－역사－초월을 축으로 하는 공간적 권력분립의 기본 발상은 실상 매우 간단한 것이다. 오로지 개인으로서만 경험할 수 있는 '내면 공간'이나 개인으로도 집단으로도 결코 경험할 수 없는 '초월 공간'은 어떤 의미로도 제도적 공간이 될 수 없기 때문이다. 공간적 권력분립은 우리 모두가 함께 경험하는 '역사 공간' 내부에 '내면 공간'과 '초월 공간'의 자리를 마련하고, 그 자리의 불가침성을 보장하는 방식으로 제도화될 수 있을 뿐이다. 이는 앞서 말했듯이 역사 공간 내부에 존재하면서 그것을 넘어서는 '표상 공간'에 이 두 공간의 자리와 그 불가침성을 보장하는 언어와 문화와 규범과 사상을 건립하는 작업이기도 하다. 그렇다면 그러한 작업은 어떻게 가능한가? '역사 공간' 속에 다른 두 공간의 자리는 어떻게 마련되어야 하며, 그 불가침성은 어떻게 보장될

---

7) 막스 야머, 공간 개념－물리학에 나타난 공간론의 역사, 이경직 역, 나남출판, 2008, 특히 4장

수 있는가?

역사 공간 속에서 '내면 공간'의 자리는 말할 것도 없이 모든 개인의 몸이다. 그리고 그로부터 내면 공간을 표상하는 겹겹의 작은 동그라미들이 형성된다. 주거, 가족, 마을, 살롱, 꼬뮌 등 프라이버시의 경계를 따라 프라이버시를 공유하는 이 겹겹의 작은 동그라미들은 개인의 몸이라는 중심을 공유하고 있다. 이에 비하여 역사 공간 속에서 '초월 공간'의 자리는 문제되는 역사 공간들을 아우르는 '바깥'에 의하여 표상된다. 문제된 역사 공간이 가족이라면 그것을 바깥에서 아우르는 가문(家門), 즉 조종(祖宗)에 의하여, 문제된 역사 공간이 지역공동체라면 그것을 바깥에서 아우르는 국가에 의하여, 문제된 역사 공간이 주권국가라면 그것을 바깥에서 아우르는 국제사회에 의하여, 초월 공간은 겹겹으로 표상되며, 심지어 그 바깥의 바깥에도 존재한다고 말할 수 있다(또는 존재하지 않는다고 말할 수 없다). 흥미롭게도 문제된 역사 공간에는 그와 같은 바깥을 표상하는 '초월 공간'의 자리가 존재한다. 가족은 성(姓)을 갖고 있고, 지역공동체에는 세무서와 법원이 있으며, 주권국가에는 국제기구의 깃발이 나부낀다. 역사 공간 속에 있으면서 '초월 공간'을 표상하는 가장 대표적인 예는 말할 것도 없이 궁극적 바깥의 신(神)의 존재를 상징하는 종교적 공간이다.

역사 공간 속에서 '내면 공간'과 '초월 공간'의 불가침성을 제도화하는 작업은 개인의 몸과 신의 존재로부터 비롯되어 역사 공간 안팎에 형성되는 겹겹의 동그라미들의 가치를 긍정하는 작업에서 시작된다. 정치적 기획으로서 자유민주주의의 위대함은 이와 같은 긍정을 초월적 자유와 권리의 이름으로 수행한다는 점이다. 신체의 자유, 주거의 자유, 프라이버시의 권리와 사상의 자유, 양심의 자유, 종교의 자유 등으로 구성되는 기본적 인권의 목록은 애당초 모든 인간은 '신의 형상'(the image of God)을 따라 창조되었으며, 따라서 신적 권위를 내장하고 있

다는 초월적 정의(transcendent justice)의 관점에서 정당화되었다. 이 점
에서 자유민주주의는 '역사 공간' 속에 다른 두 공간의 자리를 마련하
고 그 불가침성을 보장하려는 공간적 자유와 평화의 선언으로도 해석
될 충분한 여지를 가지고 있다.

　　그러나 이와 같은 작업은 세 공간 사이의 존재론적 균형을 달성
함에 있어서 어디까지나 출발점에 지나지 않는다. '역사 공간' 속에서
'내면 공간'과 '초월 공간'의 자리를 경계짓는 문제가 남아있기 때문이
다. 특정 개인에게 익숙한 이 세 공간의 경계선은 다른 개인에게는 전
혀 그렇지 못할 가능성이 많다. 특정 집단에게 익숙한 경계선이 다른
집단에게는 그렇지 못한 것도 우리가 늘 경험하는 바이다. 동일자가
설정한 경계선들은 타자가 요청하는 경계선들과 언제나 다르다. 이 두
다른 경계선들을 조정하여 세 공간 사이의 존재론적 균형을 달성하는
것이야말로 자유와 평화의 공간적 실현에서 가장 어렵고도 결정적인
문제이다.

　　그렇다면 이 세 공간 사이에 경계선을 긋는 문제와 관련하여 자
치분권은 어떤 의미를 가지는가? 이 질문에 답하려면 잠시 중앙집권적
주권국가의 이념으로 돌아가서 그 공간적 의미를 되짚어야 한다. 이때
반드시 상기해야 할 것은 경계선 긋기와 동시에 등장하는 적과 동지,
그리고 이웃의 문제이다.

　　칼 슈미트(Carl Schmitt)가 단언했듯이 중앙집권적 주권국가주의는
유럽공법에 전제된 대지의 노모스, 즉 경계 지워진 땅의 규범에 의존
한다.[8] 이 대지의 노모스는 두 가지 결단으로 탄생하는데, 그 하나는
경계선 내부의 모든 개인에게 '내면 공간', 즉 공간적 자유를 인정하는
것이고, 다른 하나는 그러한 인정을 경계선 바깥에 대해서는 거부하는

----

8) 칼 슈미트, 대지의 노모스, 최재훈 역, 민음사, 1995 참조

것이다. 이 두 종류의 결단을 슈미트는 '정치적인 것'(the political)의 본질에서 유래하는 것으로 이해한다. 그에 따르면 '정치적인 것'은 '적'(foe)과 '동지'(comrade)를 나누는 것이다.9) 정치적 경계선의 안에 있는 것은 동지이고 밖에 있는 것은 적이다. 위에서 전개한 세 공간 사이의 존재론적 균형에 관련하여 슈미트가 대표하는 입장은 명백하다. '내면 공간'은 동지로 선언된 개인의 공간에만 한정된다. 그리고 그와 같은 개인의 공간은 '초월 공간' 즉 주권국가의 경계선 바깥 또는 그 주권국가들로 구성된 국제사회의 바깥을 적의 공간으로 선언해야만 주어진다. 안을 동지의 공간으로 선언하고, 바깥을 적의 공간으로 선언하는 이 두 종류의 결단은 동시이행의 관계에 놓인다. 그것은 적과 동지의 경계선 긋기로 수행된다.

그러나 슈미트의 이와 같은 논리는 결정적인 문제를 안고 있다. 실제로 인간의 사회적 공간은 적과 동지의 이분법으로 나눌 수 없는 고유성과 다양성으로 가득 차 있기 때문이다. 세상에는 적과 동지 중 어느 쪽도 아닌 사람들이 널려 있다. 샹탈 무페(Chantal Mouffe)가 말했듯이 적과 가깝지만 결코 적이라고 할 수 없는 '경쟁자들'(competitors)이 있으며,10) 한나 아렌트(Hannah Arendt)나 꼬뮌주의자들이 주장하듯이 동지이면 좋겠지만 결코 동지는 아닌 '친구들'(friends)도 존재한다.11) 무엇보다 적도 아니고 경쟁자도 아니며, 동지도 아니고 친구도 아닌 '이웃들'(neighbors)이 존재한다. 이웃들의 대표적인 표상은 어디

---

9) Carl Schmitt, The Concept of the Political, translated by George Schwab, The University of Chicago Press, 2007, expanded edition

10) 샹탈 무페, 정치적인 것의 귀환, 이보경 역, 후마니타스, 2007

11) 한나 아렌트, '소크라테스', 제롬 콘 편, 정치의 약속, 김선욱 역, 푸른숲, 2007, 특히 46-7면. 현 시대의 코뮌주의자들의 주장으로는 고병권 등, 코뮤주의 선언-우정과 기쁨의 정치학, 교양인, 2007을 볼 것

서 오는지 알 수 없지만, 늘 우리 앞에 불쑥 나타나곤 하는 정체 모를 손님들, 즉 '타자들'(others)이다.12) 슈미트의 정치적 공간 속에는 이웃의 자리가 존재하지 않는다. 이웃의 자리가 없으니 경쟁자들이나 친구들의 자리 또한 찾아내기 어렵다.

이 결정적인 문제 앞에서 슈미트는 기다렸다는 듯이 예외상태(exception)의 논리로 대답한다. 여기서 예외상태란 전쟁과 같이 적과 동지의 구분을 결단하지 않을 수 없는 긴급 상태(emergency)를 의미한다. 그에 따르면 원칙이 예외를 규정하는 것이 아니라 예외가 원칙을 규정한다. 긴급 상태는 통상 상태의 예외가 아니라 도리어 통상 상태의 통상성을 규정하는 원칙이 만들어지는 창조의 시점이다.13) 그렇다면 이 예외상태는 어떻게 해소될 수 있는가? 슈미트의 논리, 즉 중앙집권적 주권국가가 전제하는 대지의 노모스는 '역사 공간'의 구조화를 정치적인 것의 관점에서 추진하려는 기획이다. 이때 정치적인 것의 관점은 안, 즉 '내면 공간'으로부터 출발한다. 적어도 그것은 확실히 존재하는 동지의 공간이기 때문이다. 이에 비하여 바깥, 즉 '초월 공간'은 존재하지 않는 것이 아닌 공간이기에 적의 공간으로 관념된다. 이렇게 해서 대지의 노모스는 동지가 지배하는 안의 공간과 적이 지배하는 밖의 공간으로 구조화된다. 전쟁은 밖에서부터 시작되고, 이에 맞서는 결단은 안에서부터 이루어진다. 그러니 그 둘을 나누는 경계선 긋기가 불가피할 수밖에 없다는 것이다.

그렇다면 인간의 사회적 현존을 예외상태의 논리에 의존하여 적과

---

12) Kenneth Reinhard, 'Toward a Political Theology of the Neighbor', in Slavoj Zizek, Eric L. Santner, Kenneth Reinhard, The Neighbor-Three Inquiries in Political Theology, The University of Chicago Press, 2005, pp. 11-75; 이국운, '법과 "이웃"-법치의 본원적 관계형식에 관한 탐색', 법과 사회 제36호, 2009 볼 것
13) 칼 슈미트, 정치신학-주권론에 관한 네 개의 장, 김항 역, 그린비, 2010 특히 1장 '주권의 정의' 참조

동지의 이분법에 따라 감축하는 것은 과연 온당한가? 최근에 조르조 아
감벤(Giorgio Agamben)은 슈미트의 예외상태의 논리가 숨기고 있는 음
험한 측면을 밝혀냈다. 예외상태의 주권적 결단이 적도 아니고 동지도
아닌 이웃들, 즉 타자들을 벌거벗은 생명으로 추방하는 작업과 동시발
생한다는 것이다.[14] 아감벤의 분석에서 호모 사케르(homo sacer), 즉 누
구나 죽일 수 있지만 그 죽음이 희생제물로서의 가치마저 가질 수 없
는 이 벌거벗은 생명들이 적도 아니고 동지도 아니며 그렇다고 해서
경쟁자나 친구도 될 수 없다는 점은 명백하다. 그렇다면 그들은 과연
누구인가? 나는 이 호모 사케르야말로 고유한 사건들로 가득 찬 다양
성의 공간, 즉 '역사 공간'에서 우리가 만나는 '이웃'들이 예외상태 속
에서 나타난 모습이라고 생각한다. 예를 들어 성서가 곳곳에서 돌볼
것을 강조하며 언급하고 있는 고아와 과부와 가난한 자들, 즉 이름을
갖지 못했으나 얼굴로 말하는 '이웃'들이 바로 그들이다.

  자치분권은 적도 아니고 동지도 아닌 이웃들의 공간을 확보하기
위한 공간적 자유와 평화의 기획이다. 이 점에서 자치분권은 그 제도
적 심화로서 민주적 연방주의를 상정하지 않을 수 없다. 중앙집권적
주권국가에서 예외상태의 논리가 낳은 살육의 육박전에 질린 채로 신
세계를 찾아왔던 한 프랑스 지식인이 미합중국 곳곳에서 인상적으로
느꼈던 것은 국가와 개인 사이에 수없이 명멸하는 크고 작은 자발적
결사체들(voluntary associations)의 존재였다. 이 자발적 결사체들이야말
로 아메리카인들이 향유하는 자유와 평화의 실제적 공간이었으며, 슈
미트의 논리 속에서는 부인될 수밖에 없었던 이웃의 공간이었다. 나아
가 이러한 이웃의 공간은 국가와 개인 사이만이 아니라 아메리카인들

---

14) 조르조 아감벤, 호모 사케르-주권 권력과 벌거벗은 생명, 박진우 역, 새물결,
   2008

이 만든 독특한 정치공동체, 민주적 연방국가의 경계선상에도 존재했다. 언제나 동지인 것은 아니지만 대체로 친구이고, 경쟁자이기도 하지만 피차 적으로 돌리지 않을 것을 합의한 이웃 정치공동체들(neighbor states)이 실존하고 있었던 것이다.[15]

공간적 자유와 평화의 기획으로서 자치분권 및 그 제도적 심화인 민주적 연방주의는 정치공동체의 경계선 긋기를 거부하지 않는다. 그러나 개인과 국가, 그리고 그 바깥을 적과 동지의 경계선으로 나누는 중앙집권적 주권국가의 이념에 비하여 특이한 방식으로 경계선 긋기를 변형시킨다. 이는 일종의 이중적 경계선 긋기로서 개인과 주권국가 사이에 개인도 아니고 주권국가도 아닌 공간적 단위를 설정하는 동시에 주권국가의 경계선에 첫 번째 공간적 단위들을 아우르는 두 번째 공간적 단위를 설정하는 것이다. 이 두 번째 단위는 별도의 국가이거나 자치권을 가진 정치공동체이지만, 결코 다른 주권국가는 아니라는 점에서 그것과 다른 주권국가 사이의 경계선 긋기를 여전히 가능하게 한다. 현실에서 이중적 경계선의 실제 모습은 매우 유동적이며, 따라서 자치분권이나 민주적 연방주의는 지극히 다양한 모습으로 나타난다. 하지만, 어떤 경우이든 이중적 경계선 긋기를 실행한다는 점에서는 마찬가지이다. 개인과 국가 사이에 첫 번째 공간적 단위(예를 들어 자치공동체나 주, the local or the state)를 끼워 넣고, 주권국가와 다른 주권국가 사이에 두 번째 공간적 단위(예를 들어 국가나 연방, the national or the federal)를 끼워 넣는 이중적 경계선 긋기는 공간적 자유와 평화의 기획으로서 자치분권과 그 제도적 심화인 민주적 연방주의의 핵심이다.[16]

---

15) 알렉시스 드 토크빌, 아메리카의 민주주의 I / II, 이용재 역, 아카넷, 2018; 존 에렌버그, 시민사회－사상과 역사, 김유남 등 역, 아르케, 2002 특히 6장.
16) 그러나 미합중국의 이러한 기획이 실제의 역사를 통하여 제대로 실현되었는가는 별개의 문제이다. 오히려 20세기 후반에 들어와서는 연방정부의 권력이 비대칭적

물론 자치분권이나 그 제도적 심화인 민주적 연방주의는 지독히
도 복잡하고 미묘하기 짝이 없는 정치적 기획이다. 자치(self rule)와 공
치(shared rule)와 협치(cooperative rule) 중 하나만 없어도 이 기획은 곧
장 미궁에 빠진다. 이 기획에서 개인은 스스로 하나의 주권체지만, 자
치공동체(주)와 국가(연방)에 동시적으로 소속된다는 점에서 이중적 방
식으로만 그 주권을 행사할 수 있다. 이는 이러한 기획에서 개인이 항
상 자치공동체(주)와 국가(연방) 중 어느 하나와 불화할 가능성을 감수
해야 한다는 의미이기도 하다. 때때로 이러한 가능성은 개인이 그 양
쪽으로부터 정치적으로 소외되는 지경까지 심화되기도 한다.17) 그렇
다면 중앙집권적 주권국가에서는 쉽게 간과해버릴 수 있는 이와 같은
정치적 위험에 대하여 자치분권이나 그 제도적 심화인 민주적 연방주
의는 어떻게 대응하는가? 지독히도 복잡하고 미묘하기 짝이 없는 이
정치적 기획에 규범력을 부여할 수 있는 비책은 도대체 무엇인가?

으로 강화됨으로써 미합중국 자체가 일종의 거대한 초집권적 단방국가가 되어 버
렸다는 진단이 우세한 것 같다. 이렇게 된 까닭으로는 역시 민주주의를 팽창의 논
리와 동일시한 미국적 세계관을 첫 손에 꼽아야 할 것이다. 후지와라 기이치, 민
주주의 제국—미국 단독 중심의 새로운 세계질서, 김희진 역, 에머지, 2002 참조
17) 어쩌면 이중적 경계선 긋기가 산출하는 이와 같은 불편은 소위 '환대의 사유'를
특징짓는 '손님'과 '주인'의 동근원성 또는 적대(hostility)와 호의(hospitality)의 동
근원성에 대한 통찰을 제도화하기 위해 불가피한 것일 수도 있다. 다시 말해, 이
중적 경계선 긋기는 적과 동지의 구분을 유동적으로 만들고 따라서 그 어느 쪽에
도 속하지 않는 이웃의 공간을 창출하지만, 바로 그때문에 끝없는 자아의 불화를
감내할 것을 요구하게 된다는 것이다. 이 점에 관한 철학적 통찰로는 우카이 사
토시, 주권의 너머에서, 신지영 역, 그린비, 2010, 24-28면을 특히 참조

IV. 대한민국 헌정약사(略史) - 자치분권의 관점에서

자치분권과 그 제도적 심화인 민주적 연방주의는 단연코 헌정주의의 표현이다.[18] 민주적 연방주의는 주권이 아니라 헌법에 의하여 제도화되며 그로부터 정당성과 규범력을 부여받기 때문이다. 주권에 대하여 헌법을 우선시키는 헌정주의에 대한 확신이 없다면 민주적 연방주의는 실현되기 어렵다. 이러한 헌정주의적 본질은 자치분권이나 민주적 연방주의가 중앙집권적 주권국가나 그것들로 구성된 국제사회에 비하여 공간적 자유와 평화의 관점에서 우위를 가지는 이유이기도 하다. 중앙집권적 주권국가나 그것들로 구성된 국제사회는 언제든 주권의 결단으로 적과 동지의 구분 및 호모 사케르의 추방상태를 재현할 수 있으며, 그 점에서 근본적으로 취약하다. 이러한 사태를 방지하려면 자유와 평화의 공간적 차원을 통찰하고 자치분권과 그 제도적 심화인 민주적 연방주의의 방향을 헌법을 통해 구현해야만 한다.

그러나 대한민국의 헌정사에서 자치분권은 유감스럽게도 처음부터 유예(猶豫)된 정치적 과제였다. 1948년 7월 17일 공포된 제헌 헌법은 중앙집권적 주권국가의 면모를 분명히 하면서, 자치분권에 관해서는 단 두 조문만을 두었다.[19] 이는 자유민주주의에서 지방자치의 중요성을 인식하면서도 그 실현을 최소화하는 선택이었으며, 자치분권을 지방자치단체에 의한 행정 자치로 전제하고, 그 범위를 국회와 정부가

---

18) 박남규, '연방제적 입헌주의', 지역발전연구, 제10권 제1호, 2010, 32면 등
19) 제96조 ① 지방자치단체는 법령의 범위 내에서 그 자치에 관한 행정사무와 국가가 위임한 행정사무를 처리하며 재산을 관리한다. ② 지방자치단체는 법령의 범위 내에서 자치에 관한 규정을 제정할 수 있다.
제97조 ① 지방자치단체의 조직과 운영에 관한 사항은 법률로써 정한다. ② 지방자치단체에는 각각 의회를 둔다. ③ 지방의회의 조직, 권한과 의원의 선거는 법률로써 정한다.

제정하는 법령의 범위 내로 국한했다. 남북의 분단과 대치, 그리고 한국 전쟁과 그 이후의 정치경제적 조건을 감안할 때, 1948년 헌법의 최소지방자치주의는 어느 정도 이해될 수 있는 측면이 있다. 하지만 문제는 그로부터 무려 70년이 넘은 현재까지도 별다른 변화가 없다는 사실이다.

자치분권의 관점에서 대한민국의 헌정사는 제헌 헌법의 최소지방자치주의를 제도화하려는 흐름과 입장과 그마저도 유예하려는 흐름으로 구분될 수 있다. 우선 전자는 1949년 7월의 지방자치법 제정과 1952년 4월과 5월의 지방선거 실시, 1960년의 제3차 헌법 개정 및 지방자치법 개정 등에서 그 모습을 드러냈다. 다만 1952년 4월과 5월에 치러진 최초의 지방선거가 원외자유당의 지방정치권력에 대한 장악을 뜻했던 것에서 나타나듯, 그 이면에는 항상 지방자치를 중앙정치세력의 확대를 위한 정치적 도구로 활용하려는 시도가 존재했다. 이에 비하여 후자는 특히 냉전과 경제개발을 이유로 최소지방자치마저 유예하려는 군사정권의 시도에서 잘 나타났다. 1962년의 제5차 개정 헌법은 지방의회 구성을 법률에 맡겼지만, 입법은 계속 미루어졌고, 1972년의 유신헌법은 부칙을 통해 지방의회 구성을 조국 통일 이후로 연기했다. 1980년의 제8차 개정 헌법은 지방자치를 재정자립도를 감안하여 따로 법률로 정하도록 했으나, 해당 입법은 결국 이루어지지 않았다. 군사정권 치하에서 자치분권은 오로지 헌법 문서 안에 사문화된 채로 존재할 뿐이었다.

1987년 6월 민주화대항쟁의 결과로 탄생한 현행 헌법은 위 두 흐름 가운데 명백하게 전자를 이어받고 있다. 현행 헌법은 지방자치에 관하여 역대 헌법과 대동소이(大同小異)한 두 조문을 두고 있으나, 지방자치의 실행을 유예할 수 있는 부칙 조항 등을 삭제했다는 점에 결정적인 차이가 있다.20) 이는 군사정권 치하에서 중단되었던 최소지방자치주의를 '부활'시킨다는 의미에서 자치분권의 '부활' 패러다임이라고 일컬을 만하다. 다만 역대 집권세력은 이러한 패러다임에 입각하면서도 자치분권의 부활을 최대한 늦추거나 국가의 법령을 통해 최소지방자치주의를 온존하려는 태도를 보였다. 예를 들어, 1987년의 헌법개정 이후 지방자치법을 (재)제정하는 문제에 관하여 집권세력은 소극적인 태도를 일관했고, 우여곡절 끝에 지방자치법을 (재)제정한 뒤 1991년 지방의회를 구성하였음에도 지방자치단체장의 선거를 계속 연기했으며, 1995년 우여곡절 끝에 지방자치단체장 선거를 시행한 다음에도 지역감정에 기초한 중앙집권적 동원정치의 흐름 속에서 지방선거를 중간선거로 활용하는 관행을 형성했다. 또한 정치와 행정 영역에 국한된 지방자치를 치안이나 사법 등으로 확대하는 데 미온적이었고, 기초지방의회의원후보자의 한시적 정당공천배제와 같이 중앙정치로부터 지방자치를 독립시키기 위한 예외적 조치들을 공약하고도 지키지 않는 사태가 반복되었다.

현행 헌법이 표상하는 자치분권의 '부활' 패러다임은 대한민국의 지방자치를 군사정권 이전 시기에 존재했던 1948년 헌법의 최소지방자치주의에 국한시켰다. 1995년 이후 본격적으로 지방자치가 부활했음에도 '2할 자치'의 현실이 개선되지 않는 근본적인 이유는 현행 헌법자체의 한계 때문이다. 먼저 헌법 제8장에 규정된 지방자치제도는 그자체만으로도 여러 가지 문제점을 노정하고 있다. 제117조와 제118조의 두 조문만으로는 자유민주주의적 통치구조의 근간이 되는 공간적

----

20) 제117조 ① 지방자치단체는 주민의 복리에 관한 사무를 처리하고 재산을 관리하며, 법령의 범위 안에서 자치에 관한 규정을 제정할 수 있다. ② 지방자치단체의 종류는 법률로 정한다.
   제118조 ① 지방자치단체에 의회를 둔다. ② 지방의회의 조직 · 권한 · 의원선거와 지방자치단체의 장의 선임방법 기타 지방자치단체의 조직과 운영에 관한 사항은 법률로 정한다.

권력분립의 요청을 충족시키기에 턱없이 부족하다. 현행 헌법에서 자치분권은 사실상 중앙집권적 권력구조만으로 통치기구를 구성한 후 장식적인 차원에서 언급한 것으로 볼 수 있을 정도이다.

구체적인 내용에 관해서도 몇 가지 결정적인 한계를 지적할 수 있다. 먼저 자치분권의 가장 중요한 실현 수단인 자치입법권을 '법령의 범위 안'으로 한정하고 있는 까닭에 자치분권이 국회의 법률만이 아니라 중앙 정부의 총리령이나 부령의 범위 내로 제한되는 문제점이 있다. 또한 지방자치단체의 종류 및 지방자치단체의 조직에 관한 사항을 법률에 위임함으로써 지방자치의 제도적 안정성을 헌법적으로 보장하지 못하는 한계도 존재한다. 실질적인 지방자치의 실현을 위해 필수적인 조세나 재정에 대해 아무런 규정을 두지 않은 것 역시 장애요인이다.

자치분권에 관한 현행 헌법의 한계는 헌법 문서 전체의 구성에서 더욱 잘 드러난다. 기실 자치분권과 공간적 권력분립의 관점은 자취를 찾아보기 어려울 정도이다. 우선 자치분권이 자유민주주의의 이념적 근간임을 밝히고, 국가권력이 기능적으로만이 아니라 공간적으로도 분립되어야 한다는 점을 천명하는 원칙 규정 또는 향도 규정을 찾아볼 수 없다. 이로 인해 헌법해석의 관건인 자유민주적 기본질서의 의미에서 자치분권은 배제된다. 풀뿌리 민주정치는 자치분권의 출발점인 동시에 자유민주주의의 실현을 위한 근본적인 동력이다. 그럼에도 현행 헌법은 풀뿌리 민주정치의 중요성에 관하여 별다른 관심을 표명하지 않고 있다. 국민국가 단위의 대의제 민주주의에 모든 것을 맡기는 것은 중앙집권적 주권국가의 건설 시기를 제외하면 정당화되기 어렵다. 이 점과 밀접하게 연결된 문제는 주민의 자치권에 대한 무관심이다. 현행 헌법은 모든 국민이 주민으로서 향유하는 자치권을 기본권 목록에서 제외했으며, 모든 기본권을 '국민'의 권리로서 규정하고 있다. 이는 다양한 수준의 지역적 정치공동체에서 국민 개개인이 자신의 기본적 권리와 의무를 실현하고 있는 헌법 현상의 실제와 크게 어긋난다.

　통치구조의 영역에서 무엇보다 두드러지는 문제는 현행 헌법이 자치분권을 행정 영역의 문제로 인식하면서 입법권의 분권을 거론하지 않는 점이다. 이는 거꾸로 말하면, 모든 입법이 국가 차원에서 이루어져야 함을 전제하는 것이다. 예컨대 현행 헌법은 조세법률주의 아래 조세의 부과, 징수, 배분 등에 관한 중앙 독점을 불변의 원칙으로 삼고 있다. 하지만 이 점에 관해서는 수많은 실제적 비효율과 기능 부진을 제쳐두더라도 현행 헌법상 단원제 국회를 전제하는 대의제 민주정치의 효능에 관하여 문제가 제기될 수밖에 없다. 인구 비례의 지역구 선거나 정당을 통한 비례대표제만으로는 각 지역의 역사적이고 구조화된 관점과 이익을 대의과정에 반영할 수 없는 까닭이다. 이와 같은 대의의 불균형은 사법권의 영역에서 더욱 적나라하게 드러난다. 사법에 관한 한 현행 헌법은 어떤 형태의 자치분권도 고려하지 않고 있기 때문이다. 모든 법원은 국가 법원이고 모든 법관은 국가 법관이며, 지방자치단체와 그 주민은 사법에 관하여 어떠한 권한도 행사하지 못한 채 오로지 객체로서만 이해되고 있을 뿐이다.

　나아가 현행 헌법은 현시대의 가장 급박한 정치적 과제인 한반도의 평화적 통일에 관해서도 자치분권의 관점에서 문제를 풀어갈 수 있는 장치를 전혀 마련하지 않고 있다. 자유민주적 기본질서에 입각한 조국의 평화적 통일을 헌법적 당면 과제로 설정하면서도(제4조), 평화적 통일을 자치분권 또는 공간적 권력 분립과 연계하는 문제에 관해서는 아무런 대안을 준비하지 않고 있다. 이처럼 중앙집권적 주권국가를 유지하는 평화적 통일만을 전제할 경우, 국내외적으로 수많은 정치적 변수가 작용하기 마련인 평화적 통일의 추진과정에 유연하게 대처하기는 매우 어렵다.

V. 자치분권을 지향하는 헌법개정의 당위성

오늘날 대한민국은 전체적으로 특유의 활력을 잃고 총체적인 위기에 빠져드는 조짐이 농후하다. 정치안정도, 경제발전도, 사회통합도, 문화적 다양화도, 모든 국면에서 방향과 초점을 잃고 벽에 부딪힌 느낌이다. 이 총체적인 위기의 원인은 초집중적, 초집권적 사회구조 그 자체이다. 모든 자원, 모든 정보, 모든 관심, 모든 시선을 하나의 공간적 중심으로 쏟아 넣는 현재의 구조는 그 공간적 중심의 파국이 대한민국 전체를 몰락으로 몰아넣을 수도 있는 위험한 선택이다. 이와 같은 구조를 해체, 재구성하지 않으면 대한민국은 발전과 성숙을 위한 새로운 계기를 만들 수 없다. 이를 위해서는 자유민주주의를 전제로 헌법적 가치들 사이의 우선순위를 다시 정하고, 그 토대 위에서 권력구조를 새롭게 디자인해야 한다. 그 중 하나로서 나는 앞서 언급한 더 어려운 자유/더 어려운 평화의 노선에 입각하여 자치분권을 지향하는 헌법개정을 제안하고 싶다.

자치분권을 지향하는 헌법개정의 주장은 오늘날 대한민국의 공론장에 흔히 '87년 체제의 극복으로 제시되는 테제와 일정 부분 궤를 같이한다. 민주화 세력과 권위주의 세력의 타협으로 만들어진 현행 헌법의 문제점에 관해서는 2005년 이후 한국 사회에서 상당히 자세한 논의가 있었다. '87년 체제의 극복 테제는 1987년의 민주화가 군사정권 이전의 정치구조를 복원했음에 주목하면서, 그러한 체제가 1997년 IMF 구제금융 사태 이후에 노골화된 신자유주의적 폐해들을 감당할 수 없다고 주장한다. 하지만 이러한 담론은 '87년 체제가 자치분권의 '부활' 패러다임에 빠져있음을 도외시한 까닭에 자치분권의 헌법적 중요성을 제대로 인식하지 못하고 있다. '87 체제의 극복 테제는 중앙집권적 편향에 대하여 눈을 감는 대목에서 '87년 체제에 다시금 편입되는 측면이 있다.

역대 국회에서 정치권이 진행한 헌법개정논의는 예외 없이 대통령의 권한 분산을 초점으로 입법, 행정, 사법의 권력조정에 치중할 뿐, 자치분권이나 공간적 권력분립을 제도화하는 문제에 관해서는 최소한의 관심만을 보였다. 그러나 예를 들어 외교·국방·통일·안보는 국민이 선출하는 대통령이 담당하고 기타 내정은 국회가 선출하는 국무총리에게 맡기는 이원집정부제 등을 채택한다고 해서 과연 '87년 체제의 한계를 넘어설 수 있을까? 제왕적 대통령의 권력을 제왕적 국회가 나누어 가지는 것은 오히려 '87년 체제를 더욱 공고히 하는 결과가 되지 않을까? 여야 정치권의 헌법개정 논의에서 정부형태의 변경이 가장 중요한 의제가 되는 것은 그 자체만으로도 헌법개정 논의가 중앙집권적 정치세력들 사이의 협상에 불과함을 드러낸다. 이들에게 헌법개정의 주도권을 계속 맡겨 두면, 현행 헌법의 5년 단임 대통령제보다 모두에게 유리한 방안이 나오지 않는 한 헌법 개정은 이루어지기 어려울 것이며, 설혹 성사되더라도 그 내용은 이들 사이의 타협에 불과할 것이다.

이처럼 중앙집권주의를 통해서 '87년 체제를 극복할 수 없음이 명확하다면, 도대체 어디서 대안을 찾아야 하는가? 나는 새로운 국가적 비전으로서 자치분권을 지향하는 헌법개정의 당위성을 내세우고자 한다. 앞에서 언급했듯, 1987년 6월 민주화대항쟁의 결과인 현행 헌법은 군사정권 이전, 특히 1972년 유신헌법이 선포되기 이전의 헌법구조를 복원한 것이다. 그 구체적인 방향에 대해서는 1960년 헌법(의원내각제)과 1962년 헌법(대통령제)을 선호하는 두 흐름이 있었고, 현행 헌법은 이 둘을 타협시키는 방식으로 권력구조를 마련했다. 이와 같은 복고적 특징은 1990년대 중반 전두환, 노태우 두 전직 대통령에 대한 과거청산이 사법적으로 마무리될 때까지 상당히 큰 효과를 발휘했다.

하지만 그 이후에는 대한민국의 미래에 관해 국가적 비전을 제시할
수 없었다.

지난 25년 동안 한국 사회에서 집권 세력에 의하여 가장 강력하
게 추진된 국가적 비전은 신자유주의적 세계화이다. 1994년 말 김영삼
정부가 국가경쟁력의 강화를 명분으로 세계화 드라이브를 시작한 이후
역대 집권 세력은 일관되게 신자유주의적 개혁을 추진했다. IMF 환란
이후 김대중 정부가 시도한 親금융자본적 구조조정, 노무현 정부의 동
북아 금융허브 전략과 한미 FTA 체결 등을 그 예로 들 수 있다. 그러
나 오늘날 한국 사회 내부에서 신자유주의가 현행 헌법의 개정을 추동
할 만한 국가적 비전으로 성장했는지는 의문이다. 그 이유는 신자유주
의적 세계화로 인해 발생한 소득의 불균형 및 사회적 양극화의 심화,
저성장사회로의 빠른 진입과 일자리의 감소, 이에 따른 가정의 붕괴
및 출산율 감소와 노령인구의 폭증 등 정치사회적 부작용이 예상외로
심대했기 때문이다. 그리하여 특히 2008년 세계적인 금융위기가 발생
한 이후에는 더 이상 신자유주의적 세계화를 국가적 비전으로 내세울
수 없었다.

신자유주의의 영향력이 감소하면서 이에 대한 반작용으로 각광을
받은 국가적 비전은 복지국가주의이다. 특히 2010년 지방선거에서 '무
상급식' 공약이 성공적으로 의제화된 뒤에는 보수 정당들마저 2012년
대통령선거에서 복지국가와 경제민주화를 선거공약으로 내세웠을 만
큼 극적인 반전이 있었다. 그러나 집권 이후 박근혜 정부는 이 비전의
실현에 관하여 괄목할 만한 조치를 취하지 않았고, 나아가 현직 대통
령의 탄핵 파면을 야기한 국정농단사태는 복지국가주의에 심각한 우려
를 안겼다. 복지국가를 운영하려면 '프리 라이딩'(free riding)을 혐오하
는 대중의 원초적 정의감을 충족시킬 만큼 공적 권력의 공정성, 합리
성, 효율성에 대한 신뢰가 확보되어야 한다. 박근혜 정부의 몰락은 복

지국가주의를 앞세워 헌법개정을 추진할 수 있을 만한 정치적 기회와
동력을 사라지게 만들었다.

2020년의 현실에서 생각할 때, 한국 사회에는 국가적 비전에 관
한 혼란만이 존재한다. 현행 헌법이 국가적 비전을 제시하지 못하는
가운데, 신자유주의와 복지국가주의는 각각의 이유로 좌초하고 있다.
그렇다면 '87년 체제의 극복을 위한 새로운 국가적 비전은 어디서 찾
아야 할 것인가? 자치분권을 지향하는 헌법개정은 전혀 다른 방향에서
'87년 체제의 극복을 시도한다. 그 실천적 요체는 대한민국의 헌정사
에서 단 한 번도 추진되지 못했던 공간적 권력분립을 헌법적 차원에서
제도화하려는 것이다. 그렇다면 이와 같은 정치적 기획이 현행 헌법의
복고주의나 신자유주의 또는 복지국가주의에 비하여 더욱 우선적으로
선택되어야 하는 까닭은 무엇일까?

국가적 비전의 차원에서 자치분권을 지향하는 헌법개정은 그동안
한국 사회에 제출되지 않았던 핵심 문제를 제기한다. 언뜻 서로 모순
되는 것처럼 보이는 신자유주의와 복지국가주의도 기실 중앙집권주의
를 공유하고 있으며, 이는 근본적으로 경제적, 정치적, 법적 권위의 독
점에 관한 문제이다. 신자유주의는 시장의 경제적 권위를 가장 중요한
권위로 내세우며, 정부의 정치적 권위마저 시장의 권위를 위한 보조수
단으로 관념하는 경향을 지닌다(최소정부론). 이에 비하여 복지국가주의
는 시장의 실패를 이유로 (신)자유주의를 거부하지만, 이를 교정하기
위하여 재분배 및 복지서비스를 확대하는 정부의 정치적 권위에 대해
서는 적극적으로 긍정하는 태도를 취한다(최대정부론). 신자유주의가 내
세우는 시장의 경제적 권위와 복지국가주의가 내세우는 정부의 정치적
권위는 모두 그 저변에 중앙집권적 주권국가의 이념과 법적 권위를 전
제하고 있다. 한마디로 이 모두가 주권적 국민국가 단위의 법일원주의
를 따르고 있는 셈이다.

자유민주주의는 헌법적 장치로서 입법 — 행정 — 사법의 삼권 분립을 내장한다. 그러나 이러한 '기능적 권력 분립'은 오늘날 정당이나 언론, 이익집단 등의 네트워크를 통하여 대단히 약화되었으며, 한국 사회의 정치 현실이 보여주듯, 오히려 끊임없는 정쟁 속에서 국가적 현안을 제대로 해결하지 못하게 만드는 원인이 되기도 한다. 제왕적 대통령을 견제한다는 명분으로 제왕적 국회가 더 많은 권력을 차지하고, 다시 이들 사이의 다툼이 제왕적 헌법재판소와 제왕적 대법원의 수중으로 옮겨가며, 최종적인 결정 권한을 가진 이 두 사법기관마저 고질적인 권한 분쟁을 거듭하는 것이 지금 대한민국에서 기능적 권력 분립의 적나라한 현실이 아닌가?

자치분권을 지향하는 헌법개정은 공간적 권력분립의 헌법적 제도화를 통하여 이와 같은 정체상태(gridlock)를 돌파하려는 새로운 국가적 비전이다. 그 핵심은 경제적, 정치적, 법적 권위는 항상 복수의 주체들 사이에서 유효한 경쟁 속에 존재할 때, 비로소 건강성을 유지할 수 있다는 통찰이자 신념이다. 다시 말해, 경제적 권위 주체인 시장은 단 하나의 자본시장으로 환원되어서는 안 되고, 시장교환의 목적에 따라 반드시 다층화 다원화되어야 하며, 이러한 원칙은 정치적 권위인 정부나, 법적 권위인 국가에 관해서도 마찬가지로 관철되어야 한다는 것이다. 권위 주체들 사이의 유효한 경쟁을 확보하기 위한 방편으로서 기능적 권력 분립은 자유민주주의의 필요조건이기는 하지만 결코 충분조건은 될 수 없다. 오히려 기능적 권력 분립을 가로지르는 파워엘리트들의 지배를 벗어나기 위해서는 공간적 권력 분립까지 헌법적 차원에서 제도화되어야 한다. 자치분권을 지향하는 헌법개정은 한국 사회의 구성원들에게 현행 헌법이나, 신자유주의 또는 복지국가주의와 구별되는 제4의 입장에서 새로운 국가적 비전을 제시한다. 그 저변에는 시장이든, 정부든, 국가든, 모든 종류의 공적 권위는 그 자체의 정당성을 시

험받을 수밖에 없는 유효한 경쟁 속에 존재해야 하며, 오로지 그때에
만 공적 권위의 공정성, 합리성, 효율성이 확보될 수 있다는 통찰과 신
념이 자리 잡고 있다.

　이에 더하여 자치분권을 지향하는 헌법개정에는 또 하나의 시대
적 요청이 결부되어 있다. 그것은 바로 한반도의 재통일을 대비하기
위한 정치적 디자인으로서 중앙-지방 관계의 근간을 다시 설계해야
한다는 요청이다. 단도직입적으로 질문해 보자. 통일된 대한민국의 모
습으로 남북한을 합쳐서 100개가 훨씬 넘는 광역시들로 구성된 중앙
집권적 주권국가와 최대 15개 안팎의 광역 자치공동체(또는 주)들로 이
루어진 자치분권국가(또는 민주적 연방국가) 가운데 어떤 방안이 더 바람
직할까? 자치분권을 지향하는 헌법개정은 이 가운데 어떤 형태로든 후
자의 방향으로 나아가는 것이 한반도의 재통일을 실질적으로 대비하는
길이라는 확신에서 출발한다. 이 점에서 자치분권을 지향하는 헌법개
정은 중앙집권적 주권국가의 내적 개혁을 위한 비전인 동시에 한반도
의 재통일을 이끄는 헌법적 이정표가 될 수 있다.

　오늘날 한반도의 정치적 상황에서 3대째 권력세습을 이어온 북한
체제가 자치분권을 강화하는 방향으로 체제개혁을 시도할 것을 기대하
기는 어렵다. 그렇다면 유일한 가능성은 대한민국이 먼저 자치분권을
지향하는 헌법개정을 통해 자유민주주의의 실현을 공간적 자유와 평화
의 차원까지 확대하는 것이다. 이러한 맥락에서 자치분권을 지향하는
헌법개정은 한국 사회의 뿌리 깊은 중앙집권적 관성을 되돌려 자유민
주주의에 더욱 부합하는 방식으로 한반도의 재통일을 대비하는 출발점
이 될 수 있다. 이를 통해 중앙집권적 주권국가의 정치이념과 권력구
조와 정치문화를 자치분권 및 그 제도적 심화인 민주적 연방국가의 방
향으로 바꾸는 헌정사적 과도기를 시작할 수 있기 때문이다. 대한민국
의 현재 상황에서 자유민주주의를 실현하기 위한 더 어려운 자유/더

어려운 평화의 노선은 자치분권을 지향하는 헌법개정으로 구체화 되어야 한다.[21]

---

21) 2018년 3월 26일 문재인 대통령이 발의한 헌법개정안의 자지분권관련조항들에 대한 비판적 검토로서 이국운, '지방분권형 헌법개정안 소고: 21세기 가치입법의 전망을 담아', 입법학연구 제15권 제2호, 2018. 참조.

PART

03

팔레스타인과 세계의
평화와 반(反)평화

기독교의 '반-유대주의' 담론과 평화의 문제

박정수 _성결대 교수. 한반도평화연구원 연구위원

I. 서론

유대교와 기독교는 서구의 역사에서 기나긴 사회문화적 갈등과 논쟁을 겪어왔다. 나치의 홀로코스트 사건에서 정점에 이르는 이른바 반유대주의라는 오랜 인종주의적 편견과 반(反)평화적인 종교적 적대감은 어디에서 시작되는가? 양 종교는 같은 뿌리, 즉 고대 이스라엘 종교의 전통을 공유하고 있다. 두 종교는 유일한 한 하나님 야웨를 섬기고 예언자 종교라는 전통에 함께 서 있으며, 서양 고대세계에서는 드물게 경전(經典)을 갖는 종교였다. 게다가 하나님의 창조에 관한 사상, 역사에 대한 종말론적 이해, 정의와 사랑과 같은 근본적 가치를 공유하고 있다. 그리고 결정적으로 두 종교는 구약 이스라엘의 역사를 하나님의 백성의 터전으로 공유하고 있다. 그럼에도 불구하고 이 터에서 어떻게 반유대주의라는 그런 '독버섯'이 배양되었을까? 신약성서는 과연 반유대주의를 배양한 토양인가?

어떻게 보면 성경의 첫 장을 장식하는 마태복음서만 보아도 그런 생각에 힘을 실어주는 듯하다. 예수는 탄생하자마자 그를 죽이려는 유대인 왕의 음모를 피해 이집트로 내려가야 했다. 이로 인해 애꿎은 다른 영아들을 학살하는 비극이 일어나고 만다. 그런가하면 복음서들의 예수이야기는 시종 유대교의 종교지도자들과 예수가 한판싸움을 벌이

다가 결국 수난과 죽음에 이른다는 갈등이야기라 할 수 있다. 여기서
유대인이 예수를 죽였다는 정황을 기정사실화하는 예수의 수난이야기
는 역사상 교회와 회당의 불편한 관계를 재생산하는 본문들로 남용되
었다. 하지만 복음서가 반유대주의 산실이라는 주장은 지탱되기 어렵
다. 한번만 다시 생각해봐도, 신약의 복음서 저자들은 한결같이 유대인
이었고, 모든 신약의 저자들은 유대적 전통에 있었으며, 결정적으로 예
수조차 유대인이었기 때문이다. 진실은 어디에 있는가?

    나는 우선, '반-유대주의'(-을 사용하여 기존의 반유대주의를 교정하려는
독자적인 용어정의는 아래에서 참조) 담론이 발생한 자리는 **유대교 역내(域
內)에서(intra muros) 일어난 주류 종파와 소수 공동체의 갈등이라는 명제에 서
있다. 그것은 유대교 역외(域外)에서(extra muros) 유대교와 유대교인을 적대하
던 반유대주의 혹은 반셈족주의와는 구별된다.** '반-유대주의'의 갈등으로
초기 기독교는 유대교로부터 독립된 종교가 되었다.

    나는 이러한 명제에서 마태복음을 사례로 들어 '반-유대주의' 담론
을 다루고자 한다. 논의를 전개하는 데 먼저 반유대주의라는 기존의
용어와 개념을 비판하고, 그 뿌리가 과연 신약성서에서 도출될 수 있
는가를 검토해야 한다. 다음으로 고대 유대교의 바리새주의를 설명해
야 하는데, 이는 초기 기독교가 자신의 신학적·정치적 정체성을 형성
하는 과정에서 필연적으로 직면해야 했던 주류의 유대교 종파였기 때
문이다. 여기서 출발해서 나는 서구의 반유대주의 역사를 간략히 검토
하며, 마지막으로 과연 서구의 반유대주의에 대한 비판적 담론이 분단
된 한반도에서 어떻게 적용될 수 있는가를 진단하고자 한다. 이런 소
박한 시론(試論)이 기독교적 평화에 관한 신약성서의 관점을 제공할 수
있기를 기대한다.

II. 용어와 개념정의

1. '반-유대주의'와 반유대주의(반셈족주의)[1]

나는 여기서 반셈족주의와 혼동하여 사용하고 있는 반유대주의와
는 별도로 '반-유대주의'라는 새로운 우리말 용어를 사용할 것을 제안
한다. 'Anti-Semitism'(반셈족주의)이라는 용어는 1879년 독일의 저널리
스트 빌헬름 마르(W. Marr)가 유대인과 유대교에 대한 증오를 서술하
면서 처음으로 사용되었다.[2] 이 용어는 본래 아리아인을 셈족과 대립
시키려는 의도로 사용되었는데, 시간이 지나면서 자연스럽게 셈족 일
반에 대해서가 아니라 유대인과 유대교에 대한 적대감을 지칭하는 것
으로 굳어지게 되었다. 근대 이후 역사학자들은 반셈족주의를 자연스
럽게 신약성서의 'Anti-Judaism'라는 용어와 구분하지 않고 사용하는
경향을 갖게 되었다.

그러나 이 근대적 개념을 초기 기독교 시대로 소급하여 두 용어
를 동일시하여 사용하는 것은 다른 분야에서는 몰라도, 신약학에서는
중대한 문제를 야기한다. 왜냐하면 'Anti-Judaism'이란 신약과 초기
기독교에서 일어났던 유대인과 유대교에 대한 신학적 반명제를 의미
하지, 고대의 '외국인 혐오'(Xeno-phobia)나 근대 이후의 '유대인 혐오'
(Judae-phobia)와 같은 문화사적 개념과 동일시될 수는 없기 때문이다.
게이저(J. Gager)는 반셈족주의란 유대인에 대한 비유대인의 적대감이
었지, 결코 유대교인에 대한 기독교인의 적대감은 아니었다는 것을 옳

1) 이 단락은 본 주제를 본격적인 논문으로 출간한 나의 졸고, "마태복음의 반-유대
주의(Anti-Judaism)에 대한 신학적 해석", 『신약연구』11/2(2012), 269-306
(269-273)에서 각주와 내용을 축약하여 가져온 것이다.
2) 그의 책 『독일주의에 대한 유대교의 승리』(Der Sieg des Judenthums über das
Germanenthums)에서 사용되었다. 최창모, 『기억과 편견: 반유대주의의 뿌리를
찾아서』(서울: 책세상, 2004), 20.

게 지적해 주었다. 그는 그런 의미에서 고대에서 Anti-Semitism과 Anti-Judaism을 구분한다.[3) 다만 역사학에서는 두 개념이 구분될 수 있는가가 아직도 논쟁중이지만, 적어도 신약학에서 학자들은 두 용어를 뚜렷이 구분해서 사용한다.

그러나 한국에서는 두 개념을 명확히 구분해 내지 못하고 그저 반유대주의라는 용어로 통합해서 사용하고 있다. 그 이유는 이 논쟁이 대체로 인문학, 그중에서도 역사학의 분야에서 진행되면서도, 정작 논쟁의 뿌리가 되는 신약성서 시대를 진지하게 고찰하지 않은 결과라고 생각된다. 또 다른 이유는 용어사용의 부적절성 때문인데, 주로 신약학 분야에서는 개념상 양자(兩者)를 구분한다 할지라도 Anti-Judaism을 반유대주의 혹은 반셈족주의와 구분하여 번역할 적절한 용어를 찾지 못해 반유대주의라는 용어를 '차용'(?)함으로써 구분을 할 수 없게 만들었기 때문이다. 이러한 오류는 결과적으로 이미 신약의 본문에 반셈족주의가 존재했고, 그것을 마치 초기 기독교가 자신의 이데올로기화 된 신학적 도구로 사용했던 것처럼 인식하게 만드는데, 이는 일종의 시대착오(anachronism)가 아닐 수 없다.

따라서 이런 고민이 반영된 우리말 개념의 정립이 필요하다고 생각된다. 나의 견해로는 관용(慣用)으로 굳어진 반유대주의(Anti-Semitism)를 재정의할 수는 없는 형편이라 해도, 최소한 Anti-Judaism을 번역함에 있어서 Anti-Semitism과 구별되는 용어를 사용하는 것이 옳다고 생각된다. 대안으로 Anti-Judaism을 반유대주의라 번역하지 말고, 그것과 구별하여 '반-유대주의'라고 명명하는 것을 제안해본다. 하이픈(-)

---

3) J. Gager, *The Origin of Anti-Semitism. Attitudes towards Judaism in Pagan and Christian Antiquity*(New York: Oxford, 1985), 9 이하. 물론 게이저는 마지막 장에서 근대 이후 일어난 기독교의 Anti-Semitism은 Anti-Judaism적인 요소를 내포하고 있다는 사실도 함께 지적한다.

을 첨가함으로써, '유대주의'와 대립되는 개념이라는 의미를 부가하여 '반셈족주의'와 동일시된 반유대주의와도 구별되고, '반유대교'라고 직역함으로써 유대교 밖에서 유대교를 적대시하는 것으로 들릴 수 있는 어감도 피할 수도 있다. 더욱이 신약의 본문은 아직 초기 기독교가 유대교로부터 완전히 분리되어 독립된 상황보다는 점진적인 과도기적 상황을 반영하기에 나의 제안은 적절하다고 생각한다. 하여 나는 Anti-Judaism을 반-유대주의(이제부터 ' '없이 사용함)로, 정의하여 사용하겠다.

2. 유대주의와 반-유대주의

한편 '유대주의'의 어원인 그리스어 '유다-이스모스'(Juda-ismos)의 의미는 유대교 자체를 표현하는 것이라기보다는 헬레니즘 시대의 문화와 이방인에 대한 저항적 사상체계를 의미한다.[4] 이 용어는 역사적으로 구약외경 마카베오하 2:21에서 처음으로 등장하고 있는데, 여기서 "유대주의를 위해 용감히 싸운 그들은…"(필자사역) 누구일까? 헬레니즘 시대 팔레스타인은 기원전 2세기부터 시리아의 셀레우코스 왕조가 지배하였다. 이 왕조의 안티오코스 4세는 175년에는 헬레니즘화 정책을 선포한다.

> 모든 사람은 각자의 관습을 버리고 한 민족이 되어야 한다(1마카 1:41. 私譯).

---

4) M. Hengel/박정수 역, 『유대교와 헬레니즘』1~3권(파주: 나남, 2012), 1권, 42-43. 공동번역(개정)은 '유다교'로 번역한다.

이 칙령은 그동안 단지 이방인 왕에 의한 유대교 박해라는 일면만 부각되었으나, 기실 이러한 역사적 사건은 국내의 친(親)헬레니즘 정치세력에 의해 기획되었던 사건이 그 배경에 있었다. 이미 기원전 176년, 이들은 예루살렘의 보수주의자들에 대항하는 과도한 개혁정책을 추진하였다. 마치 구한말 개화파가 외세와 손을 잡고 수구적 보수파를 제압하여 갑신정변을 일으켰던 상황과 흡사하다. 아무튼 그들의 정책의 핵심은 이방인으로부터 분리를 추구하는 지극히 보수적인 유대교의 율법준수 이데올로기를 포기하고 헬레니즘의 '세계화'로부터 고립되어 가는 유대인의 삶과 유대교를 개혁하는 것이었다. 결국 예루살렘에서 일어난 일련의 개혁조치로 예루살렘 성전 남동쪽 바로 코앞에 상징적으로 아크라(Acra)라는 이방인 '총독부'가 세워지기에 이르렀다. 급기야 167년 성전 분향이 중지되고 그리스식 제의로 대체되자, 유대인 대중은 광범위한 저항운동에 나서게 되었다. 이 봉기가 마타티아스의 아들들이 선봉에 선 마카비 혁명(167-164년)인데, 일종의 내전이었다. 이 운동을 사상적으로, 그리고 대중적 운동으로 이끌어낸 조직이 하시딤(Hassidim)이다. '율법에 헌신된 사람들'이라는 의미를 가진 이들의 정체성은 마카베오서에서 "유대주의를 위해 용감히 싸운"자들로 묘사된다. 혁명이 성공한 이후 그들은 준엄한 율법준수를 통해 유대교 주류의 유대주의를 형성하며 이방인에 저항하는 민족주의 문화 전통을 수호하는 종교적 열성을 추구했다.

이렇게 원래 유대주의란 기원전 2세기 초 헬레니즘 세력의 지배하에서 역사적으로 형성된 개념이며, 이는 유대교 주류의 사상체계라고 보아야 한다. 유대교 내부에는 유대주의와 충돌하는 여러 가지 다른 사상체계가 존재했는데, 바리새파와 에세네파, 사두개파와 같은 이들 유대교 종파는 하시딤에서 기원을 찾을 수 있다. 마르틴 헹엘(M. Hengel)은 헬레니즘적 개혁을 주장했던 예루살렘의 개혁주의자들을

"그리스어 사용 유대인들"(Hellenist)이라고 부르는데, 이들은 율법에 대한 하시딤의 '열성주의'와는 달리 율법을 새롭게 해석하는 길을 개척한 집단으로 정의한다.5) 약 200여 년 후 탄생한 초기 기독교 역시 이러한 유대주의와 충돌하는 반-유대주의적 성향을 가지고 있었다. 사도행전 6:1 이하에 등장하는 "헬라파 유대인들"(Hellenist)과 사마리아와 안티오크(안디옥)에서 활동했던 "나사렛 종파"(Nazōraiōn hairesis. 24:5, 14; 행 8:1; 11:19 참고)의 운동은 바로 그러한 역사적 사건으로 거슬러 올라갈 수 있다.

3. 초기 기독교와 반-유대주의

고대 유대교는 페르시아 시대 귀환공동체에 의해 형성되었다. 막스 베버(Max Weber)는 고대 유대교의 특징을 종파적 현상으로 규정한다. 종파는 문화적으로는 헬레니즘이라는 이방인 문화와 지배에 대한 유대인의 다양한 관점을 의미했다.6) 이 관점은 헬레니즘의 지배에 가장 저항적이었던 열성주의자들로부터 그 문화에 가장 친화적인 사마리아 종파까지도 포괄할 만큼 그 폭이 넓었다. 물론 그 다양한 관점에도 공통분모가 있었는데, 그것은 하나님이 역사 내에서 이방인의 지배를 종식시킬 것이라는 신앙이었다.7)

---

5) M. Hengel, 『유대교와 헬레니즘』3, 120-160 등.

6) 이러한 관점은 Joseph Blenkinsopp, "Ineterpretation and the Tendency to Sectarianism: An Aspect of the Second Temple History," in: E. P. Sanders(ed.), *Jewish and Christian Self-Defnition*, Vol 2 (London: SCM Press, 1981), 1-27을 보라. 이러한 관점은 일찍이 종교사학자들에 의해서 제기되었다. 이를 테면 Lewis A. Coser, *The Functions of Social Conflict* (London: Routledge, 1956).

7) N. T. Wright/박문재 역, 『신약성서와 하나님의 백성』(서울: 크리스챤다이제스트, 2003), 280.

유대교의 종파적 현상이 현실정치의 당파(黨派)로 가시화되기 시
작한 때는 반(反)이방인 민족주의 혁명을 승리로 이끈 마카비 가문이
하스몬 왕조를 이루게 되는 과정에서였다. 바리새파와 에세네파, 사두
개파가 역사에서 모습을 드러내기 시작한 것은 바로 이 시기이다. 우리
의 논의에서 중요한 것은 바리새파이다(바리새파의 발전과정은 다음 장에서
자세히 살피게 될 것이다). 유대전쟁(기원후 66~70년 로마에 대한 유대인의 봉
기)으로 예루살렘 성전이 파괴된 후, 70년부터 132년까지 현실적으로
바리새파가 회당중심으로 유대교를 지배했다. 우리는 이 시기 유대교
주류의 사상체계였던 바리새주의를 유대주의, 그리고 이것에 대립되는
초기 기독교의 사상을 반-유대주의라고 규정할 수 있을 것이다.

초기 기독교는 랍비 유대교(기원후 200년~)가 형성되는 시기 – 이
른바 '형성기의 유대교'(Formative Judaism)였던 70~200년 – 에 반-유대
주의적인 신학과 실천을 통하여 점차 독립된 종교체제로 발전하고 있
었다. 이러한 논점들은 초기 기독교와 형성기의 유대교 사이의 구체적
인 관계에 대한 논쟁이 남아있기는 하지만, 학자들의 의견을 정리하면
다음과 같은 개략적인 의견일치를 발견할 수 있다. 먼저, 기원후 1세기
유대교는 다양했고 획일적이지 않았으며, 초기 기독교는 유대교의 한
종파운동으로 시작되었다. 또한 1세기말 초기 기독교 공동체는 이방인
선교에는 성공을 거두었지만 유대인 선교에서는 실패를 경험하였다.
결국, 그들은 유대교의 회당으로부터 추방되면서 심각한 정체성의 위
기를 겪었다. 이러한 요인들로 판단하건대, 신약의 본문에 나타나는 반
-유대주의적 경향을 "집안 식구들 간의 경쟁"(sibling rivalry)으로 이해해
야 한다는 것이다.[8]

---

8) R. Hays/유승원 역, 『신약의 윤리적 비전』(서울: IVP, 2002), 618 이하.; U. Luz,
   Studies in Matthew(Grand Rapids: Erdmans Pub. Co, 2005), 251 이하.

II. 마태복음의 반-유대주의 담론9)

1. 예수이야기 담론의 틀

초기 기독교의 반-유대주의적인 경향은 복잡한 양상으로 전개된 다. 헤어(D. R. A. Hare)는 기독교의 반-유대주의의 범주를 그 신학적 특 성에 따라 '예언적 반-유대주의'(prophetic Anti-Judaism)와 '유대 기독교 적 반-유대주의'(Jewish Christian Anti-Judaism), '이방적 반-유대주의' (Gentilizing Anti-Judaism)로 구분한다.10) 이 가운데서 '예언적 반-유대주 의'는 유대교 내부에서 일어난 비판적 세력으로서, 이를테면 구약의 예 언운동의 전통과 고대 유대교의 개혁 종파의 운동과 같은 맥락에 서 있다. 이 운동은 유대교의 중추인 성전과 제의를 포함하여 토라 자체 를 폐기하지 않기에 "유대교 내부의 논쟁"의 성격을 갖는다. 다시 말해 서 초기 기독교 운동은 유대교 '역내(域內)'(intra muros)의 종파적 개혁 운동이라는 말이다.

마태복음의 예수이야기에 아로새겨진 예수와 유대 지도자들의 갈 등은 바로 이 범주에 속한다. 나는 이러한 갈등의 문학적 구도와 그 내 용이 되는 반-바리새주의 논쟁을 다룸으로써 초기 기독교의 반-유대주

---

9) 아래 1절과 3절은 나의 글, "마태복음의 반-유대주의…"(276-279; 297-301)의 내용을 축약한 것이다.

10) 그런가 하면 '유대기독교적 반-유대주의'에서는 예수의 죽음과 부활이 이스라엘을 다루시는 하나님의 결정적인 행동이라고 한다. 그리하여 예수사건은 구약의 성취 요, 이방인이 새로운 이스라엘의 구성원이 되며, 이스라엘의 회개와 구속은 예수 그리스도를 통해서 이루어진다는 주장을 담고 있다. 여기서 기독교의 헬레니즘 성격을 더 강조하게 되면 '이방적 반-유대주의'가 형성된다. Douglas R. A. Hare, *The Theme of Jewish Persecution of Christians in the Gospel of to St. Matthew*(Cambridge: Cambridge University Press, 1967), 127-134. 또한 Hare, "The Rejection of the Jews in the Synoptics and Acts," in A. T. Davies(ed.), *Anti-Semitism and the Foundation of Christianity*(New York: Paulist, 1979), 27-47(28-32)을 보라.

의 담론의 성격을 규명하려고 한다.

그러면 왜 마태복음인가? 신약의 반-유대주의는 서신서들은 물론 복음서전체에서 나타난다. 바울은 종합적인 관점에서, 누가는 이방인의 관점에서 반-유대주의를 어느 정도 중화시켜 말하지만, 요한복음은 반-유대주의를 가장 거칠게 표현하고 있다. 이른바 "그 유대인들"(hoi Judaioi)로 지칭되는 무리는 마귀의 자식들이요(8:44), 자신들의 죄로 죽을 자들(8:24)이다. 게다가 그들은 단지 이스라엘의 지도자들이 아니라, 유대인 일반을 의미하기도 한다. 이것은 요한복음이 날카롭고 거칠게 표현하는 이원론적 대립에서 나온 결과물이기도 하다. 하지만 정작 초기 기독교의 반-유대주의의 가장 '치명적인' 논리는 마태복음에서 나온다. 하나님의 구원의 역사에서 이방인이 이스라엘을 대치했다는 이른바 '대치이론'(replacement-theory. 마 23:43)은 물론, 예수를 십자가에 내어주라고 내지르는 군중들의 함성("그 피를 우리와 우리 자손에게 돌릴지어다." 마 27:25)과 23장의 반(反)바리새주의 심판선고의 논조가 역사 속에서 그토록 치명적인 영향을 주었으리라고 저자는 상상도 못했을 것이다. 그런 의미에서 마태복음의 반-유대주의는 의미심장한 주제임에 틀림없다.

방법론에서 본다면, 오늘날 복음서의 내러티브를 문학적으로 읽으려는 시도는 이미 1980년대부터 보편화되고 있는 양상이다.[11] J. D. 킹스베리(Kingsbery)는 채트먼(S. Chatman)의 문학비평적 관점을 적용하

---

11) 복음서연구에 이 방법을 적용한 선구적인 저저 두 권은 모두 우리말로 훌륭하게 번역되어 있다. Jack D. Kingsbery/권종선 역, 『이야기 마태복음』(서울: 요단출판사, 2000)과 D. Rhoads, J. Dewey, D. Michie/양재훈 역, 『이야기 마가: 복음서 내러티브 개론』(서울: 이레서원, 2003[1999]). 킹스베리 이후에 마태복음의 문학비평을 한 단계 더 발전시킨 중요한 연구는 David B. Howell, *Matthew's Inclusive Story*(JSNT. Sup, 42; Sheffield: Sheffield Academic Press, 1990)이다. 독일어권에서 이러한 연구에 전승사적 연구를 결합한 개론적 서술은 U. Luz/박정수 역, 『마태공동체의 예수이야기』(서울: 대한기독교서회, 2003)이 있다.

여 복음서를 통일된 서사로 이해함으로써 내러티브로서의 마태복음 읽기를 주도했다. 그는 우선 채트먼이 사용하는 이야기(story)와 담론(discourse)을 분명하게 구별하여 "이야기란 말해지고 있는 내용"이고, "담론은 그 이야기가 말해지고 있는 방법"이라고 정의한다. 킹스베리는 예수의 생애라는 이야기가 구성되는 데 가장 중요한 영향을 미치는 요인을 갈등으로 파악하고, 마태가 예수와 이스라엘, 특히 이스라엘 지도자들과의 갈등을 '어떻게' 다루고 있는가를 분석해 나간다. 예수나 제자들이 다양한 관점에서 "입체적인 인물"로 묘사되는 것과는 달리 지도자들은 "평면적 인물"로서 단선적인 관점, 즉 예수의 '악한 적대자'로 묘사된다.[12] 예수의 가르침과 행동이 유대교의 율법에 충돌하게 되면서 갈등은 시작하고, 지도자들이 예수를 죽일 공모를 하는데서 가시화되고, 또 예수의 성전정화 행동에서 정점에 다다른다. 이러한 갈등 구조는 예수의 죽음과 부활을 통해 해소된다.[13] 그러나 마태의 구성은 단지 이러한 갈등 구조로만은 파악될 수 없다. 마태의 담론은 또 다른 특징들을 가지고 있다. 마태는 마가와 어록의 장르를 유지하면서도 이들을 5개의 커다란 강화(講話)로 정교하게 작업하여 복음서 전체를 구성하고 있다. 여기서도 마태는 마가의 갈등구조와 강화를 직조(織造)하는데, 특히 반-유대주의적 담론에 바리새인들을 예수의 적대자로 전면에 부각시키고 있다.

우선 예수이야기의 갈등 구성에서 가장 중요한 요인은 예수와 유대교의 지도자들의 대립구도이다. 이들은 시종일관 악한 의도를 가진 예수의 적대자들이다. 마가복음에서는 예수의 적대자로 대제사장들,

---

12) Kingsbery, 『이야기 마태복음』, 14, 38, 193.
13) D. Rhoads, J. Dewey, D. Michie, 『이야기 마가』와 전승사적인 연구를 포함하고 있는 Theodore J. Weeden, *Traditions in Conflict*(Philadelphia: Fortress Press, 1971), 70-100을 보라. Kingsbery, 『이야기 마태복음』, 145-155; 193-211.

서기관들, 바리새인들, 장로들, 헤롯의 사람들, 사두개인들이 등장하고
있다. 하지만 마태는 예수의 적대자들 가운데서도 바리새인들을 가장
부각시키고 있다(총 29번). 마태는 "바리새인들"을 단독으로 사용하기
도 하지만(10번), 자주 두 그룹으로 구성하기를 즐겨한다. 그 가운데는
"서기관들과 바리새인들"이 가장 자주 사용되고(9번), "바리새인과 사
두개인들"(3장면 6번), 그 밖에 "대제사장들과 바리새인들"(1번)도 있다.
대제사장들도 적대자들로 자주 등장하는데(총 24번), "대제사장들과 장
로들"(10번)이나 "대제사장과 서기관들"(6번)로 결합되어 나타난다. 반
면 "서기관들"이 독자적으로 사용되는 것은 17번 중에 4번에 불과하
다. 서기관들은 역사상 이미 오래전부터 "율법학자"나 "서기관"들로
성전과 회당을 중심으로 직무를 담당하는 일종의 기능인으로서, 바리
새인들은 물론 에세네인들이나 젤롯인들에 속하여서도 활동할 수 있었
다.14) 물론 이들 종파에서 "율법학자"들은 지도적인 위치에 있었을 것
이다. 기독교 공동체에서도 서기관들이 있었다고 생각할 수 있다. 왜냐
하면 마태는 '기독교적 서기관'(13:52; 23:34)을 언급하고 있기 때문이
다.15) 그만큼 서기관들은 광범위하게 활동하고 있었다. 그렇다면 마태
가 자주 사용하는 "서기관들과 바리새인들"은 아마도 서로 다른 두 그
룹이 아니라 당시 대중적인 활동을 하고 있었던 주류의 바리새파와 그
지도자들을 총칭한다고 말할 수 있다. 이는 "서기관들이나 대제사장
들"이라는 표현에서도 마찬가지이다. 특이한 것은 마태가 이스라엘에
서 "그들의 회당"(4번)이나 "그들의 서기관들"(7:29)을 언급하지만, "그

---

14) 하지만 "서기관들"과 "사두개인들"이 조합되는 신약전체를 통틀어 단 한 번도 없
다. 바리새파의 역사적 변천과정은 아래 III. 1.을 보라.
15) 루츠(U. Luz)는 이들 서기관들이 마태공동체에서 주로 70인경에 근거한 '성취인
용문'을 전수했고, 마태의 특수자료들도 관장했을 것이라는 가설을 주장한다. U.
Luz, Das Matthäusevangelium nach Matthäus 1(EKK I; Neukirchen-Vlyen:
Neukirchener Verlag, 52002), 83 이하.

들의 바리새인들"이라고는 언급하지 않는다는 것이다. 이것은 기원후 70년 유대전쟁으로 성전이 파괴된 이후 당시 유대교의 리더십을 형성해 가고 있었던 바리새인들을 '그들'로 전제하고 있는 마태의 서사(敍事)세계를 반영하고 있을 것이다.

2. 반-유대주의 담론

마태복음에 강력한 반-유대주의적 경향이 내재할 수 있다는 주장은 우선, 마태복음이 이른바 '유대인들을 위한 복음서'라는 우리의 통상적 견해를 무색하게 한다. 마태복음에는 유대교의 율법에 대한 가장 강력한 반론이 존재하면서도, 동시에 가장 강력한 율법 요구가 존재하는 것이 사실이다. 그만큼 마태복음의 반-유대주의 담론이 일방적이지는 않다고 할 수 있다.

마태가 구성한 예수의 산상수훈은 토라의 완전성을 초점으로 맞추며, "천지가 없어지기 전에는 율법의 일점일획이라도 결코 없어지지 아니하고 다 이루리라"(5:17)고 선언한다. 하지만 "…라고 말하는 것을 들었다" 혹은 "…라고 말하고 있다"로 시작되는 6개의 반(反)명제(5:21-48)에서, 예수는 "그러나 내가 말한다"는 권위적이고 확정적인 어조로 바리새파의 구전율법의 해석을 논박한다. 여기에 담긴 개개의 반론에서 마태는 율법을 행할 항목을 법해석 형태로 규정하는 바리새인들의 할라카와는 다르게 율법이 요구하는 본질을 드러내고 있다. 이는 마태복음 23장에서 다루어지고 있는 반(反)바리새주의적인 율법해석에 매우 중요한 관점을 제시한다. 하지만 마태의 내러티브에서 중요한 것은 예수의 권세가 "그들의 서기관들"과 비교할 수 없을 정도였다는 사실이다(7:29). 여기서 "그들"이 누구인가는 내러티브 초반부에 위치한 산상설교에서는 아직까지는 암시적인 차원으로 숨어있다.

마태복음의 반-유대주의는 유대 지도자들과 예수의 갈등이야기에
서 가장 부각된다.[16] 마태는 몇 가지 측면에서 마가복음의 갈등구조를
강화하고 있다. 우선 유대교의 지도자들은 예수이야기의 처음부터 악
한 의도를 가진 세력으로 등장한다. 이를테면, 아기 예수의 탄생 시에
방문한 이방인 학자들을 맞이하는 헤롯왕은 예루살렘의 "모든 대제사
장들과 백성의 서기관들"과 공모하여 예수를 죽이려 한다(2:1-12). 또
한 안식일 논쟁이 바알세불 논쟁으로 비화되는데, 마태는 여기에 예수
의 '어록'자료에 있는 악한세대를 향한 심판을 추가한다. 뿐만 아니라,
예수께 표적을 구하는 또 다른 그룹인 "서기관과 바리새인"을 악한세
대로 규정하며 요나의 표적을 제시한다(12장). 이렇게 함으로써 마태는
이스라엘의 '나쁜 유대인들'을 이스라엘의 지도자들로 규정해 나간다.
이들은 백성의 목자가 아니요(9:35), 하늘의 계시를 알지 못하는 이스
라엘의 엘리트들이다(11:25).

하지만 동시에 예수는 이스라엘로 보내진 자신의 사명을 분명히
한다. 마태는 예수의 치유행위 전체를 이스라엘의 질병을 짊어지는
메시아의 정체성으로 표현한다. "이는 선지자 이사야를 통해서 하신
말씀에 '우리의 연약한 것을 친히 담당하시고 병을 짊어지셨도다' 함
을 이루려 하심이더라"(8:17). 예수는 가르침과 치유를 통해서 이스라
엘을 회개로 부르고, 목자 없이 방황하는 백성들을 긍휼히 여긴다
(9:36). 예수의 사역에 대한 이스라엘의 반응은 한편 그를 거절하고
죽이려 하는 지도자들이 있는가 하면, 다른 한편으로는 그를 따르는
"어린 아이들"도 나타난다(11:25). 후자는 예수의 부름에 응답했던 자
들로서(4:18-22), 예수를 따르던 군중들과는 구별되는 제자들이요(5:1),
예수를 믿는 "작은 자들"(10:42; 11:11; 18:6, 10, 14)이다. '비유의 담론'

---

16) 전체의 서술에 대해서는 U. Luz, 『마태공동체의 예수이야기』, 154-173을 참고하라.

13장에서 예수는 지상에 씨를 뿌려, 제자공동체를 지상에 심는 농부로 상징된다.

갈등의 정점은 예루살렘의 충돌에서 나타난다(21-28장). 21장부터 예수는 성전에 입성하여 성전을 정화하며, 이유 없이 무화과나무를 심판하자, 즉시 말라버린다(21:18 이하). 이 사건은 장차 임할 이스라엘의 심판을 보여주는 예수의 예언자적인 상징적인 행동이다. 하지만 이어서 나오는 마태 특유의 세 개의 알레고리들인 '두 아들'(21:28-32)과 '악한 포도원 소작인'(21:33-46), '혼인잔치'(22:1-14)의 비유는 마태의 이스라엘 논쟁을 상징적으로 보여준다. 우선 '두 아들'은 예수의 선포를 거부한 "첫째 아들"과 그것을 받아들인 "둘째 아들"이다. 여기서 첫째 아들은 성전에서 예수를 공격하고 있는 이스라엘의 지도자들을 지시하고 있다. 두 번째 등장하는 '악한 포도원 소작인' 이야기는 비록 마가복음과 누가복음에서도 등장하는 초기 기독교의 이스라엘 비판담론의 일부이지만, 이 알레고리는 마태복음에서 의미심장하게 구성된다.

그러므로 내가 너희에게 이르노니 하나님의 나라를 너희는 빼앗기고 그 나라의 열매 맺는 '민족'(단수: ethnei. 私譯)이 받으리라(21:43).

여기서 문맥상 "너희"란 이스라엘의 지도자들을 의미하는데, 이제 또 다른 민족(ethnos)이 이들을 '대치'한다. 이야기는 점점 더 분명하게 지도자들만이 아니라, 이스라엘 민족 전체가 예수를 거절하는 것으로 치닫게 되고, 이스라엘은 구속사에서 단절된다. 세 번째 마태의 알레고리에서는 왕의 초청을 거절하는 자들을 심판하는 장면이 묘사된다.

임금이 노하여 군대를 보내어 그 살인한 자들을 진멸하고 그 동네를 불사르고…(22:7)

이 의미심장한 언급은 로마군이 예루살렘을 파괴한 사건을 통해, 이스라엘이 실제적으로 하나님 나라를 빼앗기는 것을 암시한다. 이는 구약에 자주 등장하는 이스라엘의 '심판 모티브'이다. 23장의 바리새인들을 질책하고 심판하는 예수는 이스라엘에 하나님의 심판을 선언하고 회개를 촉구하는 구약의 예언자의 모습을 보여준다. 24장부터 시작되는 종말강화의 도입부 24:1–2에서 예수는 제자들과 성전을 빠져나와 성전을 향해 "돌 하나도 돌 위에 남지 않고 다 무너뜨려지리라"고 예언한다. 이는 이스라엘에 대한 최종적 선고가 된다. 마태복음의 5개의 대강화(大講話)는 여기서 마감된다. "이 모든 말씀을 마치시고"(26:1) 수난과 죽음으로 치닫게 되는 예수이야기(26~27장)는 이방인 총독 빌라도가 예수의 처형에 대한 책임을 회피하고, 유대인 군중들이 그 책임을 스스로 떠받는 함성으로 맺어지고 있다. "그 피를 우리와 우리 자손에게 돌릴지어다."(27:25) 아이러니하게도 그를 죽이는 이스라엘의 지도자들의 입에서 "그가 이스라엘의 왕이로다!"(27:42)라는 조롱 섞인 고백이 나오고, 그의 죽음을 지켜보던 이방인 백부장의 입에서는 "이는 진실로 하나님의 아들이었도다"(27:54)라는 고백이 흘러나온다.

3. 반(反)바리새주의 담론

마태의 갈등구성에서 23장은 그 정점에 해당한다. 이 장은 마태의 5개의 강화(講話) 중 마지막 심판과 종말에 관한 강화(23-25장)의 첫 부분을 이루면서, 동시에 마태복음에서 반-유대주의의 성격을 마지막으로 각인하는 역할을 한다. 구조적으로 23장에서는 '서기관들과 바리새인들'을 향한 심판의 선고로, 24-25장에서는 공동체를 향한 권고로 이루어지고 있다. 내용적으로는 도입부(2-12절)에 이어, "서기관들과 바리새인들"을 비판하는 7번의 탄식(13-33절)을 중심부에 담고 있으며, 종

결부에는 "이 세대"를 향한 심판과 예루살렘을 향한 탄식이 울려난다 (34-39절). 종국적으로 심판은 예루살렘 성전의 파괴를 예언하는 것으로 향한다(24:1-2).

이 심판강화는 일종의 담론으로, 서기관들과 바리새인들의 허위와 위선을 질타하는 내용으로 되어 있다. 예수는 그들에게 '너희는 개종자 하나를 얻으면 지옥의 자식을 만든다'(15절)라든가, 혹은 '돈에 어두워 거룩한 것들을 저버렸다'(16절 이하), 혹은 '회칠한 무덤과 같은 위선자'(27절)라든가, '선지자들의 피를 흘렸던 자들'(29-31절)이라고 거칠게 몰아붙이며, 결국 그 대가를 예루살렘과 성전의 파괴로 고스란히 받게 될 것이라고 선언하고 있다(35절 이하).

우리는 여기서 이 심판선고의 내용을 개별적으로 주석하기보다는 이 담론이 갖는 문학적 특성을 규명함으로써 마태의 반-바리새주의 담론의 성격을 살피는 것으로 만족해야 하겠다. 먼저 23장은 예수의 어록전승(비교. 마 23:1-36/눅 11:39-54; 마 23:37-49/눅13:34 이하)에서 그리고 일부분은 마가복음(12:38-40)에서 유래한다. 비록 마태가 율법에 관한 말이나 심판의 말을 자신의 스타일과 문학적 강조효과로 가다듬어 이 담론을 형성하고는 있지만, 개개의 어록들 자체는 마태의 신학적 산물은 아니다.

마태는 이 담론의 중심부(13-33절)에서 7번의 "너희에게 화 있을진저!"(ouai hymin)로 시작되는 문학양식을 사용하고 있다. 이것은 예언적 전통(사 5:8-24; 10:1-11; 합 2:6-20; 비교. 사 28-33장; 암 5:16-6:11)에서 이스라엘의 죄를 탄식하는 신탁에서 잘 알려진 표현들인데, 대부분 이스라엘의 지도자들을 향한 비난을 담고 있다. 마태는 이 표현을 직접 혹은 은유적으로 모두 바리새인들에게 사용한다.

마지막 부분에 나오는 이스라엘에 대한 예수의 심판선언(23:34-24:2) 역시 예언자적 전통에 서있음을 확인할 수 있다. 마치 옛 이스라엘이 하나님을 거역하여 바빌로니아를 통해 성전이 파멸되고 도시가 불에 타게 될 운명을 예레미야가 눈물을 뿌리며 예언했던 것처럼, 예수께서는 로마의 공격에 의해 파멸직전에 놓일 이스라엘을 향해 탄식하고 있다.

예루살렘아 예루살렘아! 선지자들을 죽이고 네게 파송된 자들을 돌로 치는 자여 암탉이 그 새끼를 날개 아래에 모음 같이 내가 네 자녀를 모으려 한 일이 몇 번이더냐. 그러나 너희가 원하지 아니하였도다(37절). 보라 너희 집이 황폐하여 버려진바 되리라(38절=렘 12:7; 22:5).

그러므로 예수의 심판의 말씀을 바리새인들에게 향하도록 배열하고 있는 마태의 이 반-바리새주의 담론은 이스라엘에 대한 예언적 탄식으로 읽혀져야 하겠다.

다른 한편으로 심판의 내용을 표현하는 "위선자들"(hypokritai)이라는 표현은 원래 그리스 희극에서는 부정적인 의미로 사용되지는 않고, 그저 드라마에서 다른 사람을 흉내 내는 의미로 사용되었을 뿐이었다. 하지만 마태는 산상강화에 나타나는 이른바 '기독교 경건수칙'(6:1-18)에서 이 용어를 외적인 경건과 내적인 생각이 불일치하는 일종의 종교적 기만이라는 부정적 개념으로 사용한다. 바리새인들의 행동은 '사람들에게 보여주기 위한 행동'(6:1)에 불과하다. 이런 행동으로 그들은 "위선자들"(6:5, 16)로 묘사되는데, 이 위선의 논리는 23장의 반-바리새주의 담론에서 심화된다(23:5). 이러한 위선의 의미는 마태가 구약의 예언서에서 얼마든지 발견할 수 있었을 것이다(사 29: 9-14; 48:1이하; 58:1이하; 렘 3:10; 7:4-11; 12:2; 겔 33:30-33; 미 3:11; 말 1:6 이하; 비교. 시 50:16-23; 78:36 이하). 이를테면 마태는 이사야 29:13를 인용하여 이 개념을 설명한다.

위선자들아 이사야가 너희에 관하여 잘 예언하였도다. 일렀으되 이
백성이 입술로는 나를 공경하되 마음은 내게서 멀도다(마 15:7이하).

이러한 분석을 통하여 터너(D. L. Turner)는 지도자들에 대한 예수
의 이런 분노의 탄식이 예언적 비판의 성격을 가지며, 당시에 그렇게
독특한 것도 가혹한 것도 아니었다고 주장한다. 또한 마태가 묘사하는
"위선자들"이나 예언자 살해 행위(6절)를 이스라엘의 지도자들이 아닌,
유대인 전체에 대한 비판으로 해석할 이유는 없다고 주장한다.[17] 마태
는 도리어 이스라엘의 지도자들을 바리새인들로 구체화하고, 이른바
반-유대주의적 심판의 담론을 "무리와 제자들"(23:1)에게 들려주고 있
다. 무리들에게 "서기관들과 바리새인들"은 예수를 따르는 자들 모두
의 반면교사로 나타난다.

그러므로 무엇이든지 그들의 말하는 바는 행하고 지키되 그들이 하
는 행위는 본받지 말라(23:3).

그리고 "서기관들과 바리새인들"에 대한 전체적인 이미지는 4-7
절에서 그들의 개별적인 행위로 묘사되고, 이것이 8-12절에는 공동체
에 대한 개별적인 권면의 배경으로 사용되고 있다. 즉, 23장은 무리를
두고 진행되는 바리새인들을 향한 반-유대주의 담론이라는 말이다. 이
러한 관점은 이 반(反)바리새주의 논쟁을 유대교 내부에서 일어난 '예
언적 반-유대주의'의 격렬한 경쟁담론으로 읽을 수 있게 한다.
24장부터 시작되는 종말담론의 도입부 24:1-2에서는 예수가 성전

---

17) D. L. Turner, "Matthew 23 as Prophetic Critique," *JBL* 4/1(2004), 23-42(34),
41.

을 빠져나와 성전을 향해 "돌 하나도 돌 위에 남지 않고 다 무너뜨려 지리라"라고 예언하는데, 이 최종적 선고는 실제로 일어났다. 기원후 66~70년 유대인의 반로마 봉기에서 예루살렘 성전과 도시는 처참하게 파괴되고 소실되고 말았다.

4. 반-유대주의 신학과 공동체의 정체성

이렇게 마태는 바리새주의에 대한 논쟁과 이를 통한 공동체 권면을 유대교 밖이 아닌 내부에서 진행하고 있다. 그래서 마태공동체는 여전히 토라의 제의적인 규정을 지키고 있었을 것이다. "그러나 이것도 행하고 저것도 버리지 말아야 할지니라"(23절. 비교. 26절). 하지만 그들은 바리새인이 지도하던 회당중심의 유대교와는 상당한 거리를 둔다. 그래서 마태복음은 종종 그 집단을 "그들"이라고 표현한다. 예수께서는 "그들의 회당"(4:23 이하; 9:35; 10:17; 12:9; 13:54)에서 가르치시고, "그들의 서기관들"(7:29)보다 더 우월한 권위로 행하고 가르치신다. 또한 공동체는 여전히 예루살렘의 희생제물을 드리는 행위를 화해와 맹세의 시금석으로 사용하지만(5:23 이하; 23:18 이하), 파괴된 성전은 마태에게는 더 이상 하나님의 집이 아니고 불순종한 "너희의 집"일 뿐이다 (38절).

분명 마태의 반(反)바리새주의 담론에서도 이러한 애매한 긴장이 발견된다. 이것은 공동체가 이미 바리새인들이 주도하고 있는 유대교의 회당연합에서 분리되었지만, 정신적으로는 아직 유대교라는 '본체'에서 완전히 분리되지 못한 과정에 있었기 때문이라고 추측할 수 있다. 왜냐하면 마태공동체는 바리새인들의 가르침은 버리지 않고, 다만 그 행위의 진정성을 지적하고 있을 뿐이다. 그만큼 이 공동체가 유대교로부터 분리되기 시작한 지가 오래되지 않았을 것이고, 하여 그들의

정체성의 논쟁은 유대교 내부의 신학적 논리로부터 시작하여 매우 치열하게 진행될 수밖에 없다.[18)]

　　다른 한편으로 공동체가 만일 모종교로부터 분리된 지 얼마가 안되었다면, 그만큼 소수 집단으로서 그들이 경험했던 집단적 트라우마는 매우 강렬했으리라. 이러한 상처는 박해를 받았다는 흔적으로도 나타나는데(34절), 이는 주로 이스라엘에서 예수를 선포하던 순회선교사들의 의식을 통해서 표현되고 있다(비교. 5:11 이하; 10:16 - 23). 따라서 여기서 언급된 박해란 결코 전면적인 기독교 공동체 박해로 생각할 수는 없고, 다만 그러한 흔적을 통해 그들의 선포가 이스라엘에서 좌절되었음을 분명히 보여줄 뿐이다. 더욱이 이스라엘로부터 분리가 가시화됨에 따라 예수를 거절했던 다수의 이스라엘이 예수의 추종자들을 "배교자들"로 내몰고 더 이상 유대인이 아니라고 간주하였다면, 그들은 유대교 내부에서 극심한 정체성의 위기를 경험해야 했을 것이다. 그만큼 예수 공동체의 자기이해는 23장에서 더욱 격렬하게 표현되었을 수 있다.[19)] 즉, 마태의 반(反)바리새주의 담론은 이스라엘로부터 분리된 한 유대기독교 공동체의 신학적 정체성을 가장 치열하게 표현하고 있는 셈이다. 이 초기 기독교 공동체 신학의 용광로에서, 예수의 복음 선포를 거절한 이스라엘에 대한 심판의 신학은 날카로운 결정체(結晶體)가 만들어지는데, 그 끝은 모질고 잔인한 칼로 사용할 수 있을 만큼 예리했다.

---

18) 이러한 견해에 대해서는 U. Luz, 『마태공동체의 예수이야기』, 25 - 33을 참조하라.
19) U. Luz, *Das Evangelium nach Matthäus* 3, 392 - 401.

III. 초기 기독교의 정치적 관점

1. 바리새주의의 정치적 성격

복음서의 예수이야기에서 예수의 반-유대주의 담론의 주된 상대
는 "서기관들과 바리새인들"이다. 그렇다면 바리새인들"은 누구인가?
그리고 왜 그들은 이런 비난을 받아야 했던가? 우선 '서기관'(소페르)이
라는 명칭은 '바리새인'이라는 명칭보다 훨씬 더 오랜 역사를 가지고
있다. 이미 포로기 이전부터 왕궁 서기관이 있었고, 이들은 포로기 이
후에는 율법을 연구하는 전문적인 율법서기관들로 활동하게 된다. 이
밖에도 서기관은 대다수의 사람들이 문자를 사용할 수 없는 고대에 문
자를 사용하도록 훈련받아 결혼이나 매매 등의 계약서 작성은 물론 일
상생활의 각존 문서작업을 담당하였다. 따라서 서기관은 단지 율법학
자들만이 아니라 법률가, 교사 등 대부분이 일반인 평신도들이었고, 일
부 제사장들 가운데도 서기관이 있었다. 그러므로 모든 서기관들이 바
리새인은 아니었지만, 대부분의 바리새인들은 서기관이었다고 말할 수
있겠다.

바리새인들은 유대교의 율법준수를 강화하여 실천함으로써 이스
라엘을 정화시키려는 신학적 지향성을 가지고 있었다. 특히 이들은 성
전을 중심으로 지배력을 강화했던 제사장들과 차별화되어 일상생활이
라는 유대교의 '비공식 부문'에서 세세한 율법해석을 통하여 섬세한 종
교적 전통과 경건생활을 추구했다. '바리새'의 어원 '파루쉼'으로 보건
대, 그 의미는 '분리주의자'라는 냉소적인 호칭이라고 볼 수 있다. 이
호칭은 바리새운동의 기원의 역사에서 나온 것이거나(아래 참조), 그들
이 '부정한 것으로부터의 분리'를 추구하는 제의적 정결을 강화했기 때
문에 나온 호칭으로 추측된다. 하지만 이들의 '분리주의적 활동'은 예
루살렘을 중심으로 한 현실정치의 장에서 활동하고 있는 사두개파나,

이들을 비판하며 정치현실과 세속으로부터 거리를 두고 금욕적인 태도를 취했던 에세네파와는 달리, 강력한 대중적인 영향력을 가지고 있었다. 물론 이들의 세력 확장은 율법 연구와 실천을 통해서 가능했고, 그들의 사상은 예수 시대는 물론 특히 성전파괴 이후 유대인의 삶과 신앙에 큰 영향력을 미치고 있었다.

우리의 논의에서 중요한 것은 바로 바리새파의 정치적 활동과 영향력이다. 바리새인들은 역사적으로 기원전 2세기중반 경 반(反)이방인 투쟁을 지원했던 하시딤 운동에서 기원한다.[20] 하시딤은 당시 민족주의적인 세력이었던 마카비 가문과 연계하여 이방인의 세력에 저항할 수 있는 정치적 입지를 확보하고 있었다. 하지만 이방인에 대항한 전투에서 유대인들은 안식일을 준수하다가 저항조차 못하고 학살되자, 이들 가운데 "일군(一郡)의 하시딤"(sunagōgē Hasidaiōn)이 안식일 준수에 대한 견해를 달리하며 '분리주의적'인 움직임을 시작했다(1마카 2:32-42). 물론 이 집단은 바리새파의 기원에 대한 암시만을 줄 뿐이다. 그런데 얼마 후 팔레스타인을 지배했던 셀레우코스 왕조의 새로운 왕 데메트리오스가 알키모스를 대제사장으로 옹립하자 일단 바리새인들은 이것을 수용하는 정치적 태도를 취한다. 그러나 바키데스가 군대를 이끌고 유대인을 공격하면서 알키모스를 통해 거짓 평화사절단을 보내어 당시 민족적 저항을 이끌고 있었던 바리새인들(1마카 7:8-25. 여기서 이들은 "서기관들"로 등장한다)을 속이고 60여 명을 죽이게 된다. 그 후 그들은 기원전 152년 사독계도 아론계도 아닌 마카비 가문의 형제 요나단이 예루살렘의 대제사장 자리를 차지하는 것을 지원하고,

---

20) 이러한 내력은 요세푸스의 유대고대사 13.290이하에 자세히 나오며, 전체적인 자료에 대한 개관으로는 정연호, 『유대교의 역사적 과정: 바리새파의 재발견』(한국성서학연구소, 2010), 45-112와 박정수, 『고대유대교의 터·무늬』(서울: 새물결, 2018), 267-275를 참조하라.

142년에는 "제사장들과 백성들, 백성의 지도자들과 원로들의 모임"21)
에서 다시 그의 형제 시몬을 공식적으로 대제사장으로 추대하게 된다
(1마카 14:28, 35). 이로써 이스라엘의 역사에서 대제사장이 사독가문에
서 세습되지 않고 추대되는 의미심장한 '반란'이 일어난 것이다. 이로
써 바리새인들은 최초의 '유대성전국가' 하스몬 왕조(142-63년)를 건립
하는데 중차대한 역할을 하였을 뿐만 아니라, 이후 이방인에 의해 위
임된 자치적인 '대의 지도 체제'의 최고 권력자인 대제사장을 '선출'할
수 있는 구조를 만들어 낸 것이다. 따라서 이 왕조에서 바리새인들의
정치적 위력은 대단할 수밖에 없었다. 그래서 때로는 강력한 정복군주
휘르카노스 1세(134~104년) 때 그의 영토 확장정책에 제동을 걸 수도
있었다(유대고대사 12.291).

당시 바리새파는 구전율법 해석 전통에 입각한 할라카, 즉 "장로
(조상)들의 유전"을 법령으로 실행하고 추인 받았는데, 휘르카노스는
성문율법 중심의 사두개파의 좀 더 엄격한 할라카로 그것을 대치하게
되었다. 하지만 이를 통해 일반 대중들 속에서 바리새파의 할라카에
대한 지지도는 더욱 높아지게 되었다. 휘르카노스가 죽은 후 알렉산드
로스 얀나이오스도 정치적으로 사두개파의 친(親)헬레니즘 세력과 손
을 잡게 되었다. 따라서 대중들과 이들 정치가들의 이반현상은 가속화
되고 결국 폭동과 학살로 이어지게 된다. 이 와중에 바리새인들 800명
이 십자가형을 당했다는 요세푸스의 보고가 사실이라면(유대고대사
13.410), 이 반란이 바리새파와 무관하지 않았을 것이다. 얀나이오스는
죽으면서 권력을 승계 받은 그의 왕비 알렉산드라 살로메에게, '바리새
인들의 말을 거역하고는 왕권을 유지할 수 없다'고 충고해 주었다(유대

---

21) 이는 아마도 페르시아 시대 이래로 존속하였던 전통적인 유대인 최고의 자치기구
였던 "게루시아"(Gerousia)였을 것이며, 제2성전기 유대교의 후기에는 '산헤드
린'(혹은 헤베르)으로 불렸을 것이다.

고대사 13.403 이하). 이후 사두개파와 바리새파는 그녀의 아들 아리스토
불로스 2세와 휘르카노스 2세를 등에 업고 형제간의 권력투쟁을 부채
질하게 된다. 결국 로마의 폼페이우스가 사두개파와 아리스토불로스를
지원하며 팔레스타인에 진격하고서야 내전은 종식되는데, 그 와중에
바리새인들은 로마의 통치를 수용하되 종교적 자치를 허용해 달라는
현실적인 중재안을 폼페이우스에게 관철시킨다. 이런 이방인 통치 허
용(불간섭)의 원칙은 바리새파의 정치적 행동에서 일관되게 유지된다.
그러자 이번에는 사두개파가 폼페이우스에 저항하다가 끝내 주전 63
년에 성전이 함락되면서 하스몬 왕조는 종말을 고하고 유대지역은 로
마의 수중에 들어가게 된다.

    이 와중에 로마와의 권력관계를 이용하여 유대의 맹주로 등장한
헤롯 가문의 실력자 헤롯 대왕은 기원전 37년 로마의 원로원에 의해
유대지역의 왕으로 재가를 받게 된다. 결국, 유대지역은 로마와 그의
대리인 헤롯 대왕의 통치하에 들어가게 되면서, 바리새인들이 실질적
인 권력을 행사할 가능성은 줄어들게 된다. 하지만 바리새파의 세력은
통치자들에게 늘 부담이 될 수밖에 없었다. 요세푸스의 보고에 의하면
기원후 1세기 당시 예루살렘의 바리새파의 수는 6천명이었는데, 이는
당시 인구를 감안할 때 무시할 수 없는 세력이었다. 게다가 그들의 영
향력은 대중들에게서 토라연구와 실천을 통해서 이미 깊이 뿌리박히고
제도화되어 '압력단체'로서 그들의 영향력을 무시할 수 없었다.[22]

    한편 팔레스타인에서 정복 군주 헤롯을 통한 로마의 통치는 점점
하층민들의 희생을 강요하는 식으로 진행되었다. 자영농은 물론 소작
농까지도 몰락하고 가족 구조 안에서 그들을 더 이상 수용할 수 없어,

---

22) 이러한 주장은 N. T. Wright, 『신약성서와 하나님의 백성』, 303–340에 근거하고
   있다.

탈출한 노예들과 도적떼가 빈번히 출현하는 상황이 만연되었다. 바리
새파의 할라카 전통의 법령은 현실에서 멀어져 있었고, 대중들이 그들
에게서 이반될 수 있는 상황이 조성되었다. 이제 무력 혁명을 주장하
는 젤롯파가 힘을 얻을 수 있었다. 기원후 66년에 촉발된 제1차 반로
마 유대전쟁은 비록 직접적으로는 유대 총독 플로루스(64-66년)의 성
전금고 유출행위에 대한 종교적 저항으로 촉발되었지만, 경제적 반란
의 성격을 가지고 있었다.[23]

유대전쟁 전후의 이러한 경제적 상황에서 바리새파의 대응은 두
가지로 요약할 수 있다. 하나는 기원후 약 70년까지 유대교를 주도한
샴마이 학파로 대변되는 율법에 대한 "열성"이다. 회심 전 바울의 "열
성"도 유대주의를 고수하려는 바리새주의를 대변한다. 여기에는 이방
인에 대한 저항을 의미하는 민족주의적 경향도 내재되어 있었다. 바리
새인들에게 옛 하시딤의 묵시적 사상의 불씨는 여전히 꺼지지 않고 있
었다. 그들은 결코 이스라엘의 독립과 신정국가로의 회복이라는 이상
을 포기할 수 없었다. 그들이 추구하는 '정결한 이스라엘의 회복'은 이
미 하시딤의 묵시적 토양에서 자라난 것이었다. 이들은 이스라엘의 해
방을 추구하는 젤롯당의 무장봉기에도 참여할 수 있는 가능성을 열어
두었다. 비록 요세푸스가 유대전쟁을 젤롯당의 반란으로 묘사하며 바
리새인들의 책임을 회피하려는 듯이 묘사하지만, 아나니아 벤 사독의
이야기(유대전쟁사 2.451)나 기원후 6년에 일어난 반란을 바리새인의 활
동과 결부시키는 것을 고려한다면(유대전쟁사 2.118; 유대고대사 18.4-10)
바리새인들이 제1차 유대전쟁은 물론 마지막으로 반로마 봉기를 일으

23) 요세푸스의 유대전쟁에 대한 관점은 이 반란을 젤롯파에게 돌리고 있는데, 결국
종교적 평화를 위해서는 이방인의 통치는 문제시 될 것이 없다는 바리새파의 관
점을 대변한다. Flavius Josephus, 박정수·박찬웅 역, 『유대전쟁사』 1~2권, (파
주: 나남, 2008), 1권 서문(1.1-30) 및 역자 해제를 참조하라.

킨 기원후 132-135년의 바르 코흐바 항전에도 참가하였을 가능성을 배제할 수 없다.

다른 하나는 힐렐 학파로 대변되는데, 이 흐름은 종교를 지탱하기 위한 정치적 '평화유지' 정책을 고수하며 유대교를 새로이 재편하려 하였다. 유대전쟁으로 성전과 예루살렘 시가 파괴되어 유대교 전체가 무너지는 상황에서도 그들은 무장 항쟁이 아닌, 랍비 요한난 벤 자카이를 중심으로 야브네(혹은 얌니아)에서 바리새파의 재건을 위한 로마와의 협상을 수행한다.[24] 이렇게 바리새인들은 유대전쟁으로 성전이 멸망하자, 팔레스타인에서 성전을 중심으로 존속할 수 있었던 다른 종파들, 이를 테면 대제사장 가문이나 정치적 우위에 있었던 사두개파보다 우세한 정치적 입지를 차지하고, 회당 중심의 유대교를 건설할 수 있었다. 게다가 제1차 유대전쟁(66-70년) 이후 유대인의 이방인에 대한 강력한 저항의 사상을 품고 있었던 에세네파의 묵시사상은 대중들에게 호소력을 잃어가고 있었다. 이렇게 에세네파 역시 역사 속에서 서서히 자취를 감추게 되었는데, 이들은 일찍이 요나단이 대제사장직에 오르자 하시딤에서 이탈하여 광야의 쿰란공동체를 조직했던 집단이었다. 따라서 바리새파는 회당을 중심으로 한 이른바 '성전 없이도 존속 가능한 유대교'을 재건하며 유대교의 주류를 형성했을 것이다.

---

24) 요한난 벤 자카이의 대부분의 기록이나 일화는 자료로서의 가치가 높지 않다. 하지만 그가 당시 로마의 장군 베스파시아누스에게 '얌니아 재건 프로젝트'를 정치적 재가나 후원을 받지 않고 그곳이 랍비 기독교의 중심지로 재건되기는 어려웠으리라. 이에 대해서는 Daniel R. Schwartz, *Studies in the Jewish Background of Christianity* (Tübingen: J.C.B. Mohr, 1992)를 참조하라.

2. 반(反)바리새주의와 평화의 메시아니즘

유대전쟁 이후 이러한 역사적 상황에서 기록된 마태복음의 반(反)바리새주의 담론을 해석함으로써, 초기 기독교의 정치적 정체성을 서술해보자. 우선 기원후 70년 성전의 파괴는 이미 예수의 예언대로 실현되었다. 마태의 관점에 의하면 그것은 예수의 예언자적 선포를 받아들이지 않은 이스라엘의 불순종에 대한 하나님의 심판이었다(22:7). 예수 공동체는 부활하신 예수 그리스도를 통하여 이제 토라를 새롭게 해석하며 이스라엘을 넘어 "모든 민족"으로 나아가려 했다. 그러나 이는 반(反)바리새주의, 즉 반-유대주의를 의미했다. 게다가 유대전쟁과 성전파괴의 후유증, 그리고 로마의 경제적 불안 상황에 대응하는 바리새파는 새로운 진로를 모색해야 했다. 바리새주의는 여기서 로마체제에 대한 저항 혹은 순응 양대(兩大)진영으로 나뉘었다.

기독교 공동체는 유대교의 회당연합으로부터 분리되기 시작함으로써 필연적으로 로마에 대한 정치적 태도를 취해야만 했을 것이다. 이는 저항의 길이었을 것이다. 그렇다고 로마의 징세에 대하여 "가이사의 것은 가이사에게 하나님의 것은 하나님에게"(막 12:17/눅 20:25)라는 태도 즉, '두 왕국설'적인 관점에 서 있었던 것도 아니었다. 그것은 "그들이 실족하지 않게 하는 길"(마 17:27)로서 아마도 충돌을 피하는 길이었을 것이다. 다시 말해, 마태공동체는 로마가 유대인에게 일종의 인두세(fiscus Judaicus)로 부과했던 "반 세겔"(마 17:24-27)에 대항해 젤롯파와 같은 전면적인 거부투쟁의 길을 가지 않았다는 말이다. 그런가 하면 바리새주의 가운데 샴마이 학파와 같은 민족주의적 저항과도 거리를 두었다. 하지만 동시에 이방세계로부터 분리된 종교공동체 네트워크를 설립하는―요한난 벤 자카이와 같은―이른바 유대교의 '비정치화 프로그램'과도 거리를 두었다. 왜냐하면 기독교 공동체가 선포한 하나님 나라는 종말론적인 성격이 강했는데, 예수를 참다운 왕으로 고백했다. 따라서 이러한 사상은 로마제국 하에서는 본질적으로 정치적 성격을 가질 수밖에 없었다. 말하자면, 반로마항쟁이나 민족주의적인 경향과는 멀었지만, 비정치적이라고 말할 수도 없었던 셈이다. 당시 초기 기독교인들은 이방인의 세계에서 살아가면서 모든 민족을 포괄하는 문화적 포용성을 가질 수밖에 없었다. 그것은 평화를 추구하는 공동체의 에토스로서(마 5:9), 로마 군인들이 억지로 오리를 끌고 가고자 하면 십 리를 가고(마 5:41), 원수를 증오하지 않고 사랑하는(마 5:44) 그런 삶의 태도였다. 이러한 일종의 '신학적 포괄주의'는 필연적으로 민족주의적 성격의 '유대주의'와 충돌할 수밖에 없었을 것이다.

그렇다면 이러한 정치적 태도는 어디에서 시작된 것일까? 이미 언급한 대로 마태의 예수이야기는 마가복음과 깊이 연관을 맺고 있다. 마가의 메시아상은 수난의 종과 섬기는 종이라는, 유대교에서는 매우 독특한 메시아니즘이라 하겠다.25) 최초의 복음서인 마가복음서는 예수를 수난의 메시아로서 세상을 위한 '하나님의 종'으로 묘사하고 있다. 교회는 수난의 그리스도를 따르는 예수 제자들의 공동체이다. 또한 예수의 죽음은 하나님과 세상을 위한 화해의 죽음이라는 의미로 기념되었다. 그리하여 이 죽음의 의미는 신약성서의 복음서 기록의 씨줄과 날줄이 되어 아로새겨지고 있다. 이를테면 세배대의 아들들의 요구(막 10:35-45. 공관복음 병행)에서 예수의 죽음은 "모든 사람의 종"이 되는 섬김의 행동이었고, 모든 사람들을 위한 화해의 죽음(대속물)이었음을 암시한다(막 10:45). 이 종교적 행동은 지배와 분쟁의 세계 한복판에 선 제자 공동체에게는 평화의 행동이라는 의미를 갖는다.

---

25) 이하는 나의 저서, 『성서로 본 통일신학』(서울: 성서학 연구소, 2010), 117-123에서 요약함.

이방인의 집권자들이 그들을 임의로 주관하고 그 고관들이 그들에게 권세를 부리는 줄을 너희가 알거니와 너희 중에는 그렇지 않을지니 너희 중에 누구든지 크고자 하는 자는 너희를 섬기는 자가 되고 너희 중에 누구든지 으뜸이 되고자 하는 자는 모든 사람의 종이 되어야 하리라 (마 10:42 – 43).

우리는 이러한 메시아 사상을 초기 기독교의 '평화의 메시아니즘'이라고 불러도 좋을 것이다. 초기 기독교가 추구한바, 폭력을 포기하고 원수를 사랑하라는 예수의 요구는 수백 년간 이방인에 대항한 투쟁으로 얼룩졌고, 불과 십여 년 전 발발한 잔혹한 유대전쟁의 불씨가 사라지지 않은 팔레스타인에서 단지 이상적인 평화주의 노선으로 존속할 수는 없었을 것이다. 당시의 상황에서 유대교나 초기 기독교 모두에게 평화의 문제는 매우 긴급한 현안문제였을 것이다. 평화는 유대전쟁 이후 정치적 안정의 갈구였을 뿐만 아니라, 유대인과 이방인 기독교 공동체와의 대립이 형성됨으로써 요청된 과제이기도 했다. 이러한 사회적 분위기에서 마태복음의 평화의 메시아니즘은 중요한 의미를 갖는다.

마가복음에 기초하고 있는 마태복음은 초기 기독교 공동체가 처한 '국제정치적 환경'에서 이 평화의 메시아니즘을 부각시키고 있다. 먼저 마태복음 1~2장에 나타난 예수 탄생과 동방박사의 방문, 그리고 헤롯대왕의 영아학살, 그리고 아기 예수의 피신 이야기를 보자. 헤롯대왕은 로마제국이 지배하는 세계 질서에서 유대 민족국가의 명운을 이끌었던 강력한 정복군주였다. 당시 유대교는 기원전 129년 이후 '유대 성전국가'에 의해 통합되었던 사마리아 지역과 유대 지역 간에 형성된 적대감과 이질감이 고조되었다. 그러나 헤롯대왕은 지중해 연안의 항구도시들의 건설, 예루살렘 성전의 엄청난 증축공사, 그리고 사마리아 도시의 재건 등, 수많은 도시들의 재개발과 신도시를 건설하였는데, 이

가시적 성과들은 팔레스타인에 각인된 유대와 사마리아 지역의 갈등을 어느 정도는 완화시켰을 것이다.[26] 사실 헤롯대왕은 이두매아 출신의 '반쪽유대인'으로서 종교적으로야 한계를 가지고 있었지만, 유대인들은 그를 로마의 세계지배 하에서 유대인의 위상을 드높인 왕으로 인정하고 있었다. 그러나 마태는 이 절대군주를 영아학살을 자행한 폭군으로 묘사하고 있다(마 2:16-18). 헤롯대왕이 이렇게 '나쁜 왕'으로 묘사되었던 것은 수난의 죽음을 겪게 될 평화의 메시아 때문에 얻게 된 '색깔'이었을 것이다. 반면 로마제국의 동쪽 국경을 맞대고 있는 파르티아 제국에서 온 동방의 '현자'(magoi)들은 평화의 왕을 찾아가는 외교관처럼 묘사되고 있다(마 2:1-12). 이 이야기대로라면 예수탄생의 소식은 로마제국과 파르티아 제국이 대치하고 있는 트란스요르단 국경지대에서 정치적 동요를 일으킨 것이 된다.

이런 측면에서 이 이야기는 초기 기독교가 간직한 평화의 메시아 니즘의 윤곽을 스케치해준다. 초기 기독교가 고대하는 메시아는 힘과 무력으로 '로마의 평화'를 유지하는 황제와는 대조되는 평화의 통치자였다. 메시아는 오히려 동방의 현자들에 더 잘 어울리는 현왕(賢王)의 모습으로 묘사된다. 그리하여 그는 하늘의 계시를 '작은 자들'에게 수여하고(마 11:28-30), 겸손하여 나귀를 탄 왕(마 11:3)으로 장차 전쟁의 폐허가 될 예루살렘에 등극한다. 반면 '평화의 도시' 예루살렘은 이 평화의 복음을 알지 못하고, 로마와의 잔혹한 전쟁으로 예루살렘의 성전과 함께 함락될 운명에 처하게 된다(마 23:37-39).

그렇다면 유대전쟁 이전에 기록되었을 마가복음의 수난의 메시아 니즘이 마태복음에서는 로마의 국제정치적 역학관계 하에서 유지된 긴장을 깨뜨린 유대전쟁을 겪은 후, 역동적인 평화의 메시아니즘으로 확

26) 위의 책, 72-75.

장되었으리라고 추론할 수 있겠다. 예수는 그런 '힘의 평화'를 주러 온
것이 아니라, 죽음으로서 이루어 내는 '화해의 평화'를 실현하려고 온
것이다. '화해의 평화'를 위한 이 죽음은 '힘의 평화'를 무력화시키는
불씨가 된다.

> 내가 세상에 화평을 주려고 온 줄로 아느냐 내가 너희에게 이르노니
> 아니라 도리어 분쟁하게 하려 함이로라(눅 12:51).

메시아의 죽음이 가져온 화해의 평화는 대립된 인간관계에서부터
변화를 가져오는 역동적 운동이었다. 그것은 단지 관념적인 신학사상
이 아니라, 반(反)평화적인 모든 세력을 무력화시키는 실제적인 힘이었
다. 왜냐하면 예수 그리스도의 대속의 죽음은 하나님과 인간 사이에
원수된 것을 무너뜨렸고, 그를 따르는 제자들은 "평화를 이루는 자"(마
5:9)로 정의되었기 때문이다. 따라서 이러한 공동체의 '평화의 에토스'
를 가진 초기 기독교에서 유대인과 이방인의 문화의 벽은 느슨해질 수
밖에 없었고, 그리스도의 화해의 징표인 성만찬을 지속함으로써 이방
인 공동체에서가난한 자와 부유한 자의 대립, 그리고 비록 제한적이었
지만 남자와 여자, 주인과 종의 대립을 넘어서게 했다.

III. 맺는말

1. 기독교의 반-유대주의의 역사

이제까지 우리는 초기 기독교의 반-유대주의적 태도의 역사적이
고 신학적인 뿌리를 탐구했다. 마태복음은 물론 신약성서전체는 유대
인에 대한 문화적 적대감을 의미하는 이른바 반유대주의 혹은 반셈족

주의를 증빙하는 텍스트로 사용될 수 없다. 왜냐하면 초기 기독교 공동체는 유대교 내부에 존재하는 유대인으로 구성되어 출발했기 때문이다. 바리새인들에 대한 예수와 초기 기독교의 갈등과 논쟁은 본질적으로 유대교 내부의 개혁운동의 흔적이라고 할 수 있다.

그럼에도 기독교의 역사는 그런 본문들을 반유대주의, 즉 반셈족주의 혹은 반유대교의 관점으로 읽어왔다. 고대 시대의 교부들은 기독교의 터전을 놓으면서 복음서의 이야기를 반유대교적인 신학의 본문으로 읽었다. 교회는 이방인들의 교회가 되었고, 반유대교적인 논쟁을 구가하며 회당과 유대인들을 비난하게 되었다. 유대인이 교회를 박해했고, 그리스도를 십자가에 못 박았다고 몰아붙였다. 급기야 기독교에서 구약을 없애자는 이단 마르시온주의가 나오기도 하였다. 정경의 남용은 정경의 부정에까지 이르게 된 것이다.

중세 시대 기독교가 명실 공히 제국의 종교로 자리 잡으면서 유대교와 유대들인에 대한 문화적 적대감은 확대된다.[27] 기독교인들은 유대인들을 박해하고 사회의 주변부로 내몰았다. 유대인들에 대한 악성 루머들이 만들어지기도 했다. 이를테면, 유대인들은 기독교도들의 피를 마신다든가, 뿔과 꼬리가 달린 악마의 화신으로 등장한다. 사회경제적으로는 유대인에게 고리대금업자라는 꼬리표가 붙었다. 결국 16세기 이탈리아와 합스부르크 제국은 유대인의 강제집단거주지 게토(ghetto)를 건립하게 된다. 종교개혁 시대 칼뱅은 유대인에 대한 긍정적인 태도를 취했다. 루터도 처음에는 유대인들의 개종 가능성을 열어두고 그들에 대한 우호적인 태도를 취했다. 그래서 그는 "유대인이야말로

---

27) 반유대주의에 대한 문화적 분석 및 비판은 우리나라에서 최창모에 의해 탁월한 필치와 논리로 전개되고 있다. 중세이후 현대까지의 반유대주의는 이 글의 직접적인 연구주제는 아니기에 여기서는 최창모, 『기억과 편견』, 73~110. 81 이하의 진술만을 통해 요약적으로 정리하도록 한다.

그리스도의 혈통을 이어받은 자들이며, 우리가 오히려 이방인이다"라고 하며 유대인과의 형제적 연대를 강조했다. 하지만 유대인 개종의 현실성이 점점 없어지는 것을 직시하고는 태도를 바꿨다. 요컨대, 사탄을 개종시키는 것보다 유대인을 개종시키는 것이 더 어렵다는 것이었다.

근대에 들어서서 존 로크는 종교적 관용에 대한 사상을 피력하며, 인간은 누구도 자신의 종교로 인해 시민권이 제한될 수 없다고 주장하였다. 계몽주의는 유대인이 추구하는 종교성이란 '하나의 국가'가 아닌 '신앙의 백성'이라고 주장하며, 유대인을 수용하는 합리적 근거를 마련하기도 했다. 하지만 사상적 분위기는 기독교가 유대인의 종교 그 자체보다 우월하다는 식의 반셈족주의적인 경향을 띠게 되었다. 마침내 나치에 이르러서 서구의 문화적·인종적 반셈족주의의 후예가 탄생되었다. 히틀러는 "그리스도가 시작하고 마무리하지 못한 과업을 내가 완성할 것이다"라고 외쳤다. 이제 유대인 문제에 대한 '마지막 해결책'은 '수정(水晶)의 밤'(Kristalnacht)의 대학살로 마감되며, 홀로코스트라는 엄청난 비극을 인류에 남겼다. 물론 기독교가 그 죄악을 조장한 것은 아니라 하더라도, 이 강력한 독성에 자양분을 제공했다는 것을 부정하기는 어렵게 되었다. 만일 그렇다면 오랜 기독교 문명이라는 토양에 세워진 십자가는 이제 날카로운 칼이 되어버린 것이다.

칼은 칼을 낳는가? 유대인은 팔레스타인 난민을 학살하는 자리에 서게 되었다. 역설이 아닐 수 없다. 기독교와 유대교의 불편했던 관계는 다시금 유대인과 이슬람인들의 관계에서 재생산되고 있는 것인가? 역설적인 것은 이 세 종교는 모두가 유일하신 한 하나님을 섬기고, 아브라함을 자신들의 조상이라고 생각한다는 사실이다.

2. 한국에서의 반유대주의 담론?

극동 아시아의 '젊은 기독교'의 역사를 써내려가고 있는 한반도에서도 2천년 서구 역사의 한편을 빼곡히 채워나간 반유대주의라는 주제는 현안문제가 될 수 있을까? 대체로 그럴 가능성은 많지 않은 것 같다. 왜냐하면 아직까지는 유대인을 직접적으로 접촉해보지 못한 한국의 상황도 그렇거니와, 현대사에서 한국인에게 유대인과 이스라엘은 각별한 친화력을 가지게 된 계기가 있기 때문이다.[28] 이를 테면, 박정희 정권하에서 한 손에 총을 들고 한 손에는 건설의 삽을 들고 이스라엘을 건설해 낸 유대인들은 재건국가의 모델이었고, 게다가 이스라엘의 키부츠를 새마을 운동의 모델로 삼기위해 정부고위 관계자들은 이스라엘을 방문하기까지 했다. 대표적인 반유대주의 문서인 히틀러의 『나의 투쟁』은 청년시절 박정희의 애독서가 되었고, 급기야는 반공투쟁의 교과서처럼 읽히는 웃지 못 할 일도 벌어졌다. 다른 한편 '유대인'은 이른바 '영재와 부자 만들기'라는 상업적 영재교육 이미지로 사용되기도 했는데, 이는 자원이 부족한 나라에서 인력을 통한 선진화를 추구할 수밖에 없는 한국인들에게 호소하는 바가 컸다.

종교적인 측면에서 본다면, 구약 이스라엘의 출애굽 이야기는 일본 제국주의 시대 우리 민족의 해방의식을 고취하는 소망을 주는 텍스트였다. 게다가 탈무드의 지혜를 공중파를 통해 대대적으로 소개함으로써 유대인의 종교적 이미지를 교육과 결합시킬 수 있었다. 여기에 1990년부터 폭발적으로 증가한 성지순례 프로그램은 기독교인들에게 유대교나 유대인들에 대한 친화력을 가져다주었다. 물론 이원복 교수

28) 최창모, "한국사회의 유대인 이미지 변천사 소고", 『한국이슬람학회』 18/1(2008), 113-138.

의 《먼나라 이웃나라(미국인 편)》에서 "8. 유대인을 알아야 미국이 보인다—미국을 움직이는 막강한 세력 유대인"(219~249쪽)에 등장하는 유대인에 대한 묘사가 반유대주의적이라면서 2007년 4월에 시몬 비젠탈 센터(The Simon Wiesenthal Center)가 출판사에 정식 시정을 요구하고, 이런 처사에 대한 네티즌의 반발이 있기도 했다.[29] 이런 사건은 유대인들에 대한 일부 네티즌들의 비우호적인 감정을 드러내기는 하지만, 한국인이나 한국 기독교인들의 유대인들에 대한 정서에 크게 저항을 일으키기는 어려웠다. 최근의 이슬람 자금의 도입방안으로 제기된 이슬람 채권(수쿠크) 지원법에 관한 진지한 토론에서도, 대체로 적대적인 감정보다는 차분한 논리적인 대응이 힘을 얻고 있는 듯하다. 그래서 이슬람교도들이 한국에 진출하게 되는 것에 대한 기독교계의 지혜롭지 못한 종교적 반감을 경계해야 한다는 것에 한 목소리를 내었다.[30] 만일 이와 유사한 논쟁이 유대인들에 대하여 벌어졌다면, 기독교인들은 적대적인 감정보다도 어쩌면 적극적인 유대인 선교의 기회로 활용해야 한다는 주장을 했을지도 모른다. 이러한 양상은 한국에서 기독교와 유대인에 대한 친화적 관계를 보여주는 다양한 스펙트럼이라 하겠다. 그러므로 한국에서 이른바 반유대주의적 경향을 걱정하기는 아직 이르다고 생각한다. 나는 한국에서 그와 같은 이른바 반셈족주의적인 반유대주의를 문제 삼기보다는, 오히려 이 글에서 논한 신약의 반-유대주의 담론이 민족분단의 트라우마를 안고 살아가는 한반도에 더 많은 시사점을 줄 수 있다고 판단한다.

---

29) 위의 논문, 129-135: 이원복, 『먼나라 이웃나라(미국 편)』(서울: 김영사, 2004), 247.
30) 한반도 평화연구원 제26회 포럼, 『수쿠크법의 쟁점: 평화를 위한 정부, 미디어, 교회의 역할』(2011. 4. 13).

3. 반-유대주의와 기독교적 평화의 담론

내가 말하고자 하는 것은 한반도의 역사에서 정파(政派) 간의 갈등이 고대유대교 내부의 종파적 갈등양상과 유사한 점이 있다는 것이다. 해방 이후 분단 과정은 세계사적인 이념갈등의 산물이었다. 외세의 지배에 대항했던 민족주의 세력은 독립된 국가를 꽃피워보지도 못한 채 시련을 맞이하였다. 한반도는 일본 제국주의로부터 해방되어 자주 민족국가를 설립할 기회를 선용하지도 못하고 제2차 세계대전 후 공산주의와 자본주의를 추종하는 양대 세력으로 편입되어 냉전의 희생양이 되었고, 결국 강대국의 비참한 대리전쟁 6.25를 겪어내야 했다. 이 전쟁은 말이 한국전쟁이지 세계전쟁의 성격을 띠는 것이었다. 전쟁으로 분단은 장기화되었다. 그것은 우리의 분단일 뿐 아니라, 세계의 분단을 고스란히 반영했다.

6.25를 겪으면서 남북으로 갈린 민족은 분단을 체험적으로 학습했다. 수도 서울은 불과 1년 안에 공산세계와 자유세계 사이를 3번 오가면서 주인을 맞이해야 했다. 그런가하면 지리산은 낙동강 전투에서 승기를 잡은 남한의 반격에 미리 퇴각하지 못한 인민군의 서식처였다. 지리산 자락 어느 마을에서건 아침은 자본주의 세상이요, 밤은 공산주의 세상이었다. 사람들은 살아남기 위해서 밤에는 공산주의자로, 낮에는 자본주의자로 처신해야 했다. 수십 년을 같이 살아온 동네 사람을 그렇게 끊임없이 두 개의 의혹의 눈초리로 갈라내야 했다. 이렇게 남한에서 생존을 견뎌낸 그 세대는 타인을 적으로 보는 눈초리를 몸서리치며 학습해야 했다. 지금까지 한국사회에서 진보에서 보수에 이르는 이념의 스펙트럼이란 북한을 대하는 이념적 체온에 따라 나열되었다고 볼 수 있다. 마치 유대교에서 종파라는 스펙트럼이 이방인과 그 문화에 어느 정도의 수용성을 가지느냐에 따라 펼쳐지듯이 말이다.

북한에서의 상황도 마찬가지였다. 그들은 6.25전쟁 이후 70년을 미국과 남한에 대한 적대감의 충성도에 따라 사회계층을 구성하고 있다. 제국주의와 그 앞잡이를 얼마나 적대시하느냐가 출세의 길을 좌우했고, 그 적대감으로 서로를 감시하는 경쟁을 체제의 근간으로 지속하고 있다. 남과 북의 정치공동체는 정권을 획득하고 유지기 위해 끊임없이 분단과 전쟁의 트라우마를 떠올려 공격하고 방어해야했다. 공격과 방어의 도구는 분단이라는 현실 그 아래 감추어진 분단의 기억이기에 그것은 얼마든지 재생산될 수 있었다. 이제 분단은 구조화되어 "한 민족 안에서 집단적 기억으로 남아 부모가 자식에게 전하는 이야기가 되고, 한 집단의 정체성을 형성하는 원천이 된다. … 그리하여 한쪽은 다른 쪽에게 잔혹행위를 하게 되며, 친구는 적이 되고 이웃은 원수가 된다."[31]

이렇게 민족공동체를 관통하고 있는 이 분단의 트라우마를 고대 팔레스타인 유대인 역사의 관점에서 본다면 어떤 통찰을 얻을 수 있을까? 우선, 유대교와 초기 기독교의 갈등은 이방인의 지배에 대항하는 민족 내부의 정치적 지형에서 생산된 사상적 갈등이라 하겠다. 반면, 우리 민족의 갈등은 외부에서 주입한 이념에 의해 공동체 내부의 갈등과 분단으로 고착된 측면이 강하다. 이러한 차이로 결국, 유대인의 갈등은 기독교가 유대교에서 세계종교로 그 외연을 확대되었던 반면, 한 민족의 갈등은 모든 구성원의 뼛속과 심장을 파고드는 내면화로 치닫게 되었다. 하지만 이 내면화된 트라우마는 신학적 관점에서 무의미하지 않다. 고난이란 역사 속에서 어떤 의미를 갖는가? 함석헌은 『뜻으로 본 한국 역사』에서 한국의 역사를 고난의 역사로 해석한다. '고난은 생명의 원리'라는 간디의 사상도 여기서 멀지 않다. 고난은 우리 민족사에서 선연히 드러나지만, 동시에 세계역사의 보편성이기도 하다. 기독

---

31) Jonathan Sacks/임재서 역, 『차이의 존중』(서울: 말·글빛냄, 2007), 294.

교 신학은 예수 그리스도의 십자가 사건을 과거의 상처와 기억을 치유하는 패러다임으로 가진다. 그래서 기독교의 복음은 용서와 화해의 복음 그 자체이다.

그러나 준엄한 정치현실에서 종교적 화해가 어떤 역할을 할 수 있는가? 한나 아렌트(Hannah Arendt)는 종교적 차원의 용서의 행동은 정치현실에서 실현될 인간의 행위와 불가분의 관계를 맺는다고 주장한다. 정치적 화해란 용서의 현실적 구현인데, 그것의 첫걸음은 증오와 보복을 단념함에서 시작된다. 마치 예수의 원수사랑의 요구가 증오와 보복의 단념에서 그 첫발을 떼듯이 말이다(마 5:21-26; 38-39). 그러나 화해는 적대감을 정체성으로 삼는 공동체에게는 배신으로 비치기 쉽다. 이그나티에프(M. Ignatieff)가 지적한대로, "화해의 길목을 가로막는 가장 커다란 도덕적 장애는 복수에 대한 욕망이다 … 복수는 도덕적으로 이해하면 사자(死者)와의 신의를 지키려는 욕망이며 그들이 남기고 떠난 대의를 받아들여 그들의 영광을 드높이려는 욕망이다 … 이처럼 화해가 어려운 것은 그것이 폭력이라는 강력하기 이를 데 없는 대안적인 도덕성과 경쟁해야하기 때문이다."[32] 한반도의 역사 속에 깊이 새겨진 이념의 대립, 전쟁과 분단, 증오와 보복의 악순환을 끊고, 우리는 어떻게 새로운 미래를 만들어갈 수 있을까? 우리는 유대인들이 저 긴 반유대주의라는 고난의 역사에서 고통스럽게 얻은 교훈에서 많은 것을 배워야 할지 모른다.

나는 유대인이다. 유대인이기에 조상들의 눈물과 고통을 뼈저리게 느낀다 … 그들의 눈물은 유대인의 기억, 다시 말해 유대인의 정체성에

---

32) M. Ignatieff, *The Warrior's Honor* (New York: Metropolitan Books, 1997), 188. Jonathan Sacks, 『차이의 존중』, 308-309(재인용).

깊이 새겨 있다. 내가 어찌 내 영혼에 쓰인 고통을 놓아줄 수 있겠는가? 그러나 그렇게 해야 한다. 내 자식들과 아직 태어나지 않은 내 자식들의 자식들의 미래를 위해 과거의 증오 위에 그들의 미래를 세울 수는 없으며, 그들에게 사람들을 덜 사랑하는 방식으로 하나님을 더 사랑하라고 가르칠 수는 없다. 나를 용서해 달라고 하나님께 기도할 때마다 그들을 용서하라는 하나님의 음성을 듣는다 … 내가 신앙 때문에 목숨을 잃은 조상들에게 빚진 의무는 더 이상 신앙 때문에 죽는 사람이 없는 세상을 만드는 것이다. 나는 과거를 반복하기 위해서가 아니라 과거에서 배우기 위해 과거를 존중한다 … 우리가 증오에는 사랑으로, 폭력에는 평화로, 원한에는 관대한 마음으로, 갈등에는 화해로 응답해야 하는 이유가 바로 여기에 있다.33)

---

33) Sacks, 『차이의 존중』, 312. 통일신학에 있어서 '화해와 용서'의 주제에 대해서는 박정수, 『성서로 본 통일신학』, 158-166을 참고하라.

역대기서의 민족화해 신학

김회권 _숭실대 기독교학과

서론

우리 민족의 적대적 분단체제가 60년도 넘어 이제 "70년 바벨론 유수"급 장기상황으로 연장되어 가고 있다. 특히 지난 국민의 정부와 참여정부 아래 활발하던 남한과 북한 사이의 정부 및 민간단위의 교류와 화해운동이 이명박 정부 아래서 심각한 정체에 직면하고 있다. 북한은 이명박 정부가 들어선 이래 여러 차례 남한 정부에 대하여 격한 대결과 반목의 언동을 보여주고 있으며, 이명박 정부 또한 대북경제봉쇄 및 지원 중단은 물론이고 북한의 체제변화를 유발하거나 기대하는 듯한 격한 언어적 도발도 불사하고 있다. 심지어 2010년 상반기에 북한은 북한 금강산 관광지역내의 남한 기업의 모든 부동산 재산을 몰수하겠다고 선언했고, 남한 정부는 아예 북한체제붕괴를 노리는 듯한 대북강경책을 고수했다. 그런 긴장 국면속에서 2010년에 천안함 침몰사건과 연평도 포격도발 사태가 벌여졌다. 이 사태들은 발생의 원인과 경과에 대한 더 객관적인 검증과 연구가 나와봐야 알겠으나 적어도 일시적으로는 적대적 분단체제를 적어도 일시적으로 심화시킨 사건들임이 틀림없다. 북한 김정은의 삼대세습체제와 2차 핵실험 예정소식에 대한 남한의 응답은 굳건한 한미동맹으로 북한을 궁지에 몰아넣는 방어적 봉쇄정책이다. 현실권력자들에게는 이런 적대적 대북강경책도 분단체제를 관리하는 데 유익한 현실정치적 기능을 갖고 있을 것이다. 그러나 언어적, 정책적 상호강경책은 남북한 겨레 사이에 싹트던 민족적 화해의식과 평화통일 열망을 급속하게 냉각시키면서, 나진 선봉 항구 조차와 북한지하자원 채굴권 확보 등에서 예시되듯이 북한의 정치적 경제적 중국종속화를 가속화시키고 있다.

기독교신앙은 원수되었던 쌍방을 화해시키는 예수 그리스도의 십자가 죽음의 구원사적 가치에 터하고 있다(엡 2:11-15). 적대적 담벼락을 사이에 두고 갈등하고 대립하던 이방인과 유대인이 예수 그리스도가 열어놓은 화해의 광장에서 한 몸 공동체를 이루는 사건이 기독교신앙 사건이다. 성서는 이런 예수 그리스도가 성취한 보편적 화해사건을 전 인류에게 전할 기쁜 소식이라고 선포한다. 구약성경도 그리스도 예수가 전하는 평화와 화해의 복음을 예기케 하는 화해사건에 대하여 다채롭게 증언한다. 이사야 9장, 11장, 에스겔 36-37장, 아모스 9:11-14 등 많은 구절들이 분열의 상처를 경험했던 이스라엘과 유다가 각각 하나님께 돌이켜, 하나님의 은혜 안에서 하나가 될 것을 예고한다. 이스라엘 민족내부의 평화와 화해를 다루는 이런 시적 본문 외에 역대기 또한 이런 민족화해 신학을 담고 있다.

역대기는 페르샤 제국 중후기에 저작된 하나님 나라 백성의 통사(通史)로서 아담 창조부터 주전 538년 고레스 칙령까지의 시기를 다룬다. 그것은 페르샤의 아케메니드 제국의 속령이었던 예후다(Yehuda)에 살았던 성전 직분자에 의해 쓰여진 책으로서, 남왕국과 북이스라엘 왕실이 모두 소거된 후 예루살렘 성전을 중심으로 통합되고 일치되어가던 포로기 이후의 이스라엘-유다 백성의 민족화해운동을 증언하고 있다. 그 화해와 평화가 실제로 경험되었던 실재였던지, 희구되었던 이상이었던지는 분명하지 않다. 중요한 것은 역대기가 유다와 북이스라엘 거민들이 어떻게 하나가 될 것인가라는 민족화해와 통일이라는 아젠다를 중심주제로 설정하고 있다는 것이다.

이 논문은 역대기의 민족화해의 신학을 천착하여 그것이 한반도의 남북화해 운동에 던지는 함의를 모색하고자 한다. 역대기는 페르샤 시기에 대한 구약학계의 점증된 관심과 더불어 최근 구약학계의 신데렐라로 불릴 만큼 요즘 가장 많이 연구되는 책 중의 하나다.[1] 19세기 역사비평학자들에게 역사적 사료가치가 거의 없는 것으로 치부되어 방치되었던 이 책이, 1970년 대 말 영국의 휴 윌리암슨(H. G. M. Williamson)과 이스라엘의 사라 야페트(Sara Japhet)의 연구 이래로 상당한 역사적 사료가치와 독특한 신학적 전망을 가진 책으로 인정받기 시작했다.[2] 특히 야페트의 역대기 연구는 역대기의 신학적 자산 가치를 크게 진작시킨 연구로 인정받고 있다. 그녀는 자세한 언어적, 신학적, 이데올로기적 연구를 통해 에스라 – 느헤미야 – 역대기를 한 저자(역대기 저자)의 작품으로 간주하고 그 세 책의 신학적 입장을 반(反)사마리아적,[3] 유

---

1) John W. Kleinig, "Recent Research in Chronicles," *Currents in Research & Biblical Studies* 2(1994), 43 – 76(특히 49); 배희숙, "역대기 연구사,"「성서마당」신창간호 14(2007), 68 – 86. 라이너 알베르츠는 초기 포로시대 후기(주전 539 – 400년)를 이스라엘 종교사에 있어서 가장 중대한 시기로 간주한다(R. Albertz, *A History of Israelite Religion in the Old Testament* period vol.2 [trans. J. Bowden; London: SCM, 1994], 437). 그는 모세오경이 페르샤 제국의 간섭과 승인으로 저작된 책이라고 본다.

2) 배희숙, "역대기 연구사," 68 – 86. 마틴 노트(*Ueberlieferungsgeschichte Studien* [Darmstadt: Wissenschaf tliche Buchgesellschaft, 1967) 등은 에스라 – 느헤미야서와 함께 역대기를 예루살렘 제의와 유다왕국만을 합법적인 것으로 인정하는, 반사마리아적 책이라고 본다. 반대로 야페트와 윌리암슨은 이스라엘이 유다와 베냐민만을 즉 유다 왕국만을 강조하는 개념이 아니라 온 이스라엘 지파를 대변한다고 강조한다(S. Japhet, *The Ideology of the Book of Chronicles and Its Place in Biblical Thought*[BEAT 9; Frankfurt am Main u.a.: Peter Lang, 1989/1997]; H. G. M. Williamson, *Israel in the Book of Chronicles*[Cambridge: Cambridge University Press, 1977]).

3) 쿠르트 갈링(Kurt Galling)은 역대기서가 사마리아인들을 대항한 논쟁적 작품이라고 본다(*Das Alte Testament* [Goettingen: Vandenhoek & Ruprecht, 1954],

다왕국 옹호적이라고 판단했던 이전 학자들의 역대기 연구경향4)을 비
판한다. 야페트는 역대기서는 에스라-느헤미야의 저자와 다른 인물의
책이며, 아울러 역대기서는 결코 반사마리아적, 겨레분열적 교조주의
가 아님을 주장했다. 그녀는 역대기서의 다양한 주제들을 중심으로 역
대기의 신학적 자산을 천착하는데, 그 중에서도 역대기서에 나타나 있
는 "온 이스라엘" 의식의 신학적 지표가치를 주목함으로써 역대기가
북이스라엘과 남유다의 남은 백성들의 일치와 연합을 기도하는 책임을
주장했다. 배희숙도 역대기 판본의 히스기야와 요시야 종교개혁에 나
타난 민족포용적인 통일지향적 경향성을 주목했다.5) 일찍이 임태수는
그의 박사학위 논문에서 역대기서의 이상군주로 그려진 다윗이미지 연
구를 통해 역대기가 갖는 통일지향적 경향을 주목했다. 그는 역대기의
통일원칙과 방법을 민중신학적 관점으로 도출했다.6)

그러나 이런 선행 연구들은 역대기서에 나타난 민족화해 운동과
그것의 원천적 신학인 하나님 나라 신학과의 유기적 관련성을 충분하
게 밝혀내지 못했다. 선행연구들이 역대기가 사마리아에 포용적인 분
위기를 풍기며 12지파적 통일성을 강조한다는 점은 밝혔으나, 어떤 역

14-15). 마틴 노트는 역대기 사가가 다윗왕조와 예루살렘 성전제의의 합법성을
　　증명하려고 했다고 보고, 예루살렘 제의공동체야말로 고대 이스라엘의 합법적인
　　후계자라는 것을 입증하려고 애썼다고 본다(*Ueberlieferungsgeschichte Studien*
　　[2nd ed.; Tuebingen: Max Niemeyer Verlag, 1957], 104).

4) 드베테(1806년) 이후 C. C. Torrey("The Aramaic Portions of Ezra," *AJSL*
　　24[1907-8)], 225)에 이르기까지의 학자들(노트, 루돌프 등)은 대하 13:7, 대하
　　25:7 등에 입각하여, 역대기사가는 사마리아 교인들에게 반대하는 입장에서 역대
　　기를 썼으며 사마리아교인들이 예루살렘 제의로부터 이탈한 상황이 역대기서의
　　전제가 되었다고 주장했다.

5) Hee-Sook Bae, *Vereinte Suche nach JHWH: die Hiskianische und Josianische
　　Reform in der Chronik* (Berlin: Walter de Gruyter, 2005), 165, 201-202.

6) 임태수, "역대기 사가의 통일신학,"「신학연구」28(1987), 415-437; 동일 저자,
　　"역대기의 다윗상,"「신학사상」49(1985), 239-279.

사적 정황이 역대기의 남북화해사상을 발아시켰는가에 대한 문제는 다루지 않았으며, 각각의 개별 주제들을 관통하는 "하나님 나라 신학"을 주목하지 않았다. 어떻게 해서 역대기가 주전 450년대의 예후다의 정치적 종교적 상황을 다루는 에스라-느헤미야와는 달리 북이스라엘 지파들에게 화해지향적인 입장을 갖게 되었는가를 규명하는 데까지 다루지 못했다.

이 글은 하나님 나라 신학의 틀 안에서 민족화해신학의 자리를 찾고 그것의 형성배경을 추정해 보고 그것이 한반도의 남북화해 운동에 던지는 함의를 모색하고자 한다. 특히 역대하 28:8-15에 나타난 민족화해사상을 찾아보고 원수미담 칭찬과 원수버전 이야기 경청에 담긴 십자가 화해신학을 고찰해 보고자 한다. 마지막으로 역대기의 민족화해신학이 우리 겨레의 화해와 일치운동, 특히 한국교회의 민족화해 운동에 주는 함의를 모색하고자 한다.

I. 역대기의 신학적 경향성과 하나님 나라(맘므레케트 야웨)

주전 538년에 페르샤의 창건자인 고레스(Cyrus)가 칙령을 반포한 이후, 유다의 포로들은 크게 세 차례에 걸쳐서 이스라엘 고토로 되돌아왔다. 70년간의 바벨론 유수가 끝나서 포로살이에서 돌아온 사람들을 "귀환포로 공동체"(the golah community)라고 부른다. 귀환 포로 공동체의 최대 관심은, 짧게는 70년에서 길게는 150년간을 바벨론에서 살다온 바벨론 포로들이 이스라엘 고토에서 진행된 이스라엘 역사의 정통 계승자임을 입증하는 것이었다. 역대기는, 귀환포로 공동체가 포로 경험을 하지 않은 채 본토에 남아 있었던 사람들(사마리아 사람들이라고 불리는 사람들)과 벌였던 헤게모니 갈등을 다룬 에스라-느헤미야를 이미 전제하거나 의식하고 있는 것처럼 보인다.[7] 역대상 1~9장 족보 단락은, 귀환포로 공동체가 스스로를 아담으로부터 시작된 하나님의 구속사의 정통 계승자로 자임하기 위해 역대기를 저술했을 가능성을 시사한다. 그러나 역대기는 귀환포로공동체를 헤게모니 갈등의 승리자로 드러내려는 당파적 관심을 넘어 훨씬 더 적극적으로 북이스라엘의 남은 백성들을 겨레공동체의 일원으로 받아들이기 위해 애썼음을 보여준다. 역대기 저자는 기본적으로 다윗 아래 하나되어 살던 12지파 통일시대를 이스라엘 역사의 이상적인 시대로 설정하고, 왕국 분열시대를 왕실들과 상비군, 관료조직을 갖춘 왕들의 각축시대, 즉 부(負)의 역사로 파악한다. 역대기에서 부정적인 평가를 받는 왕들은 대부분, 다윗 왕조와 예루살렘을 배반하는 분열적 책동, 도를 넘는 왕권확장과 영토 확장, 그리고 외세의존적 겨레분열적 전쟁 등에 혈안이 되었던 인물들이다. 긍정적인 평가를 받은 왕들은 전이스라엘적 영토회복과 인적 화해 및 통합에 힘쓴 왕들이다. 전체적으로 역대기에서는 예언자들과 제사장들이 왕실 분파적 관점이 아니라 "온 이스라엘"적 이익을 도모하기에 분투한다. 결국 역대기는 이스라엘은 인간 왕들의 지배를 받는 왕의 백성이 아니라 하나님께 직접 소속되고 책임지는 계약공동체로서의 12지파공동체라고 규정한다. 이런 전체적 신학적 전망을 잘 드러내는 부분이, 사무엘서와 열왕기서에는 전혀 나오지 않는 역대상 1~9장의 지파별 족보와 23~36장의 레위인과 제사장들의 직분 소개와 계보다. 역대기 저자는 비무장인 연성 지도자였던 제사장들과 레위인의 성전 중심의 지도력을 부각시킨다. 상비군과 관료조직으로 세금을 각출해가는 제왕적인 강제력이 아니라, 예배, 절기 축성(祝聖), 교육과

---

7) Hendrik J. Koorevaar, "Die Chronik als intendierter Abschluss des alttestamentlichen Kanons," in *Jahrbuch für evangelikale Theologie* 11(1997), 42-76. 이 논문은 페르샤 왕실의 저작명령에 따라 주전 5세기 후반부에 에스라와 느헤미야가 구약성경 정경(kanon)의 마지막 책으로 역대기를 저작했다고 본다.

제의를 통해 백성들의 마음에 호소하는 제사장적인 문민지도력을 이상화하고 있다.8) 왕조와 왕실이 없던 아케메니드 왕조의 속지였던 페르샤 예후다는, 하나님의 통치 아래 있는 소극적인 의미의 하나님 나라였다(대하 17:14-16). 역대기 저자는 포로귀환과 성전건축을 통해 형성된 페르샤 제국의 속령, 예후다를 다소 소극적 의미의 "하나님 나라(왕국)"라고 본 것이다.

"하나님 나라 신학"으로 읽는 역대기

비록 몇 군데서 역대기가 야웨의 왕국에 대해 이야기하지만(대상 28:25; 대하 13:8; 참조 대상 29:23; 대하 9:8; 13:8)9) 이 주제는 별 관심을 받지 못했다.10) 다윗 왕국에 대한 관심이 하나님 나라에 대한 관심을 무색케 했다. 거의 대부분의 학자들이 역대기의 두 개의 중심주제가 다윗왕조 합법성옹호와 예루살렘 성전제의 합법성 옹호라고 보는 데는 이견을 보이지 않는다.11) 그런데 이 두 주제를 하나님 나라 신학으로 통합해서 역대기를 해석하는 학자는 거의 없다. 많은 학자들이 역대기

....

8) 역대기서의 저자가 귀환 포로 중에서도 레위 계열의 제사장들이었음을 암시해 주는 부분들이다. 역대기서에 언급된 계보들과 가문들과 가족, 그리고 개인들은 역대기서가 저작될 당시에 가나안 땅에 살아남은 자들을 중심으로 구성된 족보다(대상 4:43, "오늘까지 거기에 거주하고 있었다.")

9) Japhet, 위의 책, 396.

10) Nupanga Weanzana, "The Theme of the 'Kingdom of God' in the book of Chronicles," *Old Testament Essays* 16/3(2003), 758-766(특히 758). 이 짧은 논문은 본 연구자의 논문에서와 유사한 의미로 역대기를 하나님 나라라는 관점으로 읽고 있다. 다만 성전제의와 다윗왕조에 대한 역대기의 집착과 강조가 어떤 점에서 하나님 나라라는 주제와 연동되고 있는지를 규명하는 데까지는 나아가지 못한다.

11) 임태수, "역대기의 다윗상," 「신학사상」 49(1985), 239-279. 배희숙은 예루살렘 제의와 "'온' 이스라엘 사상"을 역대기의 중심 주제라고 본다("'온 이스라엘'을 회복한 개혁의 왕 히스기야, 역대하를 어떻게 설교할 것인가? 「그 말씀」 (2006/10월), 48-61[특히 56]).

의 중심주제에 대한 다양한 가설들을 제시했으나 그것을 아우르는 통합적 전망은 내놓지 못했다. 우리는 역대기 신학이 이중적인 의미에서 하나님 나라의 신학이라고 주장한다. 첫째, 페르샤의 식민지로서의 예후다는 인간 왕정 대신 제사장들이 다스리는 나라요(맘므레케트 하코하님, 출 19:6), 거룩한 백성(암 카도쉬)으로 규정된다는 의미에서다. 역대기 저자 당시의 예후다는 시내산 계약이 상정한 이 이상적인 정체(政體), 곧 제사장들의 지도력으로 유지되는 공동체였다. 이사야 등 많은 예언자들은 미래의 황금시대를 열어젖힐 지도자는 왕적 지도자라고 보았으나 유다는 그런 이상왕을 보지 못한 채 망했다. 다윗왕조가 멸망당한지 200여 년이 되었는데도 다윗왕조는 회복될 기미를 보이지 않았다. 이때 다윗왕조를 대신할 하나님 통치대리기관이 성전이었다.[12] 따라서 역대기 저자 시대의 성전은 다윗왕조의 왕실부속기관이 아니다(웃시야의 경우 대하 26장). 인간 왕도 범접하지 못하는 신성한 하나님 통치보좌의 거소였다. 역대기에서 성전은 인간왕조를 대체하는 하나님의 직접 통치의 대행기관으로 간주된다. 둘째, 역대기의 성전은 다윗왕실 직속이 아니라 현실적으로 페르샤 황제와 제국을 위해 기도하는 성전이었다(에스라 9장, 느헤미야 9장). 예루살렘 성전은 하나님의 통치보좌이긴 하지만(출 15:17-18; 19:6; 24:16; 40:35; 왕상 8:11; 사 6:1-3; 28:16-17; 합 2:17)[13], 현실세계는 페르샤의 아케메니드 제국의 위임통치 아래 있다. 역대기는 사실상의 유다 왕국의 마지막 왕인 여호야긴이 37년 만

---

12) 그나마 역대기가 다윗을 처음부터 온 이스라엘의 왕이라고 소개하는 것은 이스라엘의 재통일의지를 열망하고 이를 합법화하려는 저자 의도를 드러낸다고 보인다 (G. J. Botterweck, "Zur Eigenart der Chronistischen Davidgeschichte," *Theologische Quartalschrift* 136[1956], 409).

13) Japhet, *The Ideology of the Book of Chronicles and Its Place in Biblical Though,* 63-80("Yahweh's Presence in the temple"), 395-410("Kingship of Yahweh").

에 석방되어 바벨론 제국의 왕실에서 왕적인 지위를 회복한 듯한 인상
을 줌으로써 다윗 왕조의 회복 가능성을 열어둔 열왕기하 25:27 – 30와
는 달리, 그 마지막이 고레스의 성전 성전건축 명령과 지원의사 표명
으로 끝난다. 이것은 페르샤의 세계통치를 하나님의 위임통치로 보려
는 현실순응적 신학이다. 이것이 역대기의 하나님 나라 신학의 두 번
째 의미다. 역대기에서 하나님 나라라는 말은 고레스의 세계통치와 예
루살렘 성전 건축명령을 하나님의 위임통치의 일환으로 본다는 말이
다. 페르샤 아케메니드 제국의 통치와 관할 아래 존재하는 예후다는
이런 우활적인 의미에서 하나님 나라의 일부인 것이다. 따라서 역대기
가 말하는 하나님 나라는 배타적인 개념이 아니라 개방적인 개념이며,
민족주의적인 개념이 아니라 세계주의적 개념으로서 신약시대, 디아스
포라 유대교의 출현을 예기케 한다.

　　이런 하나님 나라의 관점에서, 초왕조적 관점에서 보면 남북왕국
의 갈등 긴장도 해소된다. 이 페르샤 제국에 의해 대표된 하나님 나라
에서, 성전제의 중심, 제사장 집단의 영도력 아래 살던 예후다는 과거
의 분단 기억을 세탁함으로써 화해지향적인 현실과 미래를 구축해 간
다. 이런 상황에서 남북왕조간의 정통성 혹은 헤게모니 논쟁은 무의미
하다. 관료조직과 상비군을 보유하지 못한 제사장 리더십(대제사장은 거
의 등장하지 않는 점도 중요) 아래 살며, 하나님께 위임받아 세계를 통치
하며 성전건축을 추동한 페르샤 제국의 원격적 관할 아래 사는 것이
곧 하나님 나라에 사는 삶이었다. 이처럼 역대기는 야웨의 왕국, 하나
님 나라 중심으로 왕조갈등을 초극하고 남북간 백성들의 화해를 도모
한다. 다윗왕조에 집착하는 게 아니라 성전제의에 집착한다. 제2성전
은 페르샤 제국의 안정을 위해 기도하는 페르샤 황실직속이다(느헤미야
9장, 에스라 9장 기도문; 느 12:47).[14]

역대기에서 하나님 나라라는 말은 나오지 않는다. 대신 말쿠트 야웨, 맘므레케트라는 표현이 나온다. 그것은 하나님 나라라는 말과 동일한 의미범위를 갖는다. 그동안 학자들에 의해 각각 때로 역대기의 중심주제로 설정되어 취급되어 온 다윗 왕조, 성전, "온 이스라엘 사상" 등은 하나님 나라라는 주제로 포섭될 수 있다. 뉴팡가의 논문은 이 하나님 나라 사상이 역대기에 형성되게 된 사회적 정치적 종교적 맥락들을 추적하고 있다.

역대기의 하나님 나라 신학은 역대기 자료 전체에 걸쳐 나타난다. 신명기 역사서를 축어적으로 반복하는 부분, 이것에다 역대기 저자 자신의 편집적인 추가와 보완, 수정을 가한 부분, 그리고 역대기 고유자료[15] 등 모두에 역대기의 고유한 신학사상이 나타나는데, 역대기의 고유신학 사상은 하나님 나라 신학안에 다 포섭될 수 있는 요소들이다. 그것들은 구체적으로 "'온 이스라엘' 사상," 다윗–솔로몬의 이상왕화 (신학적 승화), 예루살렘 성전제의의 유일합법화(canonization), 레위제사장의 현양과 격상, 그리고 남북간의 접촉과 화해 기억 등이다. 역대기는 처음부터 하나님께 속한 왕국에 대한 관심을 보여준다.

---

14) 페르샤의 아케메니드 왕조의 세계통치 구도에서 예후다가 이룰 정치적 실제는 다윗왕조의 회복이 아니라 소극적 의미의 "하나님 나라" 이상 밖에 없었다. 실제로 예후다는 temple–civic 공동체였다(J. P. Weinberg, *The Citizen–Temple Community* [JSOTSup. 151; Sheffield: JSOT Press, 1992]).

15) 역대기 중 57.8%가 고유자료다 (J. B. Pyne, "The Validity of the Numbers in Chronicles," *Bibliotheca Sacra* 136 [1979], 111).

이스라엘은 12지파로 이뤄진 통일체다(대상 1-9장)16)

역대상 1~9장은 창세기 5장의 아담 계보로부터 12지파들의 족보와 거주지 경계, 그리고 고래스 칙령 후 예루살렘에 정착한 제사장과 레위인 등 귀환 포로들의 계보를 다룬다. 이 부분이 역대기서의 저작목적을 거의 명시적으로 드러내고 있다. 바벨론 귀환포로가 아담에서부터 시작된 하나님의 세계통치의 최신 인간동반자라는 것이다. 이 족보는 "온 이스라엘" 사상을 집약적으로 표현한다.17) "온 이스라엘"은 단지 양적인 전체를 의미하기보다는 질적 전체 즉 예루살렘 제의에 함께 참여하는 예배공동체라는 점을 강조한다. 이런 점에서 이 족보는 북지파들에 대해 조건적 일치와 포용 입장을 드러내는 셈이다.

한때는 이 족보가 시대착오적 의고체 양식의 글이거나 이상주의적 비전의 투사물로 간주되었으나,18) 요즘은 역대기 저자 당시의 상황을 반영하는 문서라고 보는 입장이 다수파 의견이 되어 가고 있다. 야페트과 이갈 야딘이 그 입장의 대표자인데, 특히 이갈 야딘은 족보에 대한 자세한 분석을 통해 그것이 유다 중앙산지에서 부족사회 형태로

16) 대상 1~9장 족보 연구를 통해 M. 외밍은 참 이스라엘에 대한 정의 문제가 역대기신학의 중심요소라고 본다(M. Oeming, *das wahre Israel: die 'genealogische Vorhalle 1 Chronik* 1−9 [BWANT 128; Stuttgart: Kohlhammer], 1990). 참 이스라엘은 지리적으로 유다와 예루살렘 땅이며, 인종적으로 레위지파를 중심으로 연합한 12지파이며, 정치적으로 다윗 왕국에 의해 통일된 국가다(배희숙, "역대기 연구사," 78).
17) 민경진, "요시아의 행적과 죽음(대하 34−35장)," 「그 말씀」 208(2006년 10월), 67−75.
18) 스티븐 J. 슈바이처(Steven James Schweitzer, *Reading Utopia in Chronicles* [JSOT Sup. 442; New York/London: T & T Clark International, 2006])는 역대기에 기록된 족보체제와 성전제의는 더 나은 대안적 실재를 제시하는 유토피아 문학의 일부라고 본다. 특정시기의 역사를 반영하기보다는 현재를 비판하고 유토피아적 미래에 대한 이상을 전달하는 매개체라는 것이다.

살고 있던 비유배파 백성들을 위한 사회통합의 교과서요 분단역사를
삼킬 지파적 사회를 상기시키는 족보라고 주장했다.19) 귀환포로 공동
체와 남은 백성들 사이에 있는 긴장에도 불구하고, 그들은 결국 한데
어우러졌다는 것이다. 첫 귀환포로 세대 시절에도 벌써 귀환자들이 자
신들의 친척들에 의해 흡수되어 버렸다는 사실을 고려하면(스 10장),
그 보다 후에 저작되었을 역대기 저자 시대에는 귀환자들과 낮은 신분
의 남은 자들 사이의 알력이 눈에 띄게 줄어들었을 것이다.20) 그렇다
면 역대기의 청중은 이 두 그룹 모두 다를 포괄했을 것이며 그것은 자
연스럽게 사회통합적 비전을 제시했을 것이다(241). 귀환포로들과 땅에
남아있던 비유배파 사람들, 유다의 귀환포로들과 북왕국 남은 백성들
을 하나로 묶으려는 노력들이 반드시 있었을 것이다.

이렇게 보면 역대기가 설정한 독자나 주 청중은 단지 예루살렘
인근에 사는 도시 엘리트들이나 귀족, 사제계급 사람들이 아니라, 아직
도 부족사회를 이루며 그 땅에 남아있던 땅의 사람들(people of land)이
었을 가능성이 크다. 당시의 온 이스라엘의 인적 구성을 지파별로 나

---

19) Yigal Levin, "Who was the Chronicler's Audience? A Hint from His
Genealogies," *JBL* 122/2(2003), 229-245. 야페트는 귀환포로들이 자신들을 유
다인들과 베냐민 지파들이라고 말하고 있다는 사실 때문에(스 1:5; 4:1; 10:9; 느
11:3, 7, 25, 36) 이 족보가 100% 역사적 실재를 반영한다고는 보지 않으나, 에스
더 2:5, 토빗 1:1 유딧 8:1(주인공의 지파 기록)에 비추어 볼 때 포로기 이후에 지
파제도가 유지되었을 가능성도 전적으로 배제할 수 없다고 본다. 페르샤 시대 말
기에 저작된 역대기는 역사적 실재를 반영하고 있을 가능성도 있다는 것이다
(Japhet, *The Ideology of the Book of Chronicles*, 300-302). 역대기는 이스라
엘 백성에 대한 도식적 견해에 속박되지 않고 이스라엘의 인종적 정체성에 관한
한 자유롭고 다양한 관점을 제시한다고 본다. 적어도 일부는 역사적 실재상황을
반영한다는 것이다. 그러면서도 야페트는 12지파로 구성된 이스라엘이라는 관념
이, 이스라엘의 일치와 총화적 집단성을 강조하려는 역대기의 저작목적에 적합한
문학적 장치였다는 점을 강조한다(308).

20) A. Demsky, "Who Came First, Ezra or Nehemiah? The Synchronistic Approach,"
HUCA 65(1994), 1-19.

뒤 설명하는 역대기는, 남아있던 전통마을 거민들, 즉 부족단위로 살고 있는 청중들에게 쉽게 이해될 수 있었을 것이다. 모든 이스라엘의 지파적 일치와 통일을 이야기하는 역대기 메시지는 자연스럽게 수용되었을 것이다. 역대기는 에스라 느헤미야처럼 예루살렘 도시 엘리트의 분리주의적 관점에서 역사를 말하지 않고, 족보만 두고 본다면 그 당시 존속하고 있던 부족사회 사람들의 입장에서 말하는 셈이다. 부족사회의 거민들은 도시권력 엘리트들의 분파주의에 덜 오염된 사람들로서 온 이스라엘의 대의에 쉽게 수긍할 수 있는 사람들이었을 것이다. 결국은 유다, 베냐민, 므낫세, 에브라임 산지의 부족마을 사람들이 역대기의 정보원이자 청중이었다는 이갈 야딘의 결론은 진지하게 고려할 만한 입장이라고 보인다.

이상에서 우리는, 이상적인 하나님의 백성들을 남북왕국에 속한 분단민의 합산이 아니라 분단 이전의 정체성인 12지파 통일체로 보는 역대기의 관점에서 왕조중심의 당파성을 초극한 하나님 왕국적 시각을 발견한다. 하나님의 백성 이스라엘이 12지파 통일체임을 강조하는 역대기 족보는 민족화해적이고 통합적인 지향성을 잘 보여준다. 이런 논리의 연장선상에서 역대기는 12지파 독립성을 유지한 다윗 솔로몬 시대, 그 통일의 중심에 있었던 야웨 예배와 성전체제를 자연스럽게 강조한다. 예루살렘 성전과 야웨예배의 주도적 지도자들이었으며 각 지방에 흩어져 일하도록 위임되었던 레위제사장들은, 지파들의 통일을 담보하는 민족적 연대성과 일치의 촉매제였다. 통일 이스라엘의 미래는 성전제의에 대한 충성과 야웨에 대한 참 예배를 촉진시키고, 지방 산당들의 활동을 억제하고 온 이스라엘의 종교적 열정을 예루살렘으로 집중시키는 영적 지도력에 달려있게 된다는 것이다. 결국 역대상 1~9장은 온 이스라엘 사상의 징표이며, 북이스라엘 지파들도 야웨의 구원

으로부터 제외되지 않았음을 보여준다.[21]

다윗-솔로몬 왕국이 "맘므레케트 야웨"라고 불리는 이유

역대기의 "역사" 서술은 사울의 치명적인 패전 이야기부터 시작
한다. 여기에 하나님 나라 신학이 엿보인다. 첫째, 삼상 31:6(사울 몰락
묘사)의 병행구문인 역대상 10:6은 사울 가문(베트)의 완전 소멸을 강조
한다. 둘째, 사울은 중과부적으로 패배해 전사한 것이 아니라 하나님께
죽임을 당했다는 신학적 해석을 가미한다. 사울 전사는 사울 왕조를
해체하시려는 신적 행동의 결과였다. 성전건축을 하지 않고 법궤를 모
셔들이지 않았기 때문에, 즉 성전제의나 제사장을 통해 하나님께 물어
다스리거나 전쟁개시를 하지 않았기 때문에 그의 왕조는 단명했다는
것이다. 고대근동에서 성전건축은 왕조의 합법적 영속화를 위한 가장
중요한 과업이었다는 점을 볼 때,[22] 사울은 제사장의 신탁에 의지하지
않아서 망했다는 것이다. 그에 비해 다윗의 성전 건축은 그의 왕국이
하나님께 속한 것임을 선포하는 행위였으며 바로 왕조의 영속적 존속
에 대한 신적 보장을 확보하는 행위였다.

역대기를 하나님 나라 신학으로 읽게 만드는 결정적 단서는 다윗
의 왕조신탁에 대한 역대기 판본이다. 다윗의 왕조신탁의 역대기판본
은 사무엘 판본과 상당히 다르다. 역대기 판본은 다윗의 보좌, 다윗의
왕국을, 모두 하나님의 보좌, 하나님의 왕국으로 수정한다. 또한 삼하
7:16의 2인칭 남성접미사(대명사)를 1인칭 접미사로 고친다.[23] your
house, your throne, your kingdom은 대상 17:4에서 my house, my

21) 임태수, "역대기 사가의 통일신학," 420.
22) J. M. Lundquist, *Studies on the temple in the Ancient Near East* (Ann Arbor: University of Michigan Press, 1993), 125.
23) Nupanga, 위의 글, 761.

kingdom로 바뀌었다. 저자는 자세한 성전건축 프로젝트를 통해 하나
님 나라에 대한 자신의 아젠다를 펼치고 있는 것이다. 현실적인 왕조
가 사라진 상황에서도, 예후다에는 여전히 귀환포로 공동체 및 잔류
이스라엘과 유다 거민들의 토라 복종의무를 유발시키는 하나님의 다스
림(보호와 임재)이 계속되고 있다는 것을 입증해야 했다. 이 과정에서
저자는 다윗 왕조 대신 한 단계 준위가 낮은 성전 제의 중심의 종교적
공동체가 하나님 나라의 잠재적인 양태라고 주장한 것이다.

　역대기 기자가 모두 예순 다섯 장 중 스물 아홉장에 걸쳐 다윗과
솔로몬의 성전건축 사역을 보도하고 그들의 종교적 치적을 부각시키는
까닭은, 다윗 왕조의 정치적 회복을 꾀하려는 의도를 반영하는 것이라
기보다는 한 단계 수위가 낮은(탈정치적) 하나님 나라의 청사진을 제시
하기 위함이었다(참조. 대하 21:7 "… 다윗과 더불어 언약을 세우시고 또 다윗
과 그 자손에게 항상 등불을 주시겠다고 말씀하셨음이라").[24] 하나님의 통치
기반을 의미하는 성전과 다윗 왕조가 하나님의 통치거점임을 보여주기
위해 저자는, 다윗-솔로몬 왕국시대에 대한 과감한 신학적 승화작업
(theological sublimization)을 가하지 않으면 안 되었다. 다윗과 솔로몬의
모든 정치적 종교적 얼룩들과 허물들은 가려져야 했고, 다윗-솔로몬
시대는 황금시대, 즉 왕조와 성전이 공존하되 왕실이 성전 아래 복속
되는 그런 비대칭적 공존 시대였음을 부각시켜야 했다. 역대기에는 어
떤 궁중음모나 정변, 권력투쟁도 기록되지 않는다. 모든 것이 하나님의
명령에 따라 자발적으로 순종하는 사람들로 가득 차 있다.

　예를 들면, 솔로몬의 왕위 즉위식 때 그의 형제들은 야웨의 보좌

---

24) 대상 10~29장은 왕위 즉위 순간부터 성전 건축을 위해 주도면밀하게 준비하는
　다윗의 치적을 다룬다. 이 단원에 의하면 다윗의 최고 업적은 통일 이스라엘 건
　국도 아니요 대제국의 건설도 아니요, 오로지 성전의 인적 물적 인프라를 구축하
　기 위하여 열과 성을 다 쏟은 것이다.

위에 앉아있는(대상 29:23) 솔로몬에게 충성을 맹세했다. 역대기에는 아예 다윗의 보좌라는 말이 등장하지 않는다. 그것은 역대기 저자가 솔로몬이 이어받은 왕위는 다윗의 보좌가 아니라 야웨의 보좌임을 강조하기 위함이었다. 결국 대상 17:14의 인칭대명사 변화(2인칭에서 1인칭 my house, my kingdom)는 의도적인 셈이다. 이 절이 바로, 역대기 사가가 바벨론 포로귀환과 아케메니드 페르샤 왕들의 후원과 재정지원으로 이뤄진 성전 건축의 역사를 해석하는 데 결정적인 출발점이라고 봐도 무방하다. "하나님 나라(왕국)"라는 이 독특한 신학술어는 인간 왕조 출현을 억제하고 인간 정치지도자의 권한을 제한하는 한편, 동시에 예후다에 인간 왕이 없는 상황이 주는 심리적 허탈감을 상쇄시키는 역할을 했을 가능성이 크다. 역대기가 그리는 하나님 나라(맘므레케트 야웨)는 전 이스라엘 영토에 12지파가 고루 흩어져 살며, 레위지파의 지휘 아래 예루살렘 성전에 12지파가 한 데 모여 예배드리고 절기를 축성하는 나라다. 그 나라의 지도자는 상비군과 관료조직을 거느린 왕이 아니라, 하나님 예배와 희생제사 등에 정통한 청렴하고 성실한 레위계 제사장들이다. 이스라엘의 민족화해 신학은 이런 하나님 나라 신학의 또 다른 이름이다. 12지파의 옛 이스라엘 구원사 및 계약 전승에 정통한 레위인들이 포로기 이후 페르샤 예후다의 지원 아래 대약진한 상황이, 역대기의 다윗-솔로몬 시대 역사 재구성에 고스란히 반영되었던 것이다.

왕국 분열시대에도 여전히 작동한 하나님 나라

역대기의 하나님 나라 신학은 왕국분열 시대를 재해석하는 데도 열쇠가 된다. 왕국 분열 이후에도 이 비전은 소멸되지 않았다. 유다 왕국은 적어도 합법적인 성전과 그것에 할당된 성전제의 직분자들에 의해 하나님 통치가 실현된 나라로 간주된다. 역대하 10~36장에서 성전

체제 중심의 하나님 나라 신학, 즉 온 이스라엘을 포용하고 민족적 화해를 촉구하는 메시지는 역대기의 고유자료에 집중적으로 나타난다. 첫째, 예루살렘에 있는 성전이 온 이스라엘 12지파를 다스리는 하나님의 통치거소다. 예루살렘 성전제의와 분리되는 것은 하나님 나라로부터의 분리를 의미한다. 둘째, 분리된 북이스라엘 10지파는 예루살렘 성전제의로 회개하여야 한다. 이것이 민족화해요, 통일의 조건이다. 이 회개가능성 때문에 북왕국의 백성들은 이방인이 아니라 하나되어야 할 동포요, 형제로 간주된다. 여호사밧, 히스기야, 요시아는 다윗-솔로몬적 기상으로 인적으로나 영토적으로 12지파 모두를 아우르는 정치를 펼쳐 칭찬받는다. 이들은 이스라엘 남은 동포를 포함하여 모든 이스라엘에게 참된 하나님 예배로 회개할 것을 강조한다. 셋째, 북이스라엘의 멸망은 예루살렘 성전 중심의 민족재통일의 기회가 되며, 히스기야와 요시아는 하나님께로 돌이키는 참된 회개를 통해 온 이스라엘이 화해하고 하나되는 비전을 펼친 다윗-솔로몬적인 이상의 실현이었다. 여기서 중요한 것은 남왕국과 북왕국 거민 모두가 다 회개하여야 한다는 것이다. 하나님의 백성으로서의 정체성을 회복하기 위해 종교개혁과 국가개혁을 통해 회개하여야 한다는 것이다.

역대기 고유자료인 아비야 왕의 산상강화(대하 13장)는 첫 번째 요점, 즉 북지파들의 예루살렘 성전제의에로의 회개를 통한 민족화해와 통일을 강조한다. 야웨는 다윗에게 이스라엘 왕국 통치권을 영원히 하사하셨다(5절). 그래서 아비야는 단도직입적으로 북왕국 백성들에게 다윗의 자손들 손에 있는 맘므레케트 야웨(비교. 맘므레케트 하코하님, 출 19:6)를 맞서 이길 수 있겠느냐고 다그친다(8절). 열왕기서는 왕국 분열의 정치경제적 상황을 제시함으로써 분열의 정당성을 어느 정도 인정하지만, 역대기는 여로보암의 혁명을 정당화하면서도 북왕국이 다윗 왕국과 영속적으로 분리되는 것을 정당화하지는 않는다. 여로보암은 솔로몬에게 반역을 일으킨 신하일 뿐이요(대하 13:6-7), 왕국분열의 빌미를 제공한 왕인 솔로몬이 죽었다면 북왕국이 여전히 독립왕국을 유지하는 것은 죄라는 입장이다. 그래서 르호보암 때 다윗왕조로부터 북쪽 10지파를 떼내어 분열을 유지하는 북왕국 왕실의 죄를 가차없이 정죄한다. 아사는 북왕국 왕실 자체가 통일의 걸림돌이라고 본다. 북왕국의 거민들이 다윗-솔로몬 왕국의 예루살렘 성전제의로 복귀하는 회개를 통해서만 민족이 화해되는 길을 제시하는 셈이다. 예루살렘 성전제의는 이스라엘 12지파의 영적 구심점일 뿐만 아니라 세계를 향한 하나님의 통치거점이라고 보는 예루살렘 성전제사장들의 신학이, 이런 역대기의 이데올로기와 신학의 기초가 되고 있는 것이다.

아비야의 산상강론은 역대기가 품고 있는 민족화해의 길에 대한 몇 가지 단서를 제공한다.[25] 첫째, 12절이 말하듯이, 북왕국이 남왕국의 아비야와 전쟁하는 것은 야웨에게 전쟁을 도발하는 것이다. 하지만 역대기는 북왕국의 집권세력과 일반 백성을 구분하고 있다. 이방적 왕실이지만 백성 자체가 이방 나라는 아니라는 입장이다.[26] 둘째, 다윗왕조나 성전 제의 둘은 불가분의 관계다. 북왕국 집권세력의 죄는 북왕국 지역에 활동하던 야웨의 제사장들 추방하고 불법적인 제사장들로 대체했다는 것이다(대하 13:11). 오직 유다만이 레위제사장들을 확보하여 야웨에 대한 합법적인 예배를 보존하고 있다. 역대기에 따르면 예루살렘 바깥에서 드려진 어떤 예배도 불법이다. 곧 북왕국의 예배는 우상숭배다(9절; 대하 11:6).[27] 여로보암의 북왕국은 구조적으로 불법예

----

25) Gary N. Knoppers, " 'Battling against Yahweh': Israel's War against Judah in 2 Chr. 13:2-20," *Revue Biblique* 100/4(1993), 511-532.

26) Knoppers, 위의 글, 513-514.

27) Japhet, *The Ideology of the Book of Chronicles and Its Place in Biblical Thought*, 308-309.

배를 드릴 수밖에 없다는 것이다.28) 셋째, 또 다른 한편 북왕국의 존재
는 하나님 말씀의 성취로서, 실로의 예언자 아히야의 예언결과다(대하
10:15= 왕상 12:15의 인용). 여로보암의 반란 성공과 왕국 분열은 야웨
하나님의 의지의 성취이기도 하다는 것이다.

북왕국에 대한 역대기의 긴장은, 이러한 상호모순적인 관점의 결
과 생겨났다(대하 13:6-8; 10:15).29) 이런 이유 때문에 열왕기서가 간략
하게 처리하는 두 왕국 사이의 접촉사를 역대기는 자세히 기록하며(남
북접촉사), 열왕기서에는 나타나지 않는 사소한 에피소드들까지 기록한
다. 이스라엘의 통일성과 일치를 강조하기 위해 저자는 북왕국민들을
이스라엘 혹은 이스라엘 자손이라고 지칭한다(대하 13:2, 16, 17, 18). 배
교에도 불구하고 그들은 이스라엘이다. 왜 역대기 기자는 그들을 동포
요 형제라고 불렀을까? 그것은 페르샤의 식민지 예후다의 특수상황에
서 구사한 신학적 입장이었을 것이다. 예후다는 그 자신의 왕도 없고
정치적 자율성도 없는 속국이었으므로, 신명기 역사관을 따라갈 필요
가 없었다. 분단의식을 전면에 내세울 필요가 없었다. 분단 이전의 다
윗과 다윗언약의 유효성(북이스라엘 지파들도 이론적으로 다윗언약의 이름
으로 하나님 자녀/백성 신분 유지하는 셈)을 강조하는 게 낫다고 생각한 것
이다.30) 연속성, 권위, 정통성의 문제가 나올 때 포로기의 신명기 역사
가가 만족스런 대답을(유다의 미래와 관련해서는) 제시하지 못하고 있을
때, 역대기는 나름대로의 대안을 제시한다. 비록 과거의 일을 진술하는
형식을 취하기는 하지만 그것은 포로기 후기 예후다의 관심사항을 추

---

28) 하지만 북왕국의 예후가 바알우상을 척결하는 남북왕국 모두에게 종교개혁의 향
   도가 된다는 사실은(대하 22:7-9; 23:1-21) 북왕국을 아예 배교자 집단으로 몰
   아가려는 역대기저자의 입장을 약화시킨다.
29) Japhet, 위의 책, 311.
30) Knoppers, 위의 글, 529.

구한 것이다. 예루살렘 성전제의에 참여하는 것 자체가 다윗왕국으로
부터 분리되어 나간 원죄를 속하는 행위라는 암시가 들어있다.[31]

　여호사밧 왕에 대한 역대기 기록도 분열왕국 시대에도 여전히 하
나님 나라 신학이 중요한 역할을 차지했음을 보여주는 또 하나의 증언
이다. 역대기 고유자료인 역대하 19~20장의 여호사밧 왕 전쟁 이야기
는, 전형적인 야웨의 전쟁 무용담이면서 예루살렘 성전 엘리트들의 지
도력 무용담이다. 이 두 장에서 여호사밧은 모압과 암몬 에돔 연합군
의 포위공격에 직면하여 중과부적을 느껴 국가적 위기를 당하지만
(20:12), 신정통치의 4대기관인 왕-예언자-제사장-재판장의 동역을
이끌어 내 국가적 위기를 극복한다(20:20-30). 먼저 여호사밧은 온 유
다는 물론 에브라임까지 이스라엘 족장과 레위인들 중에서 재판관을
선발해 지방에 파견함으로써(19:6,8), 공평과 정의로 나라를 다스린 다
윗-솔로몬적인 기상(삼하 8:15; 대하 1:10-13)을 보인다. 둘째, 연합침
략군의 위세 앞에 당황한 여호사밧은 야웨의 성전 뜰 앞에서 온 회중
과 함께 기도한다. 이 기도는 온 이스라엘이 공통으로 이어받는 고래
의 구원사 전승을 다 거론하고 마침내 구원경험으로 이어진다. 족장약
속(6-7절), 출애굽 구원전승(10절), 가나안 정복 전승(7절), 사사시대의
야웨의 거룩한 전쟁전승(14절), 솔로몬의 성전 전승(8절) 등을 총 망라
하여 거론하며 하나님의 구원적 간섭을 간청한다. 이것은 무엇을 의미
하는가? 예루살렘 성전제의를 관장하는 유다왕국이 아브라함-이삭-
야곱 족장약속의 합법적 상속자요, 이스라엘 12지파의 출애굽 구원과
가나안 정복전쟁 전승의 합법적 계승자요, 사사시대의 거룩한 전쟁전
승의 실행자라는 것이다. 아니나 다를까 여호사밧의 기도는 즉시 응답
을 받는다. 야웨의 영이 레위 제사장들에게 임하여 이들이 거룩한 전

---

31) 같은 글, 530.

쟁을 진두지휘하여 마침내 침략군을 몰아내고 대승을 거둔다(14-29
절). 여기서는 단지 북지파와 남지파의 화해와 통일을 넘어 신정통치의
대리자들간의 화해와 일치, 동역과 연대가 강조되어 있다. 재판관들은
전국에 흩어져 공정하게 재판하고, 왕은 성전에 나와 온 백성과 함께
기도하고, 야웨의 거룩한 영이 임한 레위 제사장들은 찬양과 예배를
주도하고 거룩한 대열을 이루어 출정한다. 영적으로 격동된 왕은 백성
들을 향하여 "하나님을 신뢰하라. 그의 예언자들을 신뢰하라"고 권고
한다. 왕과 예언자가 화해한 것이다. 야웨의 거룩한 침략군 분쇄로 구
원을 맛본 여호사밧과 예루살렘과 유다 거민은 야웨 하나님의 헤세드
(21절)가 아직 유효함을 확인했다. 성전에서 출병한 그들은 승리한 후
다시 성전으로 되돌아온다. 예루살렘 성전에 계신 하나님의 승리라는
것이다. 그런데 역대기 기자는 이 여호사밧과 유다와 예루살렘의 승리
를 유다만의 승리라고 보지 않고, "온 이스라엘"의 승리라고 본다. 이
방 사람들 대 이스라엘의 전쟁으로 본 것이다. 여호사밧의 전쟁승리는
온 이스라엘이 과거 모세와 여호수아 사사기 다윗 시대에 누리던 바로
그 야웨의 거룩한 전쟁 승리라고 본 것이다. 그래서 "이방 모든 나라가
여호와께서 이스라엘의 적군을 치셨다함을 듣고 하나님을 두려워하였
다"고 말한다(29절). 여호사밧은 온 사방의 적들을 제압해주신 하나님
의 은혜로 평강을 누렸다. 다윗이 누린 평강의 재현이었다(삼하 7:1).

민족화해 및 통일을 강조하는 역대기의 하나님 나라 신학은 북왕
국이 멸망한 후, 즉 히스기야와 요시아 왕 때 절정에 이른다. 역대기가
가장 크게 칭찬하는 두 왕 모두 페르샤의 지원을 받아, 포로기 이후 시
대에 부상한 신흥 제사장 계급인 레위인들의 지위와 역할을 크게 높이
고 확장한 왕이다. 역대기에 따르면 레위인은 12지파에 파송되었던 제
사장들로서 고대 이스라엘의 오래된 제사법과 구원전승을 보양하여 왕
들과 백성들을 지도하는 자들이었다. 따라서 이들은 분단의식보다는

12지파적 일치의식이 강한 자들이었고 분단 이전의 구원사 전승에 정통한 자들이었다. 그런데 1차 바벨론 포로 귀환 때(주전 530년)에 돌아온 레위인들의 지도력에 대한 보도는 많지 않다(참조. 느 12:47). 주전 450년대의 2차 바벨론 포로 2세들의 귀환 때에야 레위인 본대가 예루살렘으로 돌아온 것처럼 보인다. 에스라 8:15-20은 가나안에 돌아갈 포로 2세 귀환단에 레위인들이 한 사람도 없는 상황을 보고 에스라가 애써 찾아나서 레위인 귀환포로들을 모았다고 말한다. 레위인들이 족장 잇도(Iddo)의 관할 아래 집단촌을 이루어 산 것으로 미루어 볼 때, 바벨론에서도 이들이 모종의 종교적 지도력을 행사했음을 짐작할 수 있다. 특히 레위인들과 성전잡역부인 느디님 사람들이 같이 있는 것을 볼 때 이런 추정이 가능하다. 세스바살과 스룹바벨이 주로 유다의 귀인들과 베냐민 지파의 장로들 중심의 1세대 포로들 중심의 귀환단을 이끌었다면, 에스라는 이스라엘 구원사 전승에 정통한 레위인들이 포함된 귀환단을 이끌었다고 볼 수 있다. 에스라의 율법 교육과 개혁조치들(느 8:7-9), 느헤미야의 성벽재건, 예루살렘 성전 정화와 관리체제 확립은 레위인들의 지지와 협력없이는 불가능했을 것이다(느 11-12장; 느 12:22-26, 44-47; 느 13:10-11). 제2성전 시기의 레위인들의 맹활약이, 역대기의 레위인들의 맹활약 묘사의 배경이 되었음이 틀림없다. 역대기에서 레위인들은 무엇보다도 "통일된 이스라엘" 전승의 중심 담지자로 규정된다. 그들은 성전제의 중심수행자요 보존자일 뿐만 아니라, 왕실적인 헤게모니 갈등을 초월하는 "온 이스라엘 전통"의 옹호자일 수가 있었다. 이들은 모세가 세운 직분자들일 뿐만 아니라(민 9장) 다윗과 솔로몬이 성전제의를 돌보도록 특별히 세운 자들이다. 그들은 다윗 왕국 분열 이전에는 온 이스라엘에 파견되어 이스라엘을 영적으로 지도하고 교육하고 재판을 한 지도자였다.

히스기야의 종교개혁을 다루는 29~30장은 역대기의 민족화해신

학을 압축적으로 보여준다. 온 이스라엘 사상, 회개신학, 그리고 남북
화해 사상이 모두 집약되어 있다. 히스기야 개혁작업의 전경을 이루는
역대하 28장은, 남왕국과 북이스라엘에게 기존의 양상과는 상반된 평
가를 내린다. 남왕국 아하스는 최악의 악행을 일삼고, 시리아-에브라
임 전쟁 때 북왕국에게 패하여 심각한 국란을 자초한다. 반면에 북왕
국 거민들은 아주 긍정적인 평가를 받는다. 역대기 저자에게 아하스
시대의 유다는 정치적으로나 종교적으로 극저점에 처해있었다. 아하스
의 악행 결과 영토는 손실되고, 성전제의는 훼파되고 중단되었다
(28:5-6, 17-18, 20, 23-25). 유다 전역에 산당들이 우후죽순으로 늘어
났다. 아하스의 배교와 타락은 모든 면에서 장차 발생할 마지막 유다
왕 시드기야가 보여줄 가증한 패역의 예후였다(28:21 대 36:6-7, 10;
28:22 대 36:12; 28:19,22 대 36:14; 28:7 대 36:4, 6, 10). 여기서 주목을 끄는
것은 아하스가 섬긴 아람 신들이 아하스와 "온 이스라엘"을 멸망케 했
다는 역대기의 평가다(대하 28:23). 아하스가 도입한 아람의 종교제의가
자신은 물론이요, 북왕국 이스라엘까지 멸망시켰다는 말은 무슨 의미
인가? 이것은 아람 왕 르신과 북이스라엘 왕 베가가 아하스를 침략한
시리아-에브라임 전쟁과 그 결과를 의미한다. 아하스는 다메섹에 와
있던 앗수르 왕을 알현하고 온 후 대대적인 제의혁신을 기도했다. 역
대기 본문이 말하는 아람신은 바로 아람에서 본받고 예루살렘에 도입
한 앗수르 제의를 가리키는 말일 것이다. 아람 신이란 앗수르 신을 의
미한다. 앗수르 신을 도입했다는 말은 앗수르 군대의 출병을 요청했다
는 말이다(왕하 16:9-15). 결국 앗수르 제국은 주전 732년에 시리아-
에브라임 동맹군을 공격해 아람을 멸망시키고 이스라엘의 북쪽 영토
전부를 정복해버렸다. 이스라엘을 사실상 멸망시킨 것이다. 비록 북이
스라엘은 그 후 10년을 더 버텼으나 이때 사실상 망했다고 볼 수 있
다. 적어도 역대기 기자는 아하스 때 사실상 북왕국이 망했다고 보고

아하스를 이스라엘 왕국을 멸망시킨 군주라고 말한다.[32] 또한 북이스라엘 멸망 후 이스라엘이 유배지로 끌려간 후(왕하 17:6) 이방인들이 와서 그 지역에 거주하게 되었다고 보는 신명기 역사와(왕하 17: 24)는 달리, 역대기는 나라가 망한 후에도 여전히 북왕국이 하나의 공동체로 잔존했다고 본다(28:8-15). 그래서 아하스는 이스라엘 왕으로 불리게 되었으며, 아하스 때 남북 지파들은 어설픈 방식이긴 하나 통일이 되었다(28:19).[33]

한편으로는 신적 응보의 원칙(대하 13:6,9)으로 또 한편으로는 온 이스라엘을 대표하는 유다의 대표자적인 역할 때문에(대하 11-25장), 아하스의 제의적 실정(28:23)은 북왕국의 멸망원인이 되었다.[34] 하지만 역대기 기자가 보기에 북왕국 주민들은 여전히 멸망 후에도 자기 땅에 살고 있었고, 왕실 멸망이 오히려 정치적 통일의 가능성을 열어주고 있었다. 북왕국이 분열되어 나간 이후에도 북왕국 거민들이 하나님을 예배하러 예루살렘으로 내려왔던(대하 11:13-15, 15:8-9; 16:1; 참조 16:5-6 아사 왕) 과거사에 비추어 볼 때, 북왕국 멸망이 북지파들에게 예루살렘 성전제의 참여의 길을 열어준 것이다. 적어도 제의적 관점에서의 통일은 가능해졌다. 그래서 역대기 기자는 아하스 왕 때부터 더욱 적극적으로 남북왕국 백성들 사이에 있어야 할 형제적 의리를 강조한다(대하 11:4; 28:12-15). 대하 28:8-15은 북이스라엘 자손이 시리아-에브라임 전쟁 때(BC 735-732), 즉 아하스 왕 때 유다 자손을 사로잡아 사마리아에 개선하였을 때, 오뎃이라는 예언자가 나타나 형제 유다 사람을 침략하고 유린하고 심지어 그들을 포로로 잡아오는 이스라

---

32) 이 점은 이스라엘의 멸망을 이스라엘과 여로보암의 제의적 타락 부패의 결과(왕하 17:9-18:22)라고 보는 신명기 역사와 역대기가 차이를 보이는 부분이다.

33) Hee-Sook Bae, *Vereinte Such nach JHWH*, 199.

34) Hee-Sook Bae, 위의 책, 200.

엘 군 지휘관들을 크게 책망한 일화를 소개한다. 병사들과 장군들은
기꺼이 자기 몫의 전리품(전쟁포로들과 기타 물품)을 포기했다(대하
28:14). 병사들은 포로들을 재산처럼 처분할 수 있는 권리를 부여받았
지만 포기하고 포로들을 친절하게 대우한다.35) 왕의 명령에 따라 그렇
게 한 것이 아니라 예언자의 말씀에 감화되어 자원해서(15절) 그렇게
했다. 더 나아가 백성들은 유다의 포로들을 형제들이라고 부르며(8절)
조직화된 포로구조활동을 펼쳤다. 유대인들은 자신들의 죄로 인해 하
나님의 심판을 받아 패배했으나 그럼에도 자신들(이스라엘)의 행동 또
한 의롭지 않다는 지적한 예언자의 말에 유순하게 복종한 것이다. 북
왕국 백성들은 형제된 자들을 포로로 잡아온 것은 죄임을 깨닫고 회개
한 것이다(10절). 자신들이 죄를 범했다고 자백하고 하나님의 진노를
초래했음을 인정했다(13절). 이렇게 하여 북왕국의 장군들과 병사들은
동포애에 입각하여 자신들의 죄를 뉘우치고 회개함으로써 민족화해에
이른다(9-11절, 14절). 이렇게 인도주의적이고 종교적인 대의명분에 추
동된 사람들의 공동체를 성경 어디에서도 발견하지 않는다. 그런데 더
인상적인 사실은 이 예외적인 북왕국 거민들의 회개와 동포애 실천이
왕이 없는 상황에서, 예언자의 영적 지도만으로 가능했다는 것이다. 왕
이 없는 상황에서야 회개가 가능하고 민족화해가 가능할 수 있다는 논
리까지 도출될 수 있는 상황이었던 것이다.

　　그래서 역대기 기자는 북왕국이 멸망한 바로 그 시점이 남북왕국
분열시기를 끝내고 온 이스라엘로 새롭게 출발하기에 적합한 때라고
판단한다. 히스기야는 바로 이 상황을 이용해서 종교개혁, 온 이스라엘
의 통일을 위한 개혁을 실시한다.36) 아하스가 닫은 성전 문을 다시 열

---

35) Roland de Vaux, *Ancient Israel* (New York: McGraw-Hill, 1961), 255-256.
36) Hee-Sook Bae, 위의 책, 201.

어(대하 29:3), 성전제의를 파괴한 아하스의 영적인 반역을 반전시킨다. 야웨를 다시 통치의 보좌 위에 모신 것이다. 29장은 유다 왕 히스기야 의 성전 정화를 보도하는 열왕기하 18:1-3을 아주 자세하게 확장하여 보도한다. 여기서 레위인들의 역할이 현저히 부각되고 그들에 대한 히 스기야의 칭찬과 공적인 인정이 주목을 끈다. 30장은 열왕기하 병행자 료에는 거의 언급되지 않는 자료인데, 이미 앗수르에게 멸망당하여 왕 조를 잃어버린 북이스라엘 남은 지파들에게 유월절 초청장을 보내는 히스기야의 통일 의지를 칭찬한다. 그는 왕세자의 이름을 므낫세라고 지음으로써 북왕국의 중심 지파인 므낫세에게 화해적인 손짓을 보낸다 (참조. 사 10:20-23).[37] 히스기야의 유월절 축성은 하나님 나라 신학의 여러 요소들을 다 보여준다. 첫째, 온 이스라엘이 초청받아 참여했다. 역대기 저자는 북왕국의 제의적 합법성은 부정하지만 북왕국의 거민들 을 형제로 받아들인다. 둘째, 유월절 축성과 계약갱신 후에 예루살렘 제의중앙화가 이뤄진다. 유월절의 감격과 계약갱신으로 온 이스라엘이 일어나 유다 여러 성읍들에 있는 주상들과 아세라 목상을 파괴하며, 유다, 베냐민, 므낫세, 에브라임, 온 땅에 있는 산당들과 제단들을 제거 한다(31:1). 신명기의 기사와는 달리(왕하 18:4) 히스기야의 개혁은 북왕 국의 영토까지 확장되는 범이스라엘적 국가적 운동이다. 위로부터의 개혁이 아니라 백성들의 자기추동적인 개혁이다(30:14; 31:1; 비교. 왕하 23:4; 21은 왕의 주도권 강조).

요시아 종교개혁은 북이스라엘까지 확장되고(34:5-6), 보수공사 헌금에 북지파들의 참여를 유도한다(34:9; 스 4장과는 다르다). 히스기야

----

37) 김회권, 『성서주석 이사야 I』(서울: 대한기독교서회, 2006), 284. 히스기야 시대에 만들어진 많은 왕실제작 항아리(lmlk)가 북왕국 지역에서도 많이 발견된다는 사 실은 히스기야가 북왕국의 남은 백성과 그들의 영토를 현실정치적으로 복속시키 려 했음을 보여준다.

때와 마찬가지로 온 이스라엘이 함께 축성한다(35:18). 요시아는 온 이
스라엘이 하나가 될 미래를 그린다. 역대기 사가는 여기서 북이스라엘
사람들이 우상숭배 등 잘못된 종교에서 돌이켜 예루살렘의 야웨 종교
로 돌아오기를 희망한다고 논평한다.[38] 히스기야의 종교개혁에서처럼
요시아 개혁에서도 레위인들이 한껏 부각된다. 레위인을 제사장에 종
속시키는 민수기나 에스겔과는 달리, 역대기는 동등한 대접을 하고 있
다. 평행본문인 왕하 22~23장에는 한번도 레위인에 대한 언급이 없지
만, 대하 34~35장에서는 15회나 등장한다. 레위인들은 요시아가 말씀
을 읽을 때 현장에 임석하여(대하 34:30; 비교 왕하 23:2). 이스라엘을 가
르친다(대하 35:3). 성전보수 공사 기금을 접수하고 관리한다(34:9). 유
월절 양의 가죽을 벗기는 등 희생제사를 주도한다(35:5 – 15).[39]

소결론

전체적으로 역대하 10~36장에 나오는 역대기의 고유자료는 페르
샤 치하의 예후다의 자기이해를 반영하고 있다. 그 중에서도 히스기야
와 요시아의 종교개혁에 대한 역대기 판본이 유대인 공동체의 자기이
해를 압축적으로 반영하고 있다.[40] 페르샤 제국의 관할 아래 형성된
제의공동체로서의 자기이해는, 예후다와 사마리아 지역 사이의 해묵은

---

38) Williamson, *Israel*, 113.
39) 민경진, "요시아의 행적과 죽음(대하 34 – 35장),"「그 말씀」208(2006년 10월),
    67 – 75(특히 69).
40) Louis Jonker, "Who constitutes society?: Yehud's self – understanding in the
    late Persian era as reflected in the books of Chronicles," *JBL* 127/4(2008),
    703 – 724.

정치적 헤게모니 갈등을 완화시키는 데 이바지 했을 것이다.⁴¹⁾ 그들은
오히려 정치적 통일체가 아니라 종교적 동일체의식을 가졌을 것이
다.⁴²⁾ 대하 10~36장에는 직접 "말하는" 왕은 사라지고 대신 예언자가
말하는 역할을 주도하고, 제사장들이 맹활약하고 있다. 히스기야와 요
시아의 유월절 축성에서도 레위인들과 제사장들의 역할이 두드러지는
반면 왕은 어느 정도 물러나 있다. 이처럼 예후다는 스스로를 종교적
공동체로 이해했기 때문에, 남북왕국의 옛 거민들의 차이는 해소되었고
민족적 화해 분위기가 조성되었다.⁴³⁾ 역대기 기자는 현실정치권력은
고레스의 손에 있음을 인정하고, 그 시대의 이스라엘 공동체를 새롭게
정의한 것이다.⁴⁴⁾ 즉 맘므레케트 야웨로 규정한 것이다. 정치공동체나
인종적 공동체가 아니라 예배, 제의 공동체인 것이다.⁴⁵⁾ 이것은 페르샤
의 속령인 예후다에게 있어서 일종의 생존전략이었을 것이다.⁴⁶⁾

II. 역대기의 민족화해 신학⁴⁷⁾

이상에서 살펴본 것처럼 역대기의 하나님 나라는 "12지파들의 일

41) Jonker, 위의 글, 715.
42) Williamson은 이것을 역대기의 포용주의적 경향이라고 본다(*Israel in the Books of Chronicles* [Cambridge: Cambridge university Press, 1977], 119-131).
43) Jonker, 위의 글, 717.
44) 위의 글, 718.
45) Thomas Willi, *Juda-Jehud-Israel: Studien zum Selbstverstaendnis des Judentums in persischer Zeit* (FAT 12; Tuebingen: Mohr Siebeck, 1995), 18-39.
46) Jonker, 위의 글, 718.
47) Leslie C. Allen, "Kerygmatic Units in 1 & 2 Chronicles," *JSOT* 41(1988), 21-36. 이 논문은 역대기를 통일왕국 시대(대상 1~대하 9장), 분열왕국 시대(대하 10~28장[28장의 회개하는 북이스라엘의 모습은 30장의 히스기야의 민족화해적 초청 예기]), 재통일된 왕국 시대로 구분한다(대하 29~36장)(21).

치와 연합"에서 구현된다. "온 이스라엘"적 총화는 다윗-솔로몬, 히스
기야-요시야 시대에 절정에 이른 것으로 확인되었다. 이 온 이스라엘
사상은 역사적 상황의 반영물일까? 아니면 이상주의적 투사물일까? 다
윗과 솔로몬 시대의 "온 이스라엘" 사상은 역사적 실재와 상당히 일치
하지만, 분열왕국 시대에도 역사적 실재와 그렇게 심하게 이격되지 않
았던 것으로 보인다.[48] 북왕국에 대한 역대기 저자의 태도는 양가적이
다.[49] 그것은 죄 위에 구축되어 있으면서 동시에 예언자 아히야를 통
한 하나님 말씀의 성취물이다. 역대기의 역사 본기부분에서는 이스라
엘왕국을 다루지 않으나(남왕국은 다윗 왕국의 후신), 두 왕국의 대립과
결속 및 유착을 다룰 때는 어떤 책보다 더 자세히 다룬다. 남북은 형제
요 동포라는 생각 때문이다. 이 역대기의 양가적 입장은, 모든 죄악들
에도 불구하고 북왕국 백성들은 여전히 하나님 백성의 온전한 구성원
이라는 사실에서 발생한다.[50] 이런 결론은 북왕국 주민들에 대한 역대
기 기자의 입장을 조사하면 더욱 확실해진다. 북왕국 거민들은 유다의
형제들이다. 통일왕국 시대에는 물론(대상 12:40; 13:2) 분열의 절정기에
도 형제관계는 불변하다(대하 28:8, 11; 11:4). 그들은 하나님의 백성들이
다. 그들은 하나님의 계명들을 지켜야 할 의무가 있고 아브라함, 이삭,
야곱의 하나님을 예배한다(대하 30:6). 가장 반북왕국적인 순간에도 아
비야는 그 강설에서 너희 하나님이라는 말을 사용함으로써 형제관계를
강조한다(대하 13:2). 대하 28:10-11에서 북왕국 주민들 스스로도 야웨

---

48) Williamson, *Israel*, 270-276.
49) Japhet, 위의 글, 318.
50) 임태수, "역대기 사가의 통일신학," 426. 임태수는 에스라-느헤미야에도 "온 이스
   라엘 사상"이 나타나 있음을 주목한다. 골라 공동체의 인적 구성이 온 이스라엘
   을 대표한다는 것이다. 그러나 그는 에스라-느헤미야와 역대기를 동일저자의 작
   품으로 보는 한계를 보인다.

하나님을 자신들의 하나님이라고 고백한다. 온전한 하나님 백성의 정체성을 자각하고 그것에 맞게 행동한다. 대하 30:7도 북왕국을 형제라고 부른다. 북왕국에는 모든 시대마다 야웨를 섬기고 싶어서 고향을 떠나 예루살렘으로 이주한 사람들이 있었다(대하 11:16; 15:9; 30:11). 남왕국의 가장 의로운 왕들은 항상 북왕국 거민들을 다시 하나님 백성으로 불러 회복시키려고 노력했다. 히스기야와 요시아의 종교개혁은 바로 이런 민족화해적인 노력을 대표한 역사적 사건들인 것이다(대하 30:1-31:1; 34:6-7, 33).

북이스라엘의 거민들에 대한 역대기 견해의 이데올로기적 토대는 역대상 5:1-2에 나온다. 르우벤, 요셉, 유다의 관계를 잘 규정하고 설명한다.51) 역대기 사가는 요셉의 자손, 므낫세와 에브라임이 장남임에 주목한다. 북왕국의 핵심지파인 요셉이 야곱의 맏아들임을 인정한 것이다. 요셉은 장자권을 갖고 유다는 통치권을 행사한다. 남북왕국의 백성들에게 둘 다 거의 동등한 신학적 비중을 할당하고 있는 셈이다.

북이스라엘은 죄 가운데 세워지고 따라서 그 역사는 멸망으로 귀결된 반역과 범죄의 역사이지만 북왕국 주민들은 여전히 이스라엘이며, 북지파들이 없으면 이스라엘의 온전수가 채워지지 않는다52)(롬 11:25-26). 사마리아 사람들은 외국거주자들과 함께 이스라엘 지파들의 후손들이며, 이스라엘 백성들의 유기적 일부다. 역대기저자는 지역적으로 구획된 지역사람들의 적의와 긴장이 종식되고 모든 이스라엘이 예루살렘에서 야웨를 섬기는 일에 하나될 것을 촉구한다.53) 따라서 역대기는 북왕국의 민족과 영토를 포기하고 버리는 남북 분리주의로 해

---

51) Japhet, 위의 책, 320.
52) Japhet, 위의 글, 324.
53) 같은 글, 334.

석되어서는 안 된다.[54] 북왕실은 비합법적인 제사를 드렸으나 일반민
중은 아니었다는 것이다.[55] 폰라드가 잘 주목한 것처럼, 역대기사가는
북왕국의 비합법적인 왕권은 비판하고 왕권중심의 이스라엘 역사는 비
합법적인 역사이기에 서술하기를 포기하나, 북왕국의 민중과 영토는
포기하지 않았다.[56] 역대기 사가가 분리주의자가 아니라는 사실은 그
가 활동한 주전 400년대가 아니라, 그보다 훨씬 뒤에 사마리아 분열이
일어났다는 사실에서도 입증된다.[57] 양측의 결정적 분리는 하스모니
안 왕조 주전 2세기다.[58]

　　이처럼 역대기사가는 남북통일에 희망을 걸고 있었다.[59] 그러나
그것은 원칙에 입각한 조건적 통일이었다. 야웨신앙에 대한 충성과 다
윗과 성전제의에 대한 충성을 공통토대로 삼은 통일이었다.[60] 이를 위
해 남북왕국 모두에게 회개는 필수적이었다. 야웨 하나님께로 돌이키
는 과정이 화해와 통일의 첩경이었기 때문이다.[61] 여기서 중요한 것은
북왕국 지파들이 일방적으로 남유다의 종교정치적 배타적 우월성을 인

54) 임태수, "역대기 사가의 통일신학," 418.

55) Thomas Willi, *Die Chronik als Auslegung: Untersuchungen zur literarischen Gestaltung der historischen Überlieferung Israels* (Goettingen: Vandenhoeck & Ruprecht, 1972), 192.

56) von Rad, *Das Geschichtsbild des chronistischen Werks*, 33.

57) 임태수, 위의 글, 430.

58) F. M. Cross, "Aspects of Samaritan and Jewish History in late Persian and Hellenistic Times," *Harvard Theological Review* 59 (1966), 210); Th. Willi, 같은 글, 193.

59) Kleinig, "Recent Research in Chronicles," 43-76. 이 논문은 남북 이스라엘 백성과 유다 왕국 거민 사이의 화해에 대한 심도있는 연구가 진척되지 못했음을 주목한다(55).

60) 임태수, 같은 글, 431.

61) John C. Endres, "The Spiritual Vision of Chronicles: wholehearted, joy-filled worship of God," *CBQ* 69(2007/1), 1-21(특히 11).

정할 때 "온 이스라엘"의 일치가 이루어지는 것이 아니라, 남북왕국 백성 모두가 다윗 시대의 이상으로 되돌아갈 때, 즉 회개할 때 일치와 통일을 이루어진다는 사실이다. 남북왕국 백성이 되돌아가야 할 충성의 대상은 역대기에 의해 이상화된 다윗 왕조와 이상화된 예루살렘 성전 제의라는 사실이 중요하다. 그 이상화된 다윗 왕조와 성전이 온 이스라엘에 대한 야웨 주권행사의 거점이기 때문이다. 이렇게 이상화된 다윗왕조가 야웨의 왕국(대상 28:5; 29:23; 대하 13:8)의 대리자이며, 그렇게 승화된 다윗왕조가 하나님의 축복을 전달하는 매개체가 된다. 마찬가지로 정결케 된 예루살렘 성전이 야웨의 통치거소로 간주된다. 이처럼 역대기가 현실 다윗왕조(아하스)가 아니라 이상화된 다윗 왕조, 즉 그것의 현실적 모습인 히스기야와 요시아의 종교개혁을 통한 정결케 된 예루살렘 제의를 남북왕국의 거민들이 귀의해야 할 일치와 화해의 귀결점이라고 본다. 따라서 역대기는 남북왕의 헤게모니 갈등에서 남왕국 편을 든 것이 아니라, 이상화된 다윗왕국의 통치와 정결케 된 예루살렘 성전제의를 중심으로 남북왕국 백성 모두에게 회개를 요청하고 그 정화, 개혁, 그리고 회개를 통해 민족 일치와 화해가 가능하다고 본 것이다.

이런 점에서 역대기의 신학적 뿌리는 예루살렘은 하나님의 택한 도성이며 성전은 하나님의 현존이 있는 통치보좌라고 보는 제사장 신학(P)이다. 그래서 역대기는 회중이 드리는 예배, 제사 절기 축성 등을 하나님 백성들이 힘쓰는 가장 중요한 공적 활동으로 묘사한다. 역대기는 이스라엘을 하나님의 온전한 백성으로 만드는 것은 정치가 아니라 종교 예배였다는 점을 강조한다. 역대기의 성전제의와 예배 강조는 남왕조의 정통성과 다윗왕조의 합법적 우위성을 선전하기 위한 당파적 선전목적 때문에서가 아니라, 페르샤의 식민지라는 한계 안에서 하나님 예배와 신앙의 공적인 삶에 충분히 참여하도록 동시대의 백성들을 초청하기 위함이다. 비록 다윗 왕조의 멸망으로 왕정은 끝났으나, 다윗 언약은 성전에서 예배드리는 백성들의 종교적 제의와 예배라는 형태로 잔존했다. 역대기는 다윗왕조의 회복을 희구하지 않았다. 다윗왕조의 사명은 성전예배의 가동으로 완료되었고 예배공동체로서의 이스라엘 백성에 의해 존속되고 있기 때문이다.[62] 역대기 저자는 고대의 권위있 는 전승들(왕과 성전)을 능숙하게 다루고 재해석하여, 페르샤 치하의 예 후다에서 제의공동체로서 존속하는 이스라엘을 위한 신학적 종합을 잘 구축해 주었다.[63]

III. 선한 사마리아인 일화의 신학적 비중(역대하 28:8-15)

이런 일반적인 역대기의 민족화해적인 분위기가 절정에 이른 장 면이 역대하 28장의 사마리아인들의 보여준 지극히 인도주의적이고 민족화해적인 포로처리 사건이다. 역대기는 남북 왕실간의 전쟁을 보 도하는 맥락에서 이스라엘의 승리 혹은 우위로 끝나는 전쟁을 사실적 으로 보도하는 편이다. 대하 10장은 북왕국 10지파의 분열배경을 사실 적으로 보도한다. 적어도 여기서는 이스라엘이 다윗의 집 배반이 야웨 하나님을 배반한 사건은 아니라고 본다(대하 10:19). 오히려 르호보암의 포학한 통치가 야웨의 통치를 일탈했다는 인상을 준다(대하 10:4, 9, 11, 13). 선지자 아히야의 북지파 옹호예언을 인증하기까지 한다(15절). 다 만 온 이스라엘의 제사장, 즉 북지파들의 땅에 파송된 제사장과 레위 인들은 예루살렘으로 복귀했다(대하 11:13-14). 이런 대치정국에서 최 초의 동족전쟁은 여로보암 1세 18년째 유다왕 아비야가 도발한 전쟁

62) Kleinig, 위의 글, 66.
63) Kleinig, 위의 글, 69.

이다. 40만의 유다와 80만의 이스라엘의 전쟁이었다(대하 13:1-3). 이 전쟁에서 아비야는 유다를 야웨의 나라라고 규정하고 북왕국을 반란군의 무리라고 규정한다(6~8절). 야웨의 나라라고 불리는 이유는 적법한 제사장과 레위인이 제사를 관장하는 예루살렘 성전이 남왕국에 있었기 때문이다(10~12절). 적법한 제사장이 나팔을 불고 향도하는 유다군대가 북왕국의 군대를 패퇴했다(14~16절). 아비야의 아들 아사가 유다 왕이 되어 구스 침략군을 격퇴하여 국방을 튼튼히 했다. 아사왕의 승리 비결은 전쟁을 앞두고 드린 기도였다(대하 14:11절). 야웨의 함께 하심을 간청하는 기도였다. 야웨를 찾는 왕 아사는 승리했다. 아사 왕은 선지자 오뎃의 아들 아사랴의 도움을 받아 부분적으로 북왕국의 거민들까지 통합해 다스렸다(대하 15:1-9 에브라임과 므낫세, 시므온 지파 중에서 유다에 합류한 사람들을 감화). 아사 왕 당시 이스라엘의 영적 형편은 어떠했는가? 대하 15:3-4의 증언에 따르면, 이스라엘에는 참 신도 없고 가르치는 제사장도 없고 율법도 없은지가 오래 되었으나, 환난의 때에 이스라엘의 하나님을 부르짖을 때 하나님은 제사장도 율법도 참 신도 없는 그 땅 거민들의 부르짖음에 응답해 주셨다. 역대하 16장은 아사왕과 북이스라엘의 왕 바아사와의 전쟁을 보도한다. 아사왕은 아람왕의 원군을 빌어 바아사를 격퇴하고 바아사로부터 빼앗은 노략물로 국경요새를 쌓는다. 이 일로 하나니라는 예언자로부터 심각한 질책을 받았다. 야웨의 힘 대신 외국 군대의 힘을 의지하여 동족을 패주시킨 죄악을 징치한 것이다.

역대하 18~19장은 유다 왕 여호사밧이 야웨께서 미워하시는 북왕국의 아합을 도와 길르앗 라못 회복전쟁에 뛰어든 행위를 질책하는 예언자의 목소리를 전한다. 특히 하나니의 아들 선견자 예후가 여호사밧이 악한 자를 돕고 야웨의 미워하시는 자들을 사랑한 죄를 탄핵한 것이다. 처음에는 칭찬받다가 나중에는 질책을 받는 아사왕과는 달리,

여호사밧은 질책을 먼저 받고 칭찬을 받는다. 그는 모압자손과 암몬
자손, 그리고 아람자손의 침략에 직면해 야웨를 찾는 간절한 기도를
드리고, 레위 사람 야하시엘 등의 지도를 받아 침략군을 격퇴하는 데
성공한다. 왕과 제사장, 레위인, 그리고 일반 백성들의 완벽한 동역이
이룬 성과였다(20:18-23). 선지자들, 제사장과 레위인들과 일반 백성,
그리고 왕이 일심으로 야웨를 의지하여 외국연합침략군대를 물리친 것
이다. 이후 한 동안 남북왕국 사이에는 전쟁이 없었다가 다시 유다 왕
아마샤가 북이스라엘 왕 요아스를 도발하여 전쟁을 일으킨다(대하 25
장). 북이스라엘 왕 요아스의 승리로 전쟁은 끝난다. 요아스는 예루살
렘 성벽을 헐고 왕 아마샤를 포로로 잡아갔다. 왕궁의 재물들과 사람
들을 인질로 붙잡아 사마리아로 돌아갔다(24절). 그 이후 유다 왕 아하
스 때 시리아-에브라임 전쟁이 벌어지는데 이번 전쟁은 아람과 북이
스라엘의 연합군의 선제공격으로 촉발된 전쟁이었다. 아람 군대와 북
이스라엘 군대는 유다 왕국의 주요인사들을 살해했고 많은 물적 인적
자원을 약탈했다. 역대기의 선한 사마리아인 일화는 남북 왕국 갈등사
의 중대한 변곡점을 이루는 시리아-에브라임 전쟁 기간에 일어난 사
건이었고, 멸망기에 도달한 북이스라엘 민중의 만시지탄을 불러일으키
는, 아름답고 슬픈 각성이었다. 역대하 28:8-15에는 하나님도 없고,
율법도 없고, 제사장도 없는지 오래되었던 사마리아 사람들의 예기치
않은 선행이 보도되고 다음 단락(28:16-27)에는 유다 왕 아하스의 앗
수르 군대 출병요청 전갈 사건이 보도된다. 아사 왕의 죄악을 되풀이
하는 아하스의 실정을 보도한다. 역대하 28:8-15은 남북지파, 남북왕
실의 갈등을 바라보는 도량 깊고 차원 높은 사상을 개진한다.

첫째, 사마리아에는 야전 장군들(군사지도자들)을 감화감동시키는
야웨의 선지자가 있었다. 둘째, 야웨 하나님을 '너희 조상의 하나님'이
라고 부름으로써 유다 백성과 이스라엘 백성이 한 하나님의 백성임을

순식간에 상기시킨다. 분단 이전의 구원사에 대한 생생한 기억에 호소함으로써 동족상잔을 막으려고 했다. 예언자는 민족적 양심을 순식간에 경각시키는 감화력의 소유자였다. 셋째, 유다(아하스)에 대한 이스라엘의 승리는 아하스 왕에 대한 하나님의 진노의 결과(대하 27:19)였다는 점을 강조했다. 하나님의 심판 아래 있는 유다와 아하스에게 거둔 승리는 이스라엘의 의를 조금도 옹호하거나 증명하는 게 아니다. 따라서 전쟁 승리자가 누리는 전리품 처분권은 누려서는 안 된다. 넷째, 형제들을 압제하고 노예로삼는 죄악은 하나님께 범한 죄악이라는 것이다.[64] 이것이 이스라엘 통일 국가를 분열시킨 여로보암의 죄악이었다. 즉시 형제들을 놓아주어야 한다. 이스라엘과 유다의 귀족층들은 형제들을 압제하고 노예화하는 죄악을 다반사로 범했다는 것이다. 12절은 이스라엘의 야전군들을 막고 질책한 양심적인 지도자들의 면면을 소개한다. 에브라임 자손의 우두머리 몇 사람, 곧 요하난의 아들 아사랴, 무실레못의 아들 베레갸와 살룸의 아들 여히스기야 하들래의 아들 아마사가 포로들의 사마리아 입성을 막았다. 이스라엘의 죄와 허물이 이미 야웨의 진노를 촉발시킬 만큼 누적되어 있는데 또 한번 누적된 죄악을 증가시킬 것인가 하고 따졌다. 이 사마리아 지도자들은 남북분단의 역사를 동포을 압제하고 노예화란 죄악의 역사라고 정의한 것이다. 동포들의 노예화, 포로화는 있을 수 없는 죄라는 것이다. 남북왕국 사이의 전쟁은 누가 이겨도 동포들을 압제하고 노예화하는 죄악을 범하는 것임을 강조한 것이다. 르호보암 때에 일어난 북지파들에 대한 압

---

64) 8, 11, 15절 세 차례에 걸쳐서 "형제"(kinsfolk)라는 말이 사용된다. 다윗의 즉위를 묘사하는 역대상 12장(특히 12:39)이 묘사하는 남북지파들 사이의 일치를 생각나게 하는 말임과 동시에 다윗의 왕국 분열을 생각나게 만드는 말이다(대하 13장)(H. G. M. Williamson, *1–2 Chronicles*[NCBC; Grand Rapids, MI. et al.: Eerdmans Publishing Co., et al., 1982], 346).

제가 남북왕국 분열의 빌미가 되었음을 암시한다. 결국 사마리아 사람들의 강화는 역대하 13장의 아사 왕이 요구한 통일의 조건인, 북지파의 회개를 대변한다.

이 네 가지 논리적 설득 앞에 장군들은 방백들과 회중들 앞에 포로들과 전리품을 내려놓았다(14절). 그리고 위의 네 사마리아 지도자들이 포로를 형제로 영접하고, 옷을 입히고, 상처를 치료하고 신발을 신긴 후 여리고까지 환송했다. 약한 사람들은 나귀에 태웠다. 그들의 형제들에게 다 복귀시킨 것이다. 전쟁의 야만을 상쇄하고 대속한 극한의 사랑과 자비 실천이었다. 이 아름다운 사마리아인들의 선행도 이스라엘과 유다의 쇠망을 역전시키지는 못한다. 아하스 왕 때 북이스라엘은 거의 10여 년에 걸쳐서 멸망당하고, 자신을 친 아람의 신들을 의지하다가 아하스 자신은 물론이요, 온 이스라엘의 멸망을 초래하게 되었다(대하 28:23). 사마리아인들의 만시지탄에 찬 아름다운 겨레 사랑과 야웨 하나님에 대한 신앙 회복 이야기는 분단시대에는 묻혀 있다가 페르샤 시대의 에후다에서 유포되기 시작했다. 북이스라엘 지파, 특히 사마리아에 대한 남유다 일부 집단의 편견(왕하 17:24-41; 스 4:7-24[사마리아 사람들의 성전 건축 방해 고소편지 연명]; 느 2:10-20; 4:1-2)이 강하게 작용하고 있었을 때 발견되고 기록된 일화였다는 점을 생각하면 이 이야기의 신학적 비중을 가늠할 수 있다. 바벨론 귀환포로들에게 사마리아 사람들의 정체성 규정은 어려운 과제였다. 이스라엘 역사를 연구하는 대부분의 학자들은 북이스라엘의 멸망시 앗수르로 유배당한 사람들은 극히 제한된 숫자라고 본다. 이스라엘 지파들 대부분은 북왕국에 잔류하고 있었을 것이며 사마리아에서도 사정은 대동소이했을 것이라고 본다. 하지만 귀환포로들의 눈에 볼 때는 앗수르 제국과 바벨론 제국이 이식시킨 북쪽 셈족들과 뒤섞인 혼혈문화지역 사람들이었고 그들에게는 귀환포로들에게 있었던 배후 세력도 없었다. 귀환포로들은 페

르샤의 황실 특명으로 예루살렘 성벽과 성전을 중건하면서 비유배파
토착세력들을 신학적으로나 구속사적으로 정통성이 없는 자들(렘 25장
나쁜 광주리에 담긴 무화과)이라고 단정했다. 귀환포로들의 대부분은 유
다 왕국의 정통성을 확신한 남왕국 기간요원들과 그들의 후예였기에
그들은 열왕기서에 나타난 신명기 역사관을 견지했을 것이다. 사마리
아 사람들은 여로보암을 따라 간 반역자들이 이룬 왕국의 수도였고,
그 사마리아는 이스라엘에 바알주의를 도입한 오므리와 아합이 사들인
왕실영지였으며, 결국 앗수르 제국이 이식시킨 이민족들과 피와 종교
가 섞여 이스라엘 백성의 정체성을 순전하게 지킬 수 없었던 자들이었
다. 즉 귀환포로들에게 사마리아는 이스라엘의 회복프로그램에서 극력
배제하여야 불순물이요, 혼합물이요, 사악한 이교도였다. 이런 귀환포
로들의 신앙적 순혈주의에 안티테제를 제기한 책이 역대기서요, 그 역
대기의 중심 관심사항인 12지파 화해 및 통일사상이 집약된 곳이 바로
역대하 28:8-15이다. 이 단원은 이어지는 히스기야와 요시야의 민족
화해 정책을 예기케 하는 단락이다. 북왕실의 멸망이 남북화해와 통일
을 위한 절호의 기회라고 본 이 두 왕은 북왕국의 남은 백성들과 영토
에 대한 실효적 통치를 위해 여러 가지 화해 및 통합정책을 구사했다.

　　전체적으로 역대기의 저자는 이 남북지파들의 화해와 통일지향적
인 움직임이 아하스-히스기야 치세 동안 본격적으로 이뤄진 남북민
중 화해운동에 뿌리를 두고 있음을 부각시키고 있다. 역대상 1장부터
역대하 10장까지 통일 이스라엘을 강조한 역대기 기자는 분열시기 자
체를 역대하 10장부터 27장까지에서만 다루고 곧장 28장부터는 통일
시대의 도래를 다루는 것이다. 저자가 역대하 10장까지 그토록 이스라
엘의 하나됨을 강조할 수 있었던 것은 이스라엘 12지파의 통일은 불원
간에 있을 것이라고 본 그의 확신에서 추동된 바가 적지 않았다.[65] 저
자는 역대하 13장부터 28장까지 남북지파들이 분단시대를 어떻게 관

리하고 그것을 지향해야 하는지를 다양하게 암시하거나 명시했다. 첫째, 북왕국 지파들의 분열은 정당한 면이 있다. 르호보암의 학정과 압제, 형제노예화가 그 빌미를 제공했다(아히야의 지지). 둘째, 북왕국의 왕실 책임자들인 여로보암과 그의 후예들은 이스라엘 민중의 종교적 배교를 부추겼다. 참 신도, 율법도, 제사장도 없는 나라가 되어버렸다. 북이스라엘의 일부 신실한 백성들이 예루살렘 성전예배 참여를 북왕실이 막았으나 일부 북지파들은 예루살렘으로 귀순했다. 남왕국으로의 귀순이 아니라 하나님이 살아계시는 예루살렘 성전으로의 귀순이 중요하다. 남왕실이나 왕조가 아니라 예루살렘 성전이 야웨의 집으로 불리고 있음도 중요하다. 역대기 저자는 북왕국에 대한 남왕국의 우위와 정통성을 주창하지 않는다. 예루살렘 성전 아래 통합되는 남북 왕국 민중들의 화해와 하나됨을 강조한다. 역대기서는 왕조는 단명하나 성전은 영원하며 왕조, 상비군, 관료조직이 하나님 나라를 대신한다기보다는 성전, 중보기도와 제사, 예배와 찬양, 제사장과 레위인이 하나님 나라를 더 근접하게 대신한다고 본다.[66] 셋째, 북왕실과 북민중을 정교하게 구별한다. 유다의 여호사밧 왕은 야웨가 미워하는 자(아합)를 사랑하고 도왔다고 비난받는다. 그러나 북지파 민중일반에 대한 역대기 저자의 어떤 비난이나 단죄, 거리두기도 보여주지 않는다.

역대기 저자는 아하스 시대는 온 이스라엘의 멸망을 초래하게 될 아하스의 배교와 강대국 의존 정책(왕하 16장)과 대조되는 북왕국 지파들의 민족적 양심회복, 회개와 대각성을 부각시킴으로서 북왕국 지파들의 적극적인 민족화해 의지를 찬양한다. 역대상 13장에 나오는 아비

65) Williamson, Ibid., 343.
66) 김회권, 『하나님 나라 신학으로 읽는 사무엘하』(서울: 복있는 사람, 2009), 293-309.

야 시대의 성숙한 민족의식이 역전되었다. 이제는 아비야와 남왕국 지
파들이 아니라 북왕국 지파들이 겨레의 화해와 미래를 훨씬 더 어른스
럽게 권념하고 행동하는 것으로 묘사된다. 사마리아 사람들의 역사의
식과 형제의식은 분열왕국의 역사를 참회와 회개의 빛으로 재해석하는
최고 수준의 신앙적 신학적 고백을 보여준다. 역대하 13:4-12이 강조
하는 그 재통일의 결정적인 선결조건의 충족을 의미한다.[67] 28:5-6이
보여주듯이 남북지파들의 군사적 대결상태가 북의 우위로 종료된다.
역대하 13장의 상황의 역전을 의미한다. 이긴 자가 회개를 주도하는
상황이 발생한 것이다. 사마리아는 전쟁에서 이긴 자였으나 겨레의 분
열사를 어른스럽게 회개하여 겨레의 분열사를 극복하고 화해를 일구려
고 분투한 것이다.

IV. 역대기의 민족화해 신학을 형성시킨 정치종교적 요인들

이처럼 "온 이스라엘 의식"으로 대표되는 역대기 이스라엘 통사
의 대사마리아 포용기조, 남북화해적 기운은, 왕과 왕실, 상비군 관료
조직으로서의 국가적 권력기관들이 사라지고 제사장들이 낮은 수위의
연성신정통치를 대행할 때 일어났다. 왕조들이 없어진 상황에서 등장
한 제사장 중심의 준정치적 리더십은, 화해지향적이고 회개촉구적이며
사마리아 포용적인 지도력이었다. 이런 남북화해적 기운을 형성시킨
요인들은 여러 가지가 있을 수 있다. 페르샤 제국의 지원이 끊기거나
줄어들어서 예루살렘 성전수입이 줄어들어 확충될 필요가 있었을 상
황[68](말라기의 십일조 도둑질 비난; 제 3이사야의 느슨한 제사에 대한 비난),[69]

67) Williamson, Ibid., 344.
68) 지방산당들의 활동을 억제하고 모든 예배를 예루살렘 성전으로 집중시킨 히스기

혹은 다윗왕조의 회복에 준하는 정치적 자유가능성이 신장되어 갔던 상황 등을 생각해 볼 수 있다. 혹은 제사장 지도력을 좀 더 영속적으로 보장하기 위한 신학적 장치였을 수도 있다. 왕조가 아닌 제사장 중심의 연성 국가인 예후다는 페르샤에게 다루기 쉬운 존재였을 것이라는 점에서 역대기의 신학형성은 페르샤의 제국주의적 원려(遠慮)가 작용했을 가능성이 크다.

또 하나 중요한 요인은, 지파적이고 지방분산 사역을 감당하던 레위계열의 제사장 득세와 맹활약이다. 레위인들은 친페르샤적인 신흥 사제계급으로서, 예후다가 정치적으로 안정되는 것을 원했을 페르샤 제국의 세계통치적 기대를 충족시키는 데 열심이었을 가능성이 있다. 그들은 예루살렘 성전 체제 중심의 안정화를 희구하는 페르샤 입장의 구현자였을 수도 있다.

최근 학자들은 역대기가 페르샤 말기 혹은 헬레니즘 시대에 저작되었다고 본다.[70] 그러나 고레스 칙령으로 성전건축이 시작되었음을 말하는 대하 36:22-23이 마지막 결론부를 형성하는 것을 볼 때, 이 책은 아케메니드 왕조가 아직 건재할 때 혹은 적어도 알렉산더 대왕의 마케도니야 제국이 등장하기 이전에 저작되었을 가능성을 보여준다.[71]

....

야와 요시아의 종교개혁의 배경이, 예루살렘 성전 운영을 위한 수입확충 전략이었다는 역사적 연구들도 있다.

69) Williamson, *Studies in Persian Period History and Historiography* (Tuebingen: Mohr Siebeck, 1992), 21-28. 요하난이라는 제사장의 이름이 새겨진 동전이 발견되었다. 이것의 연대는 페르샤 제국 말기로 추정된다. 아마도 그것은 성전 수입을 위한 인두세 납부용 동전이었을 것이다. 페르샤 지원이 감소하자 종교세 납부를 통해 성전체제를 유지하려던 예루살렘 제사장 집단의 자구책이었을 것이다. 아니면 페르샤 제국이 제사장 지도력에 상당한 정치적 자율권을 부여해준 상황을 반영할 수도 있다. 어쨌든 예루살렘 성전 제사장들의 입장에서 보면 사마리아 사람들의 예루살렘 성전제의 참여가 필수적으로 요청되었을 것이다.

70) Williamson, *1 and 2 Chronicles* (London et al.: Marshall & Morgan Scott et al., 1982), 16(페르샤 말기); R. Albertz, 같은 책, 545(헬레니즘 시대).

제2성전이 페르샤 제국의 세계통치 일환으로 지어졌다는[72] 점에 비추어 볼 때, 역대기의 하나님 나라 신학사상은 페르샤 제국의 초창기에 혹은 전성기에(비록은 역대기의 최종저작은 좀 더 후대에 일어났을 지라도) 형성되었을 가능성이 높다.[73] 누팡가는 역대기 규모의 책은 국가의 지원 없이는 나올 수 없는 책이라고 말한다. 성전에 충실한 제사장 혹은 레위인이었을 저자는, 아케메니드 제국의 세계통치권을 인정하면서도 그것의 관할 아래 있는 예후다의 신학적 자리매김을 시도했을 것이다. 그는 하나님 나라라는 신학적 정치적 수사를 구사하여, 아케메니드 치하에 놓여있는 하나님 백성들의 신분을 규정하고자 했을 것이다. 하나님 나라라는 표현을 통해 다윗 왕조의 소멸이라는 현실을 받아들이면서도, 다윗 왕조가 끝났다고 하나님 나라가 끝난 것은 아니라는 메시지를 던져주고 싶었을 것이다. 다윗 왕조가 사라진 후에도 야웨는 성전을 통해 여전히 온 세계를 다스리시는 주재이시기 때문이다. 하나님께서는 성전에 있는 그의 보좌 위에 앉아계시고 그의 왕국은 성전에서 드려지는 예배나 제사를 통해 표현된다고 보았기 때문이다. 또한 아케메니드 치하에 사는 유대인들에게 하나님 나라의 세계적 보편적 차원을 각인시키고 싶었을 것이다. 바벨론에 남아있는 사람들도 하나님 나라의 일부라는 것이다. 하나님 나라가 이스라엘 영토 그 자체와 동일한 것이 아니기 때문이다. 만일 야웨가 예루살렘 성전 보좌에 앉아있다면, 아케메니드 제국의 멍에는 그것이 하나님의 통치를 대행하는 한

---

71) Nupanga, 위의 글, 763.

72) J. L. Berquist, *Judaism in Persia's Shadow. A Social and Historical Approach* (Minneapolis: Fortress, 1995), 235.

73) 누팡가는 다리우스 왕 때(주전 522-486년) 페르샤의 추동으로 역대기가 저작된 책일 수도 있다고 본다. 다리우스는 2대 왕으로 행정개혁 도량형통일 율법집대성을 통해 아케메니드 제국을 공고케한 인물로서, 모세오경을 저작하도록 추동한 왕일 가능성이 크다. 누팡가는 역대기가 성전 건축 완성 전후에 저작되었다고 본다.

얼마든지 견딜 수 있는 멍에라는 생각을 전파하고자 했을 수도 있다.

V. 결론

역사는 과거와 현재의 부단한 대화다. 역대기 사가는 과거와 현재 자신이 처해 있는 페르샤제국 말기의 예후다의 관심을 담아 과거의 역사를 비판적으로 재구성한다. 열왕기서의 "정통성 기준의지"와 심판의 정당성(북왕국 남왕국의 멸망 정당화)을 넘어서서, 역대기는 포로기 이후의 귀환포로공동체와 남아있던 비유배파 백성들에게 어떻게 과거를 계승하면서도 미래의 역사를 구축해 가도록 할 것인가하는 문제와 씨름했다. 그리하여 남북화해적인 관점에서 북왕국의 인적 물적 구성에 대한 주인의식을 담아 역사를 재구성했다. 이런 점에서 역대기는 한반도의 남북화해 운동사를 적극적으로 회고하여 역사를 재구성해 보도록 격려한다. "상기하자 6.25"식의 역사기억이 아니라, 남북간에 일어났던 모든 화해적 역사들에 대한 부단한 기억과 역사적 이상화, 경전화를 통해 적대적 역사를 종식해보도록 초청한다. 7.4선언, 1984년 북한 쌀 구호 수용역사, 1990년 남북기본합의서, 6.15 남북화해 선언, 시드니 올림픽 남북단일팀 출전, 10.4정상회담 등 남북화해적인 역사들을 기억하자는 것이다. 동족전쟁의 살육사를 기억하여 적개심을 고취하는 역사인식을 극복하자는 것이다. 남북간의 헤게모니, 정통성 갈등을 넘어 하나님 나라의 대의에 귀의하고 회개함으로써, 남북한이 상호 침투하고 흡수하는 방식으로 화해와 일치를 이루도록 권고한다.

구체적으로는 우선 분단된 한반도에서 민족화해와 평화를 가르칠 때, 한국역사와 교회사 속에 나타난 화해운동과 평화지향적 일화들을 되살려 가르칠 수 있을 것이다. 한민족의 역사 속에 평화를 일구시는 하나님을 가르치는 평화교육을 위해 민족역사를 재해석하고 재구성하자는 것이다.74) 이를 위해서는 평화와 일치를 촉진시키는 역사교육, 특히 분단 이전의 한국민의 자랑스러운 자아정체성(홍익인간의 이상 구현의 역사, 공평과 정의를 성취한 역사)을 심어주는 역사교육이 필요하다. 또한 1980년대 이후 WCC의 도움으로 이루어진 한국교회와 북한과의 교류접촉과 화해운동을 되새겨보는 일도 중요한 과업이 될 것이다.

1988년의 스위스 글리온 회의, 1984년의 일본 도잔소 회의, 1988년 희년 및 통일 선언, 남북나눔 운동 등 주요한 남북교회의 교류 운동사를 중심으로 겨레의 화해와 통일을 위해 역사를 재구성하는 것이 필요하다. 그동안 남한 기독교회는 NCC를 중심으로 남남갈등을 유발해 가면서까지 북한사회주의를 이해하려고 분투해 왔다. 1988년 2월 29일에 제37차 NCC 총회가 채택하여 발표한 "민족의 통일과 평화에 대한 한국교회의 선언"은, 이후 WCC가 두 차례에 걸쳐 주최한 스위스 글리온 회의의 계기가 되었다(1차 글리온 회의는 1986년). 1988년 11월 23일부터 25일까지 글리온에서 열린 2차 회의에서는 한반도의 통일을 위한 세계교회의 역할이 논의되었다. 1990년에 WCC의 주최로 스위스 글리온에서 열린 세번째 회의는, 1984년 도잔소 협의회에서 합의된 에큐메니컬 원칙과 2차의 선언문을 기본으로 95년에 다가올 민족 통일을 위한 희년을 준비하는 데 강조점을 두었다.75) WCC의 도움과 주도 아래 이뤄진 남한교회 특히 KNCC와 북한 조그련 사이의 화해지향적 노력은, 제한적이나마 하나님의 정의와 평화라는 영토가 남북한 모두가 만나는 하나님 나라의 영토임을 인정하는 데 이르렀다. 이처럼 남

----

74) 김성은, "분단된 한반도를 위한 기독교 민족역사교육의 문제," 「신학사상」 148(2010년 봄), 237-267(264).

75) 한국기독교회의 평화통일 운동을 간략하게 정리한 이만열의 2004년 6월 21일 전북 학복협 강연("한국기독교계 통일운동 2,"『복음과 상황』통권 153호[2004년 9월호], 110-121)은 기능주의적 남북교류와 북한돕기에 투신한 남한교회의 노력들을 정리하고 그것들의 중요성을 평가하고 있다.

북한교회는 남북화해적인 역사 재인식과 교류와 접촉을 통해 그것이 가져올 누적효과가 가져올 민족화해 시대를 선도할 수 있을 것이다. 이것은 남한의 자본주의적 우월성을 신봉하고 북한을 흡수하려는 운동도 배척할 뿐만 아니라. 주체사상으로 남한을 적화하려는 북한의 시대착오적 통일전략도 거부한다는 것을 의미한다. 남북한 모두 하나님 나라의 정의와 공평, 자유와 평화의 기치 아래 귀의하는 회개로만 남북화해를 실현할 수 있다. 이런 이유 때문에 작음의 현실은 격화되어 가는 남북한의 갈등과 상쟁을 화해의 기조로 되돌리기 위한 신학적 분투를 절실히 요청하고 있다.

이런 우리의 신학적 분투를 도우며 민족적대감을 해소하는 데 도움을 주는 역대하 28:8-15은 진지하게 주목되어야 한다. 이 역대하 본문은 원수버전으로 이야기를 경청해주는, 원수칭찬에 인색하지 않은 말씀이다. 역대하 28:8-15이 유다 사람에게 유포되던 시절은 남유다 사람들의 사마리아에 대한 인식은 극도로 나빴을 때였다. 그들은 배교자 집단의 우두머리인 여로보암을 따라가 결국 앗수르 제국에 멸망당해 버린 나라였다. 지금은 앗수르 사람들과 뒤섞여 살며 혼혈문화를 만들어내던 배교의 온상이 되었다. 그런 사마리아에서는 결코 선한 것이 나올 수 없다고 생각될 때였다. 히스기야 때부터 활발해진 남북지파들간의 인적 교류는 이런 적의가 가득 찬 상황에서 시작되었다. 그럼에도 불구하고 남유다의 예언자적 포용기조는 주전 734~732년에 있었던 시리아-에브라임 전쟁의 동족상잔 전쟁시기에 있었던 원수의 미담을 기꺼이 경청하고 유포했다. 사마리아의 예언자들이 북왕국의 호전적이고 강경한 무장세력들을 감화감동시켜 유다의 포로들을 형제우애로 선대하고 치유하고 회복시켰다는 미담을 널리 전파했을 뿐만 아니라 책에 기록하기까지 한 것이다.

역대기의 이상국가론은 역대상 31장 인구조사 본문이 잘 보여주

듯이 더 이상 칼을 빼든 용사들의 나라가 아니다. 용사의 숫자를 세는
것, 그것 자체가 사탄의 격동으로 인한 범죄라고 본다. 다윗은 요압의
충고에도 아랑곳하지 않고 인구조사를 강해해 자신이 칼을 빼든 용사
가 157만명(삼하 24장은 130 만명)이 된 나라의 대왕이라는 자부심을 갖
는 순간에 신적인 영감에 덮침을 당했다. 야웨 하나님께 큰 죄를 범했
다는 자책감이 파도처럼 밀려왔다. 자신이 일찍 유다광야에서 소수의
게릴라를 거느리고 싸울 때에는 전쟁의 싸움은 군대의 숫자에 있지 않
고 야웨의 이름 동행 여부에 있다고 말하며 거룩한 전쟁을 독려하지
않았던가? 그런 다윗이 이제는 칼을 빼든 용사의 힘에 의지해 나라를
경영할 것이라는 포부를 밝히자마자 하나님의 질책이 질풍처럼 불어닥
친 것이다. 이때 다윗은 예언자의 갓의 도움을 받아 하나님의 심판으
로 시작된 3일간의 역병을 멈추게 할 비책을 통보받는다. 7만명의 백
성을 죽게 한 나라의 역병을 그치게 만드는 길, 그것은 성전을 지어 화
목제와 번제를 드리는 길이었음이 밝혀졌다. 다윗의 나라는 이제 칼의
나라가 아니라 중보국가, 샬롬을 추구 제사장 국가로 변화되어야 한다
는 계시가 임한 것이다. 다윗은 칼을 찬 용사의 우두머리가 아니라 성
전중보자의 전형, 샬롬과 화해를 가져오는 영의 사람이어야 한다는 것
이다. 다윗은 아라우나의 타작마당에 번제단을 쌓고 번제와 화목제를
드림으로써 역병을 그치게 했다. 예루살렘을 향해 칼을 뽑아 쳐든 야
웨의 천사가 물러간 것이다. 샬롬이 회복된 것이다.

　　예수 그리스도가 다윗의 후손이라고 불릴 때 바로 이런 역대기의
다윗, 제사장적 다윗의 후손이라는 뜻이다. 예수님은 자신의 몸을 번제
와 화목제로 바쳐 샬롬을 구현한 하나님의 아들이다. 그의 사역은 역
대하 28:8-15의 미담을 구현하는 데 바쳐진 사역이었다. 사마리아에
대한 예수님의 화해적 태도는 여러 군데서 나타난다. 유대에서 갈릴리
로 가실 때 예수님은 보통 갈릴리 사람들과는 달리 사마리아로 통행할

결단을 하신다(요 4장). 자신을 적대하는 사마리아 마을을 기꺼이 통과
하신다(눅 9장 사마리아의 적대와 냉대에 대해 용서로 응대하는 모습). 그는
사마리아에 머물며 마침내 누가복음 10장에 등장하는 선한 사마리아
사람이야기를 채록하셨을 것이다. 예수님은 고침받은 열 명의 문둥이
중 사마리아 문둥이를 칭찬하셨다(눅 17장). 아홉의 문둥이와 달리 그
만이 다시 돌아와 감사인사를 드렸기 때문이었다. 그는 유대 보수자들
에게 심지어 사마리아 사람이라는 경멸적 호칭을 들었다. 사마리아 사
람은 그들에게 귀신들린 자와 같은 말이었다(요 8장). 예수님에게는 사
마리아도 하나님의 구원대상이었다(행 1:8). 예수님의 사마리아 포용과
사랑, 화해는 제자들에게 계승되었다. 빌립 집사, 베드로와 요한이 예
수님의 사마리아 포용과 사랑을 계승해 사마리아서 큰 구령의 역사를
일으켰고 마침내 사마리아 교회가 든든히 서갔다(행 8장; 행 9:31 그리하
여 온 유대와 사마리아 교회가 평안하여 든든히 서 가고 주를 경외함과 성령의
위로로 진행하여 수가 많아지니라).

　　북한 혹은 북한 사람은 남한 기독교인들이나 남한 사람들에게 어
떤 점에서 사마리아 사람이라고 불릴 만큼 경멸당하고 무시당하고 있
다. 북왕국과 남왕국 사이에 시리아 – 에브라임 전쟁이라는 동족상잔의
상처가 있었듯이 남북한 사람들 사이에는 한국전쟁이라는 무섭고도 치
열한 상처와 적의의 기억이 살아있다. 남북간의 원수의식은 현실이다.
따라서 누군가가 먼저 원수 버전으로 역사를 재해석해주는 용기를 발
하지 않는다면 분단은 영속화될 것이다(참조. 원수버전 이야기 경청 사례:
김원일 <겨울골짜기>, 황석영의 <손님> ＝ 적대자의 언어 복원, 해원상생굿,
이태의 <남부군>, 조정래의 <태백산맥>, 이병주의 <지리산>, 이문열의
<영웅시대>). 황석영의 <손님>은 1950년 10월 17~11월까지 약 45
일 동안 황해도 신천군에서 일어난 미군(해리슨 중위)과 기독교인들에
의한 양민(공산당 색출작업으로 진행) 학살(35,000명) 사건을 들추어[76] 내

원수 버전(version) 이야기 경청을 시도하는 가슴 아픈 소설이다. 소설
의 중심에는 주인공 중 한 사람인 신천군 기독청년의 리더였던 청년
류요한이 10명의 소위 공산당원을 살해하는 사건이 있다. 그는 자신의
마을 공동머슴이었던 박일랑, 자신의 집 머슴이었던 순남이 아저씨, 친
구 상호, 그의 누이들이었던 인선, 진선, 착한 김윤희 선생, 은신해 있
던, 북파된 남한에 의해 북파된 두 명의 여자 문화선전대 등을 공산당
이라는 이유와 몇 가지 이유를 들어 죽여버린다. 지주와 기독교를 박
해한 공산당원을 찾아 보복한 것이다. 그의 열 살 아래 동생 류요섭는
이 과정에서 순진한 목격자로서 범죄에는 가담하지 않는다. 다만 민족
상잔의 악몽에 시달리는 상처입은 화해자역할을 감당한다. 요한과 요
섭 둘은 결국 한국전쟁 기간에 월남하고 마침내 미국 이민길에 오른
다. 요한은 뉴욕의 한 교회에서 장로가 되고 요섭은 뉴저지주의 한 도
시에 목회를 하는 목사가 된다. 소설의 시작은 요섭이 북한초청으로
고향방문을 하게 되는 상황이다. 이 소식을 들은 형 요한 장로는 자신
이 죽였던 사람들의 혼백이 자신의 거실에 우르러 몰려오는 모습을 보
고 갑자기 숨을 거둔다. 그리고 그 자신도 혼백이 되어 동생의 꿈에 나
타나 호소하기 시작한다. 그 혼백의 떼에 동참해 요섭 목사의 꿈에 나
타나 자신이 죽였던 사람들과의 화해를 시도하는 몸짓을 보여준다. 요
섭 목사는 형의 화장 후 남은 뼈조각을 싸들고 황해도 신천, 자신이
10대에 떠나온 핏빛 악몽이 남아있던 고향으로 되돌아가 그곳에 살아
있던 외삼촌 안성만 동지(목사 아들, 두 세계 모두에서 인정받은 화해지향적
선물)와 형수, 요한의 아들 조카 등을 만나 신천군 사건의 악몽을 초극
하려고 한다. 여기서 화해가 이뤄진다. 요한, 순남이 아저씨, 살해당한
망자들은 진오귀굿의 극적 형식을 통해 화해를 성취한다. 서로 들어주

---

76) 황석영,『손님』(서울: 창작과 비평사, 2001), 226.

는 형식이다. 원수가 하는 말을 다른 원수가 경청해주면서 신천군 동족상잔 사건은 화해로 마무리된다. 요섭과 외삼촌 안성만의 꿈에 요한과 그가 죽였던 마을 사람들이 한꺼번에 몰려들어 서로의 긴 이야기들을 나누고 그 이야기들을 들어주자 혼백들이 이제 쉬러가자고 하면 떠난다. 비록 무속굿 형식으로 화해드라마를 연출했으나 <손님>은 남북화해를 위해 원수미담 칭찬하기, 원수인권 존중하기, 원수슬픔 들어주기, 원수 논리 이해하기 등이 필요하다는 말을 하고 있다. 역대하 28:8-15은 원수미담 칭찬하기이며, 예수님의 선한 사마리아 사람 이야기도 또한 역대하 28장의 신약버전이다. 예수님은 원수사랑이라는 극한의 한계를 넘기 위해 자신의 몸과 살이 찢기고 영혼이 버림받는 십자가 죽음에 자신을 맡기셨다. 남북화해는 정치과 군사로 성취할 수 없다. 그것은 살과 몸을 찢는 화해의 제물이 흘리는 피 안에서 가능하다. 남북통일과 화해는 십자가의 얼에 복받친 사람들이 걸어가는 좁은 문이다.

이스라엘-팔레스타인 갈등의 기원과 해결 전망*

김회권 _숭실대 기독교학과

I. 서론

최근 이스라엘과 아랍에미리트(UAE)와의 수교 선언 소식이 세계 외교가를 놀라게 하며 중근동 정치지형에 거대한 지각변동이 일어날 것을 예기케 한다.[1] 이란－카타르－레바논－시리아－이라크의 시아파 연대와 이에 대항하는 사우디아라비아의 수니파 동맹의 각축과정에서 이스라엘이 어부지리를 누리는 듯한 형국이다. 이제 이스라엘과 반이란 시아파 연대의 대항마인 수니파 맹주 사우디아라비아와의 수교도 가시권에 들어선 전망이다. 이 과정에서 이스라엘은 팔레스타인 자치지구 정착촌에 대한 점유와 지배 중단, 아랍계 주민에 대한 강압정책 완화 및 하마스 주도 팔레스타인 정부와의 대화재개 등을 약속한 것처럼 보인다. 하지만 정작 팔레스타인 집권세력인 하마스는 친이란 세력이기 때문에 이런 외교적 움직임이 팔레스타인 자치정부를 봉쇄하고 고립시키는 처사가 될 것이라고 반발하는 모양새를 보인다. 이스라엘－팔레스타인 분쟁이 이스라엘과 수니파 아랍국가들과의 화해 분위기

---

* 이 글을 약간 다르게 축약한 원고가 2021년 2월 27일에 출간될 <선교와 신학>에 실릴 예정임을 밝혀둔다.
1) 2020년 8월 14일 BBC News 등 세계언론에 대서특별 되었다. 이스라엘 총리 벤자민 네탄야후는 아랍에미리트와 수교하면 '요르단 서안지구 합병계획'을 포기하겠다고 말한 것으로 전해진다.

에도 해결될 가능성이 크지 않다는 의미이다.

확실한 것은 오늘도 진행 중인 이스라엘-팔레스타인 갈등은 역사기억 및 영토영유권 분쟁, 종교전쟁 등 중첩적인 요인들이 합력해 생명을 유지시키는 '역사적' 분쟁이라는 사실이다.2) 팔레스타인의 입장에서 볼 때는 미국정부의 친(親)이스라엘 정책을 좌우하는 미국유대인들의 금융, 경제권력이 이스라엘-팔레스타인 분쟁의 동력과 연료공급원이다. 이스라엘 입장에서 볼 때는 아랍-이슬람의 반유대인주의와 종교적 우월감이 이스라엘-팔레스타인 분쟁의 원동력이요 연료이다. 역사적으로 볼 때 팔레스타인 거주지역에 대한 이스라엘의 영토적 집착은 2,000년의 유랑과 이산, 특히 20세기 중반의 나치대학살의 악몽과 관련되어 있다. 물론 나치의 유대인 대학살에 대한 유럽기독교문명권 국가들의 보상 및 배상책임감만으로 그들이 이스라엘이 팔레스타인에 나라를 세우는 것을 도와준 과정을 다 설명할 수 있는 것은 아니다. 그럼에도 불구하고 서구기독교 문명국가들의 도움이 없이는 시온주의자들의 이스라엘 복귀와 국가건설은 불가능했을 것이다.

1917년 11월 2일에 영국 외상 아더 발포아(A. Balfour, 1848-1930년)는 발포아 선언(the Balfour Declaration)을 통해 유대 시온주의자들의

---

2) 이 주제에 대한 국내학계의 본격적 연구는 아직 걸음마 단계이다. 그나마도 이스라엘-팔레스타인 분쟁사를 간략하게 다룬 두 책은 김재명과 최창모의 책이다: 김재명, 『눈물의 땅, 팔레스타인 70여 년 동안 이어진 분쟁은 어떻게 시작되었으며 왜 끝나지 않는가』(서울: 미지북스, 2019). 이 책은 팔레스타인 사람들의 관점에서 본 이스라엘-팔레스타인 분쟁사를 개관한다. 팔레스타인 사람들의 관점에서 쓴 저널리스트적 개관서이다; 최창모, 『중동의 미래, 이스라엘과 팔레스타인』(서울: 푸른사상, 2015). 이스라엘의 선제적 변화 없이는 중동의 미래에는 평화가 영원히 사라질 것이라고 내다보는 이 책의 관점은 본고의 결론과 궤를 같이 한다. 이 책의 서문은 과거 나치하의 유대인과 같은 처지에 놓여 있는 팔레스타인을 이스라엘이 지금 당장 돌보지 않는다면 거기서 살아남은 자들이 건설한 이스라엘은 중동의 유일한 민주국가임을 포기하는 것이며 더 나아가서는 이스라엘이 그토록 소중하게 여기는 시온주의도도 더 이상 작동하지 않을 것이라고 전망한다.

팔레스타인 건국운동을 지지하는 입장을 천명한다. 그 선언은 원래 세계시온주의자연맹(WZF) 총재였던 로트차일드 경3)(Lord Rothschild, 1845‒1934년)에게 보낸 편지에 포함되어 있었다.

영국 황제폐하 정부가 팔레스타인에 유대인들을 위한 보금자리를 세우는 것을 우호적으로 생각해주길! 이 목적을 성취하기 위해 모든 최선의 노력들을 경주해 주기를! 팔레스타인에 거주하는 비유대인들의 시민권이나 종교적 권리를 위태롭게 할 어떤 일도 일어나지 않는다는 조건 아래서 혹은 어떤 나라에 사는 유대인들에 의해 향유되는 권리들과 정치적 지위를 위태롭게 할 어떤 일도 일어나지 않는다는 조건 아래서라면!

이 선언의 배경은 "민족국가(nation state)"4) 창설에 우호적이었던 20세기 유럽의 지배적인 정치철학이다. 19세기에는 "민족"은 인종적 단위로 구성된 정치적 영토결사체를 의미했다. 그것은 프랑스 대혁명 이후에 득세한 민족 이해였다. "모든 주권원칙은 본질적으로 민족(네이션)에 있다"(인간과 시민권리 선언 3조). 이때 이후 형성된 민족주의에 따르면 모든 각각의 인종집단은 각기 자(自)민족 중심의 '민족국가'(네이션)를 가질 수 있으며, 가능한 한 가져야 한다. 각 민족국가는 하나의 인종집단에 근거해야 한다. 이것이 민족국가(nation‒state)의 기본 이념이다. 이것이 민족자결의 구현이다(self‒determination). 민족자결주의에서 말하는 이 자기(self)는 관념적으로 착상될 수 있는 인종적 단위의

---

3) 영국계 은행 로트차일드 은행가의 일원으로 시온주의 운동을 물심양면 모두에서 열광적으로 지지한 인물이다.
4) 다인종 합중국이나 헤게모니를 쥔 한 민족 중심의 제국과는 다른 나라로서 각 민족이 자주권을 가진 '국가'를 세우는 경우를 가리킨다. 나폴레옹 전쟁 이후 19세기 유럽에 퍼진 이상적인 국가는 '민족 국가'(네이션 스테이트)이다. 이탈리아, 프로이센, 터키 등은 19세기에 태동된 민족국가 운동의 산물이다.

민족공동체로서의 "자기"를 가리킨다. 이 민족-국가(네이션 스테이트) 사상의 반대가 다문화공존체(멀티칼쳐날리즘)로서의 국가이해이다. 즉 국가는 단일인종이나 민족의 결사체가 아니라 처음부터 문화다원적 공동체 혹은 다문화적 공동체라는 것이다. 돌이켜 보면 13%의 아랍계 주민을 국민으로 받아들이고 있는 현재 이스라엘 공화국의 경우, 이산과 유랑의 운명을 받아들인 유대인들의 역사적 경험에 비추어 볼 때 다문화주의 국가론이 처음부터 이스라엘의 국가정체성 형성에 유리했다. 그런데도 불구하고 유대 시온주의자들은 굳이 네이션 스테이트를 지향하며 마침내 1948년에 팔레스타인 땅에 나라를 세웠다. 그래서 이 네이션 스테이트로서의 이스라엘 건국은 유대인들 자신이 유럽 민족주의 이데올로기의 가장 참혹한 피해자였다는 사실을 고려하지 않으면 이해하기 힘들지도 모른다. 역설적으로 이스라엘은 민족-국가주의의 가장 참혹한 피해자이면서 가장 공격적인 민족-국가주의자가 되었다.

역사적으로 고찰해 보자면, 19~20세기 초 유럽에 일던 민족국가주의(내셔널리즘)의 부흥은 유대인들에게 재앙이었다. 마태복음 27:24-25 ("His blood be on us, and our children"['그의 피를 우리와 우리 자손에게 돌릴지어다'])에서 보듯이, 유대인들은 메시아를 죽인 조상들의 후예로 2천년 내내 유럽에서 만연했던 반(反)유대주의 사상의 저주 아래 기독교 문명권 어디에서나 공공의 적으로 취급당했다. 그래서 유럽의 모든 네이션 스테이트에게 홀대를 받고 급기야 나치대학살을 당하기에 이른다. 이처럼 범게르만 우월주의에서 극에 달한 나치의 유럽판 내셔널리즘은 차별을 낳고 급기야 대규모 유대인 학살을 초래했다. 역설적으로 이 나치에 의한 유대인 학살경험이 유대인들의 네이션 스테이트 건국을 촉진시켰다. 이 네이션 스테이트로서의 이스라엘 건국운동을 주도한 사상을 시온이즘이라고 부른다. 현대 이스라엘-팔레스타인 분쟁기원을 알려면 시온이즘5)의 태동배경을 간략하게 파악할 필요가 있다.

II. 민족국가(네이션 스테이트)로서의
이스라엘 건국동력으로서의 시온이즘6)

시온이즘은 유럽인들의 네이션 스테이트 건국운동에 맞선 유대인들의 '민족국가' 건국운동이동이었다. 오스트리아 거주 유대인 언론인 테오도르 헤즐(Theodor Herzl)은 1896년 The Jewish State(Der Judenstaat)이라는 제목이 붙여진 팜플렛7)을 출간했다.8) 이 책자는 유

....

5) 1890년에 오스트리아의 유대인 저술가였던 나탄 비른바움(Nathan Birnbaum, 1864-1937년)에 의해 최초로 사용된 것으로 알려져 있다(오스트리아 비엔나에서 1885년부터 1894년까지 발간된 정기간행물 *Selbstemanzipation!*).

6) 시온이즘은 온 세계에 흩어진 유대인들이 팔레스타인 고토로 돌아가 네이션 스테이트를 건설하여 이스라엘 옛 땅을 통치하자는 운동이다. 그것의 시작부터 시온이즘은 모든 종파의 유대인들을 다 포섭하고 연루시키는 영적이면서도 현실적인 대통합적인 운동이었다. 좀 더 구분하면, 정치적 시온이즘, 종교적 시온이즘, 사회주의적 시온이즘, 그리고 영토적 시온이즘 등으로 구분된다(Isaiah Friedman, *Germany, Turkey, and Zionism 1897-1918*[New Brunswick, NJ.: Transaction Publishers, 1998], 95); 이 책 부록에 시온이즘의 정의에 대한 마이클 왈쩌[Michael Walzer]의 최근 논의가 들어 있다). 벤-구리온 대학교 은퇴교수인 이사야 프리드만은 이 책에서 통설과는 달리 영국이 아니라 독일이 아니라 시온이즘 국가건설 열망에 가장 호의적이었음을 논증하는 데 역점을 둔다.

7) Theodor Herzl, *Der Judenstaat*(Leipzig and Vienna: Breitenstein's Verlags-Buchhandlung, 1896).

8) 이 팜플렛을 요약 번역하면 이렇다: '내가 이 팜플렛에서 개진하는 사상은 오래된 사상이다. 유대인 국가 회복이다. 이스라엘 고토에 유대인 국가를 세우도록 추동하는 결정적인 동력은 현재 및 과거에 당한 유대인들의 곤경과 고통이다. 한 사람이 이런 일을 떠맡으면 미친 짓처럼 보일지라도 많은 유대인들이 합심해 추진하면 합리적으로 보일 것이며 얼마나 많은 이 사상 신봉자들이 있느냐 이 기획의 성패는 달려있다. 야심많은 젊은 유대인들의 어깨에 이 과업 성취여부가 달려있다. 유대인들이 유럽에게 당하는 고통과 환난, 즉 유대인 문제는 사회적 문제도 아니고 종교적 문제도 아니다. 그것은 유대인 민족의 문제이다. 우리는 이 문제를 해결하기 위해 책임 있는 문명세계의 국가들에 의해 토의되고 타결되어야 할 국제적인 정치현안으로 확정해야 한다. 우리 유대인들은 한 민족으로 우리가 살고 있는 모든 지역의 토착민족들과 어울려 살아보려고 온갖 발버둥을 쳐보았다. 우리 조상들이 남겨준 신앙을 보존할 수 있다는 조건 하에서. 우리를 받아들여준 나라들의 명성(과학, 예술, 경제발전을 통해)을 높이기 위해 온갖 노력을 다해봤

대인들은 세계 어딘가에 유대인들을 위한 네이션 스테이트를 갖기 전까지 유럽에서는 결코 안전하지 않다고 주장한다. 시온주의자들은 시온복귀주의자를 가리키고 시편과 이사야 등에 약속된 시온의 영광을 회복하실 야웨 하나님을 믿고 시온으로 되돌아가는 것은 메시아 대망운동의 일환이라고 본다. 헤즐 등의 종교적 독실성은 차치하고라도 시온이즘은 "시온"에 대한 하나님의 영원하고도 무조건적인 약속과 언약적 투신을 약속한 구약예언들(이사야, 에스겔, 그리고 스가랴 등)을 염두에 둔 상징적인 운동이었다. 시온주의자들은 한때 유대인 국가 건설 후보지로 아프리카나 남아메리카 어떤 지역도 고려했으나 예루살렘이 있는 팔레스타인 영토가 최적지라는 생각을 하기에 이른다. 그래서 시온주의자들은 1890년대부터 예루살렘을 수도로 하는 유대인 민족국가 건국을 계획하고 실행하기 시작했다(1880년대부터 유대인 이주 시작: 하나님의 약속 주창, 유대인들의 안전한 보금자리 확보[반(反)셈족주의 방벽]). 1897년 스위스 바젤에서 열린 제1회 시온주의자 협의회는 팔레스타인에 다른 나라들의 승인과 지지 아래 유대인 보금자리를 건설할 것을 선언한다. 이 회의 후에 헤즐은 말했다. "나는 바젤에서 유대인 나라를 세웠다. 5년 후에 아니 50년 후에 만인이 그것을 알 것이다."(1898년) 이 헤즐의 제안은 독일 카이제르 황제로부터 엄청난 지지를 받았다. 일반적 민족국가 건국운동 자체에 대한 독일의 지지 외에도 독일 황제는 또

으나 우리는 아직도 그들에 의해 이방인들로 대우받는다. 압제와 박해가 우리 민족을 멸절시킬 수 없다. 지상 어떤 민족도 우리만큼 극심한 투쟁과 고통을 겪지 않았다. 팔레스타인 땅은 우리가 잊을 수 없는 역사적 보금자리이다. 유대인 국가를 원하는 자는 반드시 팔레스타인 땅에 유대인 국기를 세우고야 말 것이다. 우리는 원래 우리의 보금자리에 가서야 자유로운 인간으로 살아갈 수 있을 것이다. 세계는 우리의 자유에 의해 해방될 것이며, 우리의 부에 의해 풍요로워질 것이며, 우리의 위대함에 의해 위대해질 것이다. 우리가 우리 자신의 유익을 위해 무엇을 하든 그것은 인류의 선을 위해 강력하게 그리고 시혜적으로 촉발시킬 것이다.'

다른 이유로 팔레스타인 땅에 유대인 국가를 건설하려는 시온주의자들의 명분을 지지했다. 그는 유대인 국가가 세워지면 동유럽이나 러시아에서 박해받은 유대인들이 독일을 피난처 삼아 몰려오지 않게 될 것이라고 생각했기 때문이었다. 그래서 독일인들은 처음부터 팔레스타인에서의 유대인 국가 건설 지지했다. 오스만 터키 투르크인들 또한 팔레스타인 땅을 제외하는 모든 곳에서 유대인들의 국가적 결집을 환영한다고 말했다. 하지만 그들은 팔레스타인에 유대인 국가로 발전될 가능성을 잉태하는 유대인들의 팔레스타인 대규모 이주를 반대했다. 이런 상황에서 세계시온주의자 연맹은 독일, 영국, 그리고 미국(루이스 브랜다이스 지도)에 각각 위원회를 갖고 유대인 국가건설이라는 목표를 향해 나아가기 시작했다. 그런데 한 가지 특이한 점은 독일위원회와 영국 위원회는 사뭇 다른 방향으로 시온주의자 운동을 진전시켜 나갔다는 점이다.

만일 제1차 세계대전에서 이겼다면 독일은 오스만 터키 제국의 어떤 분할에도 반대했을 것이다. 영국과의 차후 전쟁을 대비해 독일은 투르크인들과의 동맹을 유지하길 원했기 때문이다. 독일위원회는 이런 독일정부 입장에 적응했다. 투르크인들은 예루살렘이 유대교문화의 중심지는 될지언정 유대인국가의 수도가 되는 것에는 반대했다. 유대인들의 예루살렘 이주는 허용되되 오스만 터키 제국의 시민의무를 받아들이는 조건 아래서만 허용되어야 한다고 주장했다. 이주 유대인들은 이미 존재하는 아랍인들을 다른 데로 쫓아내거나 아랍인들이 현재 경작 중인 땅을 구매해서도 안 된다고 생각했다. 유대인들은 첨단농법으로 경작되지 않은 땅을 경작하여 자신들의 생존터전을 일구어야 한다고 보았다. 투르크인들은 기술 좋은 유대인들의 이민이 팔레스타인 경제발전을 가져올 것이며 거의 파산직전에 있던 오스만 터키 제국의 재정과 경제를 회복하는 데 도움이 될 것이라고 생각했다. 유대인들의 국제적 은행망과 금융기법이 오스만 터키제국을 이롭게 할 것이며 결국 유대인들의 팔레스타인 이주는 모든 사람들에게 이로운 일이라고 생각했다.

반면 영국과 미국 위원회는 독립적인 유대인 국가 건설안을 선호했다. 전쟁의 참화에 시달리던 영국은 탄환을 구입하러 전비를 충당해야 했고 이런 제안을 갖고 미국 유대인 은행가들에게 전비원조를 호소했다. 미국 거주 유대인 은행가들이 전쟁에 개입하면 미국도 군대를 갖고 개입하게 될 것이라는 판단 아래 패배 위기에 몰린 영국이 이런 상황에서 발포아 선언을 하기에 이른다. 물론 영국의 유대인국가 건설 지지는 단지 전쟁위기 탈출용이 아니었음이 드러났다. 독일-투르크로부터 수에즈 운하와 이집트 철도를 지켜줄 완충국가가 팔레스타인에 건설되기를 오랫동안 소원했고(1908년 윈스턴 처칠, '강하고 자유로운 유대인국가가 유럽과 아시아를 잇는 교량국가 역할' 해주기를 기대), 중동에 유대인들이 친영국 자유, 민주국가를 세워 동맹세력이 되어줄 것을 기대하고 있었기 때문에 유대인들의 팔레스타인 국가건설안을 지지했다.

그래서 제1차 세계대전 끝 무렵 영국은 패전국으로 전락하는 오스만 터키 제국을 분할하려고 애를 썼다. 윌슨의 민족자결주의 원칙을 존중하는 외양을 취하면서 국제연맹 훈령(League of Nations Mandate[자치역량이 덜 성숙한 민족들이 독립국가를 세울 때까지 한시적으로 위임통치를 받게 하는 훈령]) 형식을 취해 영국은 팔레스타인의 이스라엘을 "자치령(dominions)" 수준으로 대우하면서 다스릴 요량이었다(캐나다와 오스트레일리아 수준). 마침내 제1차 세계대전 전승국인 영국은 팔레스타인을 다스리도록 허용하는 국제연맹 위임통치령을 확보했다. 이 위임령은 발포아 선언을 포함시켰고 영국 제국 내에 유대인의 자치국가를 세울 준비를 하려는 영국의 의지를 반영했다. 이렇게 해서 팔레스타인은 영국 위임통치령이 되었다.

III. 시온이즘, 영국의 세계경영 전략과 제휴해
하나의 단일 민주주의 국가 창설을 꿈꾸다

영국은 이 위임훈령을 집행하면서 아랍인과 유대인들을 나눌 의향이 없었다. 유대인들이 다수파 주민이 되고, 피선거권은 박탈되지만 시민권과 종교권리 등은 보장받는 아랍인 소수파로 구성되는 그런 민주주의 국가를 착상했다(놀랍게도 발포아 선언은 아랍인들의 정치적 지위를 전혀 언급하지 않는다). 문제는 유대인들이 이 위임령 집행시점에는 소수파였다는 데 있다. 팔레스타인 인구의 10% 정도였다. 그런데도 70만명의 아랍주민들보다 소수 유대인들의 입장이 훨씬 더 중요시되었다.[9] 원래 영국이 생각했던 "유대인 국가"는 자치적 민주국가로서 통일되고 민주적인 유대인이 다수파 국민을 대표하는 국가를 의미했다(Jewish commonwealth).[10] 그러나 이 계획은 실패했고 현재와 같은 이스라엘과 아랍주민의 분열이 일어났다. 유대인 인구 증가가 더뎠고 영국의 계획에 대한 아랍계 주민들의 물리적 저항은 드세었다(1920~1930년대 아랍주민 반발, 1936년 아랍인 폭동). 그래서 영국은 돌연히 역주행을 선택해서 유대인 이민을 억제하기 시작했다. 영국은 왕립위원회인 필 위원회(the Peel Commission)를 세워 '두 나라 정책'을 제안하기에 이르렀다. 유대인 국가와 아랍국가로 분할하는 안이었다. 영국이 계속 지배하는

---

9) 발포아가 영국총리 조오지경에게 보낸 편지에는 이런 내용이 있다. "팔레스타인에는 민족자결 원칙을 적용할 수 없다. 팔레스타인 밖의 유대인들의 문제가 가장 중요한 문제 중 하나라고 생각한다. 우리는 유대인들이 옛 조상의 고토에 자신의 보금자리를 세울 역사적 권리가 있다고 생각한다"(Isaiah Friedman, *The Question of Palestine 1914-1918: British-Jewish-Arab Relations* [New Brunswick, NJ.: Transaction Publishers, 1991], 325).

10) Friedman, *THE Question of Palestine 1914-1918, : British-Jewish-Arab Relations* 315, 318.

예루살렘은 중립지대로 남겨두고 팔레스타인을 두 나라로 구분하는 안이었다. 유대인들과 아랍인들이 섞여 살고 있었기 때문에 필 위원회는 225,000명의 아랍인들과 1,250명의 유대인들의 거주지 이전을 제안하기도 했다. 하지만 이 제안은 아랍인들과 세계시온주의자 연맹 모두에게 배척되었다. 이런 교착상태에서 제2차 세계대전이 발발했다.

제2차 세계대전 중 이스라엘 - 팔레스타인 갈등은 소강국면에 이르렀다가 전후에 다시 점화되었다. 유대인 테러단체들이 영국군 철수를 압박하는 등 영국의 팔레스타인 지배를 격렬하게 배척하자, 마침내 영국은 1948년에 완전히 철수했다. 대신 미국의 영향 아래 있던 유엔이 1947년에 다른 형식의 삼지역 분할계획을 채택했다: 유대인 국가, 아랍국가, 예루살렘 지역 중립화. 더 복잡해진 경계를 가진 이 제안은 아랍인들에게 여전히 불리한 안이었다.11) 이 안에 따르면 유대인들 구역으로 설정된 지역에 유대인들이 500,000명, 아랍인들이 400,000명이 거주하는 결과를 낳게 되기 때문이었다. 이런 상황에 1948년에 영국은 국제연맹 위임훈령을 공식적으로 포기했고 행정적인 의미에서도 팔레스타인 문제를 떠났다. 그런데 영국 위임통치가 끝나기 바로 전날 벤 - 구리온(Ben - Gurion)은 '유대인 국가' 건설을 선포했다. 아랍인들은 이내 전쟁을 선포했고 그 결과 1956년, 67년, 73년 세 차례 중동전이 발발했다. 이스라엘이 3전 3승 전승을 거두어 영국 위임통치령 지역을 다 지배하게 된다. 이스라엘이 통제하지만 국제적으로 미승인된 지역은 "점령지"라고 불리는데 이스라엘은 "분쟁지역"이라고 부르기를 선호한다. 요르단 서안(유대와 사마리아)과 골란고원이 대표적인 점령지다.12) 현재의 가장 큰 쟁점은 이 전쟁 중 점령했던 지역에 이스라엘

---

11) Avi Shlaim, *The Iron Wall: Israel and the Arab World*(London: W. W. Norton & Company, 2001), 25.

우파정권들이 해외에 귀국한 유대인들을 위한 '정착촌'13)을 건설해서 사실상 유대인들의 영토로 만들고 있는 현실이다. 최근에 발표된 이스라엘과 아랍에미리트의 외교정상화가 이 유대인 정착촌 문제를 어느 수준으로 해결할지는 미지수이다. 이전의 정착촌을 다 철거하고 점령 이전의 상태로 돌아갈 것인지 아니면, 더 이상 정착촌을 짓지 않겠다는 것인지 이스라엘의 의도를 현재로서는 명확하게 파악하기가 어렵다. 벤자민 네탄야후의 리쿠드당 정책으로 볼 때 '정착촌'의 완전 포기가 결코 쉬운 것이 아니다.14)

이 점령지들에 대한 이스라엘의 정치권 견해는 양분된다. 2007년에 시몬 페레스 이스라엘 대통령은 이 두 지역을 포기하여야 한다고 주장했다. 그러나 유대인 우익계열은 영국령 위임통치지역은 '하나님의 영원한 약속에 의해 유대인들에게 상속된 유대인들의 합법적 영토, 즉 조상 아브라함부터 신적으로 확약된 약속의 땅'이라고 주장한다. 그들은 팔레스타인 땅은 그리스인, 로마인, 그리고 아랍인들의 손에서 이

---

12) 시나이 반도는 이스라엘과 이집트의 수교 조약(1979년) 때 이스라엘이 이집트에 반환했다.

13) '정착촌'은 요르단 서안지구의 빈한한 아랍계 주민지역에 이스라엘이 유대인 정착자들을 위해 아파트들을 건설해 주고 사실상 유대인 영토로 만들어 버린 곳이다. '유대인 정착촌'은 아랍계 주민들 마을 사이에는 '방벽'이 없기 때문에 아랍계 청년들이 유대인 정착촌 거주 유대인들을 공격할 수 있는 손쉬운 기회를 제공한다. 아랍인들이 돌팔매질로 유대인 정착촌 거주 유대인들을 공격하면 이스라엘 군인들은 총격으로 대응하는 악순환이 계속되고 있다. 2014년 6월 13일에 요르단 서안 지구에서 실종된 유대인 청소년 3명(유대인 신학생 나프탈리와 2명의 친구)이 6월 30일에 팔레스타인 사람들에게 살해되어 시신으로 발견되자, 이스라엘 군은 팔레스타인 청년 무함마드를 총격해 살해했다. 이스라엘－팔레스타인은 분노와 증오의 불길이 꺼질까 두려워하는 각각 진영의 폭력강경파에 의해 조타당하는 운명에서 쉽게 벗어나지 못하고 있다. 그래서 유혈낭자한 보복 악순환은 지금도 현재진행 중이다.

14) 2020년 8월 14일판 BBC News에 실려 있는 군사 전문기자 조나단 마커스(Jonathan Marcus)의 논평, "BBC 분석: 중요한 진전이지만 여전히 의문은 남아"를 참조하라.

스라엘이 다시 찾은 약속의 기업이라고 확신한다.[15] 구약성경이 약속
한 바로 그 땅, 에레츠 이스라엘('ereṣ yiśrā'ēl, land of Israel)이라는 것이
다(대이스라엘[Greater Israel]). 요르단 서안, 레바논 일부와 요르단까지
가 다 에레츠 이스라엘이라는 것이다. 이런 주장은 미국의 많은 세대
주의자 크리스챤들에 의해서도 지지받는다.[16]

그러나 실상 현재 이스라엘은 세속국가로서 이스라엘 대부분 사
람들은 성경 약속에 근거해 자신의 영토적 주권을 내세우지 않는다.
'에레츠 이스라엘' 통제는 그들의 안보에 필수적이라고 주장할 뿐이다.
현 총리인 네탄야후는 리쿠드당 소속이다. 리쿠드 당의 최초 강령(1977
년)은 에레츠 이스라엘에 대한 영토주권의 확보를 최우선 과업이라고
천명했다. "이스라엘 땅에 대한 유대인들의 권리는 영원하고 논쟁의
여지가 없으며, 안보와 평화향유권과 긴밀 연동되어 있다. 요르단 서안
은 외국행정통제에 넘겨지지는 않을 것이다. 지중해와 요르단 사이에
는 이스라엘 주권국가만 존재할 것이다. 팔레스타인 국가건설은 오늘
도, 내일도, 그리고 영원히 안 된다." 이스라엘 – 팔레스타인 평화협정
이 지지부진한 이유는 여러 가지이다. 가자(Gaza)에 압바스 팔레스타
인 정권의 친이란 대이스라엘 강경투쟁 노선도 하나의 이유이다. 팔레
스타인 사람들 중에도 아예 의도적으로 평화를 원치 않는 사람들이 있
고 무슬림의 배타적 팔레스타인 통치를 고집하는 자들이 있다. 그들은

---

15) '에레츠' 이스라엘은 하나님이 이스라엘에게 약속하신 고유영토를 가리킨다. 소위
   이스라엘의 대영토주의자들이 즐겨 인증하는 대표적인 구약성경 본문이 출애굽
   기 23:31("홍해에서 블레셋 바다까지, 사막에서 터키 – 시리아를 관통해 흐르는
   유프라테스 강까지의 땅과 그 거민들을 네 손에 붙여주리니 축출할지어다")이다.
   이것은 인종청소적 전쟁을 암시하는 구절로 간주되기도 했다.
16) 이 문제에 대한 자세한 논의를 보려면, 김회권, "벤자민 네탄야후의 유사신학적
   정치수사와 세대주의의 위험한 공생의 선교학적 함의 분석,"「신학과 실천」
   68(2020년 2월), 583 – 618쪽을 참조하라.

팔레스타인에 대한 이스라엘 지배, 이스라엘에 대한 미국지지 때문에 무슬림의 반이스라엘-반미 투쟁의 동력이 공급된다고 말한다. 특히 팔레스타인의 압바스 정권은 이란과 레바논의 친이란 테러단체, 시리아, 이라크에 들어선 시아파 정치세력 등에 기대어 팔레스타인이 '가장 격렬한 세계분쟁지역'임을 널리 알려서 아랍세계 청년들의 종교적 충성심을 자극하려고 하는 면이 확실히 있다. 하지만 더 근원적인 이유는 이스라엘의 주류정치세력의 영토적 집착이다. 현재 이스라엘 국가를 구성하는 다수파인 유대인들이 어떤 상황에서도 팔레스타인 국가를 용납하지 않으려기 때문이다.

현재 상황에서는 이스라엘-팔레스타인 당사자 양자 협상을 통한 이스라엘-팔레스타인 문제 해결은 난망이다. 협상 미진전 상황은 팔레스타인의 압바스 정권이나 리쿠드 당 이스라엘 모두에게 유리하다. 각 정권에게 서로에 대한 강경노선을 천명해 국내여론을 장악할 기회를 주기 때문이다. 특히 장기집권으로 권력기반이 많이 약해진 리쿠드 당의 네탄야후 정권에게는 더욱 유리하다. 그것은 현상유지적이며 이스라엘의 전후 영토적 기득권을 수긍한다는 의미로 해석될 여지가 있기 때문이다.

하지만 여기에 이스라엘 자체의 정체성을 부정하는 모순이 생긴다. 팔레스타인에 대한 이스라엘의 무한지배는 '민주주의 국가정체성'도 유지하면서 유대인 '민족국가'로서의 정체성도 유지하려는 이스라엘의 오랜 열망을 부정하게 될 것이기 때문이다. 이스라엘 통치지역에 너무나 많은 비(非)유대인들이 거주한다면 이스라엘은 다문화국가, 다인종국가로 발전하게 되고 유대인국가로서의 정체성을 잃게 된다. 반대로 대규모 인구 이동이나 인종제거 작업을 시도해 인구구성비의 불균형과 비대칭(유대인이 소수파로 남는 상황)을 해결하려 한다면, 그것은 민주주의 국가로서의 품격 상실을 의미하게 된다. 인종청소나 인종제

거, 추방 등을 거치지 않으면서도 민주주의 국가로서 동시에 유대인국
가로 남으려면 현재 이스라엘은 두 가지 해결책을 받아들여야 한다.
첫째, 모든 세계에 흩어져 있는 유대인들의 정신적 통합을 성취하는
한편 세계평화를 향도하는 고결한 합중국적인 민주국가로 발전할 이상
적인 이스라엘(사 2:1-4) 국체를 받아들여야 한다.[17] 둘째, 현실적으로
는 유엔이나 심지어 미국 공화당 일부에서도 주장하는 "두 국가 방안"
을 받아들여야 한다. 현실의 이스라엘은 이 두 가지 해결방안을 다 거
부하고 유대인국가 이스라엘을 꿈꾼다. 이 유대인 국가방안에도 나름
대로 아랍계 주민들을 배려하고 고심한 흔적은 있다. 이 유대인 국가
방안은 유대인이 다수인지역만 이스라엘 정부가 직접 '통치'하고, 나머
지 지역은 대다수 주민이 자치하도록 허용하는 방안이다. 현재의 이스
라엘은 대(對)팔레스타인 강경파인 리쿠드당 네탄야후 총리를 내세워
팔레스타인 자치기구를 고압적으로 다뤘다. 팔레스타인을 온전한 영토
적 주권을 가진 나라로 인정하기보다는 팔레스타인 자치기구가 무장해
제된 이스라엘령 자치기구 정도로 남아있기를 기대하는 것이다.

　　이스라엘과의 양자협상이 지지부진하자 팔레스타인은 팔레스타인
을 하나의 국가로 인정해달라고 유엔안보위에 접근하자 유대인들의 막
강 로비에 영향을 받는 미의회는 오바마 행정부에 이 제안을 거부하도

---

17) 1984년부터 1991년까지 아프리카 에디오피아 거주 유대인들을 다양한 절차와 방
법을 통해 이스라엘 땅으로 송환시켰다(영화 The Red Sea Resort Project, 일명
솔로몬 작전). 이때 소요된 비용은 미국 유대인들에 의해 제공되었다. 검은 유대
인으로 불리는 에디오피아 유대인들의 본국귀환을 도울 때 이스라엘 사람들은 에
스겔의 예언을 생각했을 것이다. "내가 너희를 여러 나라 가운데에서 인도하여
내고 여러 민족 가운데에서 모아 데리고 고국 땅에 들어가서"(겔 36:24). 하지만
영토적 지배에 집착하는 민족국가 이스라엘의 미래는 세계분쟁지역 이상도 이하
도 아닐 것이다. '이상적 이스라엘'은 영토적 야심으로 가득 찬 현재의 이스라엘
국가가 아랍주민이나 소수민족을 박해하면서까지 유대민족 우위를 주장할 것이
아니라, 전 세계의 유대인, 심지어 아랍주민들까지 감화시키는 고결한 민주국가
로 거듭 태어날 때 성취될 미래이다.

록 압박했다(미국법은 팔레스타인을 유엔 단체 회원으로 받아들이는 어떤 유
엔기구에도 부과금 분납금 납부를 중단하도록 규정[유네스코에게 분납금 지불
중단]). 하지만 오바마와 반기문 유엔 사무총장은 팔레스타인 자치기구
를 유엔 옵서버 국가로 인정했고 이스라엘 조야의 격렬한 반발을 샀
다. 그러다가 미국이 민주당에서 공화당으로 정권이 바뀌자 이스라엘
의 대(對)팔레스타인 압박은 점증했다. 아예 현 트럼프 공화당 미국행
정부는 '이스라엘의 수도는 예루살렘이다'라고 선언하고 네탄야후의
대부분 정책을 지지한다. 가자의 팔레스타인 행정부를 이끄는 압바스
정권이 하나의 단일정부로 인정받으려면 자신의 관할지역을 실효적으
로 단일하게 지배하여야 한다는 것이 법률적 상식이다. 국제법률가들
도 한 정치세력이 자신의 관할영토를 단일한 행정단위로 지배하지 못
하는 한 국가가 될 수 없다고 주장한다. 현재 팔레스타인은 '가자 지구
의 하마스 통제,' '요르단 서안 지구의 파다 통제'로 양분되어 있다. 팔
레스타인의 현실은 숱한 당파들의 쟁투와 갈등으로 통일성을 갖추지
못한 상황이다. 팔레스타인 정부가 있다고 하더라도 이 상황에서 자신
의 영토를 단일하게 통치할 수 없고 자신 안의 한 분파가 정부의 의지
와 상관없이 다른 지역이나 나라를 공격하는 것을 막지 못한다면 그것
은 국가로서 존재할 수 없다는 것이다. 여기에 하나의 대안이 있을 수
있다. 미의회의 승인 없이 미국대통령이 한 외국국가를 승인할 수 있
다는 미국헌법조항이다(미국 외국관련 법령 수정조항 3항 204절). 미국 오
바마 대통령 재임 때 이런 상황을 고려했던 것으로 보인다. 다음의 조
건이 충족되었다면 미국 오바마 대통령이 승인할 수도 있었을 것이다.

  1. 팔레스타인 전 주민 선거에 의한 팔레스타인 정부 수립(가자 지
     구와 요르단 서안지구 주민 모두 투표).
  2. 국제법이 요구하는 정부의 역할을 떠맡겠다는 새 정부의 결의

(국제적으로 공인된 나라들을 공격하지 않을 의무 준수, 그리고 자국내의

어떤 곳에서 정부의 통제 벗어난 외국공격을 허용하지 않을 의무 준수).

3. 미국 대통령 판단에 볼 때 자국 영토를 어떻게 지배할 것인가

를 밝히는 신뢰할 만한 계획 제시.

이런 조건들이라면 팔레스타인 내의 분파들이 자기들의 차이를
제쳐놓고 정부주도의 통치권의 확보를 가능케 할 수 있었을 것이다.
네탄야후는 이 제안을 싫어하겠지만 이스라엘 국민들은 이 제안을 받
아들이라고 이스라엘의 정치지도자들을 압박할 수 있을 것이다. 하지
만 이 방안의 실현가능성은 여전히 낮은 편이다. 팔레스타인 사람들이
팔레스타인 내의 정치세력의 사분오열을 극복하고 1항의 조건을 충족
시킨다고 할지라도, 이스라엘의 격렬한 반대를 넘어야 하고, 미국 트
럼프 대통령을 설득시켜야 한다. 새롭게 들어설 민주당의 조 바이든
정부 아래에서도 팔레스타인 자치지구의 정치적 분열상은 쉽게 해소
될 수 없을 것이다. 가자 지구의 어딘가에서 자치정부의 통제 밖에 있
는 테러리스트들이 이스라엘의 하이파 공장시설에 로켓포를 마음대로
쏘는 현실에서는 팔레스타인의 자치기구의 정치적 통제력을 신뢰할
만한 세계시민들의 다수를 확보하기가 쉽지 않을 것이다. 상식적인 말
이지만, 이스라엘-팔레스타인 분쟁은 역사적으로 생성되었고 이념적
으로 종교적으로 견인되고 있으며 국제정치적으로 '활용되어' 왔다.
역사, 종교이념, 그리고 국제정치의 역학 모두를 다 파악해야 양자의
갈등해결 전망도 안출될 여지가 생긴다. 이제 우리는 역사, 종교이념,
그리고 국제정치적 배경을 다 보여주는 이스라엘-팔레스타인의 갈등
역사를 일별함으로써 장기적인 평화적 해결전망을 착상해 볼 수 있을
것이다.

IV. 중요 사건일지별 이스라엘-팔레스타인 갈등사 개관18)

135년 로마 황제 하드리아누스에 의해 유대인들의 팔레스타인 대추방

313-7세기 중반 비잔틴 기독교제국의 영토
7세기-중세 일시적인 기독교왕국의 예루살렘 탈환 시기 외에 대부분
이슬람 세력 지배(압바스 왕조, 사라센 왕조, 셀죽 터키, 오스만 터키 지배)

1880-1914년 유럽 거주 유대인들에 대한 악화된 박해상황, 근대 민족
주의 국가결성 흐름 등으로 시온주의자 연맹 결성(1897년 스위스 바젤 1
차 시온주의자 회의).
수천의 유대인들이 팔레스타인 이주 시작. 1913년 이전에 이미 키부츠
운동 시작.
키부츠 운동주도자 첫 희생(1913년 모세 바르스키 아랍 베두인 족속에게 살
해).19)
당시 팔레스타인은 오스만 터키 제국의 일부였다가 제1차 세계대전 후
에 영국위임령으로 통치권 이전.

1917년 영국 외상 아더 발포아 선언. 팔레스타인에 유대인 보금자리
건설지지. 영국 주요 시온주의자 로스차일드(금융가)에게 보낸 편지에
포함된 발포아 선언. 시온주의자에 대한 동정심과 제1차 세계대전 전

---

18) 20세기부터 시작된 이스라엘-팔레스타인 갈등일지 작성을 위해서 제임스 겔빈
의 다음 책으로부터 도움을 받았다: James L. Gelvin, *The Israel-Palestine
Conflict: One Hundred Years of War*(3rd ed.; Cambridge: Cambridge
University Press, 2014). 또한 각주 20~23번에 소개된, 이스라엘-팔레스타인 갈
등을 다룬 개관서적들과 신문기사들을 참조해 작성했다.
19) Anton La Guardia, *War without end: Israelis, Palestinians, and the Struggle
for a Promised Land*, (London: Macmillan, 2002), 113.

비충당을 위해 미국 유대인을 연루시키기 위한 전략. 작은 민족들의 민족자결권 앙양 분위기 형성에 편승한 선언. 시온주의자의 민족국가 결성 촉진 분위기 편승. 또한 팔레스타인에 유대인 국가 건설은 수에즈 운하의 동쪽지역에 영국 영향력의 항구적 확보를 위한 가장 용이한 방법이라고 생각한 영국의 세계경영 전략의 일환으로 착상된 발포아 장관의 유대인 민족국가 건설 지지안.

이보다 2년 앞선 1915년에 샤리프 후세인(메카의 에미르 및 아랍의 왕) - 헨리 맥마흔(이집트 주재 영국고위관리)의 열 차례 서신들은 아랍인들이 오스만 터키 제국에게 대항해 봉기하면 아랍민족의 포괄적 독립지지를 서약한다. 후세인-맥마흔 서신의 약속을 믿은 후세인은 시리아의 알렙포에서부터 (아덴)예멘까지 이르는 광활한 단일아랍국가 건설을 희망.

1918년 제1차 세계대전 결과 영국은 오스만 터키 제국으로부터 팔레스타인 통치권 인수. 팔레스타인은 영국위임통치령으로 재편. 1918~1948년 영국이 팔레스타인의 유대인들과 아랍인 통치.

1919년 영국 위임령 내 팔레스타인 민족주의 운동지도자들의 조직결성 시작. 하지 아민 알 후세이니(Haj Amin al-Husseini) 시리아에 본부를 둔 아랍 클럽(El-Nadi al-arabi) 예루살렘 지부 창설 회장에 취임.[20]

1921년 영국은 요르단 강 동쪽의 영국령 팔레스타인의 통치권을 에미르 압둘라에게 넘겨주어 트란스요르단의 하셈 왕국 건설하도록 허락 (현재 요르단). 위임 통치시절에 이질적 인종 공동체간의 폭력사태가 발

---

20) Isaiah Friedman, *Palestine: A Twice-Promised Land? The British, the Arabs & Zionism, 1915-1920.* Vol. 1 (New Brunswick and London: Transaction Publishers, 2000), 239-240.

생(1921년 5월 1일 텔아빕-욥바). 유대인들과 아랍인 사상자 다수 발생
(유대인들이 더 많이 희생당함. 도륙당했다고 주장).21) 시온주의자들은 이
때부터 폭력자경 자위방어군을 민병대형식으로 조직해서 아랍인들과
의 폭력갈등을 주도(Haganah, Lehi, Irgun 등)해 1948년 건국 때까지 활
동. 이 민병대 조직이 바로 이스라엘 군대로 전환.

1923-1924년 영국 위임통치를 위한 유대인 행정대리기구, 아랍인 행
정대리기구 확정시도.
아랍인 통치를 위한 행정대리기구 구성에 난항을 꺾은 영국은 시골지
역에서부터 제한적인 공권력사용을 허용하기 시작. 양측의 인종갈등
병발.22)

1929년 예루살렘에서 두 번째 인종갈등 폭력사태 발생. 팔레스타인 전
역으로 인종 폭력갈등 사태 확산. 헤브론에서 극심. 67명 유대인 살해.

1936년 영국인에 의해 팔레스타인 아랍계 지도자 쉐이크 이즈 알딘
알-카쌈이 살해당하자 아랍인들 폭동 발생(아랍인들의 자칭 "대아랍봉
기"). 인종간 폭력사태 유발(하가나). 유대인 방어군을 위해 상륙하는 불
법무기선박 나포. 1939년까지 폭동 계속. 막 시작된 제2차 세계대전에
아랍지지를 얻기 위해 영국은 유대인들에 대한 땅 거래 금지 조치.

21) Benny Morris, *Righteous Victims: A History of the Zionist-Arab Conflict, 1881-2001* (New York: Vintage Books. 2001). 252-258.
22) Naomi Shepherd, *Ploughing Sand. British Rule in Palestine 1917-1948*(New Brunswick: Rutgers University Press, 2000), 197-198. 저자는 인적인 규모에서 소수파였던 유대인들이 다수파였던 아랍인들을 압도하는 정치력을 발휘하기 시작하는 과정을 잘 묘사한다. 양측이 1917~1948의 영국 위임통치를 얼마나 효율적으로 이용하는가를 잘 보여준다.

368 PART 03 팔레스타인과 세계의 평화와 반(反)평화

1947년 유엔총회 영국령 팔레스타인을 유대인 국가와 팔레스타인 국가로 분할하도록 권고하는 결의한 채택. 주변 아랍국가들의 분할안 거부로 투쟁 발발. 시온주의자들은 전략적, 전술적 이유로 분할안 수용. 팔레스타인 사람들은 인구구성의 비례를 반영하지 못한 분할안 거부.23)

1948년 5월 시온주의자들 독립국가 선포. 영국군 철수 직후 신생 이스라엘과 주변 아랍국 전쟁 발발. 이스라엘에게는 독립전쟁(Milhemet Haatzma'ut). 70만명 아랍인 영국령 떠나 난민신세 전락. 이스라엘이 약 500개 팔레스타인 마을 포함한 넓은 땅 통제시작. 아랍인들은 이 전쟁을 알-나크바(al-Nakbah) 혹은 대재앙이라고 명명.
요르단은 이스라엘의 묵인으로 요르단 서안 통제권 확보. 이집트는 가자 지구 통제권 확보. 서예루살렘은 이스라엘이, 동예루살렘은 요르단이 통제 시작. 12월 11일 유엔총회 결의안 194호 통과. 194호는 자기 집을 떠난 팔레스타인 사람들이 원하면 귀환 허용. 귀환 불원자는 이스라엘에 금전적으로 보상해줘야 한다고 결정.

1948-1967년 분쟁 시기 1964년 5월 아랍연맹 결정에 따라 442명의 팔레스타인 민족지도자들이 아흐마드 슈케이리(Ahmad Shuqeiri) 지도 아래(PLO 결성하고 PLO의 상임위격인 팔레스타인 민족협의회 골격 기초한 인물) 예루살렘에 모여 팔레스타인 국가협약 및 기본법 승인.

---

23) 1946년부터 2019년까지 이스라엘-팔레스타인 사이에 벌어진 폭력적 갈등 정리는 <체계적 평화센터(Center for Systematic Peace)> 소장인 몬티 G. 마샬(Monty G. Marshall)의 온라인 자료, "Major Episodes of Political Violence 1946-2019"에 빚지고 있다(https://www.systemicpeace.org/warlist/warlist.htm).

1967년 6월 5일 6일 전쟁 이스라엘 이집트 선제공격으로 시작된 전쟁. 전쟁승리로 이스라엘은 이전에 이집트, 요르단, 시리아가 각각 차지하던 영토를 통제시작. 시내반도(이집트 통제), 가자 지구(이집트 통제), 골란고원(시리아 통제), 요르단 서안(요르단 통제), 동예루살렘(요르단 통제)을 이스라엘이 점령 완수. 6일 동안 이스라엘 영토 3배 확장. 가자지구, 시내반도, 요르단 서안(우익은 요르단 서안지구를 '유대와 사마리아'라고 지칭. 성경에 약속된 유대인의 기업이라고 간주)에 '유대인 정착지구' 건설시작. 팔레스타인은 이 6일 전쟁을 알 낙사(기습)(al−Naksah)라고 규정. 팔레스타인 사람들은 이스라엘의 점령지구 정착을 국제법 위법(전시 점령지구에 정착을 금하는 국제법 위반)이라고 본다. 요르단은 요청하지 않았는데 이라크의 군대파병으로 요르단 내 정치불안 조성. PLO는 요르단 서안지구에서 요르단으로 축출되어 본거지 이동.24) 6일 전쟁에 대한 응답으로 유엔안전보장이사회 결의 242통과: "이스라엘 점령지구 철수 권고; 모든 나라의 영토적 주권성 존중." 이 결의안은 모든 후속 협상 토대가 된다.

1970년 9월 PLO의 요르단 정치개입에 위협을 느낀 요르단은 PLO에 대해 선전포고(후세인 왕). 3천명 죽음. 아랍 연맹과 이집트의 지도자 가멜 압델 낫세르의 중재로 PLO, 레바논으로 본부 이전.

1972년 9월 5일 뮌헨 올림픽에서 팔레스타인 저격범 이스라엘 운동선수 11명 살해.

....

24) Nur Masalha. *Expulsion of the Palestinians: The Concept of "Transfer" in Zionist Political Thought,* 1882-1948 (4 ed.;Washington, D.C.: Institute for Palestine Studies, 1992), 175. 이 책은 팔레스타인 사람들의 관점에서 이스라엘−팔레스타인의 분쟁사를 잘 정리하고 있다.

1973년 10월 6일 이집트와 시리아가 욤키푸르(대속죄일 금식)(무슬림에게
는 라마단 금식기간) 동안 시내산과 골란고원에 주둔한 이스라엘 군 각
각 동시공격. 3주 지속. 이집트 전선 10월 22일 전쟁 종료, 시리아 전
선 10월 26일 전쟁 종료. 이스라엘은 이것을 대속죄일 전쟁이라고 명
명. 이스라엘은 두 곳 모두에서 영토보전했기에 이긴 전쟁이라고 본다.
아랍인들은 라마단 전쟁이라고 명명. 아랍진영은 미군의 공중 투하 지
원없이는 이스라엘이 영토를 지키는 데 실패했을 것이라고 본다. 이
전쟁에 대한 유엔안전보장이사회 새 결의안 338호. "즉각 휴전과 즉각
협상 개시 권고." 유엔안전보장이사회(UNSCR) 242호 결의안. "338호
실행을 위한 협상개시 권고."

1974년 아랍연맹 PLO가 팔레스타인 아랍인들의 유일대표기구라고
선언.

1975년 연례행사가 된 이스라엘 거주 팔레스타인 사람들에 의한 "땅
의 날"시위 시작.
팔레스타인 주민 땅을 압류한 이스라엘 정부에 대한 항의시위.

1976년 7월 4일 우간다 엔테베에서 98명의 이스라엘 유대인 인질 구
출(팔레스타인 사람들이 에어프랑스 공중납치).

1978-1981년 안와르 사다트, 므나헴 베긴, 지미 카터 캠프 데이빗 평
화협정. 이스라엘 평화와 정상적인 이스라엘 국가승인 조건으로 시내
반도 반환 약속. 아랍국가 중 최초로 이집트가 이스라엘국가를 승인한
첫 평화조약. 이집트 아랍연맹 퇴출. 1980년 이집트와 이스라엘 외교
관계 수립. 1981년 10월 6일 사다트 암살초래(이집트 군인 3명). <이집
트 해방> 단체가 자신소행이라고 주장.

1982년 6월 6일 이스라엘 레바논 침공. 남부 레바논에 안전보장 지역 설정. 아랍어로 하나님편이라는 뜻의 헤즈볼라(Hezbollah는 레바논 소재 시아파 무장단체)의 북이스라엘 공격저지 위해 일으킨 전쟁. 이스라엘 베이루트까지 진격해 야세르 아라파트 PLO 축출. PLO 튀니지로 이주.

1982년 9월 16일 이스라엘 점령 베이루트 소재 팔레스타인 난민 캠프에 레바논 기독교민병대 급습 2000명 팔레스타인 사람들 살해. 아리엘 샤론 이스라엘 국방장관 묵인. 레바논 기독교민병대 공격 저지하지 않음. PLO 추방 직후에 레바논 기독교민병대 만행이 사브라와 샤틸라 난민캠프에서 발생.

1983-1985년 남부 레바논 안전보장 지역을 제외하고 이스라엘 단계적 레바논 철수.

1987년 12월 9일 요르단 서안과 가자 지구에 인티파다 시작. 1987~1993년 6년 계속된 인티파다로 20,000명 이상이 죽거나 부상. 이스라엘 시민은 점차 평화협상 선호. 팔레스타인에게는 인티파다는 요르단 서안과 가자지구에 대한 이스라엘의 계속 점령에 대한 항의다. 이스라엘 안보군에 대한 돌팔매질이 주요 항의 수단. 오랜 지속력과 광범위한 대중지지(여성 참여)로 이스라엘 내 대(對)팔레스타인 온건파 정책 기조 점증. 요르단 서안과 가자지구에 사는 팔레스타인 토착인들이 이스라엘의 점령에 대한 의미심장한 항의 표시 천명. PLO 지원과 향도 아래 이뤄진 인티파다(Intifada[resistance])

1988년 12월 14일 아라파트 모든 형식의 테러 반대 천명, 이스라엘 국가 존재권리 인정. 레이건 대통령의 미국, PLO와 실질적인 대화돌입. 이스라엘은 여전히 PLO에 적대적. 요르단은 이스라엘에게 요르단 서

372   PART 03   팔레스타인과 세계의 평화와 반(反)평화

안에 대한 모든 영토적 권리 포기. 다음 날 유엔총회 PLO 지지 결의안 53/196통과. "골란고원의 팔레스타인 사람들과 시리아인들의 천부불가양의 권리 재확증. 이스라엘에게 점령지구 자연자원 개발하지 말 것 요구."

1991년 10월 이스라엘, 시리아, 요르단, 레바논, 이집트, 그리고 팔레스타인 대표 마드리드 평화협상. 주요 아랍 대표국들과 이스라엘이 처음으로 협상테이블 앉다.

1993년 1-9월 이스라엘과 PLO 오슬로 비밀협상 시작. 9월 13일 아라파트와 이츠하크 라빈 수상, 워싱턴 "원칙 선언" 서명(오슬로 비밀협정 토대). 이스라엘은 PLO에게 제한 자치허용(요르단 서안과 가자지구)하고, 평화를 보상받기로 약속. PLO는 1967년 전쟁 이전에 확정된 이스라엘 영토에 대한 권리포기. 인티파다 종식 약속. 요르단 서안과 가지지구 안전보장책 정립. 이 거래는 "평화를 위한 땅"(평화를 얻기 위해 땅 포기)으로 알려졌다. 땅과 평화교환을 오슬로 평화협상이라고 부른다. 이스라엘과 팔레스타인의 현존갈등 종식 시도. 서로의 국가성과 땅 거주권 자체를 원천 부정하는 사태의 종식을 시도.

1994년 2월 한 명의 유대인 무장 유대인 정착민이 헤브론 중심모스크에 가서 기도 중인 29명의 팔레스타인 살해. 5월 이스라엘 PLO 카이로 협정 서명. 가자 지구의 60%(이스라엘인 거주와 그 경계제외)과 요르단 서안 여리고로부터 이스라엘 군 철수 요구. 추후에 예루살렘 문제, 정착지 문제, 팔레스타인 국가 주권 문제 등 추가협상하자고 약속. **7월 1일 PLO 아라파트** 12년의 뛰니지아 망명 시대 종식하고 PLO 자치기구 수반의 자격으로 **가자(Gaza) 귀환**. 10월 26일 이스라엘과 요르단 사이

에 포괄적인 평화협정 서명. 1967년 전쟁(동예루살렘과 요르단 서안 점령 전쟁)으로 소급되는 적대적 갈등 종식 노력 시작.

오슬로 평화협상의 열매 중 하나는 PLO로 하여금 튀니지에서 요르단 서안 지구와 가자 지구로 복귀하는 것을 허용하고 팔레스타인 자치기 구(PNA) 구성하도록 허용한 결정. 하지만 이 결정은 팔레스타인 사람들 사이에 활동하는 급진 이슬람 단체들(하마스와 이슬람 지하드 등)의 반발 초래. 이들은 곧장 이스라엘 사람들 공격 개시. 수백명의 사상자들과 급진 반정부 선전이 나온지 얼마 안되어 이스라엘 수상 라빈은 정부정 책을 반대하는 이스라엘 광신 청년에 의해 암살로 평화협상 지체.

1995년 9월 28일 아라파트와 라빈 워싱턴에서 타바 협정(오슬로 협정 II)서명. 요르단 서안과 가자 지구에 팔레스타인의 자치 확대를 허용하 고 팔레스타인 사람들에 의한 선거 허용(1996년 1월 선거). 하지만 1995 년 11월 4일 요르단 서안점령지구의 이스라엘 군철수 반대자이자 정 통 유대교 신학생 이갈 아미르 라빈 암살. 시몬 페레스가 이스라엘 수 상취임. 1996년에 새로 구성된 이스라엘 정부는 팔레스타인과의 협상 과정에 미온적 입장 표명.

1996년 2-3월 일련의 하마스 자살폭탄 공격으로 57명의 이스라엘인 살해. 페레스 총리, (하마스 후원세력으로 추정된) 시리아와 협상중단. 1998년 결성된 하마스는 이스라엘을 근원적으로 부정하고 적대하며 오슬로 평화협상 등 거부하는 팔레스타인 토착 무장 정치세력. 아랍어 로 종교적 열정(zeal)을 의미. 하라카투 무자아와마티 이슬라미야 (Harakatu Mujawamati Islamiya) 혹은 이슬람 저항운동단체.

1996년 5월 리쿠드당 후보 베냐민 네탄야후 총리 선출. 여당 시몬 페 레스 노동당 격파. 네탄야후는 노동당의 유약한 평화주의 거부하고 안

전보장이 되는 평화제공 약속. 9월에 예루살렘의 무슬림 사원들 근처
에 고고학 터널 개소식 관련해 61명의 아랍인과 이스라엘 병사 15명
살해되는 사태 발생.

1997년 1월 17일 네탄야후의 지도력 아래 요르단 서안 지구 헤브론
타운 80%를 팔레스타인 자치 기구에 양도. 나머지는 점유. 미양도 지
역에는 수백명의 유대인 정착자들이 2만명의 팔레스타인 사람들 중에
서 살고 있다.

1998년 10월 23일 네탄야후 서안지구에서의 이스라엘 군 추가철수를
규정한 와이강 비망록서명(the Wye River Memorandum). 빌 클린턴과 네
탄야후의 메릴랜드 와이예 농장에서 이뤄진 회담들의 결과. 미국이 이
스라엘에게 18개월간 정체된 이스라엘 – 팔레스타인 평화협정 재개하
도록 압박해 온 결과.

1999년 5월 19일 노동당 에후드 바락 수상선출. 2년 만에 다시 노동당
정부. 이스라엘과 주변국들과의 모든 갈등 종식시키겠다는 선거구호
(시리아, 레바논, 팔레스타인)로 총리 당선. 9월 5일 이스라엘과 팔레스타
인 자치기구는 중동평화과정을 재가동시키기 위해 실현되지 못하던 와
이예강 협정에 근거 수정된 거래 서명. 11월 8일 이스라엘과 팔레스타
인의 최종 지위 회담 속개.

2000년 2월 바락 총리와 아라파트 정상회담이 교착상태에 빠짐. 와이
예 강 협정에 따라 서안지구에서의 약속된 이스라엘 철수에 대한 의견
불일치를 놓고 결렬(의견 불일치가 최고점). 팔레스타인 지위에 대한 최
종회담도 막다른 골목에 이르게 되었고 프레임워크 동의안을 위한 데
드라인이 넘겨지자 최종 회담도 교착상태에 빠졌다. 3월에 이스라엘은

1998년 와이예 강 회담에 따라, 땅 이전의 일부로(land transfer) 서안
지구 일부를 팔레스타인에게 양도. 양도된 땅은 서안지구의 6.1%에 해
당.

3월 23일 1982년 이래 점령했던 레바논으로부터 이스라엘 일방적 철
수. 7월 캠프 데이빗에서 이스라엘, 팔레스타인, 국제협상가들의 정상
평화회담 개최. 결과는 결렬(예루살렘, 팔레스타인 난민지위 문제 등에 대한
경쟁적인 의견들 때문). 이스라엘과 팔레스타인은 서로 양보하지 않는다
고 상호비난.

이스라엘은 요르단 서안과 가자 지구의 95%을 팔레스타인이 국가 세
우도록 팔레스타인에 양도한 것은 관대한 베풂이라고 간주하고 팔레스
타인은 두 영토 다 합해보았자 원래 팔레스타인 영토의 22% 밖에 안
된다는 점을 들어 요르단 서안과 가자 지구를 100% 양도하지 않으면
받아들여서는 안 된다고 본다.

이스라엘은 요르단 서안 지구의 정착지와 안전보장 지역에 대한 통제
유지는 이스라엘 국가안전보장을 위해 합리적일 뿐만 아니라 필수적이
라고 보는 반면에 팔레스타인은 수용불가 안이라고 본다. 팔레스타인
국가의 영토를 분리된 지역으로 분할하는 것이 이스라엘의 점령으로부
터 팔레스타인을 자유롭게 하는 데 방해가 될 것이며 팔레스타인이 진
정한 독립국가로 발전하는 것을 저해할 것이기 때문이다.

2000년 7월 아라파트와 바락은 클린턴 중재로 캠프 데이빗 협상 돌입
하나 결렬.[25] 미국 제안들[클린턴 보좌관 로버트 말리]에 대한 양측의
해석이 다름. 바락의 협상조건: "비무장 팔레스타인 국가 승인. 3~4개

----

25) Robert Malley & Agha Hussein, "Camp David: The Tragedy of Errors," New
York Times Review of Books(9 Aug. 2001).

지역으로 구분된 나라. 요르단 서안 지구의 87~92%(일부의 동예루살렘 포함), 가자 지구 전체를 팔레스타인 정부 영토로 삼아야 한다. 요르단 서안 지구의 유대인 정착자들의 85%를 포함하는 69개의 정착지는 이스라엘에게 양도되어야 한다. 이스라엘이 되돌려줘야 할 권리가 없다. 성전산과 동예루살렘 핵심인근지역에 대한 팔레스타인 정부의 배타적 주권적 통제는 허용 안 된다. 요르단 협곡에 대한 이스라엘의 통제권이 유지되어야 한다." 아라파트 이 제안 거절. 국제협상가들에 따르면 바락의 제안의 핵심은 땅, 안전보장, 정착지, 그리고 예루살렘에 관한 이스라엘의 기득권을 그대로 존치시키는 것이었다. 클린턴은 아라파트에게 대항 제의를 해 보라고 제의했으나 아라파트는 무응답. 이스라엘 외상 쉴로모 벤 아미 자신도 아라파트라면 그 이스라엘 제안 거절했을 것이라고 회견할 정도로 바락 제안은 일방적 이스라엘 옹호적 주장. 이 회담 결렬 몇 달 후 클린턴은 조지 미첼에게 사실-발견 위원회를 구성하도록 위임. 미첼 보고서 산출. 클린턴 자신의 제안도 2차 인티파다 봉기[2000년 9월]에 의해 지연. 같은 해 12월 23일에 발표된 클린턴 계획은 "가자 지구 및 94~96% 요르단 서안 지구[1~3% 땅 교환. 1967년 이전의 이스라엘로부터 땅 교환]에 팔레스타인 독립주권국가 건설지지. 동예루살렘은 양분. 성전산과 성소 지경은 팔레스타인이, 이스라엘은 서쪽 통곡의 벽 관할하는 방안 제시. 난민 재정적 보상, 팔레스타인 정부 복귀권한 인정, 1948년 이스라엘 국가건설로 발생한 난민 고통 공식적 인정. 비무장국가 팔레스타인 정부와 국경수비를 국제군대에 위탁한다는 제안." 양측은 클린턴 제안 수용해서 다음 해 1월의 이집트 타바 중동 정상 회담의 협상토대가 된다.

2000년 9월 28일 이런 정체와 상호비난 분위기 속에서 2000년 9월 28일 아리엘 샤론 리쿠드 당 지도자는 1,000명 이스라엘 병사와 함께 무

슬림에게는 하람 알-샤리프로 알려진 성전산을 방문한다. 샤론 방문
에 대한 팔레스타인의 항의는 폭력적으로 변했고 2001년까지 계속되
는 폭력시위사태로 이어진다. 이스라엘은 샤론의 성전산 방문 이전에
팔레스타인이 이미 공격을 계획했다고 진술하고, 팔레스타인은 이스라
엘 병사 1,000명 대동하고 샤론이 성전산을 방문한 것 자체가 평화협
상과정을 손상시키려는 의도적 도발이라고 본다. 이스라엘 외무부는
2001년 9월 이래 팔레스타인 사람들에 의해 자행된 폭력을 "인티파다
테러"라고 규정. 이스라엘은 요르단 서안의 나부루스에 있는 요셉의
무덤(2000년 10월 8일 공격)과 요르단 서안 지구의 베들레헴 소재 라헬
무덤에 대한 팔레스타인의 공격을 들어 팔레스타인 사람들이 유대교
종교성지를 존중하지 않으며 따라서 성전산을 무슬림이 단독으로 주권
적으로 관할하게 해서는 안 된다고 주장. 반면 팔레스타인 사람들은
그들의 시위들과 공격을 "알-아크사 인티파다(al-Aqsa) 하람 알 샤리
프"(성전 이름을 따라)라고 지칭. 인티파다는 요르단 서안 지구의 대부분
과 가자 지구에 대한 이스라엘에 대한 계속된 점령에 대한 분노어린
좌절감 때문에 발생했다고 주장. **알-악사 인티파다는 의미심장. 처음으로
이스라엘 시민권 가진 아랍인들도 요르단 서안 지구와 가자 지구에 있는 팔레
스타인 사람들과 연대해 이스라엘 정부에 대항하는 시위 항의 참여했기 때문
이다.** 이스라엘은 바로 이 이유 때문에 팔레스타인 난민들의 팔레스타
인 지역 고향 복귀를 허용하면 안 된다고 주장한다. 아랍계 이스라엘
사람들은 요르단 서안 지구와 가자 지구의 이스라엘 계속 점령뿐만 아
니라 이스라엘 내의 아랍계 주민들에 대한 부당대우 등에 대한 항의의
일환으로 인티파다에 참여. 나사렛 소재 아랍인권연합 단체 따르면 아
랍계 타운과 지방자치단체에 대한 예산배정이 이스라엘계 타운 예산에
비해 지극히 약소하다고 발표.

2000년 10월 빌 클린턴 이집트 샤름 엘-쉐이크 정상회담 주재. 휴전 선언과 이스라엘-팔레스타인 갈등 종식계획 천명. 그러나 휴전 후 다시 갈등 점화. 연정 붕괴 위기에 몰린 바락 총리는 12월 10일 이스라엘 대통령에게 사의 표명해 이스라엘 국민으로부터 새 위임명령을 받아 팔레스타인과 협상을 추구하기를 원한다고 진술. 바락은 팔레스타인 사람들과의 평화협정을 완수하기 위해 재선출되기를 원해 리쿠드 당 아리엘 샤론과 총리직 놓고 선거했으나 샤론이 총리당선(20% 이상 크게 앞섬). 샤론은 "안전보장된 평화"를 공약으로 내세워 승리. 오슬로 평화협상원칙과 다른 접근을 취할 것을 약속. 1982년 레바논침공 때의 샤론 역할 때문에 그리고 정착지에 대한 이스라엘인 정착지지 정책 때문에 팔레스타인 사람들은 샤론에게 비판적.

2001년 2월 이집트 타바 정상회담(The Taba Summit). 이스라엘 협상팀 새 제안. "일시적으로 이스라엘이 점령한 지역들을 제거한다." 팔레스타인 수용. 이스라엘 총선 다가오자 소득 없이 회담종료. 상당한 진전이 있었으며 더 이상 가까워진 적이 없을 정도로 상호이해에 접근했다고 공동성명만 발표. 그런데 다음 선거에서 리쿠드 당 아리엘 샤론 총리 당선. 바락 실각. 2001년 2월 7일. 샤론 새 정부는 더 이상 회담 계속하지 않았다.

2001년 2월 14일 팔레스타인 버스 운전사가 버스 기다리는 이스라엘 사람들을 덮쳐 8명의 군인들과 민간인들을 죽이자 이스라엘 다시 점령지구 봉쇄정책 강화. 팔레스타인 사람들은 의료 및 인도적 물품공급마저 막는 봉쇄적인 비판. 이스라엘에 있는 직장 출근, 점령지구의 마을들 사이를 오가는 여행마저 봉쇄하는 이스라엘 점령지 봉쇄정책 비판.

2001년 3월 7일 취약한 일곱 개 정파로 구성된 연정 수반으로 아리엘 샤론 총리직 시무. 의회(Knesset) 120명 중 3분의 1 해당되는 정부 팀을 향도. 노동당 원로지도자(Veteran Labor 지도자) 시몬 페레스 샤론 내각의 외무부장관으로 봉직(자신의 연정 팀 참여시킴). 이스라엘 군 오슬로 평화협상과정 이래 처음으로 팔레스타인 사람들에 의해 통제된 지역을 장악. 가자 지구를 점령해 3구역으로 분할. 5월 미첼 위원회 즉각적 휴전 요구. 신뢰구축 및 갱신된 평화협상들이 뒤따라야 한다고 요구. 점령 지구에 유대인 정착촌 확장 동결요구. 유럽연합은 '점령지구에 이스라엘의 부적절한 힘 사용 비난. 요르단 서안 지구와 가자 지구 내 유대인 정착촌 해체 요구.' 6월 팔레스타인 법대 여학생 자살 폭탄투척, 19명의 젊은 이스라엘인 살해(텔아비브 나이트 클럽). 아라파트 점령지구 내 자기군대에게 휴전 실행 명령.

2001년 7월 4일 이스라엘 안보각료회의, 이스라엘 국방군에게 팔레스타인 테러리스트들을 공격할 수 있는 포괄적인 권리 허락. 이전에는 이스라엘 국방군에게 실제로 공격 중인 테러리스트들만을 저격하도록 허용. 새로운 지침은 이스라엘 국방군에게 비록 그들이 공격할 찰나에 있지 않을지라도 이미 알려진 테러리스트들을 제압하는 행동도 할 수 있도록 허락.

이스라엘은 당면한 테러위협을 선제적으로 제압해야한다고 주장. 체포 불가능지역에서는 적극적 자기방어라고 불리는 다른 유형의 작전 집행할 수 있어야 한다고 주장. 적대행위에 참여하는 개인들은 무고한 시민들이라고 공격이나 보호에 면제될 수 있다는 주장을 반박. 무고한 시민들의 연루를 막기 위해 어떤 노력도 해야 한다고 주장.

반면에 팔레스타인 사람들은 이스라엘 국방군의 테러리스트 "표적 암살"정책 비판. 초사법적 살인을 정당화할 수 있다고 그 정책의 위법성

경고. 암살되는 희생자들은 정당한 재판도 없이 살해될 수 있음을 비판. 전쟁 중 발생 희생자 처리를 다루는 제4제네바 협약 조항에 비추어볼 때 점령군으로 이스라엘은 폭력적 적대행위 의심자들을 체포, 재판할 수 있다고 진술. 그러나 팔레스타인 사람들은 동일한 협약은 초사법적 처형들은 의도적 살해행위들이며 그것은 전쟁범죄이므로 국제재판 받을 사항이라고 본다는 점을 지적.

8월 10일 예루살렘 자살폭탄 보복을 위해(하루 전날 일어난) 이스라엘 비행기 라말라에 있는 요르단 서안 지구 팔레스타인 경찰청 본부 미사일 공격. 하마스는 전날 일어난 예루살렘 자살폭탄은 자신들 소행이라고 주장. 이스라엘 특별군은 동예루살렘 오리엔트 하우스에 있는 PLO 사무실 장악. 며칠 후 이스라엘 탱크 요르단 서안 지구 예닌 진입, 팔레스타인 경찰청 공격 파괴. 1994년 이래 팔레스타인 통치 지역에 대한 가장 큰 육상공격(침략) 수행. 국제적으로 중재역할을 떠맡도록 압박을 받는 워싱턴으로부터 엄청난 비난을 받았으나 2001년 8월 28일 이스라엘 군 요르단 서안 지구 베이트 잘라 진입(예루살렘 서쪽 변경지역 근처). 미국과 영국 이스라엘 격렬 비난. 2001년 여름과 가을 내내 이스라엘 팔레스타인 주요 도시 점령(점령기간은 약간 다름): 여리고, 라말라, 털캄.

2001년 10월 17일 팔레스타인 민명대 대(對)팔레스타인 강경파 이스라엘 관광부장관 레바함 지비(Rehavam Zeevi) 암살. 이후 이스라엘-팔레스타인 갈등은 점증. 하지만 평화협상에 대한 양측의 갱신된 관심이 드러난 증좌들도 보인다. 11월 15일 유엔연설에서 시몬 페레스는 팔레스타인 독립과 팔레스타인 국가 건설에 대한 이스라엘 지지를 천명. 미국의 9.11 사태 이후 부시행정부는 이스라엘-팔레스타인 평화정착에 더욱 고조된 관심 표명. 이스라엘—팔레스타인 평화협상에 대한 미국 지원은 테러리즘에 반대하는 미국을 지지하는 범아랍계 국가들의 요구이기도 하다. 10월 2일 부시는 이전의 중동정책 포기선언. 팔레스타인 국가 창조지지. 콜린 파웰 국무장관, 이스라엘—팔레스타인간의 협상재개를 위한 미국주도안의 개요를 발표.

2002년 3월 사우디아라비아, 아랍평화제안(Arab Peace Initiative [Mubadirat as—Salam al—Arabiyyah]) 발표. 베이루트 정상회담에서 사우디 왕세자 압둘라 처음 제안. 전체적으로 아랍—이스라엘 갈등, 부분적으로 이스라엘—팔레스타인 갈등을 해결한 포괄적 제안(2002년 3월 28일 첫 발표 후, 2007년 리야드 정상회담서 지지받음). "1967년 이전 유엔 공인 국경선 근거로 국경선 최종안 제시. 점령지구(골란 고원 포함)에서 이스라엘 전적 철수와 이스라엘과의 국교정상화, 평화보장, 동예루살렘을 수도로 하는 팔레스타인 국가 인정, 팔레스타인 국가는 가자 지구와 요르단 서안 지구를 중심 영토로 삼는다. 난민에 대한 정당한 해결책 제시." 이스라엘 관리들은 지지와 비판 동시에 피력. 이스라엘 정부는 난민, 고토 안전보장 쟁점, 예루살렘 지위 등에 대해서는 의견피력을 유보. 반면에 아랍연맹은 아랍평화제안 지지. 그 제안 후에 아랍연맹과 이스라엘 사이에 작은 규모의 회담들이 몇 차례 열렸다.

2002년 9월 17일 미국, 러시아, 유럽연합, 유엔 대표로 구성된 4자 회담이 제안한 방안 the Roadmap for Peace 발표(4자회의 평화로드맵). 이 안은 예루살렘 관할권, 이스라엘 정착지 등 쟁점 회피. 이스라엘 정착촌 건설중단, 이스라엘—팔레스타인 폭력사태 중단 요구 외에 1차 단계의 제안 이상을 담지 못했다.

2004-2005년 수 년간의 성공적이지 못한 협상들이 지난 후 2000년 9

월 2차 인티파다 운동이 발생. 팔레스타인 자치기구 보안군과 IDF 사이의 공개적 갈등으로 발전하는 폭력사태는 2004~2005년까지 계속. 이 과정에서 거의 6천명 사상자 발생. 봉기 후 이스라엘 총리 샤론 가자 철수(불관여) 계획 결정하고 2005년 집행. 가자 지구를 이스라엘 점령지구로부터 제외하지는 않을지라도 가자의 이스라엘 정착민들을 이주시키는 계획을 입안하고 집행.

2006년 1년 후(2006년) 하마스가 팔레스타인 의회선거에서 권력 장악. 이스라엘은 하마스가 권력을 잡고 있는 한 어떤 평화협상 진척시킬 의향 없음을 천명. 압바스 총리가 이끄는 하마스 집권세력 요르단 서안지구의 파다 세력과 유혈 내전을 촉발. 2006년 이스라엘과 하마스 갈등은 이스라엘의 가자 지구 해안봉쇄 작전 초래. 이집트와의 협력으로 이스라엘은 이집트 육로 봉쇄도 실행.

2007-2008년 파다와 하마스의 내적 갈등이 2007년 가자 전쟁(2007년)으로 발전되자 하마스는 가자 전 지구 통제권 획득. 이스라엘과 이란의 정치적, 재정적 지원을 얻은 하마스와의 갈등은 2008년 말까지 점증. 마침내 이스라엘 가자 공격(가자 전쟁, Cast Lead 작전). 가자 지구(The Gaza strip)에는 140여 만 명 팔레스타인 피난민 거주. 난민 80% 가난. 주택이 아니라 난민캠프 거주자도 다수. 1993년 오슬로 평화협정으로 가자 지구는 새롭게 구성된 팔레스타인 자치기구에게 이양되었으나 현재는 호전적인 하마스는 가자를 실제 통치. 파타(Fatah)는 요르단 서안지구 통치. 팔레스타인 자체가 분열되어 있는 셈. 많은 이스라엘 정착민들이 가자 지구에 살고 있었다는 점이 이스라엘-팔레스타인 분쟁의 항구적 진원지가 됨. 2005년 9월에 아리엘 샤론은 모든 이스라엘인을 가자에서 철수시켰으나 모든 국경지역 엄밀 감시를 수행해

오고 있음.

2006년에 하마스가 총선에서 기습적 승리해 팔레스타인 의회를 장악한 후 기존의 파다 정부 퇴출. 2007년에 마침내 하마스가 파다 공격해 120명 살해. 가자 지배권 획득. 하마스 정부를 불인정하는 이스라엘 물자와 인적 교류 더욱 압박감시 억제정책 집행 중. 2008년 하마스와 이스라엘 약간의 타협돌입. 이슬람 지하드 알-악사 "순교자들 여단"으로부터의 이스라엘에 대한 로켓공격을 저지하려는 목적으로 6개월 휴전 선언. 하마스 정부는 이 로켓 공격자들을 투옥하기까지 하며 이스라엘과의 관계 개선 성의 표시. 그러나 이스라엘의 방해로 선박물자 공급이 하마스가 기대만큼 이뤄지지 않았음. 이스라엘은 단계적 물자 선박 입하 허용할 것이라고 말하고 그 이유는 로켓 공격이 완전히 중단되지 않기 때문임을 알렸음. 2008년 12월 9일 휴전이 종료되자 로켓공격 재점화-이스라엘 공습 악순환이 반복. 첫날 225명 사상. 12월 29일 300명.

2009년 1월 3일 이스라엘 가자 지구 육상공격 시작. 1월 8일 660명 사망.

2009년 2월 국제중재로 가자 공격전쟁 휴전조인. 산발적이고 작은 폭력사태는 계속 병발.

2011년 유엔 회원권 획득을 위한 팔레스타인 자치기구(PNA) 시도 실패. 하마스 통제권인 가자에서는 이스라엘과 이스라엘 공군기지에 산발적 로켓공격이 여전히 일어나고 있음.

2012년 11월 유엔 파견 PNA 대표는 비회원 옵서버로 승격, 임무명도 PLO가 이끄는 팔레스타인이 아니라 팔레스타인 정부 대표로 승격.

2015년 9월 30일 뉴욕 유엔본부에서 오바마 미국대통령, 반기문 유엔 사무총장, 그리고 팔레스타인 자치정부 수반 압바스 총리 등이 유엔에 팔레스타인 국기 게양 의식 엄수; 2013년 압바스 팔레스타인 국가수반 으로 첫 유엔연설.

2018년 3-11월 이스라엘 보안군 가자 지구 팔레스타인 시위대 189명 살해(31명 어린이, 3명의 의료인 포함), 5,800명 화상 피해. 이스라엘 공군, 포병 공격으로 37명의 팔레스타인 사람 살해. 요르단 서안지구의 파다 그룹과 가자 지구의 하마스 세력간의 갈등 격화.

2020년 8월 14일 이스라엘-아랍에미리트 수교선언

V. 팔레스타인의 황금분할과 평화정착 전망
-예루살렘의 영구중립화와 이스라엘-팔레스타인

이상의 이스라엘-팔레스타인 분쟁과 갈등역사를 살펴보면, 이스라엘이 팔레스타인에 집착하는 핵심명분은 '신앙'이다. 특히 네탄야후와 리쿠드당은 아브라함과 족장들에게 주신 하나님의 '가나안 땅 기업 약속'을 현실정치의 정책에 통합시킨다. 그러나 이 종교적 명분을 고수함으로써 팔레스타인 땅의 대부분은 실효지배하는 데 성공했다. 다만 '평화'를 상실하고 있다. 요르단 서안지구에 들어선 유대인 정착촌은 이제 팔레스타인과 이스라엘의 격화된 갈등과 분쟁을 유지하는 교전지이자 화약고이기도 하다. 이스라엘이 아랍에미리트와의 수교로 정착촌 문제에서 어느 정도 양보를 할 것인가가 문제는 국내외 외교관측통들에게 초미의 관심사로 떠올랐다. 확실한 것은, 만일 이스라엘이 '평화'

를 원한다면, 팔레스타인의 자치기구를 '정식 국가'로 인정하여 가자 지구와 요르단 서안지역으로 직통하는 도로를 건설해줌으로써 영토의 단일성을 확보해줘야 한다. 다만 팔레스타인은 자체 치안을 위한 경찰만 보유하되 공격적 상비군을 최소화하여 유지하여야 한다. 이에 대한 응답으로 이스라엘은 팔레스타인의 영토에 물, 전기, 에너지를 공급하며 팔레스타인에 대한 영구적 불침략을 국제적으로 약속해야 한다. 이스라엘은 작은 영토할양을 통해 세계시민의 지지와 존경을 받는 길을 선택하는 것이 좋다. 이런 큰 관점에서 우리는 두 국가 공존론을 생각해 볼 수 있다.

'두 국가' 공존론

이스라엘 – 팔레스타인 갈등(Hasikhsukh HaYisraeli – Palestini)[26]과 분쟁의 근인(根因)은 가면 유럽에서 겪은 유대인들의 2천년 유랑, 이산, 박해와 학살 경험에서 촉발된 유대인들의 시온주의 운동(The Zionist Yishuv)이며, 좀 더 멀리까지 거슬러 가면 7세기부터 예루살렘 일대를 장악한 사라센 무슬림 제국의 종교정치적 헤게모니에 있다. 이스라엘 – 팔레스타인 갈등은 이스라엘 – 아랍 갈등의 일부이지만 종교적 갈등이 항상 그 중심에 있었던 것은 아니다. 미국은 세계경찰국가라는 메시아 국가의식 외에 미국 – 영국 금융권력을 쥔 유대인들의 시온이즘 이데올로기에 영향을 받는 현실국가의 자국이익 추구의 연장선상에서 이스라엘 – 팔레스타인 갈등을 파악하고 그것을 거중조정하며 현실적인 해결대안을 안출하려고 분투한다. 현재 이스라엘 – 팔레스타

---

26) 이스라엘 – 팔레스타인 갈등을 부르는 당사자들의 명칭이 다른데 그것의 함의는 크다. 이스라엘은 히브리어로 '이스라엘과 팔레스타인의 갈등'(Ha'Sikhsukh Ha'Yisraeli – Falestini)이라고 부르고 팔레스타인은 아랍어로 '팔레스타인과 이스라엘의 갈등'(al – Niza'a al – Filastini – al – Israili)이라고 부른다.

인의 갈등 현안은 '두 국가 제안'의 세밀한 시행 규칙 제정과 공의로운
집행이다. 더 세부적인 쟁점들은 다음과 같다: 상호국가 인정, 국경선
안전보장, 물권리, 예루살렘 통제권, 이스라엘 정착촌 해체 혹은 유지,
팔레스타인 사람들의 이동권, 팔레스타인 난민들의 고향복귀권 주장.

　현재의 리쿠드 당 정부의 일부 강경세력을 제외하고는 이스라엘
을 포함한 모든 이해당사자와 국제적 여론은 팔레스타인에 '두 국가'가
들어서게 해야 한다는 두 국가 공존정책을 중개하기 위한 노력들을 반
영하고 있다. 2007년에는 이스라엘과 팔레스타인 각각에서 주민 다수
파는 2국가 해결책을 지지(여론조사)하고 이스라엘-팔레스타인의 갈등
을 영구적으로 해결하는 방책을 지지하는 것으로 드러났다. 유대인 다
수는 팔레스타인의 독립국가 건설 명분을 지지하고 있기에 이스라엘도
국가적 차원에서 팔레스타인의 국가창설을 지지할 가능성이 점고되고
있다. 결국 이스라엘과 팔레스타인 국민 다수파는 '두 국가' 방안을 선
호한다는 사실은 의심의 여지없이 확실하다.27) 다만 아직도 상존하는
상호불신이 이 해결방안의 실현을 방해할 뿐이다.28)

....

27) 그런데도 이스라엘은 팔레스타인에 대한 강경노선을 취하는 리쿠드당의 네탄야후
　　가 총리로 선출된 것은 군소정당들의 연정 게임 때문에 가능해졌거나 두 국가를
　　지지하겠다고 말하는 유대인들의 본심이 실상은 유대인 단일국가안을 지지하는
　　것이었기 때문에 가능했을 수 있다.

28) 팔레스타인이 국가가 될 때 차지할 예상 영토를 추정하기 위해 간략한 팔레스타
　　인 영토점유사를 개관할 필요가 있다. 1948~1958년까지 가자 지구는 팔레스타인
　　행정구역이었고, 1948~1967년에 요르단 서안 지구는 요르단에 귀속되어 있었으
　　나 1967년 6일 전쟁으로 요르단 서안 지구와 가자 지구가 이스라엘 점령지로 전
　　락했다. 1994~1995년에 다시 가자 지구 및 요르단 서안은 팔레스타인 자치 기구
　　에게 이양되었으며, 2005년에는 이스라엘이 가자 지구로부터 완전히 철수했다.
　　요르단 서안 지구의 중심도시는 고위도 순서로 보면 다음과 같다: 예닌, 틸캄, 나
　　브루스, 라말라, (예루살렘), 여리고, 베들레헴, 헤브론. 1964~1993년까지 존속되
　　던 PLO는 가자 지구 복귀 후 팔레스타인 자치기구(Palestine National Authority)
　　로 발전되었다. 1965~2012년 사이의 이스라엘-팔레스타인 갈등과 분쟁으로
　　21,500명의 팔레스타인 주민들이 죽거나 상해를 당했다.

심지어 1996년에 이스라엘 총리로 취임한 리쿠드당 네탄야후도 마흐무드 압바스 PLO의장과 국제협상단 4자회담(the Quartet: 미국, 러시아, 유럽연합, 유엔) 등과 연쇄회담하면서 '두 국가 해결방안'에 근접하는 의견을 주고받았으며 아랍연맹 또한 국제중재협상단 역할을 맡아 아랍 평화안을 제시하기도 했다(이집트). 다만 현재의 팔레스타인이 하나의 국가가 되기에는 곤란할 정도로 양대 세력으로 분열되어 있다는 점이 큰 걸림돌이 되고 있다. 2006년 이래 팔레스타인은 두 개 정파로 분리 (파다 그룹 대 하마스)되어 있다. 2006년 하마스의 총선 승리 후 미국, 이스라엘과 유럽연합은 하마스 정부를 불인정하고, PLO에 대한 재정지원 중단을 공언해 왔다. 2007년에 하마스가 가자 지구의 권력을 장악한 후에 팔레스타인 자치기구의 영토는 가자와 요르단 서안지구로 양분된 상태이다. 요르단 서안 지구에는 인티파다 운동을 주도했던 파다 세력이, 가자에는 하마스가 권력을 장악하고 있다. 팔레스타인 자치기구의 양당적 구조가 붕괴될 것 같았던 2013년 7월에 양측의 평화협상 시작되었으나 아직까지는 뚜렷한 성과를 내지 못한 채 진행형이다.

이처럼 "팔레스타인 내 두 국가 공존 해결책"까지는 나왔으나 더 이상의 세부적인 진척은 없다. 이 긴 분쟁을 종식시킬 양측의 의지가 얼마나 진정성이 있느냐의 문제는 여전히 남아 있다.[29] 앞서 언급했듯이, 두 국가 공존방안이 실현되기 위해 자세히 검토되어야 할 쟁점은 **이스라엘의 정착지 정책**이다. 유럽연합은 이스라엘 정착지 확장이 '두 국가 해결책'방향과 역행하며 두 국가 공존가능성을 약화시킨다고 비난

---

29) 워싱턴 소재 중동 평화센터 창립자이자 미국사업가인 S. 다니엘 아브라함은 월간 잡지 *Atlantic* 웹사이트 2013년 3월에 의미심장한 통계를 인증한다: "이스라엘, 서안지구, 가자에 사는 이스라엘, 아랍인들을 모두 합한 총 인구는 1,200만 명 이하다. 이 순간에 그 인구의 50% 아래 그림자(shade)는 유대인이다." 현재 900만 여명의 이스라엘 총인구 중에서 유대인이 700만 명 가량 된다는 것이 정설이다. 이제는 인구학적으로 이스라엘 사람(유대인)이 다수파가 되었다.

해 오고 있다. 추후의 진전될 평화협상의 장애물이라는 것이다. 2011
년 12월 유엔안보리 모든 지역그룹들이 이스라엘의 지속적 정착촌 건
설과 팔레스타인 주민들에 대한 정착민들의 폭력은 이스라엘-팔레스
타인의 역사적 평화회담을 저해하는 짓이라고 비판했다. 2012년 4월에
이스라엘이 요르단 서안 지구(동예루살렘 포함)에 이스라엘 정착촌을 참
호화하고 추가정착지 주택들을 위한 입찰매매권(tenders)을 공개적으로
발매하며 정착촌들의 초소(outposts)를 합법화하려는 계획을 발표하자
이스라엘의 처사를 맹비난하는 국제적 분노가 비등했다. 영국도 이러
한 이스라엘의 최근 정착지정책들이 1967년 이래 점령된 지구 안에 정
착촌 건설을 동결할 것을 요구하는 평화로드맵에 대한 이스라엘의 위
반이라고 비판했다. "체계적이고 불법적인 정착촌 활동이 두 국가 해
결방안의 가장 심각한 위협이다." 그래서 2012년 5월에 유럽연합 27개
외무부장관이 이스라엘의 정착민 폭력과 자극행위를 비난하는 성명서
발표했다. 미국, 러시아, 유엔, 유럽연합 4자회담 대표도 유사한 비판
을 가하며 정착지내의 이스라엘 주도 폭력사태를 사법적으로 다루어야
한다고 강조했다. 이스라엘 점령군 후원 아래, 팔레스타인 거주민들에
대한 증오, 살상, 폭력자극적 행동을 부추기는 슬로건을 들고 동예루살
렘으로 행진하는 수 천명의 정착촌 거주 유대인들의 도발은 국제적으
로 비판받아 왔다.[30]

　　2014년 2월 발간 엠네스티 보고서(2011~2013년)는 이스라엘 정착
촌 안에서의 이스라엘 군대 무력 사용 사례를 열거하고 정착촌에서 이

---

30) 이스라엘-팔레스타인의 분쟁과 갈등을 팔레스타인의 입장에서 정리한 자료로는
　　John B. Quigley, *The Case for Palestine: an International Law Perspective*
　　(Chapel Hill, NC.: Duke University Press, 2006)을 참조하라(6-10). 중립적인
　　관점으로 정리한 자료로는 M. Berry & G. Philo, *Israel and Palestine:*
　　Conflicting Histories (London: Pluto Press, 2006)를 참조하라.

스라엘 군대의 무분별 무력사용을 비난했다. 전쟁범죄에 준하는 의도적 살인행위에 연루된 것처럼 보이는 무력사용도 있음을 지적하고 있다. 이 기간 동안 261명(67명 어린이)이 이스라엘 군 화기사용으로 부상당했고 6명 어린이 포함 45명 팔레스타인 사람들이 살해되었다. 오직 1명 이스라엘 국방군(IDF) 병사만 기소되었다. 이처럼 이스라엘이 팔레스타인 자치기구를 독자적 국가로 인정해 주지 않으면 준전시 혹은 내란 상태의 불안과 불화를 일상적으로 직면해야 한다. 이스라엘은 팔레스타인 영토에 대한 정착촌을 사실상 자국(自國) 영토화함으로써 세계시민의 지지와 후원을 잃고 오히려 세계시민의 지탄의 대상으로 전락하고 있다. 소탐대실인 셈이다. 결과적으로 이스라엘의 정착촌 집착정책은 공화당 정권의 미국을 제외한 모든 문명국가들의 비판과 단죄를 초래하고 있다. 이스라엘이 팔레스타인을 제압하기 위하여 그 자체가 군사적 폭력의존 국가로 퇴행할수록 이스라엘 자체의 민주주의도 위협당할 것이다. 이스라엘은 팔레스타인에게 국가를 세울 권리를 주고 역내 평화를 얻음으로써, 세계시민의 지지를 얻는 것이 훨씬 더 밝은 미래를 담보해준다는 것을 믿어야 한다. 이스라엘이 굳이 아브라함의 하나님을 거론해가면서까지 "에레츠 이스라엘"을 고집하려면 '두 국가 공존'을 통해 세계시민에게 '이스라엘의 평화'가 무엇인지를 선보일 수 있어야 한다. 조상들에게 주신 하나님의 땅 선물의 궁극적 목적이 아브라함의 후손 이스라엘이 세계만민에게 '복'이 되는 것이었음을 기억해야 한다는 것이다(창 12:1-3; 18:18-19; 22:17-18; 시 105:44-45).

우리는 '두 국가' 공존방안을 추진함에 있어서 팔레스타인이 주권국가가 되어 이스라엘과 공존하려면 몇 가지 선결조건이 충족되어야 한다고 판단한다. 이스라엘과 팔레스타인 양측은 저마다 자신의 팔레스타인 영토점유를 정당화하는 방향의 역사적 기억들을 십자가에 못박고 특정장소의 종교적 신성성을 희석화시켜 근린평화를 구축하는 데 최선을 다해야 한다. 이를 위해 양측은 각각 다음의 조건을 충족시켜야 한다.

1. 팔레스타인 자치기구는 가자 지구와 요르단 서안지구를 중심 영토로 하고 독립국가가 되므로 무장병력을 최소화하여야 한다. 그것은 현재 가자 지구에서 이스라엘 영토를 향해 쏘아대는 로켓포 공격이나 일체의 민간차원의 군사적 도발행위를 스스로 통제함으로써 국가를 구성할 통치권을 확보했음을 국제세계에 널리 알리고 입증해야 한다.

2. 이스라엘의 일방적이고 부당한 군사개입이 이뤄지는 경우 정착촌 유대인들은 팔레스타인의 인질이 되되, 포로대우를 받을 수 있어야 한다는 양측의 합의가 필요하다.

3. 에너지 및 자연자원(물자원)의 공정한 관리가 필요하되 팔레스타인은 국가 창설 후 요르단-이스라엘, 이집트-이스라엘 평화조약 수준을 높는 고도의 우호평화조약을 이스라엘과 체결해야 한다. 말레이시아가 싱가포르에게 물과 에너지를 공급하듯이, 양자간의 평화유지를 위해 이스라엘이 팔레스타인에게 물과 에너지를 공급해 줘야 한다.

4. 팔레스타인이 동예루살렘을 이스라엘에게 양보하는 경우 이스라엘은 엄청난 양의 대토교환을 통해 아랍인들의 기억상실을 달래줘야 하고, 반대로 이스라엘이 동예루살렘의 알악사 모스크를 인정하는 경우, 팔레스타인은 상응하는 영토를 이스라엘에게 넘겨주어야 한다. 아니면 동예루살렘은 영구중립화하되 국제평화군 위탁관할 하에 둔다.

5. 팔레스타인과 이스라엘 각각 종교적, 인종적, 이념적 순혈주의를 극복하고 다인종, 다종교, 다원주의 공존공영사회를 지향해야 한다.

6. 유엔 등의 국제적 중재단은 이스라엘과 팔레스타인의 공존정
책의 세부과정 집행을 엄밀하게 감시하되, 각각의 나라에서 준
동하는 급진강경대결주의자들은 국제평화위반범으로 다루는
법을 제정해야 한다.

이런 조건 아래서는 두 국가 공존안은 이스라엘과 팔레스타인 양
자에게 수용될 여지가 있을 것이다. 다만 양측이 역사의 기억, 자원,
영토, 전쟁전리품 기득권 등에 대한 모든 집착을 십자가에 못 박은 후
에야 두 국가의 공존방안은 실현가능한 프로그램이 될 것이다. 두 나
라의 이상적인 공존은 서방기독교문명권과 이슬람 아랍문명권의 문명
화해적이고 문명교류적인 개방분위기를 조성할 것이고 역으로 이 문명
단위의 화해 분위기가 이스라엘과 팔레스타인의 역내 평화공존을 발전
시키는 원동력을 제공할 것이다. 이 과정에서 이스라엘의 보다 더 선
제적인 희생이 요청될 수도 있다. 앞에서 논의한 것처럼 국제적 여론
추이상, 여론 비율상 수세에 몰려있는 이스라엘이 '평화'를 위한 선물
을 팔레스타인에게 제공한다는 인상을 줄 정도로 항구적이고 신선한
선물이어야 한다. 장차 양측은 대연방국가로 나갈 준비까지 염두에 둔
합중국적 이상을 담은 평화협정이 그런 선물의 하나가 될 것이다.

VI. 결론

현실 국가로서의 이스라엘에게 이런 비전은 지금 당장에는 백일
몽같이 들릴 것이다. 그러나 이스라엘이 자신의 건국을 하나님의 약속
실현이라고 해석하는 한 이런 평화향도 국가 이스라엘의 미래상은 전
혀 불가능한 모습은 아니다. 과연 구약예언자들의 약속실현의 결과인
가? 서구 기독교문명권의 정치적 야합의 산물인가? 이스라엘의 신학적

지위 문제는 국제정치, 선교학, 그리고 성경해석학과 종말론 등과 관련
해 탐구되어야 할 중요한 주제다. 이 질문에 대한 대답은 이스라엘에
게 달려있다.

　　앞서 우리는 네탄야후로 대표되는 이스라엘의 보수우익 정당이
1948년의 이스라엘 건국을 성경의 용어로 해석하고 정당화하려고 했
던 시도를 언급했다. 하나님의 약속이 실현되는 과정이라고 이스라엘
의 국가가 창설되었다고 믿는 신학적 국가탄생 이데올로기는 그에 걸
맞는 성경약속의 또 다른 측면을 소환하고 있다. 종말에 회복될 이스
라엘은 세계분쟁 주도국가가 아니라 세계평화 향도국가라는 점이다.
한국교회는 1948년에 건국된 이스라엘 국가에 대한 분열된 이해를 드
러내고 상호 대립한다. 자유주의 신학 및 신앙 진영에서는 이스라엘의
1948년 국가건설을 서구 유럽열강들이 시온주의자들의 호응한 정치적
야합의 산물이라고 간주하며, 대체적으로 반이스라엘–친아랍이라는
국제정치적 정의감을 드러내고 있다. 반면에 성경근본주의자나 세대주
의자들은 친이스라엘–반아랍 경향을 드러낸다. 인터콥이나 아이합
(IHOP), 그리고 온누리교회 등 일부 신사도운동계열의 선민 선교운동
체들은 현재의 이스라엘을 하나님의 구원대사의 결과 회복된 이스라엘
이라고 본다. 더욱 놀라운 것은 한국의 일군 성경신학자들(김진섭, 권혁
승 등)도 "이스라엘신학포럼"을 결성해 현실 이스라엘을 종말론적 드라
마 전개의 열쇠로 보는 세대주의적 경향을 드러내고 있다.[31] 또 다른
한편 백투예루살렘 운동이라고 불리는 이 운동을 비판하는 학자들도
덩달아 일어나 현실 이스라엘 국가의 신학적 지위와 정치적 지위를 동
일시하는 세대주의 경향을 비판하고 있다.[32] 이런 상황에서 이스라

---

31) "이스라엘 신학포럼" 진영학자들의 견해에 대한 소개와 그것에 대한 비판을 보려
　　면, 김회권, 위의 글을 참조하라.

의 종말론적 영화화와 회복을 믿고 간구하는 세대주의적 기독교진영에
서는 현재 강대국으로 부상한 이스라엘 국가위상이 이사야나 에스겔에
약속된 이스라엘의 회복의 전조단계라고 본다. 그들은 한국이 이스라
엘과 절친외교를 맺어야 하며 한국교회는 이스라엘을 위한 평화중보기
도에 진력해야 한다고 주장한다. 이들의 주장이 다 그릇된 것은 아니
지만 이들 중 대부분이 성경의 예언성취와 현재 이스라엘의 강대국화
현상을 너무 쉽게 연결짓는 경향을 드러낸다. 그들은 이스라엘의 영토
관련 예언, 이스라엘의 국제적 위상 강화나 제고 관련 등의 예언들을
부각시킨다. 반면에 그들은 영화롭게 된 이스라엘이 종말의 때에 국제
적으로 수행하게 될 평화향도 사명을 애써 외면하고 있다. 이스라엘의
미래 영광과 관련된 많은 예언은 이스라엘의 세계적 사명과 의무에 관
한 것이다. 그것들은 이스라엘이 지역갈등과 분쟁의 한복판에 서는 것
이 아니라 이웃과 세계만민에게 복의 근원이 되는 것이다. 구약성경의
이상적인 국가는 영토적인 야심이 큰 나라가 아니며 군사력으로 막강
한 나라도 아니며 경제적으로 부강한 나라도 아니다. 이상적인 이스라
엘은 입헌적 자기제한 군주를 가진 나라이며(신 17:14-20) 토라를 사적
및 공적 영역(정치, 경제, 그리고 사회)에서 철저하게 실천하여 열방으로
부터 존경을 받는 나라이다. 가장 중요한 사실은 하나님이 이스라엘에
게 가나안 일경을 기업의 땅으로 주신 목적이 야웨의 율례를 행하여
의와 공도를 실천함으로써 만민에게 '복이 되라'고 명하셨다는 것이다.

내가 나의 하나님 여호와께서 명령하신 대로 규례와 법도를 너희에
게 가르쳤나니 이는 너희가 들어가서 기업으로 차지할 땅에서 그대로
행하게 하려 함인즉 너희는 지켜 행하라 이것이 여러 민족 앞에서 너희

32) 이필찬, 『백투예루살렘 운동 무엇이 문제인가?』(서울: 새물결플러스, 2014).

의 지혜요 너희의 지식이라 그들이 이 모든 규례를 듣고 이르기를 이
큰 나라 사람은 과연 지혜와 지식이 있는 백성이로다 하리라 우리 하나
님 여호와께서 우리가 그에게 기도할 때마다 우리에게 가까이 하심과
같이 그 신이 가까이 함을 얻은 큰 나라가 어디 있느냐 오늘 내가 너희
에게 선포하는 이 율법과 같이 그 규례와 법도가 공의로운 큰 나라가
어디 있느냐(신 4:5-8).

아브라함은 강대한 나라가 되고 천하 만민은 그로 말미암아 복을 받
게 될 것이 아니냐 내가 그로 그 자식과 권속에게 명하여 여호와의 도
를 지켜 공의와 정의를 행하게 하려고 그를 택하였나니(창 18:18-19).

내가 네게 큰 복을 주고 네 씨가 크게 번성하여 하늘의 별과 같고 바
닷가의 모래와 같게 하리니 네 씨가 그 대적의 성문을 차지하리라 또
네 씨로 말미암아 천하 만민이 복을 받으리니 이는 네가 나의 말을 준
행하였음이니라 하셨다 하니라(창 22:17-18).

여러 나라의 땅을 그들에게 주시며 민족들이 수고한 것을 소유로 가
지게 하셨으니 이는 그들이 그의 율례를 지키고 그의 율법을 따르게 하
려 하심이로다 할렐루야(시 105:44-45)

이 네 구절은 이스라엘이 강대한 나라가 되어 천하만민에게 '복'
이 되는 민족이 되라는 하나님의 명령을 강조한다. '큰 나라'는 군사적,
경제적, 영토적, 인적 강대국이 아니라 영적 품격의 강국, 제사장적 향
도 국가를 의미한다. 아브라함에게 하나님이 약속하신 이스라엘의 미
래상, '큰 나라'는 천하만민에게 위협이 아니라, 야웨의 공평(미쉬파트)
과 정의(체데크)를 행함으로써 '복'이 되는 나라이다. 인구, 병력, 무기,
경제력, 영토가 큰 나라는 필시 천하만민에게 저주가 되고 위협이 되

고 결국 재앙이 된다. 그러나 야웨의 말씀을 준행하고 공평과 정의를 행하는 나라는 열방의 존경과 찬탄을 자아내고 마침내 열방에게 '복'이 된다. 벤자민 네탄야후와 리쿠드당이 대표하는 이스라엘의 민족국가 집착자들은 아브라함에게 주신 땅 약속의 근본취지를 살려 팔레스타인에게 먼저 '복'이 되는 연습을 해야 한다. 야웨의 명령과 율례를 행하여 팔레스타인을 감화시키면 사실상 '평화'를 성취한 셈이다. 이스라엘이 19세기에 유행했던 낡은 네이션 스테이트 이데올로기에 집착하지 않고,33) 21세기형 다인종다민족 다종교 합중국형 보편국가로 거듭 태어나 천하만민의 '복'이 되면, 이스라엘은 세계평화의 향도가 될 수 있다. 마침내 이스라엘은 이사야의 비전이 성취되는 날을 선취할 수 있다. 이렇게 될 때 세계만민은 이스라엘이 하나님이 택한 민족임을 실감하게 될 것이다.

말일에 여호와의 전의 산이 모든 산 꼭대기에 굳게 설 것이요 모든 작은 산 위에 뛰어나리니 만방이 그리로 모여들 것이라 많은 백성이 가며 이르기를 오라 우리가 여호와의 산에 오르며 야곱의 하나님의 전에 이르자 그가 그의 길을 우리에게 가르치실 것이라 우리가 그 길로 행하리라 하리니 이는 율법이 시온에서부터 나올 것이요 여호와의 말씀이 예루살렘에서부터 나올 것임이니라 그가 열방 사이에 판단하시며

---

33) 유대인 민족국가(네이션 스테이트) 건설을 격렬하게 비판하고 미국식 연방제가 이스라엘 – 팔레스타인 갈등을 풀기 위한 해결책이 된다고 주장했던 한나 아렌트는 나중에는 연방제로 가는 중간단계로서 두 국가공존론도 가능하다고 주장했다. 시온주의자들의 유대인 국가건설안에 대한 아렌트의 비판을 보려면, Hanah Arendt, *The Origins of Totalitarianism* (New York: Schocken, 1951), 290, 299을 참조하라. 한나 아렌트의 연방제 제안과 두 국가공존안에 대한 아렌트의 자세한 견해를 보려면, Gil Rubin, "From Federalism to Binationalism: Hannah Arendt's Shifting Zionism," *Contemporary European History* 24/3(August 2015), 393 – 414을 참조하라.

많은 백성을 판결하시리니 무리가 그들의 칼을 쳐서 보습을 만들고 그
들의 창을 쳐서 낫을 만들 것이며 이 나라와 저 나라가 다시는 칼을 들
고 서로 치지 아니하며 다시는 전쟁을 연습하지 아니하리라(사 2:2-4).

물론 이스라엘-팔레스타인의 갈등과 분쟁이 이스라엘의 일방적
이고 선제적인 각성과 희생으로만 해결될 수 없다. 양측의 갈등은 이
세계에서 해결하기 가장 어려운 분쟁이기 때문이다.34) 악몽과 증오의
기억으로 점철된 역사를 안고 가는 갈등이기 때문이다. 따라서 섣부른
정상회담이나 유엔중재라는 연역적 방법의 평화구축은 난망하다. 남는
대안은 귀납적이고 점층적이며 불완전한 평화를 꿈꾸어야 한다. 단번
에 오는 평화 대신에 증오와 적대적 폭력의 감소를 현실적인 목표로
설정해야 한다. 양측은 청소년세대부터 평화공존 교육을 시켜 다음 세
기에는 양측간의 평화공존의 문명을 누릴 토대를 마련해줘야 한다. 아
직까지 다수파가 되지는 못했으나 이스라엘과 팔레스타인 안에 각각
평화공존을 함양하는 작은 시민운동들이 활동하고 있다. <Dancing in
Jaffa>35)(2014년 미국-이스라엘 영화)라는 영화에서 잘 보이듯이, 이 극
심한 갈등과 분쟁의 한복판에서도 평화의 싹은 움트고 있다. 또 양측
의 평화를 위해 노력하는 국제평화운동 단체들의 활동 또한 점차 주목
할 만한 성과를 내고 있다. 미국의 평화연구소(USIP, the U.S. Institute of
Peace)는 다년간 이스라엘-팔레스타인 평화를 위하여 각종 교육, 계
몽, 평화정착 실험 활동을 해오고 있다.36) 이스라엘-팔레스타인 안팎

---

34) Avner Falk, *Fratricide in the Holy Land: A Psychoanalytic View of the Arab-
   Israeli Conflict*(Madison: University of Wisconsin Press, 2004), 8.
35) 세계적으로 유명한 이스라엘 남자 댄서가 이스라엘과 팔레스타인 어린이들을 하
   나의 댄스 강습소에서 가르치는 과정에서 이스라엘-팔레스타인의 차세대 평화
   공존을 희구하는 영화이다.
36) 2019년 8월 12일자 연구소 홈페이지 기사, "The Current Situation: Israel, The P

모두에서 양측의 평화를 위해 차세대 평화공존교육, 종교간의 대화, 정부 레벨이 아닌 시민차원의 교류협력, 국가 대 국가의 연역적 평화협상 대신에 이스라엘 한 도시 대 팔레스타인 한 도시 사이의 지역적 평화구축 노력이 훨씬 중요하다는 데 합의하고 있다. 이스라엘 – 팔레스타인 분쟁과 갈등이 해결된다면, 세계 모든 분쟁과 갈등의 해결 전망이 보일 수 있을 만큼 이스라엘 – 팔레스타인 갈등은 인류의 최고지혜, 자기부인적 영성, 그리고 영속적인 이익을 위해 단기적 이익을 희생시키는 영성적 경륜의 합력을 요청하는 평화염원의 깃발이다.

alestinian Territories, and the Arab – Israeli Conflict. A USIP Fact Sheet"). 홈페이지 주소는 아래와 같다: https://www.usip.org/publications/2019/08/current – situation – israel – palestinian – territories – and – arab – israeli – conflict.

참고문헌

·
·

국내문헌

김재명. 『눈물의 땅, 팔레스타인 70여 년 동안 이어진 분쟁은 어떻게 시작되었으며 왜 끝나지 않는가』(서울: 미지북스, 2019).

김회권. "벤자민 네탄야후의 유사신학적 정치수사와 세대주의의 위험한 공생의 선교학적 함의 분석," 「신학과 실천」 68(2020년 2월), 583-618.

이필찬. 『백투예루살렘 운동 무엇이 문제인가?』(서울: 새물결플러스, 2014).

최창모. 『중동의 미래, 이스라엘과 팔레스타인』(서울: 푸른사상, 2015).

외국서적 및 논문

Arendt, Hanah. *The Origins of Totalitarianism* (New York: Schocken, 1951).

Berry M. & Philo, G. *Israel and Palestine: Conflicting Histories* (London: Pluto Press, 2006).

Friedman, Isaiah. *The Question of Palestine 1914-1918: British-Jewish-Arab Relations* (New Brunswick, NJ.: Transaction Publishers, 1991).

Friedman, Isaiah. *Germany, Turkey, and Zionism 1897-1918* (New Brunswick, NJ.: Transaction Publishers, 1998).

Friedman, Isaiah. Palestine: *A Twice-Promised Land? The British, the Arabs & Zionism, 1915-1920.* Vol. 1 (New Brunswick and London:

Transaction Publishers, 2000).

Gelvin, James L. *The Israel—Palestine Conflict: One Hundred Years of War*(3rd ed.; Cambridge: Cambridge University Press, 2014).

Herzl, Theodor. Der Judenstaat(Leipzig and Vienna: Breitenstein's Verlags—Buchhandlung, 1896)

La Guardia, Anton. *War without end: Israelis, Palestinians, and the Struggle for a Promised Land* (London: Macmillan, 2002).

Malley, Robert & Hussein, Agha. "Camp David: The Tragedy of Errors," New York Times Review of Books (9 Aug. 2001).

Marshall, Monty G. "Major Episodes of Political Violence 1946—2019"(https://www.systemicpeace.org/warlist/warlist.htm).

Masalha, Nur. *Expulsion of the Palestinians: The Concept of "Transfer" in Zionist Political Thought, 1882-1948* (4 ed.;Washington, D.C.: Institute for Palestine Studies, 1992).

Morris, Benny. *Righteous Victims: A History of the Zionist-Arab Conflict, 1881-2001* (New York: Vintage Books. 2001).

Quigley, John B. *The Case for Palestine: an International Law Perspective*(Chapel Hill, NC.: Duke University Press, 2006).

Rubin, Gil, "From Federalism to Binationalism: Hannah Arendt's Shifting Zionism," *Contemporary European History* 24/3(August 2015), 393—414.

Shepherd, Naomi. *Ploughing Sand. British Rule in Palestine 1917-1948*(New Brunswick: Rutgers University Press, 2000).

Shlaim, Avi. *The Iron Wall: Israel and the Arab World*(London: W. W. Norton & Company, 2001).

평화를 만드는 사람들의 일곱 가지 특징
전우택 _연세의대

시작하는 말

20세기, 세 명의 인간이 살았었다. 세 명 모두 불행한 땅에서 태어나 불행한 삶을 살았던 사람들이었다. 그러나 세 명 모두 그들에 의하여 자기가 태어나 살았던 지역이, 나라가, 그리고 세계가 더 평화롭고 좋은 곳으로 바뀌어 갔다. 세 명 각자가 각기 다른 땅에서, 다른 시기를, 다른 문제들을 껴안고 살았음에도, 그 세 명이 가졌던 공통적 특징을 생각해 보는 것이 이 글의 목표이다. 그 세 명은 다음과 같다.

마하트마 간디는 1869년 인도의 구자라트 주 포르반다르에서 출생하였다. 1888년 법학을 공부하기 위하여 영국으로 유학을 갔고, 1891년 영국 변호사 자격을 취득하였다. 1893년부터 남아프리카공화국에 가서 변호사로 활동하면서 그곳에서 살고 있는 인도인을 포함한 유색인종들의 인권을 위해 투쟁하여 정치적 지도자로 부상하였다. 1915년, 22년 만에 인도로 귀국하여 영국으로부터의 독립을 위한 비폭력 저항운동을 펼쳤다. 1930년, 400km의 소금행진을 벌인 것은 그의 대표적 활동 중 하나이다. 여러 차례에 걸쳐, 총 6년 4개월의 기간을 감옥에 수감되어 지냈다. 1945년 제2차 세계대전이 끝난 후 영국과의 독립 협상 과정에서, 별도의 국가 건설을 추구한 이슬람 동맹과의 화해 노력을 하였으나 결국 실패하였고, 1947년 8월 15일, 인도와 파키스탄으로 분리 독립된 국가들의 건국이 선포되었다. 1948년 1월 30일, 힌두교 광신자인 나투람 고드세에 의해 암살되어 생을 마쳤다.

넬슨 만델라는 1918년 남아프리카공화국 움타타라는 작은 시골 마을에서 태어났다. 1952년 남아공 최초의 흑인 변호사 사무실을 열었고, 백인 정권의 아파르트헤이트(인종 분리정책)에 대항하여 활동하다가 1956년 반역죄로 기소되었고 1961년 무죄로 석방되었다. 1960년 70여 명이 죽은 샤프빌 대학살 사건이 일어나면서 그는 비폭력 노선을 포기하고 폭력 무장 투쟁에 나섰고, 1962년 체포되어 5년 형을 받았다. 그리고 수감 중이던 1964년 6월에 그동안의 다른 무장 활동들이 드러나면서 종신형을 받아 총 27년간 감옥에 수감되어 지냈다. 흑인들의 투쟁과 국제적 압력 등에 의하여 백인 정부는 그를 1990년 2월 석방하였다. 석방 후 흑백 갈등의 극복을 위한 평화적 노력을 인정받아 1993년 드 클레르크 남아공 대통령과 함께 노벨평화상을 공동 수상하였다. 1994년 대통령에 당선되어 취임하였고 진실과 화해위원회 등을 설치하면서 백인과 흑인들의 평화로운 공존과 협력을 위한 노력을 하였다. 1999년 대통령직에서 퇴임하여 다양한 평화 활동을 하다가 2013년 사망하였다.

마틴 루터 킹은 1929년, 미국 남부 조지아주 애틀란타에서 태어났다. 모어하우스 대학과 크로저 신학교를 다녔고 1955년 보스턴 대학교에서 신학박사 학위를 수여 받았다. 1954년부터 앨라배마주 몽고메리 덱스터애브뉴 침례교회 목사로 활동을 시작하였다. 그가 26세이던 1955년 12월 1일, 흑인 여성 로자 파크스가 백인에게 버스 좌석을 내주지 않았던 사건을 기점으로 시작된 몽고메리 버스 보이콧 운동이 시

작되었다. 이 운동을 위한 조직의 대표로 킹 목사가 선출되면서 흑백
인종차별 철폐를 위한 민권운동의 지도자로 활동을 시작하였다. 올버
니, 버밍햄 등에서 인종차별에 대항하는 다양한 활동을 하면서 여러
차례 감옥에 수감되었다. 1963년 8월 28일, 흑인의 고용과 자유 쟁취
를 위한 워싱턴 행진을 하였고 거기서 '나에게는 꿈이 있습니다'(I have
a dream)라는 제목의 연설을 하였다. 1964년 미국에서 시민권 법령이
조인되면서 흑인 인권에 큰 진전이 이루어졌다. 비폭력 평화인권운동
의 지도자로서 1964년 노벨평화상을 수상하였다. 그 후, 셀마, 와츠,
시카고 등에서 민권운동 및 빈곤퇴치운동을 하였고 미국의 베트남 참
전을 반대하는 평화운동을 하다가 1968년 테네시주 멤피스에서 암살
당하면서 생을 마쳤다.

　　물론 이 세 명의 가장 중요하고 큰 공통점은 모두가 갈등과 폭력
을 부정하고 비폭력, 평화를 추구하였다는 점이었다. 이 글에서는 그
가장 큰 공통점 이외의 나머지 공통점을 찾아보도록 할 것이다. 이 세
명 말고도 자신의 지역과 나라, 세계의 평화를 위하여 애쓰고 희생당
한 수많은 사람들이 인류 역사 속에 있었음을 우리는 안다. 그들의 노
력과 희생이 이 세 명보다 부족한 것도 아닐 것이다. 다만, 이들 세 명
의 삶과 활동이 현 시점과 가까운 20세기에 있었고, 그들의 사상과 활
동이 지금도 인류에게 큰 영향을 주고 있기에, 평화를 만들어 간 사람
들의 상징적인 대표로서 이들 세 명을 선택하여 그들의 일곱 가지 공
통적 특징을 생각해 본다.

평화를 만드는 사람들의 일곱 가지 특징

1. 현장성

평화를 만드는 사람들의 특징은 평화라는 것을 어떤 관념적, 철학적 주제로서 붙잡은 것이 아니라, 자신들이 태어나 살아가던 바로 그 공간, 그 시점에서 벌어지고 있던 가장 절박한 현실의 문제로서 붙잡았다는 것이었다. 그들은 자신이 운명처럼 받아든 그 공간, 그 시점의 문제를 외면하거나 회피하지 않았다. 간디에게는 그것이 영국의 인도에 대한 식민지 통치였고, 힌두교 안의 불가촉천민 문제였다. 넬슨 만델라에게 그것이 남아프리카공화국 백인 정권의 아파르트헤이트 정책, 즉 흑백분리의 문제였다. 마틴 루터 킹에게 그것은 미국 남부의 흑백 인종차별의 문제였다. 그들은 그 현장의 문제에 정면으로 마주 선다. 그리고 평생 그 현장성을 잃지 않는다. 간디는 그 첫 번째 현장의 만남을 자신의 고국이 아닌, 남아프리카공화국에서 가진다.

기차가 나탈의 수도 마리츠버그[1])에 도착한 것은 오후 9시쯤이었다. 한 승객이 들어오더니 나를 위아래로 훑어보았다. 그는 내가 유색인종인 것을 알고는 곧장 나가더니 역무원 둘을 데리고 들어왔다. "이리 와봐. 너는 저 짐차 칸으로 가야 해" "나는 1등 칸 표를 가지고 있는데 왜 그래야 하지요?" "그게 문제가 아니란 말이야." 경찰이 왔다. 그는 내 손을 잡아끌어 (기차 밖으로) 나가게 하였다. 내 짐도 던져졌다. 나는 다른 칸으로 가기를 거절했고, 기차는 떠났다. 나는 대합실로 가 앉았다. 손가방은 들고 있었고, 다른 짐은 내던져졌던 그대로 내버려 두었다. 철도원들이 그것을 보관해 두었다. 때는 겨울이었다. 지독히 추웠

---

1) 남아프리카공화국의 나탈주(州) 주 수도의 이름

다. 외투는 짐 속에 있었는데, 또다시 모욕을 당할까봐 달란 말도 하기 싫어 나는 그냥 앉아 떨었다. 나는 나의 의무에 대해 생각하기 시작했다. 내 권리를 위해 싸울 것이냐, 인도로 돌아갈 것이냐? 그렇지 않으면 모욕은 생각 말고 그냥 프리토리아로 가서(자신이 변호사로서 수임하였던) 사건을 끝낸 다음 인도로 갈 것인가? 내가 할 일을 하지 않고 인도로 돌아가는 것은 비겁하다. 내가 당한 고통은 피상적인 것에 불과하다. 그것은 유색인종에 대한 차별이라는, 깊은 병의 한 증상에 지나지 않는다. 할 수 있다면, 나는 어떤 고통을 겪으면서라도, 그 병의 뿌리를 뽑도록 힘쓰지 않으면 안 된다. 그래서 나는 다음에 오는 기차를 타고 프리토리아로 가기로 결심했다.[2]

넬슨 만델라는 44살부터 71세가 될 때까지 27년간을 감옥에서 보낸다. 그러나 감옥에 수감되었다고 하여 그가 아파르트헤이트에 대한 투쟁의 공간, 투쟁의 현장을 잃은 것은 아니었다.

"(감옥에서) 나는 관중(觀衆)이라고는 우리들 자신과 우리의 적들뿐인 규모가 더 작은 다른 싸움터에 있었다. 우리는 감옥에서의 투쟁을 전체 투쟁의 축소판으로 생각했다. 인종차별과 억압은 이곳에서도 마찬가지였다. 단지 다른 조건 하에서 싸워야 할 뿐이었다."[3]

그에게는 감옥이 그의 자유와 평화를 향한 투쟁의 또 다른 "현장"

2) M.K. Gandhi. An Autobiography - The Story of My Experiments with Truth. 간디 자서전. 함석헌 역. 한길사. 3판. 2008. pp.185-187
3) Nelson Mandela. Long Walk To Freedom : The Autobiography of Nelson Mandela. Little, Brown and Company, New York, USA. 1994. 만델라 자서전 : 자유를 향한 머나먼 길. 김대중 역. 두레. 2006. p.570

이 되었다. 그리고 그의 27년간의 투쟁을 그곳에서 해나간다. 평화를 만드는 사람들에게는 자신이 숨 쉬고 존재하는 그 공간 자체가 평화를 위한 긴 여정의 "현장"이었던 것이다.

2. 본질성

평화를 만드는 사람들의 특징은 이들이 자기 눈앞에 존재하는 평화를 깨는 악한 인간들, 악한 제도 자체에 매달리는 것이 아니라, 늘 더 본질적인 것을 바라보고 그것에 집중한다는 데 있었다. 그들은 개개인의 악행 자체보다는 제도나 법, 관행을 보았고, 더 나아가 결국 인간의 악한 본성에 대한 투쟁을 자신들의 최종 목표로 보았다. 만델라는 그것을 이렇게 이야기하였었다.

"우리는 아무리 나쁜 간수라도 그 개인과 싸울 생각은 없었습니다. 교도 당국의 정책과 싸우는 것이 우리의 관심사였어요" (리처드 스텡글과 나눈 대화에서. 1992년 12월 29일)[4]

"우리는 백인우월주의와 싸웠지, 백인과 싸운 것이 아닙니다" (움콘토 웨 시즈웨 창설 40주면 기념식에서. 남아프리카공화국 요하네스버그 소웨토. 2001년 12월 16일)[5]

이러한 논리와 활동의 목표를 간디는 이렇게 이야기하였다.

---

4) Nelson Mandela by Himself. PQ Blackwell Limited. 2008. 넬슨 만델라 어록. 윤길순 역. 서울: RHK. 2013. p.436
5) 위의 책 p.469

"내 야망은 다름이 아니라 비폭력을 통해 영국인을 변화시키는 것이고, 그렇게 함으로써 그들이 인도에서 저지른 잘못된 일들을 제대로 보게 하는 것입니다. 나는 귀하의 민족(필자 주: 영국 민족)에게 해를 주고자 하지 않습니다. 내 민족에게 봉사하듯이 나는 귀하의 민족에게도 봉사하고 싶습니다"[6]

간디의 독립운동은 영국의 식민지로 부터의 독립운동이었다기보다 인간을 짓누르고 있는 그 악으로부터의 독립운동이었다. 만델라든, 간디든, 눈앞에서 펼쳐지고 있는 인간 개개인의 악이 아닌 그 이면에 존재하는 인간 본연의 악을 바라보고 있었고, 자신은 그것에 투쟁하는 존재라고 스스로를 규정하는 사람들이었다. 그러기에 뜻밖에도 평화를 만드는 사람들에게 최대의 적, 최대의 경계할 대상은, 자신들의 적이라는 상대가 아닌, 그 악에 영향을 받을 위험이 늘 상존한다고 생각되는 자기 자신이었다.

"나는 내 자신의 민족을 불신하지 않듯이 그 두 대륙의 사람들(유럽과 미국)도 불신하지 않는다. 다만 나 자신을 불신할 뿐이다. 나는 내 메시지가 보편적이라고 생각하지만, 아직은 내 나라에서 하는 일을 통해 전달하는 것이 가장 좋은 방법이라고 생각한다."[7]

본질을 향한 투쟁을 하였기에, 자기 자신을 가장 믿지 못하고 스스로를 경계하는 것에 엄격하였던 것이 평화를 만드는 사람들의 중요

---

6) Yogesh Chandha. Rediscovering Gandhi. 1997. 마하트마 간디. 정영목 역. 서울, 한길사. p.512

7) Yogesh Chandha. Rediscovering Gandhi. 1997. 마하트마 간디. 정영목 역. 서울, 한길사. p.499

한 특징이었다. 간디는 그야말로 그 본질적 진리에 접근하는 데 집중
하였다. 그러면서 그의 생각은 어떤 장애물로 부터도 자유로워지고 있
었다.

 "노예를 소유하기 위해서는 그 소유자 역시 노예를 가둔 울 속에 들
어가야 한다. 최대의 비극은 폭력이 역(逆) 폭력으로 파괴될 수 없듯이,
폭탄도 다른 폭탄으로 파괴될 수 없다는 사실이다. 인간이 폭력으로부
터 벗어날 수 있는 방법은 비폭력을 통해서이다. 증오에 대해 증오로
맞선다면 그것은 증오의 크기와 깊이를 더해줄 뿐이다"8)

 간디에게 있어 그가 해방을 시켜야 하는 대상은 노예 상태로 있
는 사람들뿐만이 아니었다. 타인을 강제적으로 노예로 붙잡고 억압함
으로써 스스로 또 다른 종류의 노예가 된 사람들까지도 그 대상이었
다. 그는 늘 상황의 본질을 보려 하였던 사람이었고, 이것이 평화를 만
드는 사람들의 특징이었다.

3. 확장성

 그러나 평화를 만드는 사람들은 자신이 활동하고 있는 현장의 문
제가 사실은 전 세계의 문제와 맞닿아 있음을 점차 알아간다. 처음부
터 그것을 알고 그에 따라 활동하였던 것 같지는 않다. 보통은 자신의
현장에 집중하면서 활동하다가, 점차 이것이 자신의 활동 공간만이 가
진 문제가 아니라, 전국, 나아가 전 세계 모든 곳의 문제임을 인식하게

8) Richard Attenborough (select) The Words of Gandhi. Newmarket Press. 1982.
 간디 어록. 동아번역실 역. 도서출판 동아. 1983. (마하트마 간디. 동아번역실 역.
 도서출판 동아. 1983. 부록) p.292

되는 것이었다. 그리고 그에 따라 이들의 의식과 목표는 더 넓게 확장되어 가는 모습을 보인다. 이것을 간디는 다음과 같이 이야기한다.

"진리와 비폭력을, 단순히 개인의 실천과제에서 더 나아가, 그룹과 단체, 국가의 과제로 만들어야 한다. 그것이 나의 꿈이다. 나는 그것을 실현하기 위해 평생을 바치고, 또 그 목적을 위해 죽을 것이다. 여기에 나의 신앙은 나날이 새로운 진리를 발견하도록 도움을 주고 있다"9)

"나는 인도의 자유를 위하여 일하지 않습니다. 나는 세계의 비폭력을 위하여 일합니다. 나는 진리를 위해 조국의 자유라도 희생할 각오가 되어 있습니다"10)

그러나 이런 확장성은 좀 더 다른 성격을 가질 때도 있다. 마틴 루터 킹의 사례가 그것이다. 마틴 루터 킹의 1단계 활동 대상은 자신이 태어난 미국 남부 지역의 흑백차별과 처참한 인권 상황이었다. 그러나 미국 남부의 몽고메리, 버밍햄에서의 활동을 거치면서 그의 2단계 활동 대상은 미국 북부를 포함한 전체 미국의 흑인 인종차별 문제로 확장된다. 그리고 그 후 3단계 활동 대상은 미국의 전체 빈민들(그 안에는 백인, 흑인, 라틴계, 아메리카 원주민 등이 모두 포함된다)로까지 확장된다. 그것이 그의 빈곤 퇴치 운동이었다. 그리고 마침내 그의 4단계 활동 대상은 세계 평화로 확장된다. 그는 자신의 개인적 명성과 영향력에 결정적 타격

---

9) Richard Attenborough (select) The Words of Gandhi. Newmarket Press. 1982. 간디 어록. 동아번역실 역. 도서출판 동아. 1983. (마하트마 간디. 동아번역실 역. 도서출판 동아. 1983. 부록) p.274

10) Yogesh Chandha. Rediscovering Gandhi. 1997. 마하트마 간디. 정영목 역. 서울, 한길사. p.457

을 입힐 것이라는 것을 알면서도, 미국의 베트남 전쟁 참전을 반대하면
서 세계 평화로 그의 사상과 활동 대상을 확장시켰다.

마틴 루터 킹의 비폭력 평화사상이 가졌던 확장성을 가장 잘 보
여 주는 것은 1967년 4월 4일 뉴욕 리버사이드 교회에서 하였던 그의
강연이다(그는 1968년 4월 4일 암살을 당한다. 따라서 이 설교는 그야말로 그
가 죽기 전 딱 1년 전 같은 날 한 것이 된다). 그는 이 강연을 통하여 자신
이 베트남 참전 문제뿐만 아니라, 평화의 문제를 어떤 시각으로까지
확장시켜 보고 있는지를 말하였다. 실제로 미국의 베트남 참전은 두
개의 시각이 충돌하는 현상이었다. 공산주의를 당시 세계가 마주하고
있는 최악의 것, 또는 악 그 자체로 보는 시각과, 공산주의를 인류가
가지고 있는 여러 개의 악 중 하나로 보며, 인류가 싸워야 할 악은 공
산주의 말고도 다양한 것이 있다는 시각이 그것이었다. 전자의 시각을
가진 자들은 이유와 배경이 무엇이 되었든, 베트남의 공산화를 막는
것이 선과 정의라 생각하였다. 그러나 후자의 시각을 가진 자들은 베
트남의 긴 식민지 역사 등을 고려할 때 베트남 국민들의 독립이 공산
화보다도 더 우위의 가치가 되어야 하며, 미국의 베트남 참전은 공산
화를 막는다는 미명 하에, 인도차이나 반도를 지배하고 이익을 가지고
싶어하는 야욕이 숨어 있다고 보았다. 베트남 참전은 미국을 남북전쟁
이후 최악의 상태로 분열시키고 있었다. 그런 가운데, 이미 1964년 노
벨평화상을 수상하였던 마틴 루터 킹이 베트남 참전에 대한 그의 의견
을 밝히려 나선 것이었다. 그런데 마틴 루터 킹의 절친한 친구이자 참
모로 오랫동안 함께 일하고 있는 스탠리 레비슨(Stanley Levison)이 공산
주의자라는 의심을 FBI로부터 받고 있었기 때문에,11) 마틴 루터 킹이

11) Marshall Frady. Martin Luther King. Jr. Lipper Publication and Viking Penguin.

베트남 참전과 공산주의에 대하여 자신의 의견을 밝힌다는 그 자체가 매우 부담스러운 일이었다. 그럼에도 불구하고 그는 자신이 미국의 베트남전 참전을 반대하는 이유를 다음과 같이 일곱 가지로 이야기하였다.12)

첫째, 미국은 시급하게 빈곤 퇴치 운동에 들어가야 하는데, 국가 재정이 월남전에 막대하게 들어가면서 빈곤 퇴치 운동이 멈추어 섰다는 것이었다. 둘째, 미국의 인구 구성 비율과 전혀 맞지 않게 수많은 흑인 청년들이 베트남전에 징병되어 들어갔는데, 그 전쟁의 이유라고 이야기되던 '자유의 수호'라는 것을, 사실 흑인 청년들은 자신들이 살던 미국의 고향에서도 경험하지 못하였었기에 이것은 미국의 모순이라는 것이었다. 셋째, 흑백 인종차별에 분노하는 미국 흑인 젊은이들에게 자신은 그동안 화염병과 총은 결코 문제를 해결해 주지 못한다고 말해 왔는데, 베트남에서의 변화를 이루기 위하여 폭력을 써야 한다고 말하는 것은 논리의 모순이 되기 때문이라는 것이었다. 넷째, (자유라는) 전 세계인들의 가장 깊은 희망을 미국이 파멸시킨다면, 미국의 영혼은 구제될 수 없게 되기 때문이라는 것이었다. 다섯째, 자신이 노벨평화상을 받게 되면서 이제 자신에게 평화는 국가에 대한 충성을 뛰어넘는 더 큰 사명이 되었기 때문이라는 것이었다. 여섯째, 기독교의 성직자로서, 복음은 공산주의자와 자본주의자를 포함한 모든 사람들에게 들려주어야 하는 것이기 때문이라는 것이었다. 일곱째, 하나님의 자녀로서의 도리를 다하며 인류를 사랑하라는 소명은 인종, 민족, 이념에 구애받지 않기 때문에, 무력하게 내팽개쳐진 하나님의 자녀들, 힘없는 이들, 발

마셜 프레디. 마틴 루터 킹. 정초능 역. 푸른숲. pp.97-99
12) Clayborne Carson and Kris Shepard(ed). A Call To Conscience. Warner Books. New York, USA. 2001. 양심을 깨우는 소리. 양소정 역. 서울. 위드북스. 2004. pp.164-169

언권이 없는 이들, 인간이 기록한 어떠한 문서에도 우리의 형제가 아니라고 언급되어 있지 않은 이들(저자 주: 베트남 사람들)을 위해서 말하여야 하기 때문이라는 것이었다.

이 강연은 흑백차별 반대에서 시작되었던 그의 비폭력, 평화사상이, 어떤 방향과 범위로 확장되어 갔는지를 보여준다. 그러나 그가 1단계에서부터 한 단계씩, 그의 비폭력 평화운동의 대상을 확장시켜 나갈 때마다, 그는 엄청난 새로운 반대와 저항에 부딪혀야만 하였고, 그래서 그는 큰 좌절과 고통을 경험하여야만 했다. 그러나 평화를 만드는 사람들의 이런 내적 성숙과 발전을 의미하는 확장성은 그들의 중요한 특징이 된다.

4. 내부 적들과의 싸움

평화를 만드는 사람들은 늘 본질성을 더 중요하게 보며 그들의 활동을 하기 때문에, 때로는 지금 당장 적들과의 싸움에서 승리하는 것을 중요하게 보는 자기 동지들과 갈등에 들어갈 가능성을 언제나 가지고 있었다(그야말로 평화란 갈등의 양 쪽 당사자들을 대상으로 싸우는 것을 의미하는 것이다). 이런 일이 가장 뚜렷하게 나타난 사람은 간디였다. 힌두교의 국가인 인도에는 불가촉천민들이 존재하였다.

간디가 활동하던 시절, 인도에는 전 인구의 6분의 1 정도가 인간이라기보다는 짐승에 가까운 삶을 살아가고 있었다. 카스트 가운데 가장 낮은 신분인 불가촉천민(Untouchables)들은 거리를 치우고 공중화장실과 하수도를 청소하는 등 사회를 위해서 꼭 필요한 일들을 감당하였다. 다른 계급에 속하는 힌두교 신자가 불가촉천민을 만지는 경우는 말할 것도 없고, 그들이 오염시킨 물 한 방울이 묻기만 해도 당장 진저리를 치며 돌아가 복잡하기 그지없는 정결 의식을 시작하였다. 불가촉천민들은 길을 가다가 상위 계급 사람들을 만나면 옆으로 피해주어야 하였다. 상대편이 불가촉천민의 그림자를 밟고 부정해지는 일을 막기 위해서였다. 1930년대 영국인들은 불가촉천민을 넘어서는 불가시천민(Invisibles)이라는 새로운 하급 계층이 존재한다는 사실을 발견하였다. 불가촉천민들의 빨래를 해 주는 것을 업으로 살아가는 이 불쌍한 사람들은 흘깃 보기만 해도 상위계급 사람들을 더럽힌다고 믿었으므로 항상 밤중에 돌아다니며 외부인들과의 접촉을 극도로 기피했다.[13)]

영국으로부터의 독립운동을 하는 데 있어서는 영국이 가해자고 인도인이 피해자였다. 그러나 인도인 내부의 불가촉천민 문제에 있어서는 힌두교를 신봉하는 대다수의 인도인이 가해자이고 불가촉천민들이 피해자인 상황이었다. 간디가 영국과의 힘든 투쟁 중에 불가촉천민 문제를 들고 나와 인도인들 사이에 분열을 만들어 내는 것은 영국과의 독립 투쟁에 있어 전술적으로 적절하지 못하다는 것이 대부분 사람들의 의견이었지만, 간디는 그것에 단호히 반대한다. 간디는 영국 식민지로부터의 해방이나 불가촉천민의 해방이나, 본질적으로는 다 똑같은, 악에 대한 투쟁이었기 때문이었다.

"세계의 종교사를 통해서, 피압박계급(불가촉천민)에 대한 우리의 취급과 같은 것은 아마도 유례가 없는 일이다. 비록 인도인이 영국제국의 불가촉천민계급이 되고 말았다고 하더라도, 그것은 정의의 신에 의해서

---

13) Philip Yancey. Soul Savior. William Neil – Hall Ltd. Cornwell, England. 2001. 네 영혼의 스승들. 나벽수 역. 좋은 씨앗. 2002. pp.278 – 280

우리에게 가해진 응보이다. 우리 인도인은 영국인을 향해서 피로 더럽혀진 손을 씻으라고 요구하기 전에 먼저 우리 자신의 그와 같은 손을 씻어야 하는 것이 아닐까? 불가촉천민제도는 우리를 타락시켜, 남아프리카와 동아프리카에서 우리 자신을 불가촉천민으로 만들고 말았다. 인도가 불가촉천민제도를 그 종교의 일부로 삼고 있는 한, 스와라지[14]의 달성은 불가능하다"[15]

간디는 인도인들이 그들 내부에서 특정 집단의 사람들을 불가촉천민으로 규정하고 그들을 최악의 인권 상황 속에 있도록 하였기에 그 죄로 인하여 인도인들은 인도 밖의 세상에 나가 불가촉천민의 대우를 받았으며, 결국 영국인들에게도 불가촉천민의 대우를 받는 것이라 생각한다. 그러기에 그는 그 본질적 악과의 투쟁을 위하여 영국이라는 외부의 적이 아닌, 힌두교 내부의 악과 정면으로 부딪친 것이었다. 그는 자신이 만든 이상적 공동체 '사티아그라하 아슈람' 안에서부터 불가촉천민에 대한 사회적이고 종교적인 차별에 대한 구체적 도전을 시작한다.

사티아그라하 아슈람이 세워지고 나서 몇 달 뒤 두다바이라는 이름의 교사와 그의 부인 다니벤, 어린 딸 락슈미를 공동체에 받아들이면서 갑자기 평화가 깨지고 말았다. 그들이 데드스의 불가촉천민 계급에 속했기 때문이다. 사람들은 분개했다. 일부 거주자들은 … 그 가족과 함

---

14) 스와리지(swaraj)는 자치를 의미하는 말로서 영국의 식민지 시절, 자치를 억압하는 영국으로부터의 완전한 독립을 의미하는 말로 사용되었다. Richard Attenborough (select) The Words of Gandhi. Newmarket Press. 1982. 간디 어록. 동아번역실 역. 도서출판 동아. 1983. (마하트마 간디. 동아번역실 역. 도서출판 동아. 1983. 부록) p.297

15) 차기벽. 간디의 생애와 사상. 한길사. 3판. 2004. p.201에서 재인용.

께 있는 것은 모욕이고 불결한 일이라고 생각하여 … 항의로 저녁 식사를 거부했다. 카스트루바이(저자 주: 간디의 부인)도 마음에 큰 상처를 입어 아슈람을 떠나겠다고 위협했다. 그러자 간디는 그녀에게 규칙을 따르거나 아니면 떠나라고 하면서, 그들이 좋은 친구로서 헤어질 수 있을 것이라고 덧붙였다(저자 주: 간디가 이혼하자는 말을 한 것이다). 또 다른 충격적인 일이 그녀를 기다리고 있었다. 간디가 락슈미를 자신의 양녀로 들이겠다고 선언한 것이었다.16)

간디는 이런 결정과 행동으로 말미암아 수 많은 그의 추종자들과 후원자들을 잃는다. 그러나 그는 자신이 하고 있는 일의 본질을 훨씬 더 분명히 보고 있었다.

(그 일들로 인하여) 생활공동체를 재정적으로 뒷받침하던 핵심인물이 지원을 중단하자, 간디는 하리잔(불가촉천민)들이 사는 지역으로 아예 이주할 계획을 세웠다. 급기야 간디는 자청해서 불가촉천민들이 쓰는 공동 화장실을 청소했다. 힌두교도 입장에서 보자면 세상에서 가장 부정한 일을 시작한 것이었다.17)

간디는 작은 목소리로 자신은 가촉민(Touchables)으로 태어났지만 '선택에 의해 불가촉천민'이 되었다고 말했다. 사회의 최하층에 속하는 사람들을 대표하고 그들과 하나가 되는 것이 그의 바람이었다. "불가촉천민이라는 제도의 뿌리와 가지를 없애는 일은 내가 원하는 것, 내가

---

16) Yogesh Chandha. Rediscovering Gandhi. 1997. 마하트마 간디. 정영목 역. 서울, 한길사. pp.388-389

17) Philip Yancey. Soul Savior. William Neil-Hall Ltd. Cornwell, England. 2001. 네 영혼의 스승들. 나벽수 역. 좋은 씨앗. 2002. p.280

사는 목표, 그것을 위해 내가 죽어도 기쁜 일입니다. 불가촉천민 제도의 뿌리를 완전히 뽑을 수 있다면, 그것은 힌두교의 무시무시한 오점을 지우는 일일 뿐 아니라, 전 세계에 영향을 주는 일이 될 것입니다. 불가촉천민 제도에 대항하는 나의 투쟁은 인류의 불순한 면에 대항하는 투쟁이기도 합니다"[18]

자기 민족, 자기 종교 안의 악과 싸우는 것이 결국 밖의 적과 싸우는 것이며, 이것은 나아가 인류를 위한 싸움이라는 의식이 간디를 이끌고 나갔다. 이런 생각은 넬슨 만델라에게서도 나타난다. 그는 자신을 장기수로 판결하였던 리보이아 재판에서 반 아파르트헤이트 투쟁의 역사에 하나의 전설이 된 다음과 같은 내용의 최후진술을 한다.

"나는 평생 이러한 아프리카 사람들의 투쟁에 헌신했습니다. 백인 지배에 맞서 싸웠고, 흑인 지배에도 맞서 싸웠습니다. 모든 사람이 조화롭고 동등한 기회를 누리며 함께 사는 민주적이고 자유로운 사회라는 이상을 품었습니다. 나는 그러한 이상을 위해 살고, 그러한 이상을 실현하고 싶습니다. 그러나 필요하다면, 그것을 위해 죽을 준비도 되어 있습니다"[19]

만델라는 자신이 '백인 지배'를 대상으로만 투쟁하여 온 것이 아니었다고 이야기한다. 흑인들만의 일방적인 통치가 이루어지는 '흑인 지배'에 대하여도 투쟁하였다는 것이었다. 그가 생각하는 남아프리카공화국의 올바른 상태는 흑인과 백인의 정의로운 공동 통치였다. 백인

18) 위의 책 pp.568-569
19) Nelson Mandela by Himself. PQ Blackwell Limited. 2008. 넬슨 만델라 어록. 윤길순 역. 서울: RHK. 2013. p.6

들의 잔혹한 아파르트헤이트 정책에 의해 비참한 삶을 살아가던 흑인들에게 이것은 받아들이기 매우 어려운 말이었을지도 모른다. 그러나 당시 44세였던 넬슨 만델라의 생각은 이미 거기까지 가 있었다. 그만큼 흑인 내부의 악을 향하여서도 그는 매우 민감하였기에 만델라는 결국 모두가 불가능하다고 보았던 남아프리카공화국에서의 평화로운 정권교체를 이루어 낸다. 이런 특성은 마틴 루터 킹에서도 나타난다. 1960년대에 들어서면서 킹 목사의 투쟁에 의하여 어느 정도 사회적 자신감을 가지게 된 흑인 청년들은 점차 킹 목사의 비폭력 저항방식에 의심을 가진다. 그리고 흑인들의 폭력적인 힘으로 미국 백인들을 꺾어 놓아야 한다는 소위 블랙파워 운동이 휘몰아친다. 그렇게 되면서 마틴 루터 킹은 이제까지의 백인들을 향하였던 투쟁보다도 훨씬 더 힘든 흑인들을 향한 그의 투쟁을 해나가게 된다.

바야흐로 '블랙 파워'가 대세를 장악하고 있었다. 그 질풍노도의 기세 속에서 킹은 긴 세월 고이 간직해온 자신의 갈망을 이 상황과 어떻게 하든 접목시키려고 안간힘을 썼다. (언론들은) "킹이 혼신을 기울여 열변을 토해도 흑인 도회지 젊은이들은 그저 비웃거나 숫제 무시해버리고 자기들끼리 토론에 들어갔다. 킹으로서는 접속 불가능한 세대, 엄연히 그를 모르는 세대가 등장한 것이다"(라고 기사를 썼다) … 그럼에도 아랑곳없이 킹의 소신은 한결같이 결연했다. "설령 미합중국 흑인 모두가 예외 없이 폭동을 일으켜야 한다는 생각을 갖게 될지라도, 그래서 모두가 폭력에 의지한다 할지라도, 나는 기꺼이 외로운 목소리로 홀로 남아 외쳐 타이를 것입니다. 그것은 그릇된 길이라고 …"[20]

----

20) Marshall Frady. Martin Luther King. Jr. Lipper Publication and Viking Penguin. 마셜 프레디. 마틴 루터 킹. 정초능 역. 푸른숲. pp.368−370

그러면서 당시의 상황에 대한 그의 생각을 다음과 같이 이야기하였다.

"혁명은 절망 속에서 태어날 수는 있지만, 절망만 먹고 살아갈 수는 없다. 이 점이 바로 블랙 파워 운동이 안고 있는 궁극적 모순이었다. 블랙 파워 운동은 미국 역사상 가장 혁명적인 사회 운동이라고 자처하고 있었다. 하지만 블랙 파워 운동은 혁명의 불길이 계속 타오를 수 있도록 하는 희망의 불꽃에 모래를 끼얹어 버렸다."[21]

평화를 만드는 사람들은 언제나 자기 내부 집단과의 격렬한 갈등 속에 들어가야만 하였다. 어쩌면 그것이 그들의 운명일지도 몰랐다. 평화는 단지 눈앞에 보이는 적들이 만들어 놓은 악행, 제도와 억압을 없애는 것 이상의 것이었다. 그 평화를 막아서는 소위 반(反)평화의 힘과 요소는 평화를 만드는 사람들의 적군 속에서 뿐만 아니라, 소위 아군 속에서도 그대로 존재하였다. 평화를 만드는 사람들은 그런 의미에서 늘 자기들 편과 싸우며 그들로부터 소외되는 외로운 사람들이었다. 그리고 그것을 기꺼이 받아들이는 사람들이었다.

5. 용기

평화를 만드는 사람들이 외부의 적, 내부의 적과 끊임없이 투쟁하면서 끝까지 나갈 수 있었던 것은 그들에게는 그야말로 뚜렷한 특징 하나가 있었기 때문이었다.

---

21) Clayborne Carson (ed). The Autobiography of Martin Luther King, JR. Waner Books. New York USA. 1998. 나에게는 꿈이 있습니다 : 마틴 루터 킹 자서전. 이순희 역. 바다출판사. 2000. p.448

1955년 12월 1일 목요일, 어스름이 깔리기 시작하는 늦은 오후, 추운 날씨였다. 차림새가 말끔하고 안경을 낀 한 여인이 피곤한 몰골로 시내 버스에 올라탔다. 이름은 로자 파크스, 나이는 마흔 두 살이었다. "음, 좋아. 어이 당신들, 그 자리를 백인 승객 분에게 비켜줘야겠어" 버스 운전사가 고개를 돌려 파크스 부인과 그 곁에 앉은 세 흑인에게 대뜸 내민 요구였다. 다른 흑인 셋은 다 순순히 일어나 좌석을 비우고 버스 뒤쪽으로 자리를 옮겨 섰다. 그러나 파크스 부인은 꿈쩍도 하지 않았다. 또다시 버스 운전사가 백인 승객에게 자리를 내주라고 다그쳤다. 이윽고 그녀가 대꾸했다. '노(no)!'[22]

미국의 그 뿌리 깊고 잔혹하였던 인종차별을 향한 투쟁의 첫 조명탄이 어두운 하늘 속으로 쏘아 올려지던 순간이었다. 그 어느 흑인도 감히 백인들의 강고한 체제에 정면으로 직접 도전할 수 없다고 생각하고 있던 그 시점에, 42세 한 흑인 여인이 "no"라고 이야기하였던 그 용기가 역사를 바꾸었던 것이다. 실제로 이 일로 말미암아 있게 된 로자 파크스의 재판에 대응하기 위하여, 몽고메리 버스 승차 보이콧 운동이 시작된다. 그리고 그 운동을 지속시키기 위하여 급히 만들어지는 조직의 대표로 26세짜리 젊은 목사가 선출된다. 그가 바로 마틴 루터 킹이었다. 그는 자신이 그런 조직의 대표가 되리라고는 꿈에도 생각하지 못하였고, 얼떨결에 대표의 역할을 맡는다. 그리고 바로 그 순간부터 그는 수많은 살해 위협 속에 놓이게 된다. 젊은 흑인 목사에게 이것은 너무도 두려운 일들이었다.

----

22) Marshall Frady. Martin Luther King. Jr. Lipper Publication and Viking Penguin. 마셜 프레디. 마틴 루터 킹. 정초능 역. 푸른숲. pp.70-71

"가까운 동료들과 친구들의 바람을 외면할 수 없어서 나는 무장경비
원을 고용하는 문제를 고려해 보겠다고 말하고, 자동차 내에 권총을 소
지할 수 있도록 허가해 줄 것을 경찰서에 요청했다. 그러는 동안 나는
생각을 바꾸었다. 비폭력운동 지도자로 일하는 사람이 어떻게 자신의
신상을 보호하기 위해서 폭력적인 무기를 사용할 수 있단 말인가? 아내
와 나는 며칠 동안의 고민 끝에 무기가 해결책이 될 수 없다는 결론을
내렸다. 이미 소지했던 권총도 없애버리기로 했다. 집안에 권총이 있을
때는 몽고메리에 있다는 것이 무서웠다. 하지만 무기를 포기하기로 결
정하자, 죽음이라는 문제와 정면으로 맞붙어 싸울 수 있었다. 그 이후로
나는 권총도 필요 없게 되었고, 두려움도 사라졌다.23)

그는 그렇게 역사의 무대로 나아갔다. 그러나 그가 포기하여야 하
였던 것은 권총만이 아니었다. 그는 다른 것도 포기하여야 하였다.

"미시시피를 방문할 무렵, 게릴라 집단이 그 기간 중에 나를 습격할
음모를 꾸미고 있다는 소문이 돌았다. 사람들은 방문 계획을 철회하라
고 했지만, 해야 할 일이 있었으므로 나는 그럴 수 없었다. 죽음을 걱정
하면서 살았다면 나는 아무 일도 할 수 없었을 것이다. 항상 죽음의 위
협에 시달리면서 살아야 하는 사람은 죽을 수도 있다는 사실을 냉정하
게 받아들일 수 있는 경지에 도달하기 마련이다"24)

마틴 루터 킹의 이런 용기 있는 모습이 많은 흑인들로 하여금 용

23) Clayborne Carson (ed). The Autobiography of Martin Luther King, JR. Waner
Books. New York USA. 1998. 나에게는 꿈이 있습니다 : 마틴 루터 킹 자서전.
이순희 역. 바다출판사. 2000. p.116
24) 위의 책, p.342

기를 가지게 하였다. 그리고 경찰의 곤봉과 강력한 물대포, 그리고 사나운 경찰견들을 향하여 "우리는 승리하리라"는 노래를 부르며 조용히 앞으로 행진해 나아갈 수 있었다. 평화를 만드는 사람들은 자신의 용기를 가지고, 타인의 용기를 만들어 내는 특징들을 가진다. 이것을 뚜렷하게 나타낸 또 다른 사람은 간디였다.

간디는 사랑과 진리의 이상을 달성하는 데 필요한 힌두교의 다른 두 가르침에 관해서도 강조하였다. 하나는 도둑질과 착취를 하지 말라는 아스테야(asteya)이고 다른 하나는 공포심을 갖지 말라는 아바야(abhaya)이다. 간디는 특히 신 이외의 누구에 대해서도 공포심을 갖지 말라고 강조하면서 "공포심을 갖지 않는다는 것은 다른 고상한 성품들의 성장을 위해서 필요불가결하다. 공포심에 사로잡혀 있고서야 어떻게 사람들이 진리를 추구하거나 진리를 소중히 여길 수 있겠는가"라고 역설하였다.[25]

네루는 그의 책 <인도의 발견>에서 "개개인에게도, 민족 전체에게도, 간디의 최대의 선물은 … 아바야, 즉 공포심을 갖지 말라는 것이었다"고 술회하였다. SH 로돌프도 인도에 대한 간디의 최대 공헌은 인도 민중의 가슴 속에서 공포심을 제거하고 새로운 용기를 가지고 민족자존을 위해 궐기케 한 데 있었다고 주장하였다.[26]

---

25) S. Abid Husain. The Way of Gandhi and Nehru. p.31. 차기벽. 간디의 생애와 사상. 한길사. 3판. 2004. pp.147-148에서 재인용
26) S.H. Rudolf. The New courage: An Essay on Gandhi's Psychology World Politics vol.XVI, no.1.Oct, 1963. 차기벽. 간디의 생애와 사상. 한길사. 3판. 2004. pp.147-148에서 재인용

간디는 인간이 본능적으로 가지는 두려움 그 자체를 정면으로 응시하고 그것을 극복하여야만 평화를 만드는 용기를 가질 수 있다고 생각하였다. 그에게 있어 평화를 만드는 일은 세속적이고 정치적인 일이 아니었다. 자기 안의 그 두려움을 극복하고 진리와 신에게로 나아가는 일종의 구도 행위였다. 그리고 그런 구도의 과정 속에 주어지는 것이 평화였다. 1921년 영국의 인도에 대한 압제가 훨씬 더 강하게 진행되자, 간디는 1919년 영국이 인도인들을 좁은 광장에서 무차별 사살한 암리차르의 잘리안왈라 바그 대학살 사건27)을 예로 들면서 자신이 발간하던 신문 <영 인디아>에 다음과 같이 썼다.

"우리의 의무는 … 용기를 길러 1919년 때처럼 등에 총을 맞는 것이 아니라, 기꺼이 가슴을 열어젖히고 아무런 원한 없이 총알을 맞이하는 것입니다."28)

도망가며 등을 보이다가 총을 맞는 것이 아닌, 당당히 정면으로 서서 가슴에 총을 맞는 사람이 되라는 요구를 한 것이었다. 그리고 이런 용기가 평화를 만들어 내는 동력이 된다고 하였던 것이다. 그러나 이런 용기는 한순간만 가져서 되는 일은 아니었다.

....

27) 1919년 4월 13일 인도의 암리차르 지역 잘리안왈라 바그에서 있었던 영국의 인도인 학살 사건. 4월 10일, 영국인 은행가 3명과 선교학교 여성 교사였던 셔우드가 인도인들의 폭행에 의하여 사망하자, 이에 대한 보복으로 영국군 레지날드 다이어 준장은 항의시위로 모여 있던 인도인들을 향하여 무차별 발포명령을 내렸다. 총 1,650발의 총알이 발포되어 379명이 사망하고 1,137명이 부상을 당하였다. (Yogesh Chandha. Rediscovering Gandhi. 1997. 마하트마 간디. 정영목 역. 서울, 한길사. pp.428-430)

28) Yogesh Chandha. Rediscovering Gandhi. 1997. 마하트마 간디. 정영목 역. 서울, 한길사. p.457

(미국 민권법 국회통과를 위한) 존슨 대통령의 연설이 막바지로 치닫고 있었다. "완고한 편견, 부당하고 불공평한 처사로 점철된 지난날의 몹쓸 잔재, 그 뒤틀린 역사를 이겨내야 합니다. 비단 흑인들뿐만 아닙니다. 정녕 우리 모두의 일입니다. 우리는 이겨내고야 말 것입니다(We shall overcome)!" 바로 그 한마디에, 킹의 눈에 눈물이 철철 넘치고 있었다. 측근들로서도 그가 그렇게 우는 모습은 처음이었다. 남부 구석구석 예배당 집회를 치른 게 몇 번이었으며, 시골 읍내 저잣거리를 행진으로 누비기 몇 해던가? 드디어 민권운동의 혼이 활활 살아서 백악관 대통령 집무실까지 닿아 있었다. 그리고 그 메아리가 다름 아닌 남부 억양으로 온 나라에 퍼지고 있었다(필자 주: 존슨 대통령은 남부 출신이었다). 29)

사실, 평화를 만드는 사람들의 인생은 대부분이 좌절로 구성되어 있었다. 그들이 꿈꾸는 세상은 영원히, 또는 영원히는 아니지만, 적어도 그들이 살아 있는 동안 올 것 같지는 않아 보이는 공통점들을 가지고 있었다. 그러나 그럼에도 불구하고 이들은 눈물 속에서도 그 용기의 길에서 이탈하지 않았다. 그래서 결국 새로운 역사를 만들어 내었다. 넬슨 만델라는 감옥에서 27년을 보냈다. 그가 살아서 감옥을 나올 것으로 보는 사람들은 별로 없었다. 그러나 그는 감옥에 들어간 지 12년 되던 해인 1975년, 그의 미출간 자서전 원고에 이렇게 글을 쓴다.

"나는 생전에 저 햇살 속으로 당당하게 걸어 나갈 것이다. 우리 조직의 힘과 우리 국민의 굳은 결의가 그렇게 만들 테니까."30)

29) Marshall Frady. Martin Luther King. Jr. Lipper Publication and Viking Penguin. 마셜 프레디. 마틴 루터 킹. 정초능 역. 푸른숲. pp.330-331
30) Nelson Mandela by Himself. PQ Blackwell Limited. 2008. 넬슨 만델라 어록. 윤

용기는 어느 한 순간의 행동을 위하여만 존재하는 것이 아니었다. 용기는 매일 매일의 좌절 속에서도 결코 굴하지 않고 버티는, 그런 인내 속에 존재하였다. 그리고 자신이 하고 있는 평화를 위한 활동이 정말 진리라면, 결국 그 진리는 언젠가는 반드시 승리할 것이라는 믿음과 맞닿아 있었다.

6. 개방성

평화를 만드는 사람들의 특징 중 하나는 그들 사고의 개방성이다. 그들은 자신들이 최종적으로 목표하는 그 대의에 있어서는 어떤 타협도 없었다. 그러나 그 대의를 이루어 나가는 현실의 문제 앞에서, 그들은 상대방을 존중하고, 그들과의 대화와 타협에 있어서 때로는 당황스러울 만큼의 과감성과 유연성을 보인다. 그리고 그런 과정 속에서 그들은 자신이 가지고 있던 생각을 일부 수정하기도 하고, 더 나아가 자기 자신만이 옳고 상대방은 틀리다는 식의 절대적인 고정적 사고로 부터 벗어나기도 한다. 즉 정의와 진실이라는 최종 목표는 그대로이지만, 거기에 도달하는 과정에서, 자신도 얼마든지 틀릴 수 있는 불완전한 존재이고, 그래서 잘못을 수정해 나가는 일은 자신을 흔드는 일이 아니라, 최종 목표를 이루는 데 더 도움이 되는 일이라고 보는 것이었다. 평화를 만드는 사람들에게 있어 평화란 그 자체가 하나의 최종적인 목적인 동시에, 더 숭고하고 높은 목적을 이루어 가는 데 있어 도구라는 생각들을 그들은 가지고 있었다. 따라서, 주변 사람들이 보기에는 때로 지나치게 "개방적이고 타협적이며 수정주의적"이라고 보일 정도가 되어도, 이들은 그 길을 과감하게 걸어가곤 하였다. 간디는 이것에 대하

길순 역. 서울: RHK. 2013. p.444

여 다음과 같은 이야기를 한 적이 있다.

> "내 말을 오해하지 마십시오. 나는 인도에 대한 영국 통치가 저주라
> 고 생각하지만, 영국인들 전체가 지상의 다른 민족보다 더 나쁘다고 생
> 각하지는 않습니다."[31]

이런 점에서 가장 주목되는 모습을 보인 사람은 넬슨 만델라이다. 그는 27년간 감옥에 수감되어 있었기에, 사회 현장에서 직접적 활동을 할 수 없었다. 어쩌면 감옥 안에서 그가 백인들을 향하여 할 수 있었던 유일한 것은 "대화와 협상, 그리고 타협" 밖에 없었기에, 그는 누구보다도 이 부분에 대하여 더 많은 생각을 하였을 수도 있었다. 이런 그의 활동에 있어 가장 먼저 눈에 띄는 것은 그가 상대방을 바라보는 시선이었다. 아파르트헤이트 정책을 잔혹하게 밀어붙이면서 수많은 흑인들을 죽이고 고통 속에 있게 하였던 백인들의 지도자들과 상대하면서 그는 그들을 '악마', '인간이라고 할 수 없는 절대 악' 정도로 규정하지 않았다. 감옥에 들어간 지 15년 정도 되던 1979년 12월 9일, 아내인 위니 만델라에게 보내는 편지에서 그는 이렇게 말한다.

> "실생활에서 우리가 상대하는 것은 신들이 아니라 우리 같은 평범한
> 사람들이오. 모순으로 가득 찬 사람들, 차분하면서도 변덕스럽고, 강하
> 면서도 약하고, 유명하면서도 악명 높은 사람들, 피 속에 구더기와 살충
> 제가 매일 전쟁을 벌이는 사람들 말이오."[32]

---

31) Yogesh Chandha. Rediscovering Gandhi. 1997. 마하트마 간디. 정영목 역. 서울, 한길사. p.510
32) Nelson Mandela by Himself. PQ Blackwell Limited. 2008. 넬슨 만델라 어록. 윤길순 역. 서울: RHK. 2013. p.404

그는 자신이 상대하고 있는 백인들이 그저 흑인들과 마찬가지의 평범한 인간임을 이야기한다. 그 안에는 구더기와 같은 악이 있지만, 동시에 그 구더기를 잡아 죽이려는 선의 살충제도 활동하는 존재, 그런 모순되고 약한 존재임을 보고 있었던 것이다. 그래서 그는 그런 백인들과 대화하고 협상하면서 그들에게서 더 선한 무언가를 끄집어 낼 수 있다는 확신을 가진다.

"모든 사람들은, 아무리 냉혈한처럼 보이는 자라도, 관대함을 지니고 있기 때문에, 그들의 마음을 움직이면 그들을 변화시킬 수 있다"(자서전 자유를 향한 머나먼 길에서. 1994)[33]

그러면서 만델라는 적들과 "함께 일해 나가는 것"의 중요성과 그 가능성을 강조한다. 평화를 만들기 위하여는 전술적인 측면에서 뿐만 아니라, 진심으로, 상대방과의 대화 속에서 그들을 비난하고 증오하지 말라는 것이었다. 그러는 가운데 그들의 적들도 변화한다는 것이었다.

"적과 화해하고 싶으면 그 적과 함께 일해야 합니다. 그러면 적이 파트너가 됩니다"(자서전 자유를 향한 머나먼 길에서. 1994년)[34]

"어떤 정치 조직이든 빈껍데기가 아닌 이상, 공격을 받으면 평화를 논하지 않을 것입니다"(남아프리카공화국 케이프타운, 날짜미상)[35]

---

33) 위의 책 p.405
34) 위의 책 p.215
35) 위의 책 p.403

"아무리 단호한 사람들이라도, 아무리 폭력을 신봉하는 사람들이라
도, 평화를 통해 바뀔 수 있습니다" (1993년 3월 16일, 리처드 스텔글과
나눈 대화에서)36)

이런 생각을 하였던 만델라였기에, 그에게 있어 대화는 상대방을
윽박지르거나 설득하는 것이 아니었다. 그들의 말을 듣고 그것을 이해
하려고 노력하는 것이었다. 그리고 늘 자기 자신의 주장에 대하여 돌
아보며 성찰하였다. 자신이 주장하는 것이, 상대방에게는 이해도 안 되
고, 납득도 안 되는 측면이 있을 수 있다는 것을 그는 인정하였다. 마
치 자신이 상대방의 논리를 이해하지도 납득하지도 못하는 것처럼. 그
리고 대화와 협상을 위해서는 자기 자신을 "정의의 사도"쯤으로 스스
로 생각하는 것으로부터 벗어나야 함을 이야기하였다.

"어떤 논쟁이든 결국엔 어느 쪽도 완전히 옳다, 그르다 할 수 없는 지
점에 도달하기 마련이다. 그때 진정으로 평화와 안정을 원하는 사람들에
게는 타협만이 유일한 대안이다"(개인서류에서, 2000년 1월 16일)37)

"내가 자유와 평화를 위해 투쟁하면서 얻은 가장 중요한 교훈 하나는
어떤 갈등에서든 어느 쪽도 옳고 그름을 주장할 수 없는 시점이 온다는
것이다. 갈등이 (처음) 시작되었을 때의 상황이 (그때쯤 되면) 아무런
상관도 없어진다"(제네바 협약 조인을 기기희는 영상 메시지에시. 2005
년 12월)38)

....

36) 위의 책 p.400
37) 위의 책 p.150
38) 위의 책 p.151

그러면서 결국 그는 이런 이야기까지 한다.

　　"타협할 생각이 아니라면 협상하지 마라"(집에서, 남아프리카공화국
　　소웨토, 1990년 2월 14일)39)

　　이런 이야기를 하였으나, 그것이 그가 백인들의 만행을 잊을 수
있어 그러하였던 것은 아니었다. 그것은 또 다른 주제인 "용서"와 연관
된 것이었다. 감옥 속에서 새로운 국가와 사회를 만든다면서 보복과
복수를 이야기할 수는 없었다. 그렇게 되면 아예 감옥에서 나갈 수도
없을 뿐더러, 설사 나간다 할지라도 또 다른 극심한 사회적 갈등과 어
려움을 만들어 낼 수밖에 없음을 예상할 수 있었기 때문이었다. 그래
서 그는 감옥에서 나와 그의 정치 활동을 시작하였을 때를 다음과 같
이 회상한다.

　　"교도소에서 나왔을 때 나는 화해와 평화가 중요한 문제라고 강조했
　　다. 갈등과 긴장으로는 아무것도 얻을 수 없다는 뜻이었다. 평화를 설파
　　하는 편이 났었다"(다큐멘터리 <90세의 만델라>에서, 2008년) 40)

　　"감옥에 갇혀 사회 변혁을 위해 노력하고 있는 사람이라면 용서는 당
　　연한 일이다. 복수할 시간이 없기 때문이다"(존 베터스비와의 인터뷰에
　　서. 남아프리카공화국 요하네스버그. 2000년 2월 10일자. <크리스천
　　사이언스 모니터>에서) 41)

---

39) 위의 책 p.148
40) 위의 책 p.403
41) 위의 책 p.239

이런 유연한 개방성은 마틴 루터 킹에게서도 볼 수 있다. 그는 백인이 절대적 다수이자, 국가와 사회의 권력과 부 대부분을 가지고 있는 상황 속에서, 흑백 인종차별을 철폐하려면 '백인들의 종교'와 '백인들의 가치'를 가지고 비폭력으로 투쟁하여야 함을 알고 있었다. 그것이 모두를 승자로 만드는 방법으로 보았던 것이고, 그것이 그의 신념이며, 또 신앙 고백이었다. 처음 몽고메리에서 버스 보이콧 운동을 할 때부터 얼마 동안은 그의 그런 생각이 흑인들의 동의를 얻었고 그래서 일정한 성공도 이룰 수 있었다. 그러나 비폭력 평화행진에 대한 백인들의 잔혹한 진압과 보복에 계속 노출되면서, 피에는 피로 나서야 한다는 폭력주의, 일명 블랙 파워의 사상이 흑인 청년들을 휩쓸게 되었고, 그러면서 마틴 루터 킹은 점차 왜소해진다. 마틴 루터 킹의 전기를 쓴 작가 마셜 프레디는 당시 초년병 기자로서 흑인 시위 현장을 취재하고 있다가, 자신이 목격한 한 장면을 다음과 같이 기록하였다.

몇 초나 흘렀을까, 그 아수라장에서 만신창이 꼴로 도망치는 대열을 뒤따라 흑인구역으로 들어설 즈음이었다. 언 듯 필자의 눈에 킹의 모습이 확 들어왔다. 길가 쪽 현관, 어둠 속에 홀로 서 있었다. 자기 앞으로 행진 참가자들이 넘어질락 말락 비틀거리며 구르듯 스쳐 지나가는 것을 묵묵히 지켜보고 있었다. 처절했던 전쟁터에서 궤멸의 수모를 겪고 사선을 넘어 누더기 꼴로 귀환하는 패잔병 ⋯ 희미한 가로등 불빛에 비친 시위대의 행색이었다. 앳된 여학생들이 갈가리 찢겨 나간 옷가지를 걸치고 어깨를 들먹이며 울고 있었다. 킹은 그런 모습을 낱낱이 지켜보고 있었다. 둔기로 뒤통수를 맞은 듯한 충격과 경악과 전율의 표정으로, 또 홀려 넋 나간 표정으로[42]

---

42) Marshall Frady. Martin Luther King. Jr. Lipper Publication and Viking Penguin.

비폭력 항의시위를 하며 이런 일들을 겪고 있을 때, 블랙 파워적
주장을 가장 격렬하게 하면서 흑인 대중의 지지와 언론의 주목을 받은
사람은 말콤 엑스였다. 그는 1925년 미국 네브라스카주 오마하시에서
침례교 순회목사였던 아버지와, 아버지가 백인이고 어머니는 흑인으로
혼혈이었던 어머니 사이에서 태어난 사람이었다. 청소년시기 보스톤과
뉴욕의 할렘 가를 전전하다가 1945년, 절도죄로 8년형을 받고 수감되
었다. 감옥에서 그는 많은 책들을 읽고 이슬람을 접하면서 사회의식을
가지게 되었다. 1952년 가석방되면서 '이슬람 국가운동'이라는 조직의
조직원으로 활동하였고, 강력한 카리스마로 백인들에 대한 증오를 표
현하면서 가장 주목받는 젊은 지도자가 되었다. 1963년 8월, 마틴 루
터 킹이 "나에게는 꿈이 있습니다"라는 연설을 하였던, 대규모의 워싱
턴 집회에 대하여도 "살아 있을 때 우리를 좋아하지 않았던, 백 년 전
에 죽은 대통령(링컨)의 상(像) 앞에서 백인들이 주도하는 시위에 왜
흑인들이 열광해야 하는가?"라는 말을 하여 그것에 찬성하지 않음을
분명히 하였다. 그는 백인들을 '악마'라 불렀고, 백인우월주의자들의
공적 1호가 되었다. 그러던 그가 1964년 이슬람 국가운동 지도자의 스
캔들 등을 이유로 하여 이슬람 국가운동을 떠나게 되었고, 그 해 4월,
사우디아라비아 메카로 성지 순례를 떠난다. 그는 자신의 순례의 경험
을 다음과 같이 회고하였다.

"아브라함, 마호멧 및 성서에 나오는 모든 선지자들의 고향에서, 피
부색과 종족이 제각기 다른 사람들이 보여준 것만큼 진지한 환대와 참
된 형제애의 정신을 나는 본 적이 없다. 지난 주 내내 나는 온갖 피부색
의 사람들이 내 주위 사람들에게 보여주는 친절을 목격하고 완전히 말

마셜 프레디. 마틴 루터 킹. 정초능 역. 푸른숲. pp.287-288

문이 막히고 넋을 잃을 정도였다." 인종과 종족을 초월하여 무슬림의 동포애로 하나되는 체험을 한 말콤 엑스는 이슬람이 인종 문제를 뛰어넘을 수 있다는 확신에 도달했다. 메카 순례 이후 말콤 엑스에게 백인은 더 이상 '악마'가 아니라 '인간', 때로는 협력할 수도 있고 결국 평화롭게 공존해야 할 인간이었다. … (그는) …미국 각지는 물론, 해외 여러 나라를 방문하여 흑인의 동포애는 물론 인종 간 평화를 역설하였다.[43]

그러면서 말콤 엑스는 점차 자신이 그토록 경멸하였던 마틴 루터 킹의 비폭력 투쟁의 가치와 의미에 대한 관심을 가지기 시작한다.

"진작부터 말콤 엑스는, 줄곧 민권운동을 호되게 질타해왔음에도 불구하고 그 한 편 내심, 미국 사회에서 민권운동 진영이 흑인 민중을 이끌고 힘차게 펼쳐 보이는 '메스게임'의 장엄한 광경에 큰 감동을 받고 있었다. 순례에서 돌아왔을 무렵부터는 민권운동 진영의 대중 집회와 시위 현장 언저리에 홀로 우뚝 서 있는 모습을 들키는 경우가 한층 더 잦아졌다."[44]

말콤 엑스에게 있어 흑인의 민권은 가장 중요한 주제였다. 그리고 그것을 이루는 방법론에 있어 그는 마틴 루터 킹과 반대편에 서 있었다. 그러나 자신이 주장하는 폭력을 불사하는 방식으로는 이 문제가 완전히 해결될 수 있는 것이 아니라는 것을 점차 깨닫게 되었을 때 그

43) 네이버 자료. 맬컴 엑스. (2020년 9월 7일 검색)
https://terms.naver.com/entry.nhn?docId=3566983&cid=59014&categoryId=59014
44) Marshall Frady. Martin Luther King. Jr. Lipper Publication and Viking Penguin. 마셜 프레디. 마틴 루터 킹. 정초능 역. 푸른숲. pp.318-319

는 조심스럽지만 자신과 반대쪽에 있었던 마틴 루터 킹의 목소리를 듣고 자신의 생각을 재점검하려 하였던 것으로 보인다. 그런데 여기서 흥미 있는 것은 마틴 루터 킹의 태도였다. 그 역시 말콤 엑스와 똑같은 문제 앞에 서 있었다. 자신이 주장하는 비폭력 투쟁 방식을 추진하면서 수없이 많은 흑인들이 비참한 테러들을 당하고 있었다. 그는 그 고통을 외면할 수 없었고 그 스스로 언제까지 이런 운동을 끌고 갈 수 있을지도 불분명하다고 느꼈다. 그러면서 그는 오히려 말콤 엑스의 주장에 관심을 가지기도 하였다. 자기 스스로를 절대 선이고 진리라고 생각하기보다는 현실의 문제를 해결해 나가기 위해 끊임없는 성찰과 모색을 하는 데 나섰던 것이다. 1965년 말콤 엑스는 무슬림 국가운동 사람들에 의하여 살해당한다. 그러나 1966년, 마틴 루터 킹은 다음과 같이 이야기한다.

"미국 백인은 주거 생활에서, 또 학교 교육에서 인종차별을 없앨 의향이 전혀 없습니다. 미국 백인은 일자리에서 흑인에게 공평한 대우를 할 생각이 추호도 없습니다. 우리는 이제 지난날 미국의 인종차별 카스트 체제를 근본적으로 갈아엎는 과업에 착수하고 있습니다. 자유란 결코 억누르는 자들의 시혜로 거저 얻어지는 것이 아닙니다."[45]

데이빗 홀버스탐은 그 즈음 상황을 다음과 같이 기록하였다.

"시카고에서 뼈아픈 좌절을 겪고 난 뒤 끝에 킹은 사뭇 말콤 엑스 쪽으로 기울게 되었다. 5년 전 같으면 누군들 그런 변모를 행여 예상이나 할 수 있었겠는가? 종래의 제휴, 협력자들에서부터 말콤 엑스 곁으로

45) 위의 책 p.361

성큼 다가서 있었다."[46]

평화를 만드는 자들은 늘 흔들린다. 평화를 만드는 일이 너무도 힘들기 때문이다. 그래서 자신들이 추구하는 일의 방법이 과연 제대로 작동하는 것인가에 대하여 때로 혼란스러운 상태에 들어가기도 한다. 그러나 그것은 그들이 평화를 향한 신념에서 변절한 것을 의미하는 것이 아니다. 그들은 "문제의 실질적 해결"을 위하여 나선 사람들이었지, "자기 신념의 과시와 관철"를 위하여 나선 사람들은 아니었기 때문이다. 그런 의미에서 말콤 엑스든, 마틴 루터 킹이든, 모두 정직한 고민들을 한 사람들이었다. 그것이 이들의 약함이 아닌, 유연성과 개방성, 즉 강함을 보인 것이라 보는 것이 더 맞을 것이다.

7. 겸손

평화를 만드는 사람들의 특성 중 필자를 가장 숙연하게 만든 특징은 바로 마지막 이 특징이었다. 그들은 자기 시대의 가장 거대한 문제에 도전하여, 수많은 좌절 속에서도 뚜렷한 업적을 만들어 갔지만, 정작 자기 스스로에 대하여는 한없이 낮은 평가를 하였다. 작은 성취만으로도 과대한 자아상(inflated self)을 보이는 것이 보통 사람들의 특징인데, 이들 평화를 만드는 사람들은 그러지 않았던 것이다. 마틴 루터 킹은 1955년 12월 9일 시작된 몽고메리 버스 보이콧 운동을 성공적으로 이끌어 1956년 12월 21일, 마침내 버스 보이콧의 중단을 선언하고 자신이 최초로 버스에 승차하는 사람이 됨으로써 일약 흑인들과 미국민들의 소위 '스타'가 된다. 1957년 2월, 미국 타임(Time)지는 몽고메

----

46) 위의 책 p.361

리 운동을 커버스토리로 다루면서 마틴 루터 킹을 집중 조명하였다.
그러면서 그는 어디를 가더라도 다양한 인종, 다양한 신조를 가진 사
람들로부터 아낌없는 환대를 받게 된다. 새로운 시대를 이끌 영웅으로
부각된 것이었다. 그러나 그는 그 당시를 다음과 같이 이야기한다.

　　"그즈음 나는 날마다 이런 기도를 드렸다. '주님, 제 자신의 참된 모
　　습을 볼 수 있도록 도와주소서. 주님, 제 자신이 운동의 상징적 인물에
　　지나지 않음을 잊지 않도록 도와주소서. 제 자신은 역사 속에서 이미
　　준비되어왔던 시대정신을 상징적으로 대표하는 자에 불과함을 잊지 않
　　도록 도와주소서. 제가 몽고메리에 오지 않았더라도 몽고메리에서는 버
　　스 보이콧이 발생했으리라는 사실을, 저를 이곳에 이르게 한 것은 역사
　　의 힘과 이름 없는 5만여 앨라바마 흑인들이라는 사실을 잊지 않도록
　　도와주소서. 주님, 제가 지금 이곳에 설 수 있는 것은 역사의 힘과 다른
　　사람들의 도움 덕분임을 잊지 않도록 도와주소서."[47]

　　인간적으로 많은 약점이 있었던 사람이었음에도 불구하고, 그가
그 어려운 시대에 어려운 과제를 껴안고 위대한 전진을 할 수 있었던
이유 중에는 이런 놀라운 자기 성찰적 겸손이 있었다. 자기가 아니었
으면 이 일은 이루어질 수 없었다고 스스로 생각하고 주장하는 그런
"스타"가 되기를 스스로 거부하였기에, 그는 비로소 진짜 영웅적, 성자
적 일을 할 수 있었다. 이것을 만델라는 다음과 같이 이야기하였다.

　　"감옥에 갇혀 있을 때 심히 걱정스러웠던 문제는 내가 나도 모르게

----

47) Clayborne Carson (ed). The Autobiography of Martin Luther King, JR. Waner
　　Books. New York USA. 1998. 나에게는 꿈이 있습니다 : 마틴 루터 킹 자서전.
　　이순희 역. 바다출판사. 2000. p.145

바깥세상에 허상을 투여하여 내가 성인으로 여겨지고 있다는 것이었다. '성인은 계속 노력하는 죄인'이라는 세속적인 정의를 적용한다 해도, 나는 절대 성인이 아니다."(미출간 자서전 속편에서, 1998년경)48)

"내가 늘 100% 옳고 절대 잘못을 하지 않는 사람이라는 이미지가 생길까 봐 감옥 안에서 늘 걱정스러웠다" (존 베터스비와의 인터뷰에서. 남아프리카공화국 요하네스버그, 2000년 2월 10일자 <크리스천 사이언스 모니터>에 게재) 49)

보통사람들은 자신이 더 위대하고 성스러운 존재로 보이기 원하여 노심초사할 때, 평화를 만드는 사람들은 그 반대를 향하여 노심초사하였다. 1931년, 영국과의 2차 원탁회의를 위하여 간디는 영국행 배를 탄다. 이때 간디의 고집으로 그와 그의 수행원들은 그 배에서 가장 낮은 등급인 2등칸 객실을 사용한다. 9월 11일, 배는 중간 기착지인 프랑스 마르세이유에 도착하였고 간디는 거기서 세관 검사를 받게 된다.

프랑스 세관 관리들이 (입국) 신고할 것이 있느냐고 묻자 간디는 대답했다. "나는 가난한 탁발 수도사입니다. 내가 지상에서 가진 것은 물레바퀴 여섯 개, 감옥에서 쓰던 접시들, 염소젖 한 캔, 집에서 짠 허리옷 여섯 벌, 수건 한 장, 별 가치도 없는 평판뿐입니다."50)

48) Nelson Mandela by Himself. PQ Blackwell Limited. 2008. 넬슨 만델라 어록. 윤길순 역. 서울: RHK. 2013. p.502
49) 위의 책 p.502
50) Yogesh Chandha. Rediscovering Gandhi. 1997. 마하트마 간디. 정영목 역. 서울, 한길사. p.536

사람들이 간디를 향해 가지고 있던 소위 평판이라는 것이 간디에게는 그런 것이었다. 집에서 짠 허리 옷, 수건 한 장 정도와 같이 이야기할 수 있는 것이었던 것이다. 평화를 만든 사람들에게 중요한 것은 세상 사람들의 평가, 평판이 아니라, 자신이 가장 중요하다고 생각하는 그 일에 대한 스스로의 헌신뿐이었다. 때로 자신에 대한 평판이 그 헌신에 방해가 된다고 생각하면, 그들은 그 평판조차 버리는 사람들이었다. 이런 태도들이 그들을 한없이 강하게 만들었고 그들을 통하여 평화가 이루어지게 하였다. 평화를 만드는 사람들은 자신의 중요성을 언제나 과소평가함으로써 그 영향력이 극대화되는 모순을 만들어 낸다. 27년간 투쟁의 상징이었고, 이제 흑인 정부가 만들어지면 대통령이 되는 것이 확실시되던 넬슨 만델라가 1990년 2월 11일 석방되던 그 날, 그는 첫 대중연설에서 다음과 같이 이야기한다.

"친구들, 동지들, 그리고 친애하는 남아프리카공화국 국민 여러분! 평화와 민주주의와 자유의 이름으로 모든 여러분에게 인사드립니다. 저는 선지자로서가 아니라 국민 여러분의 겸손한 종으로 이 앞에 섰습니다. 여러분의 지치지 않는 위대한 희생이 제가 오늘 이곳에 설 수 있게 했습니다. 그래서 저는 여러분의 손에, 남아있는 제 여생을 맡기고자 합니다."51)

이제부터 자신이 국민들을 이끌고 새로운 국가 건설에 매진할 터이니 자신에게 강력하게 힘을 모아 달라고 역설하는 것이 아니었다. 대신, 늙은 나의 남은 생을 여러분의 손에 맡기겠다는 한없이 낮고 연

---

51) Nelson Mandela. Long Walk To Freedom : The Autobiography of Nelson Mandela. Little, Brown and Company, New York, USA. 1994. 만델라 자서전 : 자유를 향한 머나먼 길. 김대중 역. 두레. 2006. p.810

약한 이야기를 하였던 것이다. 평화는 이런 정신세계를 가진 사람들에 의하여 만들어진다. 마더 테레사 역시 그 비슷한 이야기를 한 적이 있었다.

"(인도에서 빈민활동을 하면서) ⋯ 수녀복으로 우리는 인도 여자들이 입는 사리를 골랐다. 우리의 사리는 인도에서 가난한 사람들이 입는 옷 색깔인 하얀 색이다. 이런 수녀복은 우리가 세상과 세상의 사치에서 결별했음을 스스로에게 알려주는 길잡이이다. 이 옷을 입으면서 우리는 이렇게 기도한다. '제게 세상이 아무런 의미가 없고, 세상에서 제가 아무런 의미도 없게 해 주소서'" 52)

자신에게 세상이 아무런 의미가 없고, 세상에서 자신이 아무런 의미가 없기를 원하는 사람들만이, 세상에서 진정한 의미를 가지게 되고, 진정한 의미를 가진 사람들만이 아집과 증오, 폭력과 술수로 가득 찬 이 세상에서 평화를 만들 수 있었던 것이다.

마치는 말

평화를 만드는 사람들은 도대체 왜 그리도 어려운 길을 스스로 선택하여 걸어갔던 것일까? 물론 그에 대하여는 다양한 대답이 있을 수 있겠지만, 필자는 그것을 다음과 같이 세 가지로 정리해 본다.

---

52) Jose Luis Gonzalez-Balabo. My Life for Poor. 마더 테레사. 송병선 역. 황금가지. p46

첫째, 평화를 만드는 일이 자기 삶에 근본적 의미를 준다고 생각
하였기 때문이었다.

1999년 만델라는 대통령직에서 물러났다. 그리고 3년 뒤인 2002
년 5월 18일, 그의 평생 동지이자 가장 친한 친구였던 월터 시슬루의
아흔 번째 생일을 축하하며 그는 다음과 같이 이야기한 바 있었다.

"삶에서 중요한 것은 우리가 살았다는 단순한 사실이 아니다. 다른
사람들의 삶을 어떻게 변화시켰는지가 우리 삶의 의미를 결정할 것이
다"53)

인간의 삶을 긍정적으로 변화시키는 것 속에서 그들은 삶의 의미
와 보람을 느꼈다. 그것이 평화를 만들어 가는 그 어려운 일에 그들을
헌신하도록 만든 이유였던 것으로 보인다.

둘째, 자신의 역할은 수동적인 것이 아니라 적극적인 것이라 스스
로 규정하였기 때문이었다.

마틴 루터 킹은 그가 버밍햄의 감옥 속에 있으면서 신문의 여백
에다가 빽빽이 쓴 편지를 세상에 내보냄으로써 그가 생각하고 있는 흑
백 인종차별 문제의 핵심과 그 해결방안을 제시한 적이 있었다. 거기
서 그는 다음과 같이 말한다.

---

53) Nelson Mandela by Himself. PQ Blackwell Limited. 2008. 넬슨 만델라 어록. 윤
길순 역. 서울: RHK. 2013. p.349

"과거에는 교회가 강력한 힘을 발휘하였습니다. 초기 기독교인들은 신앙을 위해서 받는 고통을 가치 있는 것으로 여기고 기꺼이 받아들였습니다. 당시 교회의 기능은 여론의 원칙과 사상을 가늠하는 (반영하는) 단순한 온도계가 아니라, 사회적 관습을 변화시키는 자동 온도조절장치에 비유할 만한 것이었습니다."54)

평화를 만드는 사람들은 자신들에게 주어진 조건과 환경을 반영하여 그에 맞추어 잘 적응하며 살아가려 하지 않았다. 그들은 그 조건과 환경을 바람직한 방향으로 반드시 바꾸어 내는 일을 하겠다고 적극적으로 나선 사람들이었다. 온도계가 아닌 자동 온도조절장치로서의 삶, 그것이 그들이 스스로의 삶을 규정한 내용이었다.

셋째, 자신의 삶이 곧 세계의 경험과 도전이 되기를 기대하였기 때문이었다.

처음 평화를 위한 활동을 시작하면서는 그렇게까지 생각하였던 것은 아니었을 것이다. 그러나 그들의 삶이 마지막에 가까워질수록, 그들의 이런 의식은 점차 분명해져 갔던 것을 볼 수 있다.

"선의를 가진 사람들이 차이를 극복하고 힘을 합쳐 공동선을 추구하면 아주 까다로와 보이는 문제도 평화적으로 공정하게 해결할 수 있다는 것을 증명해 보인 남아프리카공화국의 경험이 전 세계에 의미 있는 메시지가 되었으면 좋겠다"(넬슨 만델라가 독일 언론상을 받으며, 독일

54) Clayborne Carson (ed). The Autobiography of Martin Luther King, JR. Waner Books. New York USA. 1998. 나에게는 꿈이 있습니다 : 마틴 루터 킹 자서전. 이순희 역. 바다출판사. 2000. p.257

바덴바덴, 1999년 1월 28일) 55)

평화를 만드는 사람들의 삶은 우리로 하여금 많은 생각을 하게 한다. 그러나 그들이 우리에게 기대하는 것은 그 '많은 생각'이 아닐 것이다. '적은 행동'이라도 직접적인 행동을 할 것을 기대할 것이다. 그들 자신이 생각을 하고는 직접 행동을 하였던 사람들이었기 때문이다. 이제 전 세계 어느 곳에서도 평화는 더욱 희귀한 것이 되었다. 그리고 그 가운데서도 가장 평화가 절실히 필요로 되는 곳 중 하나가 우리가 존재하고 있는 이 한반도이다. 우리가 평화를 만드는 사람들의 대열을 만들고, 그 대열 속에 합류하여야 할 이유이다.

55) Nelson Mandela by Himself. PQ Blackwell Limited. 2008. 넬슨 만델라 어록. 윤길순 역. 서울: RHK. 2013. p.149

참고문헌

만델라

Nelson Mandela by Himself. PQ Blackwell Limited. 2008. 넬슨 만델라 어록. 윤길순 역. 서울: RHK. 2013.

Nelson Mandela. Long Walk To Freedom : The Autobiography of Nelson Mandela. Little, Brown and Company, New York, USA. 1994. 만델라 자서전 : 자유를 향한 머나먼 길. 김대중 역. 두레. 2006.

간디

M.K. Gandhi. An Autobiography - The Story of My Experiments with Truth. 간디 자서전. 함석헌 역. 한길사. 3판. (2008)

Yogesh Chandha. Rediscovering Gandhi. 1997. 마하트마 간디. 정영목 역. 서울, 한길사.

Gerald Gold, Richard Attenborough. Gandhi : A Pictorial Biography. Newmarket Press, 1983. 마하트마 간디. 동아번역실 역. 도서출판 동아. 1983.

Richard Attenborough (select) The Words of Gandhi. Newmarket Press. 1982.

간디 어록. 동아번역실 역. 도서출판 동아. 1983. (마하트마 간디. 동아번역실 역. 도서출판 동아. 1983. 부록)

Philip Yancey. Soul Savior. William Neil-Hall Ltd. Cornwell, England.

2001. 네 영혼의 스승들. 나벽수 역. 좋은 씨앗. 2002. pp.278-280 차기 벽. 간디의 생애와 사상. 한길사. 3판. 2004.

마틴 루터 킹

Marshall Frady. Martin Luther King. Jr. Lipper Publication and Viking Penguin. 마셜 프레디. 마틴 루터 킹. 정초능 역. 푸른숲.

Clayborne Carson and Kris Shepard(ed). A Call To Conscience. Warner Books. New York, USA. 2001. 양심을 깨우는 소리. 양소정 역. 서울. 위드북스. 2004.

Clayborne Carson (ed). The Autobiography of Martin Luther King, JR. Waner Books. New York USA. 1998. 나에게는 꿈이 있습니다 : 마틴 루터 킹 자서전. 이순희 역. 바다출판사. 2000.

마더 테레사

Jose Luis Gonzalez-Balabo. My Life for Poor. 마더 테레사. 송병선 역. 황금가지.

인명색인

사항색인

저자 소개

전우택

연세대학교 의과대학을 졸업하였고, 정신건강의학과 전문의이다. 연세대학교에서 석사 및 박사를 취득하였다(정신의학).미국 하버드 의과대학 사회의학교실 및 난민정신건강 센터에서 연구원으로 활동하였다. 정신의학 중 세부전공은 사회정신의학으로서, 북한, 난민, 북한이탈주민, 남남갈등, 사회치유 등에 대한 연구 활동을 하고 있다. 현재는 연세 의대 의학교육학교실 교수이며, 정신건강의학교실 및 인문사회의학교실 겸무교수로서 활동하고 있다. 저서로는 <사람의 통일, 땅의 통일>, <평화에 대한 기독교적 성찰>, <용서와 화해에 대한 성찰>, <한반도 건강공동체 준비> <트라우마와 사회치유>, <정신의학과 기독교> 등이 있다.

김선욱

뉴욕주립대 버펄로대학에서 철학박사를 받았다. 숭실대학교 철학과에서 학사 및 석사를 취득하였다. 뉴스쿨 및 UC 어바인에서 풀브라이트 연구교수를 지냈다. 주요 관심사로는 정치철학, 윤리학, 기독교와 정치 등이다. 한나 아렌트에 관해 주요 저술들과 번역서 및 논문이 집중되어 있고, 국내에서 번역 출간된 마이클 샌델의 저서들을 대부분 감수 혹은 번역하였다. 숭실대학교 철학과 교수이며, 인문대학 학장, 인문과학연구소 소장, 가치와 윤리연구소 소장으로 또 한국아렌트학회 회장으로 활동하고 있다. 저서로는 <정치와 진리>, <한나 아렌트 정치판단이론>, <한나 아렌트의 생각>과 동화 <한나 아렌트가 들려주는 전체주의 이야기> 등이 있고, 역서로는 <예루살렘의 아이히만> 등이 있다.

김회권

서울대학교 인문대 영어영문학과 졸업하였고, 장로회신학대학원에서 교역학 석사를, 미국 프린스턴신학대학원에서 신학석사와 철학박사 학위를 취득하였다. 독일 튀빙엔대학교(2009년), 독일 하이델베르크 대학교 방문교수(2019)를 지냈다. 성서학 중 세부전공은 구약 예언서이며 구약의 관점에서 나사렛 예수의 하나님 나라운동과 신약성서를 해석한다. 주요 연구분야는 예언서의 현실비판적 적실성을 탐구하기 위해 구약성서의 현대적 상관성을 다각도로 분석하는 데 열중하고 있다. 현재는 숭실대학교 기독교학과 학과장이며 기독교학대학원의 성서신학과 주임교수직을 맡고 있다. 저서로는 <하나님 나라 신학으로 읽는 모세오경>, <하나님의 도성 그 빛과 그림자>, <하나님 나라 신학으로 읽는 이사야 주석 1>, <이사야 2>, <요한복음> 등이 있다.

박정수

서울대학교 건축학과, 서울신학대학교 신학대학원을 졸업하고, 독일 하이델베르크대
학교에서 박사학위를 취득하였다(Dr. Theol.). 현재는 성결대학교에서 신약학 교수
(2004~)로 봉직하고 있다. 한국신약학회 편집위원장 역임했고, 북한의 '평화학교' 재
건사업을 추진하고 있다. 저서로는『고대유대교의 터·무늬』와『성서로 본 통일신학』
외, 역서로는『유대교와 헬레니즘』1·2·3권, 『요세푸스의 유대전쟁사』1·2권(박찬웅
공역),『마태공동체의 예수이야기』등이 있다.

서경석

서울대학교 인문대학을 졸업하였고, 현재 한양대학교 국문과 교수이다. 서울대학교에
서 석사 및 박사를 취득하였다(한국현대문학). 미국 UC 어바인과 하와이 주립대학교
에서 방문학자로 활동하였다. 현대문학 가운데 현대 소설사, 현대 문학비평사가 주전
공이며 문학이론에 대해서도 새롭게 연구 중이다. 현재는 한양대학교 인문대학 교수
이며, 한국언어문화학회, 우리말글학회 회장으로 활동하였다. 저서로는 <한국근대리
얼리즘 문학사론>, <한국근대문학사 연구>, <한국문학 100년>(공저) 등이 있다.

심혜영

서울대학교 중어중문학과를 졸업하고 동대학원에서 박사 학위를 받았다. 중국사회과
학원 문학연구소와 UC Berkeley 동아시아센터에서 방문학자를 지냈다. 중국 근현대사
회문화와 기독교 관련 주제로 진행한 공동연구(<19세기 전반 서구-동아시아 인식의
중층성-문화접촉지대로서의 The Chinese Repository>, 한국연구재단)의 연구책임자로
연구를 수행한 바 있다. 성결대학교 다문화평화연구소 소장을 역임하였고, 현재 중어
중문학과에서 중국현대문학, 번역연습, 중국 근현대 사회문화와 기독교, 중국현대사회
관련 강의를 담당하고 있다. 저역서로는 《인간, 삶, 진리-중국 현당대 문학의 깊이》
(저서), 《붉은 수수밭》(역서), 《천두슈(陳獨秀) 사상선집》(역서), 《동서양의 경계에서 중
국을 읽다》(공저), 《통일에 대한 기독교적 성찰》(공저), 《용서와 화해에 대한 성찰》(공
저) 등이 있다.

이국운

서울대학교 법과대학을 마치고, 같은 대학원에서 법학박사학위를 받았다. 페퍼다인
대학교 로스쿨, 전미법률가재단, 스페인 오냐티 국제법사회학연구소 등에서 방문교수
또는 객원연구원을 지냈다. 헌법이론, 법률가정치, 프로테스탄트 정치사상 분야를 주
로 연구하면서, 사법개혁 및 자치분권과 관련하여 제도개혁작업에도 적극적으로 참여
해 왔다. 1999년 이후 경북 포항의 한동대학교 법학부에서 가르치면서, 법학교육의
혁신 및 글로벌화를 몸소 실천하고 있기도 하다. 주요 저서로 '헌법', '법률가의 탄생',
'헌법의 주어는 무엇인가?', '헌정주의와 타자' 등이 있다.

이해완

서울대학교 법과대학 재학중 제27회 사법시험에 합격하였고, 사법연수원 수료 후 인천지방법원, 서울지방법원 남부지원, 창원지방법원, 서울지방법원, 서울고등법원 등에서 판사로 재직하였으며 사법연수원 교수를 역임하기도 하였다. 중국 사회과학원 법학연구소와 미국 캘리포니아대학교 버클리캠퍼스 동아시아연구소에서 방문학자로 있었다. 법률정보회사인 (주)로앤비의 창립CEO, 한국인터넷자율정책기구 정책위원장, 한국저작권위원회 위원 등을 역임하였고, 2020. 9. 4. 제3회 지식재산의 날 지식재산 유공자로 국무총리표창을 수상하였다. 현재 성균관대학교 법학전문대학원 교수로서, 공공데이터제공분쟁조정위원회 위원장, 한국리걸클리닉협의회 회장, 한반도평화연구원 부원장 등의 책임도 맡아 수행하고 있다. 저서로는 <저작권법>, <중국법>, <용서와 화해에 대한 성찰>(공저), <평화에 대한 기독교적 성찰>(공저), <통일에 대한 기독교적 성찰>(공저), <비전과 관점 열기>(공저) 등이 있다.

개정증보판
평화와 반(反)평화

초판발행	2013년 2월 22일
개정증보판발행	2021년 1월 9일

지은이	전우택·김선욱·김회권·박정수·서경석·심혜영·이국운·이해완
펴낸이	안종만·안상준

편 집	전채린
기획/마케팅	장규식
표지디자인	이미연
제 작	고철민·조영환

펴낸곳	(주) **박영시**
	서울특별시 금천구 가산디지털2로 53, 210호(가산동, 한라시그마밸리)
	등록 1959. 3. 11. 제300-1959-1호(倫)
전 화	02)733-6771
f a x	02)736-4818
e-mail	pys@pybook.co.kr
homepage	www.pybook.co.kr
ISBN	979-11-303-1144-9 93340

copyright©전우택 외 2021, Printed in Korea

정 가	20,000원